다문화교육의 이론과 이론가들

김영순(金永洵) kimysoon@inha.ac.kr

베를린자유대학교에서 문화학, 교육학, 언어학 등을 수학하고 문화학박사 학위를 받았다. 이후 경북대학교 중등교육연구소 연구교수를 거쳐 인하대학교 사범대학 사회교육과와 동대학원 다문화학과에서 다문화 이론 및 다문화교육에 관한 연구와 강의를 수행하고 있다. 인하대학교 아시아다문화융합연구소 소장, 전국 대학원생 질적연구방법론 캠프 촌장, BK21 글로컬다문화교육연구단 단장, 탈북다문화멘토링 사업단 단장을 맡고 있다.
대표 저서로서는 『다문화사회와 공존의 인문학』, 『다문화교육용어사전』, 『처음 만나는 다문화교육』, 『다문화사회와 공존의 인문학』, 『다문화교육의 이론과 이론가들』, 『질적연구의 즐거움』 등이 있으며, 공동 번역서로는 『다문화교육과 인간관계』, 『민주주의와 다문화교육』, 『교사를 위한 다문화교육』, 『언어, 문화 그리고 비판적 다문화교육』, 『상호문화교육의 이해』 등이 있다.

다문화교육의 이론과 이론가들

초판 인쇄 2017년 12월 20일
초판 발행 2017년 12월 25일

지은이 김영순
교정교열 정난진
펴낸이 이찬규
펴낸곳 북코리아
등록번호 제03-01240호
주소 13209 경기도 성남시 중원구 사기막골로 45번길 14
우림2차 A동 1007호
전화 02-704-7840
팩스 02-704-7848
이메일 sunhaksa@korea.com
홈페이지 www.북코리아.kr
ISBN 978-89-6324-587-4 93370

값 20,000원

* 이 저서는 인하대학교의 특별연구비 지원에 의해 연구되었습니다.

다문화교육의 이론과 이론가들

김영순 지음

북코리아

서문: 이론은 실천을 위한 전제

우리가 어떤 이론을 알아야 하는 이유는 실천의 기준을 제시하기 때문이다. 모든 이론은 하늘에서 뚝 떨어지는 것처럼 우연인 것은 없다. 어떤 이론이든 간에 사회 · 문화 현상을 진단하고 분석하기 위해 만들어지며, 당대 현실을 극복하기 위한 해결책과 대안을 제시하는 데 기여한다.

특히 사회과학은 해당 사회가 당면하고 있는 문제들을 해결하고 사회를 변화시켜야하는 학문적 책무를 갖는다. 이 명제는 학문의 사회참여적 기능을 강조한 것이며, 사회과학의 본질일 뿐만 아니라 사회과학 영역에 있는 연구자들이 해야 할 역할이기도 하다. 우리 사회의 다문화 현상은 급격하게 확산하고 있고, 이 현상을 분석하여 문제점을 탐색하고 해결책을 제안하는 학문적 노력 역시 지속적으로 이루어지고 있다. 그렇지만 학계는 물론 사회 전반에 걸쳐 다문화사회에 관한 일련의 오해가 존재한다. 이는 다문화교육을 다룬 논문에서 발견할 수 있는데, 대부분 논문의 서론부에서 이른바 다문화 인구에 관한 통계치를 접할 수 있다. 이를테면, 2017년 3월 기준 장기체류 외국인 등록자 수가 몇 명이며, 혹은 결혼이주여성의 수, 다문화가정의 학생 수, 이주노동자의 연도별 증가율 같은 것이다. 이런 수치나 비율을 아는 것보다 중요한 것은 우리 사회 구성원 모두 다양성을 존중하는 인식을 갖는 것이다. 이런 맥락에서 필자는 다문화교육이 5%도 안 되는 이들 이주 배경을 지닌 한국 체류자들보다 우리 사회 구성원의 문화 다양성 이해 증진에 맞춰져야 한다는 주장을 하고자 한다. 더 나아가 우리 사회에서 모든 다양성이 존중되는 민주적 일상생활을 이야기하고자 한다.

다문화교육학계에서는 상당한 수의 다문화교육 논문들이 출간되고, 교육선진국에서 출판한 다문화교육 이론서들이 잇따라 번역되어 쉽게 접근할 수 있다. 다시 말해 다문화사회의 형성 배경이 다른 나라에서 연구된 다문화교육 연구물들이 과연 우리나라에 얼마만큼 작용할 수 있을까 하는 의문을 갖게 한다. 이러한 의문의 출발점은 필자의 연구팀이 북미와 유럽에서 출간된 몇몇 다문화교육 이론서를 번역하고 이를 우리나라의 다문화교육 정책이나 다문화교육 프로그램에 정착시키는 과정에서 도출되었다. 그렇다면 우리나라에 도입된 다문화교육 이론의 지형도를 정확하게 파악해야 하는 과제를 갖게 한다. 이 책은 바로 이 과제의 수행 결과라고 볼 수 있다.

이 책은 모두 8장으로 구성된다. 1장은 한국의 다문화교육 연구의 경향과 쟁점을 정리하고, 2장부터 7장까지는 다문화교육의 기본이론을 제공하는 다문화감수성 이론, 협동학습론, 다문화학교론, 상호문화교육론, 세계시민교육론 등의 이론을 살펴본다. 그리고 8장에서는 한국에 알려진 다문화교육 이론가들의 업적과 주장들을 정리할 것이다. 이를 각 장별로 구체적으로 살펴보면 다음과 같다.

1장에서는 '다문화학' 혹은 '다문화교육학' 관련 학계에서 다루어온 다문화교육의 쟁점과 담론을 살펴볼 것이다. 다문화교육이 언제 어떻게 태동되었는지를 아는 것은 민주주의 발전 과정을 아는 것과 밀접한 관계를 갖는다. 다문화교육에서 지향하는 '문화다양성의 인정' 혹은 '문화다양성의 존중'은 민주주의의 기본 이념이기 때문이다. 민주주의는 어느 날 갑자기 나타난 것이 아니라 오랜 인권 투쟁의 역사적 산물임을 미국의 다문화교육 역사를 통해 기술한다.

2장에서는 다문화교육의 생성 배경에서 발전 과정에 이르기까지의 개념과 가치, 다문화교육에 관한 다양한 정의와 지향점 등을 다루게 될 것이다. 특히 미국의 대표적인 다문화교육 연구자인 뱅크스(Banks, 2009; 2014), 뱅크스와 뱅크스(Banks & Banks, 2009), 슬리터와 그랜트(Sleeter & Grant, 2009), 그랜트와 슬리터(Grant & Sleeter, 2011), 골닉과 친(Gollnick & Chinn, 2009), 존슨과 존슨(Johnson & Johnson, 2002), 캠벨(Campbell, 2010), 니에토(Nieto, 2009) 등을 다루게 된다.

3장에서는 다문화사회에서 개인이나 시민으로서 살아가야 할 가장 기초적인 역량으로 간주되는 다문화감수성에 논의한다. 다문화감수성을 함양하기 위해서는 학교 차원에서의 문화다양성 교육을 실천해야 할 것이다. 따라서 이 장은 다문화교육의 효과로 나타날 수 있는 다문화감수성과 이를 높이는 교수학습 방안에 대해 살펴본다.

4장에서는 다문화감수성을 갖춘 개인을 넘어서 개인과 개인 간의 관계에서 필요한 상호 긍정적인 신뢰감을 형성하는 방법인 협동학습을 기술한다. 협동학습은 다양성을 지닌 개인과 개인 간의 소통과 협력을 높이는 데 필요한 경험 기제이며, 다문화 교수학습방법 중 가장 중요한 방법이라 할 수 있다. 이 장에서는 협동학습의 개념과 특징, 협동학습과 다문화교육과의 관계, 협동학습을 위한 교사의 역할 등을 다룬다.

5장에서는 다문화학교론을 다루는 데 다문화학교의 개념과 유형 그리고 다문화학교 사례를 기술한다. 다문화학교는 다문화 정신과 가치를 배울 수 있고, 다문화적 삶을 살아갈 수 있는 태도와 행동을 습득할 수 있는 곳이다. 특히 베넷(2001)과 뱅크스(2014)가 제안한 다문화학교의 특성과 개념을 살펴보고, 다문화학교에서의 다문화교육과정 수행하기, 그리고 갈등을 긍정적으로 조절하는 다문화교육 프로그램에 대해 알아볼 것이다.

6장에서는 상호문화교육론을 논의한다. 다문화성과 상호문화성에 대한 차이는 물론 우리 사회가 상호문화성을 선택해야 하는 이유를 제시한다. '다문화성'은 이론적으로나 실제적으로나 여러 문화 간의 연결고리 없이 단지 병존하고 있는 상태의 기술에 머무르고 있다. '상호문화성'은 서로를 변화시켜가며 소통과 문화 간에 존재하는 경계와 장애물을 극복하려는 과정에 대한 적극적 개입이 요구된다. 이런 맥락에서 이 장에서는 상호문화성을 기반으로 하는 상호문화교육을 살펴볼 것이다.

7장에서는 세계시민교육론을 다룬다. 무엇보다 학교 구성원의 다문화교육 참여 확대 측면에서 세계시민교육을 도입한다. 이로써 한국의 다문화교육이 다문화 소수집단에 관한 지원 중심의 교육을 넘어 학교 구성원 모두에게 바람직한 다양성 교육을 지향하도록 한다. 이제 학교 교육이 세계시민으로서의 역량을 함양할 수 있는 방향을 맞춘 것으로 이해할 수 있다.

8장에서는 다문화교육 이론가들을 소개한다. 특히 한국의 다문화교육학 영역에서 친근한 다문화교육 연구자들을 기술하고자 한다. 뱅크스, 베넷, 캠벨, 그랜트와 슬리터, 골닉과 친, 홀츠브레허, 존슨과 존슨, 니에토 등의 이론들을 제시할 것이다.

이 책 『다문화교육의 이론과 이론가들』은 다문화교육에 입문하려는 모든 사람에게 가이드 역할을 해줄 것으로 믿는다. 그 이유는 우리나라에 소개된 다문화교육 이론서들에서 나온 개념들을 유형화하고 체계적으로 정리했기 때문이다. 이 책을 쓰는 데 주변의 많은 조력자들이 있었다. 우선 이 책의 기반이 된 『다문화교육과 인간관계』, 『민주주의와 다문화교육』, 『교사를 위한 다문화교육』, 『상호문화교육의 이해』, 『언어, 문화 그리고 비판적 다문화교육』의 공동번역자들에게 감사함을 표한다.

위 번역서들에서 나온 개념들을 정리하여 책의 기본 집필 자료를 구성했다. 이를 가지고 필자는 4학기에 걸쳐 다문화교육 관련 대학원 강좌를 운영했다. 강좌에서 책에 담길 내용들을 가지고 박사과정 연구생들과 함께 공부하며 토론했다. 또한 집필 과정에서 필자에게 유익한 코멘트를 해준 정경희 박사, 최승은 박사, 조영철 박사, 그리고 이 책의 자료들을 정리해준 박사과정 연구생 최유성 선생에게도 진심으로 감사를 더하고자 한다.

책의 집필을 마치고 서문을 쓸 때면 드는 생각은 시원함과 섭섭함의 이중적 감정이다. '무엇인가를 완수했다는 시원함은 무엇을 더 채울 수 있을 텐데……'라는 섭섭함으로 이내 바뀐다. 이런 섭섭함은 앞으로 이 책을 보완할 기회를 만들어줄 것으로 판단하며, 그 기회가 빨리 오길 희망한다.

2017년이 지나가는 즈음

저자 김영순

차례

3장 시민역량으로서의 다문화감수성

4장 다문화교육과 협동학습 수행하기

5장 다문화학교와 다문화교육 프로그램

6장 다문화사회와 상호문화교육의 실천

7장 다문화교육에서 세계시민교육으로

8장 다문화교육 이론가들의 이야기

1장
한국 다문화교육의 쟁점과 담론

어떤 학문이든 해당 사회가 당면하고 있는 문제들을 해결하는 데 기여해야 한다. 이 명제는 학문의 사회 참여적 기능을 강조한 것이며, 이 기능은 사회과학의 본질일 뿐만 아니라 사회과학자가 행해야 할 책무이기도 하다. 우리 사회의 다문화 현상은 급격하게 확산하고 있고, 이 현상을 분석하여 문제점을 탐색하고 해결책을 제안하는 학문적 노력 역시 지속적으로 이루어져오고 있다. 특히 '다문화학' 혹은 '다문화교육학'이라는 영역에서 적극적으로 수행되어온 만큼 이 장에서는 관련 학계에서 다루어온 다문화교육의 쟁점과 담론을 살펴볼 것이다.

이를 위해 2000년 이후 최근까지 다문화교육학계에서 수행해온 학술연구 동향을 살피고 이를 유형별로 구분할 것이다. 또한 유형별 주요 논문에 담긴 내용을 소개하여 어떤 쟁점을 구성하고 있는지를 검토할 것이다. 이후 국내의 다문화교육 방향에 관한 담론과 다문화교육의 문제에 관한 담론들의 쟁점을 살펴볼 것이다. 아울러 이 책에서 다루게 될 다문화교육의 핵심 개념과 이슈들을 소개할 것이다.

1. 다문화교육의 연구 지형

다문화교육이 한국의 학교현장에서 거론된 것은 2006년 교육부에 의한 다문화가정 자녀 지원정책에서 비롯되었다고 볼 수 있다. 당시 다문화교육정책은 교육의 영역에서 가장 중요한 평등성에 기초한 것으로서, 문화적 배경이 다른 부모를 둔 다문화가정 학생들의 문화적응과 학업성취를 위한 지원을 골자로 하고 있다. 그러나 진정한 다문화교육의 정신을 탐색해보면 다문화가정 자녀들의 문화적응 및 학업성취를 위한 지원이라고는 볼 수 없다. 지금도 학교현장에서 다문화교육이 다문화가정 자녀의 적응 및 성취를 위한 지원 사업으로 오해하고 있는 배경이 바로 여기에서 연유한다.

실제로 다문화교육의 시발 국가라고 할 수 있는 미국에서는 다문화교육이 아이디어 혹은 개념을 넘어 교육개혁운동이나 민주주의 사회를 지향하기 위한 하나의 과정으로 이해되고 있다. 뱅크스(Banks, 2013)에 의하면 "다문화교육은 모든 학생이 자신의 성(gender), 성적 지향(sexual orientation), 사회계층, 그리고 민족적 · 인종적 · 문화적 특징에 구애받지 않고 학교에서 동등한 배움의 기회를 가져야 한다는 신념을 담고 있다. 따라서 그는 다문화교육이 형평성을 갖기 위한 교육으로서 학교 혁신을 강조한다. 이런 맥락에서 골닉과 친(Gollnick & Chinn, 2009)은 다문화교육의 가장 효과적인 방법으로 교실수업과 학교 환경 변화를 강조한다. 이를 위해 학생의 문화를 학교 운영 및 교육활동에 활용하고 있다는 점이다. 이를테면 교육전략으로 학교 환경에 문화, 다양성, 평등, 사회정의, 민주주의 등과 같은 개념을 접목하는 것이다(Gollnick & Chinn, 염철현 역, 2012: 21). 또한 학교 교육이 민주주의의 이론을 기반으로 개인의 존엄성, 인간성 회복, 인간관계 발전의 가능성, 그리고 모든 사람의 평등을 촉진하는 교육이 되어야 한다(Campbell, 김영순 외 역, 2012: 68).

이렇듯 다문화교육의 지향점은 온전한 민주주의의 실천 장으로서 학교를 향하고 있다. 이러한 다문화교육에 관한 연구는 우리나라의 경우 다문화사회로 진입하면서 많은 학자에 의해 다양한 관점과 시각으로 이루어져왔다. 그중에서도 다문화교육이 앞으로 어떤 방향으로 나아가야 할지에 대한 연구가 주류를 이루고 있었다. 이러한 국내 다문화교육 연구의 동향을 살펴보기 위해 2000년부터 2018년까지 국내외 학술지에 발표한 논문과 박사학위논문 중에서 '다문화교육'을 키워드로 검색했다. 물론 석사논문 및 보고서 등을 종합하면 그 수는 1,000여 편에 이른다. 일단 한국연구재단 등재후보 이상 학술지와 박사논문 검색결과 관련 논문 74편이 검색되었다. 이를 〈표 1〉과 같이 주제를 분류해 정리했다.

〈표 1〉에서 보는 바와 같이, 다문화교육과 관련해서 가장 많은 연구가 이루어진 분야는 바로 다문화교육의 방향에 대한 연구이다. 비율은 31%로 조사된 문헌 중 다수를 차지하고 있다. 이는 점진적으로 다문화사회로 진입해 가는 우리나라의 실정과 맞물려 관련 연구가 증가한 것으로 판단된다. 이 외에 다문화감수성 관련 연구 19%, 다문화교육정책에 대한 연구 14.9%, 다문화교육 프로그램 연구 9.5%, 다문화교

〈표 1〉 다문화교육 연구동향 분석을 위한 주제 분류(2000~2018)

구분	주제	논문 편수(편)	비율(%)
1	다문화교육 개념	6	8
2	다문화감수성	14	19
3	다문화교육 프로그램	7	9.5
4	다문화교육 인식	5	6.8
5	다문화교육정책	11	14.9
6	다문화교육 방향	23	31
7	다문화학교	4	5.4
8	기타	4	5.4
	계	74	100

육 개념에 대한 연구 8%, 다문화 인식에 대한 연구 6.8%, 다문화학교에 대한 연구 5.4%, 교사교육, 다문화역량 등 기타 분야가 5.4%로 그 뒤를 이었다. 연구가 많이 이루어진 분야의 연구동향을 기술하면 다음과 같다.

1) 다문화교육의 방향에 대한 연구

다문화교육의 방향에 대한 연구를 구분하면 다문화교육의 담론과 방향을 연계한 연구로서 고홍규(2015), 김용신(2010), 김진희 외(2013), 모경환 외(2011), 박민정(2012), 변종헌(2016), 서종남(2012), 안병환(2009), 이해주(2015), 전재영(2011), 정지아(2015), 최충옥 외(2010), 황정미(2010) 등이 있다. 또한 한국의 다문화교육에 대한 문제점을 파악한 뒤 방향성을 제시한 연구로는 박영준(2016), 서종남(2009), 이민경(2013)이 있으며, 포스트모더니즘과 다문화교육을 연결하여 방향성을 탐구한 연구는 김현희(2016)로 파악되었다. 이 외에도 다문화교육의 방향을 학교에 한정시킨 연구로는 고민정 외(2013), 염미경 외(2016)가 있었으며, 미국의 사례를 중심으로 일반인에 대한 다문화교육의 방향을 연구한 논문은 김지은 외(2011)도 있었다.

이러한 연구 중에서 문헌연구를 통해 다문화교육의 실태를 분석한 전재영(2011)의 연구와 우리나라 다문화교육의 문제점을 지적하고 대안을 제시한 박영준(2016)의 연구, 포스트모더니즘과 다문화교육을 연계하여 연구한 김현희(2016)의 연구에 대해 살펴보면 다음과 같다.

전재영(2011)은 다문화교육 연구의 실태 분석을 통해 향후 다문화교육이 나아가야 할 방향을 제시했다, 이를 위해 석·박사학위논문 463편을 분석하고 범주화한 후 주제 및 내용을 분석했다. 그 결과 다문화교육을 다문화교육정책, 학교영역의 다문화교육, 사회영역의 다문화교육 등으로 범주화했다. 이러한 분석을 통해 다문화교육에 대한 연구가 전반적으로 양적으로 급속하게 증가한 데 반해 이에 대한 질적 수준은 많이 부족한 것으로 파악했다. 그가 해결책으로 제시한 것은 학교 영역의 다문화교육에서 한층 체계적이고 거시적인 접근을 위한 교육과정 분야의 연구가 필요하다는 것이다. 또한 사회영역의 다문화교육에서는 시민이 주도하는 다문화 기관과의 접근성을 높여야 한다고 주장했다.

박영준(2016)은 한국 다문화교육의 문제점과 대안을 고찰했다. 그는 학술적 차원에서 한국에서의 다문화교육에 대한 소개가 1980년대부터 시작되었고, 2006년 이후 본격적으로 활발하게 진행되고 있다고 보았다. 우리나라 다문화교육의 문제점에 대해서는 다문화 학생의 실태, 국내출생자녀교육의 문제, 중도입국자녀의 문제, 국제이해교육의 문제 등 4가지 측면을 살펴보았다. 이 연구의 결과는 실제 학교 교육현장에서 다문화학생에 대한 차별과 편견이 존재했고, 중도입국자녀의 경우 체류신분이 불안정하기 때문에 공교육을 받을 기회를 박탈당했다고 기술했다. 또한 정체성 확립과 새로운 문화에 대한 적응 그리고 언어 문제로 인한 학업 포기, 다양한 분야에서의 인권침해 등이 심각한 문제로 나타났다고 보았다. 그리고 국제이해교육 차원에서는 다문화교육과 국제이해교육의 개념에 대한 혼란을 문제점으로 인식했다. 이러한 문제점들을 해결하기 위한 방법으로 다문화교육의 초점을 다문화 학생이 아닌 일반학생을 대상으로 할 것을 제안했고, 인종적 구분을 내재화하고 있는 '다문화교육'이라는 용어를 '상호이해교육'으로 바꾸는 것도 제안했다. 또한 중도입국자녀의 문제를 해결하기 위해 중도입국자녀의 영주권 취득 요건이나 귀화 요건을 완화해줄 것과 이들을 위한 언어 및 직업 교육을 위해 공립 대안학교 또는 예비학교를 설립해 제도권 내에서 중도입국자녀에 대한 교육이 이루어져야 한다고 주장했다. 그리고 국제이해교육의 경우에는 우선적으로 정확한 개념을 확립할 것과 국제이해교육과 다문화교육의 상호 협력적 관계를 강조하는 교육을 실시할 것을 제안했다.

김현희(2016)는 한국의 다문화교육이 포스트모더니즘이 지향하고 있는 소수와 다수의 문화 계층에 대한 접근법과 상반되는 입장을 취하고 있으며 다문화 학생의 통합 · 동화에 초점을 맞추었다는 비판적인 시각을 바탕으로 새로운 다문화교육의 가능성을 탐색하고자 했다. 이를 위해 학교현장에서 이루어지고 있는 다문화교육정책과 다문화교육사업을 포스트모더니즘 철학에 근거하여 살펴보고, 이를 통해 다문화교육의 방향을 모색하고자 했다. 그는 한국 사회에서 '다문화'라는 용어 자체에 대해 사회적으로 보수적 · 부정적 인식이 많아서 인종적 · 종교적 · 문화적 공존의식이 미흡하다고 지적한다. 또한 한국의 다문화교육이 대상자의 다양한 상황을 충분히 고려하지 않은 채 국가 주도로 교육과 정책이 수행되어 대부분 한국인으로 동화시키려고 하는 동화주의의 모습을 띤다고 비판했다. 이에 대한 해결책으로 일반인을 대상으로 다문화 이해교육을 통한 다양성이 존중되는 문화를 조성해야 한다고 주장했다. 아울러 학교현장에서 다양성 존중을 위해 교원들을 대상으로 한 다문화 직무교육이 필요하고, 이를 통한 다문화 자녀 교육 전문성 향상을 강조했다. 또한 중도입국자녀에 대한 교육시스템 구축, 이중언어 교육 강화 등을 제안했다. 나아가 초 · 중등 교원양성 과정에 있는 교대와 사범대에 다문화교육 전문 교육을 의무적으로 이수할 수 있는 정책을 마련하여 예비교사들에게 다문화교육을 준비시키는 것도 필요하다고 했다. 그리고 다문화교육을 위한 거버넌스 네트워크를 구축하여 가정 · 학교 · 지역이 서로 협력하여 다문화교육을 함께 지원하고, 이를 통해 사회적으로 다문화 우호적인 교육 환경을 구축할 필요가 있다고 주장했다. 특히 대중매체 등을 활용하여 차별 및 동화주의 의식을 융화주의로 전환하는 것도 필수라고 주장한다.

앞에서 열거한 다문화교육의 방향에 대한 연구에서 기존 다문화교육의 문제점 제시, 학교 다문화교육의 강화, 교수자와 학습자의 다문화 인식을 함양하기 위한 세부적인 프로그램 개발의 필요성 제시, 학교와 지역사회를 연계한 다문화교육 네트워크 구축, 예비교사들을 위한 다문화교육의 학습기회를 확대해야 함을 주장했다.

2) 다문화감수성에 대한 연구

이 유형의 연구는 크게 교수자의 다문화감수성과 학습자의 다문화감수성에 대한 연구로 나눌 수 있다. 김영순 외(2013), 김종백 외(2011), 이기용 외(2016), 천지영 외(2013) 등이 교수자, 즉 교사들의 다문화감수성에 대해 연구했고, 김홍운(2008), 아영아(2013), 안병환(2012), 염미경(2012) 등이 학생들에 대한 다문화감수성에 대해 연구했다. 이철현(2013)은 다문화감수성을 측정하는 측정 도구 개발에 대한 연구를 했다. 다문화교육에서 다문화감수성은 매우 중요한 부분을 차지한다고 할 수 있다. 다문화교육의 궁극적인 목적은 어떤 사회에서 '다문화인'이라고 일컫는 소수집단은 물론 다수 집단 구성원 모두에게 다문화감수성을 높이는 것이라고 볼 수 있기 때문이다.

이러한 다문화감수성에 대한 연구 중에서 실제로 외국인과의 접촉 경험이 많은 교수자의 다문화감수성에 대해 질적 연구를 수행한 김영순 외(2013)의 연구와 중등학교 교사의 다문화 태도, 다문화 교수 역량, 다문화 교수 효능감의 관계에 대해 분석한 이기용 외(2016), 그리고 다문화적 학교 환경이 청소년의 다문화감수성에 어떠한 영향을 미치는가에 대해 연구한 아영아(2013)의 연구에 대해 알아보도록 하겠다.

교사들의 다문화감수성에 대한 연구 중 김영순 외(2013)는 베넷(Bennett, 1993)의 다문화감수성 발달 모형을 바탕으로 외국인 유학생을 석·박사과정 학생으로 둔 교수자 5명을 연구 참여자로 삼아 유학경험의 유무 및 외국인 유학생에 대한 지도경험이 다문화감수성과 어떤 연관관계를 갖는지 살펴보았다. 이 연구에서는 다문화감수성에 대해 단지 문화지식만 습득하는 것으로는 얻을 수 없는 능력으로 간주한다. 아울러 다문화감수성을 "타문화와 그 문화의 사람들에 대한 유연하고 개방적인 태도"로 정의한다. 이러한 다문화감수성을 측정하기 위해 베넷의 다문화감수성 발달 모형(Development Model of Intercultural Sensitivity, DMIS)을 적용했는데, 이 모형에 의하면 우선 자신의 문화를 지키고 타문화에 대한 저항으로 자민족중심주의 또는 자문화중심주의가 나타나지만, 점차 상대방의 문화에 대한 개방적인 태도를 보이며 문화상대주의적 관점을 지니게 된다는 것이다. 자문화중심주의는 부정, 방어, 최소화 단계에 이르기까지이며, 이후 수용, 적응, 통합의 문화상대주의적 단계로 이동한다고 주장한다(Bennett, 1993; 김영순 외, 2013).

이러한 모형을 기반으로 한 김영순 외(2013)의 연구 결과를 제시하면, 유학 경험이 있는 교수자의 경우 다른 문화에 대한 선경험이 있기 때문에 문화적 차이를 이해하고 자신의 문화적 정체성을 확장하는 문화상대주의적 태도를 가지고 있었다. 또한 지속적으로 외국인 대학원생을 지도함으로써 문화적 유연성을 가지고 다문화를 이해하는 적응 및 통합의 단계로 확장되고 있음을 확인했다. 반면 유학 경험이 없는 교수자의 경우 외국인 유학생을 처음 지도했을 당시에는 다문화감수성 발달의 초기 단계인 타문화에 대한 부정 또는 저항적인 태도를 보였지만, 그 후 지속적인 외국인 유학생과의 상호작용으로 인해 수용 및 적응의 단계로 나아가는 것을 알 수 있었다. 따라서 교수자가 자신과 문화적 배경이 다른 문화권의 유학 경험 혹은 다른 문화 배경을 지닌 학습자와의 지속적인 노출은 다문화감수성을 확대하는 요소라고 볼 수 있다. 즉, 다문화에 대한 노출과 경험이 많을수록 다문화감수성이 향상되는 것을 가정할 수 있다.

이기용 외(2016)는 중등학교 교사들이 지닌 다문화 태도, 다문화 교수 역량, 다문화 효능감 간의 관계를 분석했다. 그 결과 중등학교 교사의 다문화 태도와 다문화 교수 역량, 다문화 태도와 다문화 효능감, 다문화 교수 역량과 다문화 효능감 간에 유의미한 상관관계가 있음을 확인했다. 또한 구조방정식 모형에 의한 경로관계 분석 결과에서는 중등학교 교사의 다문화 태도가 다문화 효능감에 직접적인 영향을 미쳤지만, 교사가 지닌 다문화 교수 역량을 매개로 다문화 효능감에 영향을 미치는 효과가 유효한 것으로 나타났다. 다시 말해, 중등학교에서 교사가 지닌 다문화 태도가 다문화 교수 역량을 매개했을 때 해당 교사의 다문화 효능감에 더 큰 영향을 미친다고 보았다.

따라서 중등학교에서 교사의 효능감을 높이기 위해서는 교사 역할 관련 태도, 교사 교육 및 교육과정 관련 태도 등에 대한 다문화 태도의 변화가 요구됨을 강조했다. 이와 더불어 교사의 다문화 관련 지식과 교수방법 개발 능력 등의 다문화 교수 역량 발휘가 절실히 요구된다고 할 수 있다. 이를 위해 교사 역할의 재정립과 다문화가정 학생에 대한 배려, 다문화 교사교육에 대한 적극적인 참여, 학교 교육과정에 다문화 내용 가르치기, 교사 역할의 인식 변화 등이 요구된다고 했다.

아영아(2013)는 다문화학교 환경이 청소년의 다문화 태도에 미치는 영향에 대해 연구했다. 이 연구는 일반 청소년을 대상으로 다문화에 대한 태도 및 다문화학교 환경에 대한 인식 수준을 확인하고 다문화 태도에 영향을 미치는 다문화학교 환경요인을 탐색하는 것을 목적으로 했다.

연구 결과는 학교영역에서의 다문화 태도는 비다문화 학생과 다문화 학생 간의 친밀한 교류 같은 상호협력을 통한 행동적 측면, 지위의 동등성 같은 인지적 측면이 높을수록 긍정적으로 나타났다. 이는 학교현장에서의 다문화에 대한 통합적 환경조성이 매우 중요하다는 것을 단적으로 나타낸다고 할 수 있다. 이를 위해서는 학급단위 및 학교단위에서 비다문화 학생과 다문화 학생 간의 통합적 교류가 이루어질 수 있는 다양한 프로그램이 개발되어야 할 것이며, 이러한 통합적 교류의 방향은 학교의 규범과 가치가 다문화 사회통합 정책과 일관되게 이루어져야 할 것으로 보았다. 또한 비다문화 학생이 다문화 학생으로 인해 향후 자신들이 불이익을 당할 수 있다는 위기의식을 일부 가지고 있는 것으로 보이므로 이에 대한 교육과 개입이 시급하다고 주장했다.

다문화감수성에 대한 연구들에서 주목해야 할 것은 다문화감수성이 다문화 환경에서 저절로 이루어지는 것이 아니라 경험과 체험 그리고 학습에 의해 구성된다는 점이다. 따라서 학교에서는 교수자와 학습자 모두 다문화감수성에 대한 역량 확보 차원의 교육과정을 구안해야 한다.

3) 다문화교육정책에 대한 연구

이 유형의 연구는 대부분 한국의 다문화교육정책에 대해 비판하고 바람직한 방향을 제시하는 연구가 주를 이루었다. 서범석(2010), 오성배(2010)는 전반적인 다문화교육정책의 현황을 제시하고 이에 대한 비판점은 물론 이후 과제와 발전 방향에 대해 탐색했다. 류방란(2013)

은 다문화교육정책과 교육 현실을 성찰했고, 김선미(2011), 박종대(2017), 이경희(2011), 이명종(2013), 이민경(2010), 이정금(2018) 등은 국내 다문화교육정책의 흐름을 고찰하고 각 정책에 대한 비판점을 제시했을 뿐만 아니라 이후 발전 방향을 제시했다. 이 중 류방란(2013)과 이정금(2018)의 연구에 대해 약술하겠다.

류방란(2013)은 한국이 다문화사회로 변모하고 있는 가운데 다문화주의나 다문화교육에 대한 논의가 활발하게 이루어지고 있지만, 정작 이를 받아들이는 학교의 제도적 운영에 대해 문제점을 지적했다. 즉, 학교의 다문화교육과 관련된 문제에 대한 성찰이 부족하다는 인식하에 우리나라 다문화교육정책의 현실을 직시하고자 했다. 이 연구에서는 다문화교육이 학생들에게 다문화교육 관련 프로그램을 제공하는 데 그칠 것이 아니라 다문화교육 제도 운영의 근본적인 변화가 있어야 한다고 주장한다. 즉, 다문화교육에 대한 논의를 통해 우리나라 다문화교육 제도를 전반적으로 점검할 것을 촉구하고 있다. 이를 통해 학습자들의 민주시민 역량을 함양하기 위해 어떤 과정과 절차 하에서 학습할 수 있도록 할 것인지 등을 고민해야 한다고 주장한다. 이러한 고민들을 통해 학습자와 교사 모두 일상적으로 학교 또는 지역사회에서 역동적인 참여와 실천이 활성화될 수 있어야 한다는 것이다.

이정금(2018)은 미래의 한국 사회에서 다문화교육정책이 어떠한 방향으로 가야 할지에 초점을 맞췄다. 먼저 한국의 다문화교육 현황을 살펴보면서 다문화가정의 실태, 다문화가정 자녀 및 학생 현황, 2011년부터 2017년까지 각 정부부처별 다문화교육정책의 추이를 살펴보았다. 이를 통해 현행 다문화 정책의 문제점들은 다문화교육에 대한 몰이해 및 이해 부족, 일관성 없는 다문화교육정책, 이에 관한 정부부처

간 소통 부족, 일방적인 한국문화의 주입과 강요, 관련 기관 협력 부재와 사회관계망 부족 등이라고 지적했다. 이러한 문제점을 해결하고 미래 한국 사회에서의 다문화교육이 어떤 방향으로 나아가야 하는지에 대해서는 다음과 같은 제언을 제시했다.

우선 본격적인 다인종 · 다문화 사회가 도래함에 따라 정책 방향을 동화주의에서 다문화주의로 바꿔야 한다고 주장한다. 또한 그동안의 다문화교육정책이 다문화가정 학생의 언어지체 문제와 학교 부적응, 학업 부진만을 고려한 정책을 실시했는데, 이를 탈피하여 상호 문화다양성을 인정하는 다문화교육을 실시할 것을 제안하고 있다. 한편 다문화교육정책이 담당 관계부처의 특성에 따라 다양하게 실시되고 있는데, 그러다 보니 정부의 일관된 정책 방향에 의존하기보다는 부처 간의 소통 부재로 일관성이 없다는 것을 지적했다. 그러면서 중앙컨트롤 시스템을 개선하여 정책의 일관성을 유지하고 사회관계망을 개선하여 정책에서 소외되는 사람들이 없도록 해야 할 것을 주장하고 있다. 아울러 다문화교육이 학교 교육에 그치지 말고 전 국민을 대상으로 확대되어야 한다고 주장한다. 점차 다문화사회로 변화하는 한국 사회에서 다문화교육의 대상을 학생들에게 한정하여 실시하는 것은 시대에 역행하는 것이므로 전 국민을 대상으로 다문화교육을 확대할 것을 주장했다.

대부분 다문화교육정책에 관한 연구는 앞서 언급한 바와 같이 한국의 다문화교육정책을 동화주의적 입장이라고 비판하고 바람직한 방향으로서 다문화주의 혹은 상호문화주의에 기반을 둔 다문화교육정책을 제시했다.

4) 다문화교육 프로그램에 대한 연구

이 유형의 연구는 주로 각급 학교에서 실시할 수 있는 다문화교육 프로그램을 개발하는 것이다. 구정화(2012), 최문성 외(2013)는 초등학교에서 실시할 수 있는 다문화교육 프로그램 개발에 대한 연구를 했고, 방기혁(2013)은 다문화 대안학교를 위한 고등학교 수준의 교육과정을 개발하는 연구를 했다. 또한 민용성 외(2009)와 주재홍 외(2014)는 다문화교육을 위한 학교 교육과정 개발에 초점을 맞추었으며, 한용택(2012)은 영화를 활용한 다문화교육 프로그램을 제시했다. 김정현 외(2009)는 도시형 다문화교육의 방향과 실제에 대한 연구를 수행했다. 이 중에서 초등학교 다문화교육 프로그램 개발에 대해 연구한 구정화(2012)와 교사, 행정가, 교육과정 개발자에게 요구되는 역량을 탐색한 후 학교 다문화교육을 재구조화하기 위해 적용 가능한 개발 모형을 제시한 주재홍 외(2014)의 연구에 대해 살펴보도록 한다.

구정화(2012)는 다문화 시민성을 기르기 위한 초등학교 다문화교육 프로그램 개발에 대해 연구했다. 기존의 다문화교육 프로그램들이 체계적인 논의 없이 문화 간 차이의 이해에만 초점을 두고 내용을 구성했다는 한계점을 지적했다. 이후 전문가 조사를 통해 체계적으로 교육과정을 구성하고, 문화 간 차이뿐만 아니라 문화 불평등의 문제와 이에 대한 해결 방안까지 고려하여 다문화 시민성을 함양할 수 있는 프로그램을 개발했다. 이 프로그램은 초등생을 위한 다문화교육 프로그램의 내용을 담고 있으며, 소단원별로 '학습목표', '생각열기', '살펴보기', '풀어보기' 등으로 구성했다. 아울러 다문화 시민성을 함양하기 위한 관련 개념을 중심으로 인지 영역과 함께 가치와 기능 영역의 목표도 함께 성취할 수 있도록 했다. 이렇게 개발된 프로그램은 3개 학습에서 시범 적용하여 효과성과 타당성을 확보했고, 일부 내용을 수정한 후 전문가 자문을 통해 내용을 정교화하여 최종 프로그램으로 확정했다. 그의 연구에서는 실제 이 프로그램에 대한 효과를 언급하지 않았지만, 초등학교에 실제 적용 가능한 프로그램으로 평가할 수 있다.

주재홍 외(2014)는 학교를 구성하는 교사, 학교경영자 그리고 교육과정 개발자에게 다문화교육을 실천하기 위해 학교를 어떻게 변화시키고, 재구조화할 것인지에 대한 하나의 교육과정 개발 모형을 제공하고자 했다. 이 연구에서는 다문화학교의 기초로서 '다양성의 존중', '교육적 평등', 그리고 '모든 학습자에 대한 높은 기대'로 개념화했다. 또한 다문화교육을 학교와 수업에 구체적으로 적용하고 실천하기 위한 4가지 단계를 교육목표, 교육내용, 수업, 그리고 학습자 평가로 구분하고, 각 영역에 해당하는 실제와 활동들을 설명했다. 그리고 이 연구에서 논의한 다문화교육과정 개발 모형이 우리나라 학교 교육과정에서 어느 정도 이루어지고 있는지를 평가했고, 최종적으로 이 연구를 학교 교육과정과 수업에 적용할 수 있는 실천전략과 시사점을 제시했다.

이 연구를 통해 얻을 수 있는 함의는 학교 다문화교육과정의 성취기준을 개발하여 일선 학교의 교사들에게 제공할 필요가 있다는 것이다. 또한 다문화교육은 교과교육뿐만 아니라 비교과교육이라 할 수 있는 창의적 체험활동 등 다양한 학교 행사를 비롯하여 방과 후 프로그램 등을 통해서도 수행하도록 교육과정을 개발할 필요가 있다. 그리고 이 연구가 개념화한 다문화교육과정의 실천전략은 궁극적으로 실천가인 교사들의 몫이라는 점에서 다문화교육을 실천하기 위한 교사들의 전문성을 높여야 한다는 점이다. 아울러 교사들의 다문화교육 수업안 개발을 위해 다문화교육 연구자와 현장 교사의 협동적 실행 연구에 있어서 교사에 의한 교육의 가능성에 주목할 필요가 있다.

위에서 열거한 다문화교육 프로그램에 관한 연구는 이 책에서 자세하게 다루지는 않지만, 상당한 양의 연구가 학교현장의 다문화교육 프로그램을 연구대상으로 해서 석사학위논문 혹은 소논문으로 발표된 바 있다. 대부분 초 · 중등교육에서의 다문화교육 프로그램 개발 연구, 교수자를 위한 다문화교육 연수 프로그램 등이 있으며, 학교 교육과정을 통해 다문화교육 프로그램이 실제로 수행될 수 있는 제도적 지침 정립이 필요하다고 강조한다.

5) 다문화교육 인식에 대한 연구

이 유형의 연구는 대부분 교사의 다문화교육 인식에 대한 연구가 주를 이루었다. 류방란 외(2014), 박선미 외(2011), 최성보 외(2014), 현길자 외(2014) 등이 교사가 인식하고 있는 다문화교육에 대한 연구를 수행했고, 특히 이수정 외(2012)는 학교 관리자의 다문화교육 인식에 대한 연구를 수행했다. 이들 연구 가운데 박선미 외(2011)는 학교현장에서 다문화교육 경험을 가지고 있는 교사가 다문화 인식에 어떠한 영향을 미쳤는지에 대해 연구했다. 그는 현장 연구를 통해 교사들의 다문화교육에 대한 인식을 연구했다는 점에서 의의가 있다.

박선미 외(2011)는 인천의 다문화교육 중점 학교에서 근무하는 교사를 대상으로 다문화교육 경험이 그들의 다문화적 인식에 미친 영향을 분석했다. 교사의 다문화적 인식이 다문화가정의 학생뿐만 아니라 일반 학생들의 태도와 행동에 영향을 미치기 때문에 교사를 대상으로 하는 다문화교육 프로그램이 교사의 다문화적 인식을 길러줄 수 있어야 한다는 것이다. 연구를 위해 초등학교 5개교, 중학교 4개교, 고등학교 1개교 등 총 10개의 인천시 다문화교육 지정학교 교사를 대상으로 설문조사를 실시했다.

이 연구의 결과는 전반적으로 교사들이 다문화교육에 대해 알고 있다고 인식하고 이해의 방향도 상당히 긍정적인 것으로 나타났다. 다문화교육 목표에 대한 인식에서 타민족에 대한 우리나라 학생들의 편견을 극복하거나, 다문화가정에 대해 배려하도록 하며, 다문화가정 학생들에게 다양성 속의 일체감을 강조해서 조화로운 사회를 건설하도록 해야 한다는 데는 강한 긍정을 보인다. 반면에, 우리 사회의 차별과 불평등을 민감하게 인식하도록 한다는 데 대해서는 상대적으로 부정적인 반응을 보였다. 또한 다문화 자기효능감을 조사한 결과, 다문화가정 학생과 그렇지 않은 학생들 간에 협력할 수 있도록 가르치고, 다문화가정 학생들이 자신의 문화에 자긍심을 갖도록 가르칠 수 있으며, 학생들이 문화적 다양성을 존중할 수 있는 능력을 갖도록 가르칠 수 있다고 응답했다.

이에 반해 다문화가정 학생들의 높은 학업성취를 기대하고 교육기회를 높이기 위한 실행 능력을 묻는 문항에 대해서는 상대적으로 낮은 효능감을 보였다. 이상의 결과를 통해 볼 때, 대부분의 교사는 다문화교육 경험 유무와 상관없이 다문화교육에 대해 긍정적인 태도를 보였으나 동화주의적 혹은 문화다원주의적 관점을 지향하고 있고, 다문화교육이 필요하다고 인식하면서도 자신이 다문화교육을 담당하는 주체가 되는 것에 대해서는 부담스러워했다. 또한 우리 사회의 차별과 불평등에 대한 비판의식을 길러주거나 다문화가정 학생들에게 교육 기회를 적극적으로 제공함으로써 교육 정의를 실천하고자 하는 비판적 다문화교육에 대해서는 소극적인 입장을 취하고 있었다.

실제로 이 책에서 집계하고 있는 통계치보다 실제로 많은 수의 다문화교육 관련 논문은 주로 다문화교육에 관한 학습자와 교수자의 인식을 다루거나 인식 개선 방안을 다루고 있다. 특히 이 유형의 연구들에서는 다문화인식이 비교적 낮은 것으로 보았지만, 다문화교육 연수 경험이나 다문화 학급을 경험함으로써 다문화 인식이 개선되는 것을 제시했다.

6) 다문화학교에 대한 연구

이 유형의 연구로서 강일국(2010)과 정문성(2011)은 다문화 대안학교에 대한 연구를 수행했고, 특히 오영훈·김영순(2016)은 한국 최초의 공립 다문화 대안학교인 인천 한누리학교에 관한 연구를 했다. 박철희 외(2016)와 조영달 외(2010)는 기존 학교 내에서의 다문화교육에 대한 연구를 수행했다. 다문화학교에 대한 연구 중 정문성(2011)은 국공립 다문화 대안학교를 다문화교육의 해결책 중 하나로 제시했기에 살펴보도록 하겠다.

정문성(2011)은 공립형 다문화 대안학교의 가능성에 대한 탐색 연구를 통해 현재 국·공립학교에서 이루어지지 못하고 있는 다문화교육을 '대안학교'라는 방법으로 해결하고자 했다. 많은 다문화가정 학생들이 일반 학교에 적응하는 데 많은 문제를 안고 있다. 특히 언어적인 측면에서 학교에 적응하는 데 어려움을 겪고 있는 실정이다. 하지만 이러한 다문화가정 학생들이 일반 학교에 잘 적응할 수 있도록 도와줄 수 있는 제도적인 인프라는 매우 열악한 실정이다. 이런 문제점을 해결하기 위해 자생적 대안학교가 있기는 하지만, 매우 소수이거나 열악한 교육환경을 가지고 있기 때문에 이제는 공립형 다문화 대안학교 설립을 통해 일반 학교에서 소외되고 이탈되는 다문화가정 학생들을 제도권 교육 내에 수용해야 한다는 것이다. 물론 이러한 공립형 다문화 대안학교의 설립에 많은 문제점과 해결해야 할 과제들이 있다. 공립형 대안학교의 설립이 오히려 다문화 학생들의 사회 편입 통로를 막는다는 주장과 현실적으로 불가피하다는 입장, 학력인정의 형평성 문제와 현실적 문제, 막대한 예산 확보 및 배분과 관련된 역차별 문제, 교육과정의 일반성과 특수성의 조화 문제 등이 바로 그것이다.

위에서 살펴본 바와 같이 한국에서의 다문화학교에 관한 연구는 다문화 대안학교, 다문화 중점학교 등의 연구에 집중되고 있다. 이는 실제로 다문화학교의 조건을 제대로 파악하지 못한 것으로 판단된다. 다문화학교란 다문화가정 자녀의 재학 유무와 상관 없이 문화적 다양성이 존중되고 이를 학습할 수 있는 프로그램이 존재하는 학교를 의미한다.

7) 선행연구의 시사점

이상으로 우리나라에서 수행된 다문화교육에 대한 연구 동향을 살펴보았는데, 그 결과 현재까지의 다문화교육에 대한 연구는 대부분 다문화교육에 대한 문제점을 지적하면서 앞으로 다문화교육이 어떤 방향으로 나아가야 하는지에 대한 연구가 많은 부분을 차지했다. 하지만 이제는 이러한 기초적이고 이론적인 연구에서 한 단계 더 나아가 실제적이고 적용 가능성에 초점을 맞춘 연구가 더욱 필요하다. 즉 다문화교육 프로그램이나 교육과정, 다문화학교에 대한 연구가 더 필요하다. 분석한 74편의 논문 중에서 다문화학교를 연구한 논문은 4편(5.4%)이었다. 여기에 학교에서 시행할 수 있는 다양한 다문화교육 프로그램에 관한 연구 논문을 더해도 11편(14.9%)에 지나지 않는다.

하지만 점진적으로 다문화사회로 진입해가는 우리나라의 상황에 비추어볼 때, 이제는 다문화교육의 방향성을 세우고, 어떻게 하면 다문화감수성을 높일 수 있으며, 다문화가정과 비다문화가정, 즉 일반인을 대상으로 하는 다문화 정책에 무엇이 필요한지에 대한 연구도 중요하다. 이와 더불어 실제로 학교 또는 일반인을 대상으로 하는 교육과정과 다문화교육 프로그램에 대한 연구가 더욱 필요하다고 본다.

2. 한국 다문화교육에 관한 담론

이 절에서는 한국 다문화교육에 관한 주요 담론들을 살펴보고자 한다. 여기서 우리는 담론을 학문적으로 제한하여 사용할 것이다. 따라서 최근 들어 한국 사회에 확산되어 나타나는 다문화교육에 대한 학문적 동향들은 어떤 큰 틀에서 제시되고 있는지를 살펴볼 것이다. 다문화교육은 궁극적으로 현장 실천적 특성을 갖지만, 그 이전에 상위 다문화정책 혹은 해당 사회의 이주민 정책과 연결된다. 또한 이주민 정책은 특정한 이데올로기나 그 사회를 움직이는 철학으로부터 자유롭지 못하다. 일단 다문화교육을 둘러싼 이데올로기와 철학을 바탕으로 한 관점을 살펴볼 것이다.

1) 다문화교육의 목표와 성격 담론

다문화사회에서 강조하고 있는 다문화교육은 매우 광의이자 논쟁적인 개념이다. 코엘료(Coelho, 1998)는 다문화교육의 목표와 성격에 대해 어떤 사회의 구성원이 지닌 다양성에 대한 인식에 따라 여러 형태로 표현될 수 있다고 보았다. 그는 다양성에 대한 관점을 크게 차별, 동화 그리고 다문화주의로 구분했다. 그에 의하면, 차별에 중심을 둔 관점은 인종 또는 문화적으로 다른 집단을 분리하여 차별적으로 대하는 것으로, 각 인종 또는 문화 간의 우열을 전제로 하면서 다양성은 인정하지 않는다. 동화의 관점은 캐슬스와 밀러(Castles & Miller, 2003)가 분류한 것처럼 주류집단의 문화에 소수집단의 문화를 강제로 편입시키는 것이다. 이 역시 차별과 마찬가지로 다양성을 인정하지 않는 관점으로 볼 수 있다. 이에 반해 다문화주의는 소수집단의 정체성을 인정하면서도 주류집단과 동등하게 상호작용을 인정하는 관점이다. 이러한 관점에서 보면, 문화 다양성에 대해 해당 사회가 어떤 관점을 선택하느냐에 따라 다문화교육의 목표와 내용이 달라질 것이다.

조영달 외(2010)는 한국의 다문화교육이 주로 민족 다양성과 관련되어 논의되고 있음을 지적하고 있다. 그는 해외에서 인종, 종족, 언어, 사회계층, 성, 장애 등을 포괄하는 넓은 개념으로 다문화교육을 이해하고 있다고 하면서 우리 사회의 호혜주의로 편향된 다문화교육 방향의 전환을 주장한다. 이렇듯 다문화교육에 대한 논의점 및 접근법이 국가나 사회마다 상이하고 다양하게 나타날 수 있는데, 이러한 다문화교육에 대한 접근법은 주로 각 국가와 그 사회의 이주민 정책을 통해 알 수 있다.

2) 다문화사회에 대한 국가별 접근 유형

캐슬스와 밀러(2003)는 이주민 정책을 통해 드러난 다문화사회에 대한 국가별 접근 유형으로 차별적 배제 모델(differential exclusionary model), 동화 모델(assimilation model), 다문화 모델(multicultural model)로 분류했다. 차별적 배제 모델은 이주민의 사회 참여를 그 영역에 따라 차별적으로 인정하는 모델이며, 동화 모델은 이주민이 주류 사회에 통합하는 것을 지향하는 모델이다. 또한 다문화 모델은 이민자의 다양성을 인정하고 사회의 모든 영역에서 현지인과 동등한 권리를 인정하고자 하는 모델이다. 이에 대해 조영달 외(2010)는 각 국가의 정책이 복잡하기 때문에 한 국가가 추구하는 다문화 관련 정책을 위의 세 모델 가운데 하나로 명확하게 분류하기는 어렵다고 지적한다. 그 이유는 실제로 정책의 여러 영역에서 서로 다른 모델이 중첩되어 적용될 수 있기 때문이라고 한다.

코엘료(1998), 캐슬스와 밀러(2003), 조영달(2010)과 유사하게 박동열(2012)은 다문화교육의 접근 유형으로 차별적 배제 유형과 동화주의, 다문화주의, 상호문화주의로 구분했는데, 특히 동화주의를 '공화주의적 동화주의'라고 명명한다. 또한 다문화주의를 자유주의적 동화주의, 자유방임주의적 다문화주의, 급진적 다문화주의로 세분했다. 그의 모델 분류의 특징은 기존의 유형에 상호문화주의를 추가했다는 점이다. 그에 따르면, 차별적 배제 유형은 민족주의를 기반으로 한 민족관념이 강한 국가들에서 나타나는데, 우리나라가 여기에 해당한다고 볼 수 있다. 이런 국가에서 주류 민족집단은 자신들의 국가는 이민국가가 아니라는 관념을 강하게 가지고 있어서 이민자와 그 자녀들을 자국의 구성원으로 수용하길 꺼려한다. 그래서 그 국가의 정부는 입국심사를 강화하고 안정적인 체류조건을 까다롭게 하며 가족합류이민을 극히 제한하는 등 배타적인 정책을 시행한다. 또한 이민자를 육체노동 위주의 노동시장에만 한정하게 하고 복지, 시민권, 정치참여를 막는 차별적 정책을 시행하고 있다.

박동열(2012: 28)에 의하면 공화주의적 동화주의는 이민자를 일방적인 과정을 통해 주류 사회와 문화에 편입시키려는 동화 중심 정책을 취한다고 한다. 이민자는 자신의 고유 언어, 문화, 사회적 특성을 버려두고 이민한 국가의 언어와 문화에 흡수되기를 강요받는다. 오늘날 공개적으로 동화주의를 표방하는 국가는 드물지만, 특수한 역사적 맥락 속에서 이러한 동화주의적 양상을 보이는 국가들이 간혹 존재한다. 이를테면, 프랑스의 이주민 정책은 '다문화주의'를 '공동체주의'라고 여기면서 거리를 두는 대신, 이민자와 그 자녀들을 공화국 시민으로서 프랑스 사회에 '통합'시키는 것을 목표로 하고 있다. 사실 공화주의에서 개인은 정치공동체의 시민으로서 공공 영역에 적극적으로 참여하여 자신의 자유를 완성하는 존재다. 따라서 개인은 사적 영역에만 머물러 있는 것이 아니라, 공화국 시민으로서 정치공동체를 위한 연대와 헌신을 해야 한다는 책무를 갖게 되며, 그것이 곧 공동체 발전에 기여하게 된다는 교육을 접하게 된다. 이는 개인의 자유가 외부의 간섭에 의해 규제받는 것을 거부하는 자유주의적 개인과는 다른 유형이다.

앞에서 밝혔다시피, 박동열(2012)에서 나타난 논의의 특징은 다문화주의를 자유주의적 다문화주의, 자유방임주의적 다문화주의, 급진적 다문화주의로 구분한 것이다. 다음에서는 이들 다문화주의의 특징을 각각 살펴보도록 한다. 자유주의적 다문화주의는 '사회통합'이라는 목표를 위해 문화적 다양성을 허용하고, 소수민족의 존재를 인정한다. 이는 개인의 자유와 자율성을 신장하려는 자유주의 원리가 개인 차원의 권리와 함께 소수 문화의 집단적인 권리에 대한 인정을 포함하고 있기 때문이다. 따라서 자유주의적 다문화주의는 자치, 집단대표, 그리고 다문화의 권리 등 문화적 특수성을 표현할 수 있도록 사회적 소수에게 권리를 부여한다. 이 권리를 통해 종교적 · 인종적 정체성 같은 사적인 영역에 속하는 문제에서 다양성의 표현은 자유롭게 허용된다.

또한 자유주의적 다문화주의는 시민생활 같은 공적 영역에서는 주류문화와 언어 그리고 사회관습에 따를 것을 요구한다. 다시 말해 사적인 영역에서는 다양성이 인정되지만, 학교, 공공기관, 직장 등 공적인 영역에서는 다양성을 인정하지 않는다는 입장이다. 왜냐하면 자유주의 국가는 공공 영역에서는 철저히 보편적 가치, 즉 자유, 기회의 평등, 종교의 자유, 표현의 자유 등을 추구하기 때문이다. 이러한 자유주의적 다문화주의에서 국가는 사람들이 자신이 속한 인종의 고유한 문화를 표현할 수 있는 자유를 구속하지 않지만, 그렇다고 장려하거나 지원하지도 않는다. 다만 국가는 보편적 가치를 지켜가고 사회적 갈등을 중재하는 조정자 역할만 할 뿐이다(박동열, 2012: 32).

또한 박동열(2012: 34)에서는 자유방임주의적 다문화주의에 대해 기술한다. 이민자는 자신들의 문화적 독특성을 포기하지 않으면서 사회의 모든 영역에서 주류집단과 동등한 권리와 기회를 지니게 된다고 한다. 이 유형에 속한 국가 중 대표적인 하나를 택한다면, 자유방임주의 전통 속에서 다문화주의를 추구하는 미국이 될 것이다. 자유방임주의에서 가장 우선되는 것은 개인의 자유로운 선택의 권리다. 즉, 개인은 외부의 간섭 없이 자신이 원하는 것을 자유롭게 선택할 때 자유롭다고 할 수 있다는 말이다. 그 결과 '시민권'이라는 의미에는 정치적인 의미가 최대한 제거된다. 이때 국가는 개인들의 자발적 계약을 보호하는 최소한의 역할만 수행하게 된다. 이러한 자유방임주의는 결과적으로 다문화주의를 지지하는 강력한 논리를 만들어낼 수 있다. 왜냐하면 이미 주류가 되어버린 다수집단의 문화와 정체성, 새로운 소수집단의 문화와 정체성 모두 동등한 중요성을 갖게 되기 때문이다.

박동열(2012: 36)에서 밝힌 급진적 다문화주의는 다문화주의 유형 가운데 근대 국민국가 체제를 변화시켜 다른 대안적 사회통합 모델을 구성하려는 다문화주의를 추구한다. 이러한 급진적 다문화주의의 세부 유형으로는 차별이 없는 기회의 평등을 확보하려는 자유방임적 다문화주의를 넘어 결과의 평등까지를 보장하려는 정책을 취하는 조합주의적 다문화주의 유형이 있다. 이 유형은 주류문화 속에서 소수인종, 소수문화가 현실적으로 불리하거나 차별받고 있다는 점을 전제한다. 이 문제를 해결하기 위해 적극적인 법적 · 재정적 지원을 하려는 특징을 가지고 있다. 이러한 다문화주의를 채택하고 있는 정부는 적극적으로 다문화교육, 다언어방송, 다언어주의, 다언어문서 정책 등을 실시한다. 또한 소수민족의 학교, 단체, 각종 공동체를 지원하며, 취업이나 교육 분야에서도 할당 제도를 운영하고, 공공기관에 통역을 배치하며, 지방선거에 참여권을 부여한다. 또한 「인종차별금지법」을 제정하여 인종적 불평등을 구조적으로 제거하고자 노력하기도 한다. 이러한 정책은 분명히 사회정책을 의회민주주의를 통해 이익집단들 간의 민주적 · 경쟁적 합의로 산출하고, 국가가 최소한으로 조정자 역할만 하는 자유주의적 다문화주의와 분명하게 구별된다. 조합주의적 다문화주의 형태에서는 소수집단이 국가와 비공식적 회의와 타협을 통해 정책결정 과정에 충분히 참여할 여지가 있다.

박동열(2012)의 다문화주의에 관한 논의 중 주목할 것은 바로 상호문화주의가 채택된 것이다. 다문화주의와 상호문화주의는 반대되거나 대립된 개념이 아니다. 두 개념 모두 문화적 다양성이라는 환경에 대응하기 위한 정책적 이념이며, 각각의 고유한 문화적 가치를 인정하고,

소수집단에 대한 정책적 배려를 추구하는 이념이다. 다만 이 둘은 다른 방식으로 문화 다양성을 다루고 있을 뿐이다. 즉, 상호문화주의 입장에서의 다문화주의는 집단이냐 개인이냐의 중요성을 다루는 측면에서 집단에 우선권을 부여하고 있다고 볼 수 있다. 말하자면 집단의 정체성이 개인의 정체성보다 앞선다는 의미인데, 이것은 집단을 동질적 존재로 보기 때문이다. 그래서 이 시각에서 다문화주의는 집단 내에 존재하는 개인의 다양성을 경시하는 경향으로 나아갈 위험이 있다. 만약 그렇게 된다면, 다문화주의는 이주민 혹은 이주민의 각 집단을 타자화하여 그들에게 일반적이고 보편화된 특정 이미지를 강제할 수밖에 없다는 것이다. 이런 다문화주의 맥락에서 각각의 개인은 어떤 소속집단의 대표가 되고 그 집단 문화의 전형(stereotype)을 지닌 것으로 생각하게 된다. 또한 구조, 특징, 범주라는 개념을 강조하는 다문화주의에서 특정 소수집단은 범주화되고, 그 구성원은 모두 동일시된다(장한업, 2009; 박동열, 2012: 38).

3) 다문화교육의 접근시 대한 담론

다문화교육의 접근 담론과 관련해서 박민정(2012)은 조영달(2010), 박동열(2012)과는 다른 유형을 제시한다. 그는 다문화교육이 시대, 장소, 상황에 따라 다양한 의미를 갖고 다양한 유형으로 실행되어왔다고 하면서 그 유형을 동화주의적 접근, 문화다원주의적 접근, 비판주의적 접근으로 구분했다.

박민정(2012)의 동화주의적 접근은 문화적 소수집단을 어떻게 주류사회에 통합시킬 것인가에 초점을 맞추어 주류사회의 문화, 즉 언어, 지식, 가치, 기술 등을 소수집단에게 학습시킨다. 그럼으로써 소수집단이 주류사회에 잘 적응할 수 있도록 도와주는 데 중점을 둔다. 이 접근은 주류사회에서 요구되는 지식, 가치, 기술 등에 대한 처방적 프로그램을 소수집단에게 제공해야 함을 강조한다. 그렇게 함으로써 맥라렌(McLaren, 1995)이 강조한 바와 같이 소수집단 구성원에게 계층이동의 기회를 동등하게 제공할 수 있게 되고 사회적 평등을 획득할 수 있다는 가정을 한다. 이와 같은 동화주의적 접근은 소수집단을 잠재적 부적응의 존재로 인식하는 것이며, 소수집단이 가지고 있는 고유성과 다양성을 사회통합과 질서를 위협하는 요소로 간주하고, 통합과 교정의 대상으로 여긴다. 또한 동화주의적 관점의 다문화교육은 단일문화에 기초를 둔 기존의 사회질서를 고수하려는 입장으로 판단된다. 그렇기 때문에 증가하는 이주민으로 인한 드러나는 다양성을 개인적 차원에서는 부적응과 혼란을, 사회적 차원에서는 안정적 사회통합의 장애적 요인으로 규정한다. 사실상 이러한 동화주의 관점이 한국의 다문화교육 정책의 핵심 내용을 구성하고 있다. 실제로 동화주의 관점은 다양성을 제한할 뿐만 아니라, 동화라는 목표 실현을 위한 정책 수행에서의 사회적 비용도 만만치 않은 점을 내포한다. 지속 가능한 미래 다문화시회를 위해서는 이러한 동화주의적 관점에 입각한 다문화교육정책이 지양되어야 한다.

4) 비판적 다문화주의 담론

이 책에서 지향하는 관점은 바로 문화다원주의적 접근이다. 이 접근에 기초를 둔 다문화교육은 일찍이 가르시아(Garcia, 1982)와 뱅크스(1988) 등에서 주장된 것으로 볼 수 있다. 문화다원주의적 접근은 문화적 다양성과 다원주의를 기반으로 타문화를 수용하고 간문화적 인식을 함양하도록 하는 데 초점을 둔다. 문화다원주의란 다수의 문화가 가지고 있는 고유성을 인정하면서 각 문화가 조화롭게 공존하고 소통하는 현상을 의미하는 개념이다. 이 개념의 맥락에서는 다양한 문화가 자신들만의 고유한 가치와 의미를 기초로 공존하고 있다는 사실을 받아들이고, 각각의 고유한 가치와 삶의 형태를 인정해야 한다는 입장이다.

문화다원주의 관점은 어느 특정 문화집단의 가치관이나 삶의 형태가 절대적이고 보편적인 기준이 될 수 없다. 이 관점은 각 집단의 고유함을 인정하고, 다른 문화집단에 대한 선입견과 편견을 없애야 한다는 문화상대주의적 입장과 일맥상통한다. 이 접근에서는 문화적 차이에 대한 이해의 부족 때문에 다른 문화집단에 대해 부정적 태도와 갈등 및 적개심 등을 가질 수 있음을 전제한다. 또한 서로 다른 문화집단들이 자신들과 다른 문화집단과의 유사점과 차이점을 이해하게 될 때 타인에 대한 왜곡된 이미지에서 벗어나 정확하고 긍정적인 이미지를 갖게 된다. 이런 과정을 통해 각 문화집단 간의 갈등이 해결될 수 있다고 본다(Baker, 1994; 박민정, 2012: 122).

다문화교육의 비판적 접근 방법을 '비판적 다문화주의'라고 한다. 비판적 다문화주의 관점에서는 단순히 정체성이나 문화의 차이만으로 규정하는 것은 불완전하며, 차이에 대한 존중과 사회계층의 불평등에 대한 비판이 병행될 때 올바른 의미를 찾을 수 있다고 강조한다(Glazer, 1997; Kincheloe & Steinberg, 1997; Walzer, 1997). 이 접근법에서는 문화 차이에 대한 인정을 뛰어넘어 그 이면에 숨겨진 차별과 불평등의 메커니즘을 밝히고, 그것이 어떻게 불평등과 억압을 정당화시키고 있는가를 확인하고자 한다. 이로써 사회정의와 자유 및 평등 실현을 최종적인 목표로 삼고 있다. 비판적 접근 방법에서 강조하는 문화에 관한 지식은 가치중립적으로 만들어진 것이 아니라 문화적 · 역사적 · 인종적 · 언어적 차별관계 속에서 설정된 것임을 강조한다.

비판적 다문화주의 관점은 어떻게 한 특정 집단의 문화와 지식이 유일한 규정과 준거로 설정되는가, 그리고 그것이 어떻게 사회적 불평등 양산에 기여하는가를 밝히는 데 관심을 둔다. 따라서 비판적 접근 방식의 다문화교육은 다른 문화에 대한 단순한 지식의 획득이나 문화적 이해의 차원을 넘어서 야기되는 불평등과 차별에 민감하게 반응하는 기제를 파악하려는 비판적 실천을 추구한다. 따라서 이러한 비판적 접근에 기초를 둔 다문화교육에서는 기존의 권력질서에 도전해서 지금까지 '당연시하고', '사실로' 배워온 기존의 가정을 재검토하거나 부정하는 출발점이라고 보았다. 이로써 소수자의 사실이나 실제가 그들 지신의 판단과는 다르게 어떻게 재현되어왔고, 현재 어떻게 재현되고 있는가에 대한 비평적 분석을 강조한다(박민정, 2012: 124).

이 절에서 다룬 한국 다문화교육 담론의 핵심은 한국 다문화교육 정책이 동화주의적 관점으로 구성된 것에 대한 비판과 아울러 다문화주의를 지향해야 한다는 점이다. 특히 자유주의적 다문화주의를 넘어 비판적 다문화주의 입장을 견지해야 한다는 주장을 발견할 수 있다. 아울러 대안으로서 상호문화주의 관점에 대한 고려도 엿볼 수 있었다.

3. 다문화교육의 문제점에 관한 담론

다문화교육에 관한 문제점들은 앞선 1절에서 밝힌 선행연구 중 다수의 연구에서 거론되고 있다. 이 절에서는 다문화교육정책의 문제를 거론한 이정금(2018)의 연구, 다문화교육의 내용에 관한 문제점을 지적한 박휴용(2012)의 연구를 살펴보고, 이어서 바람직한 다문화교육의 방향을 제안한 김선미(2011)의 연구를 다룰 것이다.

우선 이정금(2018)에서는 한국의 현행 다문화교육정책의 문제점에 대해 우선 다문화교육에 대한 이해 부족을 들었다. 그동안 다문화교육정책은 다문화가정과 다문화가정 자녀만을 대상으로 삼아 그들이 우리 사회에 적응하는 것에 초점을 맞추어왔다고 지적한다. 그러나 다문화교육은 이제 더 이상 다문화가정 자녀만의 문제가 아니라 우리 사회의 전체 구성원이 생각해야 할 필연적인 문제로 바뀌고 있다. 이에 교육부의 다문화교육정책 방향도 다문화가정 자녀에게만 지향하던 추진 방향을 학교 구성원 모두, 즉 전체 학생 그리고 교원의 인식 및 역량 제고 등으로 확대하고 있다. 아울러 현행 다문화교육은 대상의 확대와 부분적인 사업에만 치중하고 사회 전반적인 상황을 고려하지 못한 부분이 있다고 지적한다. 또한 현행 다문화교육정책은 주로 타문화 이해, 문화적 차이 이해 등과 같은 문화다양성 교육, 그리고 지속 가능한 사회통합에 대해 자주 거론하면서도 실제로 정규학교의 교육과정 속에 반인종주의 교육과 이주민에 대한 편견이나 성찰에 대한 구체적인 정책의 실현은 미흡하다.

또한 이정금(2018)은 천선영(2004), 오경석 외(2007), 한승준 외(2009) 등의 논의에 기반을 두고 현행 다문화 정책들은 한국 다문화사회의 특수성을 고려했다기보다는 외국의 다문화교육정책을 수용하는 데 그쳤다는 비판을 했다. 이어 그는 각 부처 간의 다문화정책과 다문화교육정책의 연계성 및 비협조성에 관해 비판하고 있다. 이를테면, 여성가족부의 다문화가족정책과 교육부의 다문화교육지원정책에는 서로 연결고리가 없어 보인다는 것이다. 여성가족부에서 추진하는 다문화가족지원정책과 교육부에서 추진하는 다문화교육정책에는 서로 차이가 있어야 맞다. 하지만 여성가족부가 전체 다문화가족정책 속에 다문화가족 자녀의 성장과 발달 지원이라는 과제와 맞물려 있으니 상호 소통이 필요하다. 그러나 교육부의 다문화교육지원정책은 여성가족부와 별개로 계획을 수립하여 실시하고 있다. 이러한 현상은 법무부의 경우도 마찬가지다. 여성가족부의 다문화가족정책 중 법무부와 관련된 부분은 다문화가족 자녀의 성장 · 발달 지원과 안정적인 가족생활 기반 구축, 다문화가족에 대한 사회적 수용성 제고 등이다. 그러나 현재 법무부는 기관의 특수성에 따라 출입국 관련 업무, 체류관리 업무, 강제퇴거 조치 등과 관련한 외국인 업무를 담당하고 있다. 그러면서 법무부의 다문화가족 지원사업은 여성가족부에서 사용하는 '다문화가족'이라는 용어 대신 '외국인 사회통합지원'이라는 프로그램을 실시하고 있어 여전히 '외국인'이라는 용어를 사용하고 있다(이정금, 2018: 561).

이어서 이정금(2018: 561)은 다문화교육을 일방적으로 한국문화를 주입하고 강요하는 것으로 착각하고 있다고 주장한다. 교육부의 다문화교육정책은 대부분 다문화가정 학부모의 자녀교육 역량 강화와 다문화 학생의 교육 내실화 추구 및 재능 발현 지원, 그리고 한국어 · 한국문화 교육 내실화에 초점을 맞추고 있다. 이것으로 볼 때 아직도 우리나라 다문화교육은 대부분 이주민을 대상으로 정책이 추진되고 있으며, 한국인 아버지와 결혼이주 외국인 어머니 사이에서 태어난 아이들과 그 외국인 어머니에게 '한국어교육'을 강요하고 있음을 알 수 있다. 이것은 우리 사회가 여전히 '한국인'과 '이주민'을 차별하여 생각하는 시각과 편협한 사고를 갖고 있는 다문화정책 관련 책임자들로부터 비롯된 정책이라고 비판한다. 각기 다른 언어와 문화를 가진 부모를 인정하고 양쪽 언어와 문화를 인정하는 쪽으로 다문화정책의 방향을 전환해야 한다. 2013년까지 실시한 교육부의 다문화교육정책은 다문화 학생을 대상으로 그들의 학교적응 및 기초학력 지원, 이중언어교육 활성화 등 다문화 학생 위주로 실시되었다. 이것은 그들의 문화를 인정하지 않고 우리 사회의 언어와 문화를 일방적으로 수용하길 강요하는 자문화중심적 사고에서 비롯되었다고 지적한다(이정금, 2018: 561).

특히 이정금(2018: 562)은 관련 기관의 협력 부재와 사회관계망 부족의 문제를 들고 있다. 이를테면, 한국말이 서툰 결혼이민자 · 귀화자들은 다문화교육을 지원하는 기관을 알지 못하거나 정보가 부족하여 다문화 관련 정책의 수요를 받지 못하는 경우가 있다. 이 경우 처음 한국 사회에 들어온 이주민의 주된 어려움은 언어문제, 외로움, 경제적 어려움, 자녀양육, 교육문제 등일 것이다. 그런데 이들을 지원할 수 있는 사회적 관계망은 현저히 부족하다. 또한 중앙정부 조직과 지방자치단체 조직 간의 사업에 대한 입장이 달라 서로 협력이 잘 되지 않는다고 지적한다. 구체적으로 일선에서 다문화교육정책을 수행하는 교육청, 관련 지원 센터, 복지관, NGO 등도 서로 소통 및 협력구조 부재로 인해 연계정보가 부족하여 사업 중복이 일어나기도 한다. 따라서 이들 기관 간 협조체제를 구축할 필요가 있다고 주장한다(이정금, 2018: 562).

다른 한편, 다문화교육의 내용에 관한 문제점을 지적한 박휴용(2012)은 다문화교육 방법론에 대한 비판적인 접근 측면에서 다음의 3가지 사항을 언급했다. 우선 다문화 교실의 다양성에 대한 대폭적인 인식 전환이 필요하다고 한다. 다문화학교에서는 학생 개개인의 다양한 차이와 특성을 고려해야 하지만, 이는 다문화학생의 문화적 배경에 대한 배려나 시혜적 차원이 아니라 학교 교육의 다양성 · 역동성 · 변혁성을 담보하기 위한 차원에서 이루어져야 한다. 다문화 교실의 인적 다양성은 학생들의 문화적 감수성을 계발하고, 문화 간 상호이해 및 편견을 불식시키며, 이러한 경험을 토대로 협력과 공존을 필요로 하는 민주시민 정신을 함양하는 데 필수요소다(김순희, 2008; 추병완, 2010; 박휴용, 2012: 67).

뱅크스(1993a)는 다문화교육을 "다양한 문화적 · 인종적 · 경제적 배경을 가진 학생들의 교육적 형평성을 제고하기 위해서 총체적으로 학교를 개혁하기 위해 노력함"이라고 정의했다. 박휴용(2012)은 이 정의에 기반을 두어 다문화 학생들의 학습기회의 형평성 문제가 재고되어야 한다고 주장한다. 많은 학자들은 일반적으로 다문화학생이 주류사회의 공립학교에 적응하지 못하고 학업성취가 미진한 주된 이유 중의 하나가 그들의 가정과 학교의 문화적 격차에 원인이 있다는 결론을 도출한다(Pewewardy & Hammer, 2003).

다문화 배경 학생들의 성취 문제를 해결하기 위해서는 개별 교사들의 노력도 중요하지만, 학교 차원에서의 근본적인 대책이 필요하다고 할 수 있다. 우선 다문화가정의 학생들이 가지고 있는 다양한 사회·문화적 배경을 분석하여 이를 학습이론, 그리고 학교적응 문제와 어떻게 연결시킬 것인가를 논의해야 한다. 다문화 학생들의 학업성취는 그들의 사회문화적 자원의 특이성과 역동성에 의해 좌우되므로 기존의 학습이론들을 획일적으로 적용하려는 태도에서 벗어나야 한다는 것이다. 다른 한편으로 현재까지의 교수-학습이론과 교육방법 및 스타일 등은 모범적 혹은 표준화된 학생들을 기준으로 구성되었다. 그 때문에 다문화 학생들이 기설정한 기준에서 벗어날 개연성이 크다. 이를 고려하여 다양한 성취기준을 제시하는 것, 즉 표준화의 오류에서 벗어나는 시도를 해야 한다. 따라서 이와 같은 획일화·표준화의 오류를 극복하기 위해 혼합적인 이종집단 구성 및 활용, 세련되고 정교한 상호작용 교수법 활용, 그리고 포섭적 교육과정의 도입 같은 방법론들이 필요할 것으로 판단된다(박휴용 외, 2012; 박휴용, 2012: 67).

아울러 박휴용(2012)은 다문화 학생에 대한 교사의 태도 변화가 필요하다고 지적한다. 다문화 학생들에 대한 교사의 낮은 기대수준과 언어적 반응양식 및 관심의 차이가 다문화 학생들의 학업부진의 원인이 된다는 연구들이 있다. 이런 연구들에 기초하면 다문화적 감수성과 긍정적인 기대수준을 갖는 것만으로도 다문화 학생들에게 큰 도움이 될 수 있다고 본다. 더 나아가 교사들은 문화적 민감성, 언어적 다양성, 그리고 다양한 교수전략을 갖추어야 하고, 궁극적으로 교사가 학생들 사이에서 문화적 매개자이자 조정자의 역할을 수행하는 것이 중요하다(Bennett, 1995; Nieto, 1996). 즉 다문화교육의 성공을 위해 가장 중요한 역할을 담당할 교사가 다문화 환경을 중요한 교육적 자산으로 활용하여 인격, 사회성, 세계관 교육의 기회를 모색해야 하며, 이를 위해서는 생태적 환경을 조성하고 다양성을 인정하는 학교 교육의 궁극적인 변화와 교사의 적극적이고 긍정적인 태도가 필수적이다(Ladson-Billings, 1995).

김선미(2011)는 한국적 다문화교육의 개선 방향으로 다문화교육의 대상과 내용 그리고 다문화교육의 범주와 방법 측면에서 6가지 방향성을 제시했다. 우선 다문화교육정책의 대상 및 내용으로서 다문화교육이 단지 이주민을 대상으로 하는 한국어교육과 문화적응 프로그램의 수준에 머물러서는 안 된다고 강조한다. 더 나아가 우리 사회의 다양성의 인정과 공존, 그리고 그 가운데에서 조화를 이뤄내는 사회라는 기조를 완성시킬 수 있는 것들로 주된 교육 내용들이 채워져야 한다고 주장한다. 또한 이주민을 포함한 모든 시민에게 다문화교육이 단순히 시혜적인 복지정책의 성격을 가진 것으로만 이해되면 안 될 것이다. 이보다 다문화교육은 모든 시민을 대상으로 하는 시민교육으로 추진되어야 하고, 학교뿐만 아니라 우리 사회 전반에 걸쳐 확대되어나갈 수 있도록 전개되어야 할 것을 강조한다.

또한 그의 핵심적인 주장은 다문화교육이 이주여성이나 장기체류 외국인, 그리고 이들의 자녀에 한정되어서만 실시할 것이 아니라 사회의 모든 구성원을 대상으로 이루어져야 한다는 것이다. 나아가 다문화교육이 이주민이나 내국인에게 단순히 여러 나라의 문화적 특징을 교육하는 것이 주가 되었는데, 이러한 교육은 진정한 다문화교육이라고 할 수 없다고 강조한다. 다양한 문화가 서로 어떻게 교류하고 어떻게 영향을 미쳐왔는지에 대해 이해시켜야 하며, 다른 문화를 통해 자신의 문화를 더욱 깊이 이해할 수 있도록 하는 것이 다문화교육의 중요한 부분임을 피력한다. 한편 그는 다문화교육을 위한 기준이 각 국가나 사회의 특징에 따라 다르게 적용될 수 있다고 한다. 이를테면, 미국은 주로 인종문제가 강조되고 있다면, 우리나라에서는 인종문제가 주된 강조점이 아닐 수 있다. 또한 우리 사회는 다종교 사회임에도 유럽에서와 같은 심각한 종교적 갈등은 일어나고 있지 않다. 하지만 다른 국가와 달리 좁은 국토임에도 지역 갈등과 지방색에 대한 차별은 우리 사회에서 가장 큰 문제로 인식되고 있다. 그러므로 한국의 다문화교육에서는 이러한 지역적 집단 갈등을 해소하기 위한 내용도 다문화교육의 한 측면으로 강조될 필요가 있다고 주장한다. 아울러 다문화교육은 개인이나 사회의 정체성 문제와 관련이 깊다고 본다. '한국인으로서의 나는 누구인가?'라는 문제는 한국인의 정체성 문제와 연결되는데, 이것은 정체성에 대해 새로운 인식을 갖게 하는 것에서 출발해야 한다. 따라서 다문화교육에서는 정체성에 대한 개념 이해와 자신의 정체성 문제를 새로운 사회 패러다임에 적합하게 해석하거나 인식하는 부분이 포함되어야 한다고 주장한다.

김선미(2011)은 다문화교육의 범주와 방법 측면에서 우리나라의 다문화교육을 국내 문제로 한정하기보다는 같은 내용을 전 지구적 차원으로 연결하는 글로벌 다문화교육의 형태로 진행시키는 것이 바람직하다고 주장한다. 다시 말해 국제이해교육과 다문화교육을 동시에 실시하는 것으로 생각할 수 있다.

이런 주장은 필자가 이 책에 도입하려고 하는 대안적 다문화교육 이론으로서 세계시민교육과의 함의를 갖는 것이다. 국내의 외국인 인구 증가는 국내의 특수한 사정과 국제교류가 활발히 전개되는 과정에서 아울러 진행되는 특성을 지니고 있기 때문에 다문화주의적인 시각을 국내외로 확대 · 적용하는 것이 타당하고, 그랬을 때 교육적 효과도

높을 것으로 기대된다. 또한 다문화교육은 사실상 그 개념과 교육 목표, 실천의 방식에서 그 범위가 상당히 광범위하고 포괄적인 성격을 지니고 있는데, 한국적 상황에 적절한 다문화교육의 실천 방향에 맞게 다문화교육의 범주를 더욱 구체화하여 방향 설정을 할 필요가 있다. 이를테면, 우리나라의 다문화교육은 인권교육과 함께 병행하여 전개될 필요가 있으며, 시민 모두에게 각 대상의 특성과 교육 목적에 따라 다양하게 구분되어 교육이 시행될 필요가 있다.

또한 대부분의 국내 다문화교육 연구자들은 우리나라 다문화교육 정책의 방향으로 동화주의에서 다문화주의로의 전환이 요구되며, 상호문화 다양성을 인정하기 위한 정책의 기획과 구현, 다문화교육정책을 위한 중앙 컨트롤 시스템과 사회관계망 구축을 강조하고 있으며, 다문화교육의 대상을 전 국민으로 확대할 필요가 있다고 주장한다. 앞에서 거론한 우리나라 다문화교육의 문제는 바람직한 다문화교육의 가치를 구현하지 못하는 학교 내적인 측면으로서 교육의 구조적 측면과 내용적 측면에서 발견된다. 다시 말해 구조적 측면에서의 다문화교육은 문화적 배경이 다른 소수자의 적응 및 동화교육이 아니라 모든 학생에게, 그리고 학교의 모든 구성원, 즉 학교경영자, 교사, 행정직원들에게 문화다양성 교육의 방향으로 이루어져야 한다는 점이다. 또한 내용적 측면에서는 한국어, 한국문화 적응교육이 아니라 인권, 평등, 다양성 교육 등 민주주의의 가치와 미덕을 함양할 수 있는 민주시민교육 내용을 다루어야 한다는 점이 강조된다.

4. 다문화교육에서 민주시민교육으로

앞선 내용에서는 한국 다문화교육의 연구동향과 다문화교육 방향에 관한 담론, 다문화교육의 문제점에 관한 담론을 살펴보았다. 이런 담론에서 나타난 시사점들을 살펴보고, 이를 기반으로 해서 이 절에서는 한국 다문화교육을 위해 이 책이 어떤 기여를 할 것인가에 관한 내용을 적고자 한다. 따라서 이 절은 '다문화교육에서 민주시민교육으로'라는 방향성을 내세워 한국 다문화교육의 지향점을 제시할 것이다. 우선 앞선 논의들에서 찾을 수 있는 시사점들은 다음과 같다.

첫째, 2000년 이후 지금까지의 다문화교육 연구동향을 살펴본 결과 가장 많은 연구들은 다문화교육의 방향에 관한 것이다. 대부분 다문화교육을 다문화가정 자녀에 한정하는 것에서 학교의 전체 구성원인 학교경영자, 교사, 모든 학생에게 확대해야 하며, 나아가 우리 사회의 모든 구성원을 대상으로 해야 한다고 주장한다. 또한 호혜주의적 다문화교육을 통한 동화주의적 시각을 버리고 문화상대주의적인 방향으로 나아가야 하며 비판적 다문화교육이 확대되어야 함을 주장한다. 그뿐만 아니라 다문화교육의 연구동향 중 다문화감수성에 관한 연구와 다문화교육 프로그램 개발에 관한 연구도 다수를 이루었다는 점이다. 이 점에 관해서는 다문화감수성에 관한 이론적 논의를 넘어서 이를 높일 수 있는 프로그램의 개발이 필요하고, 다문화교육 프로그램 역시 학교에서 활용 가능하거나 비판적 다문화교육 이데올로기를 지향하고 시민교육의 일환으로 전향해야 한다는 시사점을 얻을 수 있다.

둘째, 다문화교육에 관한 담론과 다문화교육 문제점에 관한 담론에서 다문화교육은 해당 사회의 다문화 철학이나 다문화 정책과 무관하지 않다는 것이다. 따라서 동화주의를 지양하고 다문화주의를 채택해야 한다는 주장과 아울러 대안으로 상호문화주의를 고려해야 한다는 주장을 담고 있다. 이는 다문화주의가 집단을 겨냥한 철학이라면 해당 집단의 구성원 개인들이 지녀야 하는 '타자지향성'과도 관련이 있다. 따라서 미래 지속 가능한 다문화사회가 되려면 학교 다문화교육은 학생들의 문화적 감수성을 계발하고, 문화 간 상호이해 및 편견을 불식시키는 문화다양성 교육 프로그램을 운영해야 한다. 이는 교육과정의 다문화적 혁신은 물론 다문화교수학습 방법을 개선해야 함을 의미하고, 나아가 다문화학교로서의 경영 리더십이 요구됨을 알 수 있다. 또한 다문화교육이 학교 교육은 물론 평생 교육적 차원의 다문화교육으로 확대되어 협력과 공존을 필요로 하는 민주시민 정신을 함양하도록 해야 한다는 시사점을 얻을 수 있다.

이러한 시사점을 바탕으로 본 저술은 다문화감수성 함양, 협동학습 지향 교수법, 다문화학교 경영, 타자지향적 상호문화교육으로의 전환, 초국적 연대를 지향하는 세계시민교육 지향에 관한 내용을 포함할 것이다. 이런 교육 내용은 다문화 시민 양성에 기여할 수 있다. 다문화사회에서 시민이 된다는 것은 시민적 역량을 지녀야 함을 의미한다. 이 역량에 대해 개인이 갖추어야 할 다문화감수성, 상호긍정적인 신뢰를 높여주는 협동의식, 상호이해를 가능케 하는 타자 이해의 개념과 타자지향성, 세계문제에 관한 관심과 행동을 불러일으킬 수 있는 책임의식

등이다.

다문화감수성은 다문화사회에서 살아가는 우리에게 필요한 자질 중 하나로 서로 다름에 대한 배려와 존중, 차이를 인정하고 더불어 살아갈 수 있는 능력을 키우는 것이다. 이러한 다문화감수성은 타고나는 것이 아니라 학습을 통해 함양될 수 있다. 다문화감수성의 발달 과정은 발전적이고 예측 가능한 일련의 연속체로, 이는 다문화감수성이 정적인 단계가 아니라 계속 변화해가는 과정에 있는 단계임을 나타낸다. 또한 다문화감수성은 사회 · 문화의 영향으로 인해 잠재적으로 가지게 되는 발달단계가 개인마다 다르게 나타난다.

둘째, 협동학습 지향 교수법은 상호의존성 함양과 관련이 깊다. 상호의존성은 사회적 인간의 삶을 표방하며 근본적으로 다른 사람과의 관계를 의미한다. 관계는 사회적 상호의존을 바탕으로 하여 이루어진다(Johnson & Johnson, 2000). 긍정적인 관계를 형성하기 위해서는 다양한 배경을 가진 개인들과 효과적으로 상호관계를 맺을 필요가 있다. 긍정적인 인간관계는 긍정적인 교류를 통한 사회적 상호작용의 순환에 바탕을 두고 타자와의 공존과 평등을 지향하는 바람직한 인간으로 성장하게 한다. 상호의존성은 다문화사회를 맞이한 우리 사회에서도 매우 중요한 화두다. 다문화사회의 특성을 반영하고 있는 다양성은 다른 관점을 지닌 구성원 간의 갈등을 예상할 수도 있지만, 협력을 통한 문화 창조의 가능성도 내포하고 있다. 상호협력을 통해 사회적인 문제를 해결함에 있어 다양한 관점을 지닌 구성원의 집단은 동종 집단의 구성원에 비해 구성원 간의 관계에서 한 가지 관점 이상의 유연성과 합리성을 보일 수 있다.

우리 모두에게 다양성은 '불편한 것', '피해야 할 것'이 아니라 기회와 도전을 제공한다. 개인 간의 다양성을 존중하고 그 가치를 지속적으로 생산하기 위한 교육의 실천을 통해 상호의존성을 발전시킬 수 있다. 상호의존성은 관계에서 기인하는데, 관계는 서로 간의 공통된 목표, 관심사, 활동 그리고 가치를 발견할 때 시작된다. 타인과의 긍정적인 관계 형성을 위해서는 첫째, 타인을 존중하고 수용해야 한다. 타인을 존중하고 수용하기 위해서는 자기 자신에 대한 이해가 선행되어야 한다. 자신의 가치를 긍정적으로 평가할수록 다른 사람들을 긍정적인 시각으로 볼 수 있고 쉽게 받아들일 수 있다. 자신을 수용하고 존중하는 것이 다른 사람의 수용을 강화시키고 자기 인식을 발전시킬 수 있다. 둘째, 다른 사람에게 열린 마음을 가져야 한다. 열린 마음을 가지고 자신을 드러내는 것은 자신의 생각과 발상을 다른 사람에게 알림으로써 소통할 수 있는 지름길이 되고 관계도 넓어질 수 있다(김영순 외, 2016b: 101).

다문화감수성의 발달은 개인적 경험이 사회적 경험으로 나아가는 과정에 정체성의 발달을 유도하여 개인의 삶을 긍정적인 방향으로 이끌 수 있게 하고, 이를 통해 긍정적인 상호의존성을 경험하게 할 수 있다. 인간은 관계를 통한 사회적 상호작용에 의해 성장하고 변화할 수 있게 된다. 학습 과정에서의 상호작용 활동은 학습자들의 행동 변화에 영향을 미칠 수 있다. 사회적 상호의존성을 경험하는 개인들은 협동을 통해 타인이 성공해야 자신도 성공할 수 있음을 인식하게 되고, 모두에게 이익이 되는 결과를 얻으려고 노력한다(정문성, 2000: 38). 또한 협동은 경쟁적이거나 개인주의적인 노력보다 더 높은 개인 간의 끌어당김을 촉진시킨다(Johnson & Johnson, 김영순 역, 2010: 183). 협동학습은 동료 학습자 간의 상호작용에 의해 공동 목표를 해결하는 과정이므로 학습자의 인지적 · 정의적 영역에서 긍정적인 효과가 있다.

우리 사회 구성원 간의 대인관계를 증진시키는 것이 상호의존성이라면 국경을 넘는 초국적 상황에서의 상호의존성은 공동체 의식에서 시작된다. 공동체의식은 구성원의 소속감, 구성원이 중요하다는 느낌, 그리고 구성원의 요구가 상호관계를 통해 충족될 것이라는 공유된 신념 혹은 믿음으로 공동체가 유지되고 발전하는 데 근간이 된다. 공동체의 사회질서는 사회구성원이 공유하고 있는 사회적 가치에 기초하고 있으며, 공동체 의식은 공동체를 유지 · 발전시키고자 하는 집단구성원 간의 공통된 의식으로 개개인의 집단에서 찾는 자기 인식과 다른 구성원과의 연대 체험에 기반을 두어 갖게 되는 공유된 의식을 말한다고 볼 수 있다. 그러나 전 지구적 문제해결의 출발점이 되는 공동체 의식의 개념은 사회구성원의 소속감 및 사회적 연대의식을 넘어서서 지구와 인류 전체에 대한 책임과 의무를 가져야 하는 실천적 의식으로서의 전 지구적 공동체의식으로 발전시켜야 한다(김영순 외, 2016b: 103).

현대사회는 다양한 유형의 국제이주가 폭발적으로 증가하고 있는 이주의 시대다. 국가 간 경계를 넘는 국제이주의 전 지구화는 이주자의 사회적 관계망을 일차원적 관계를 넘어선 다차원적 관계로 확장시켰고, 이들이 정착하는 정주국에는 이주자의 모국과 정주국을 연결하는 초국적인 사회적 공간을 형성시켰다. 이에 따라 정주국에는 전 지구적 공동체가 만들어졌고 구성원의 다양성은 더욱 증대되었다. 이처럼 세계화의 흐름은 세계를 하나의 '지구마을 공동체'로 만들고 있으며, 이에 따라 구성원의 의식 변화를 요구하게 되었다.

세계는 기술적 · 경제적 · 정치적 · 생태적으로 상호의존하고 있으므로 각 개인이나 각 나라의 문제는 결코 단독으로 해결할 수 없다. 특히 식량문제, 노동문제, 이주문제, 환경문제, 기아문제, 빈곤문제, 전쟁 문제 등과 같이 국가 간의 협동적인 노력을 요구하는 문제가 점차 증가하고 있다. 전 지구적 공동체에 살고 있는 다양한 개인은 어떤 개인의 문제도 더 이상 개인만의 문제가 아니라 개인의 문제가 집단의 문제로, 집단의 문제가 국가의 문제로, 국가의 문제가 지구적 문제로 서로 밀접한 관계를 맺고 있음을 알게 되었다.

이처럼 국가 간의 상호의존성이 증가함에 따라 한 사회 속에 살고 있는 개인에게도 상이한 문화적 배경을 지닌 사람들과 상호작용을 통해 밀접한 관계 맺기를 요구하게 되었다. 국제이주로 인한 전 지구적 시대의 공동체 구성원은 상이한 문화를 가진 사람들과의 초국적 경험을 발전시켜 다양한 문제를 해결하면서 함께 살아가야 하기 때문이다. 또한 구성원의 권리와 이익이 평등한 가치를 누려야 한다는 목소리가 커지게 되면서 공동체의 구성원은 누구도 불평등하거나 소외받지 않아야 하며, 누구라도 동등한 권리를 누릴 수 있어야 한다. 공동체 구성원의 평등한 권리는 공동체의 존속과 발전에 기여할 수 있는 전 지구적 공동체의식으로 발현되어 사회통합의 근원이 될 수 있다.

지속 가능한 다문화사회의 성숙한 다문화 시민으로 성장하기 위해서는 공동체의 가치를 인식하고, 모든 사람을 고유한 권리와 가치를 지닌 소중한 존재로 여기며, 다양성에 가치를 부여하고 다양성을 존중하고 이해할 수 있어야 한다. 긍정적인 믿음을 갖고 경쟁적 관계를 넘어서 다양성을 존중하고 세계의 문제에 능동적으로 대처하여 사랑의 관계, 협력의 관계를 만들어나갈 수 있어야 한다. 또한 인간적인 삶과 행복을 누리고 풍성한 삶을 사는 사회를 만드는 데 이바지할 수 있어야 한다. 공동체 문화를 조성하기 위해서는 공통의 목표와 공유된 가치를 기반으로 적절한 행동에 대한 정의를 내려야 한다.

앞서 살펴보았듯이 다문화시민성 역량은 세계화의 흐름 속에서 상이한 문화적 배경을 지닌 사람들에게 다른 문화권의 사람들과 상호작용을 통해 밀접한 관계 맺기에 필요한 역량이라고 할 수 있다. 다문화시민성 역량을 통해 개인은 각자가 속한 사회의 문화를 수정하기도 하고, 해당 문화로부터 어떤 영향을 받기도 했다. 다문화적 환경 속에서 이루어지는 교육은 다문화사회에서 살아가는 시민이 긍정적인 다문화적 민주주의 공동체를 구성하고 유지할 수 있도록 뒷받침해야 한다. 따라서 학교에서의 다문화교육은 앞에서 언급한 다문화사회의 인간 발달의 전제와 동일하다고 볼 수 있다. 즉 개인적 차원, 사회적 차원의 역량은 결국 초국적 차원의 공동체 의식 역량으로 귀결될 수 있다.

그렇다면 어떻게 공동체 의식을 향상시킬 수 있을까. 이는 먼저 해당 사회가 공동체 문화로 변화되어야 하며, 이를 위해 교육적인 노력이 필요하다고 본다. 공동체 문화를 조성하기 위해서는 공통의 목표와 공유된 가치를 기반으로 적절한 행동이 요구된다. 이 같은 적절한 행동을 하는 시민은 학교에서 민주시민교육을 통해 만들어져야 한다. 민주시민교육의 가치는 공익과 다른 사람들의 복지를 위한 헌신적인 노력, 존중하는 마음, 통합을 위한 행동, 다른 구성원에 대한 보살핌, 다른 사람의 어려움에 대한 연민 그리고 다양성을 이해하는 마음으로 설정될 수 있다. 또한 사회적 쟁점에 대해 숙고하고 타당한 결론을 내리는 능력, 자신의 생각을 설득력 있게 주장하는 능력, 서로 다른 입장의 우열을 가려내는 능력, 공식적으로 채택된 결정에 대한 의사 표현 능력과 결정된 것을 실행하는 능력, 시민역량을 갖춘 젊은이들이 다양한 관점을 가지고 결론을 내리는 방법을 배우는 것은 중요하다. 그리고 이러한 민주적인 절차의 본질과 가치는 교육과정과 교수방법을 통해, 그리고 긍정적인 갈등해결과 협동을 실천함으로써 습득된다.

또한 학교에서의 민주시민교육은 다문화학교의 조건이 되기도 한다. 시민성을 학습함으로써 얻을 수 있는 이점은 학습자에게 행동을 안내하는 데 필요한 내적 원리를 제공한다. 또한 학교 관리 차원에서 시민성을 가르치는 것은 학교가 무엇을 기준으로 운영되고 있는지를 짐작하게 해준다. 그 가치는 교육과정, 교수법, 자원을 어떻게 결정해야 할지 안내하며, 교육과정의 요소를 선택하게 하는 기준을 제시한다. 그리고 시민성은 교직원들이 학부모, 학생, 방문자에게 무엇이 중요하고 왜 그러한지에 대해 설명할 수 있는 구조를 제공한다. 시민성은 학생들이 민주사회의 일원으로 살아가기 위해, 학생들을 더 나은 사람으로 만들기 위해, 따뜻한 공동체를 만들기 위해 반드시 배워야 한다(김영순 외, 2016b: 106-107).

민주주의가 생존하기 위해서는 민주시민의 미덕에 의존하며, 민주주의 사회를 구성하는 각 개인의 행복이 없다면 민주주의 또한 퇴보하게 된다. 학교는 직접적으로 다문화감수성을 향상시킬 수 있는 교육과정 제공을 통해, 자발적인 사회적 역할의 제도화를 통해, 집단 영향을 통해, 학교에서의 일상생활을 통해 민주적 가치를 가르칠 수 있어야 한다. 궁극적으로 민주적 가치들은 학교 구성원 간 그리고 학교를 둘러싼 이해관계자 간의 상호작용을 위한 구조를 제공하고, 지속 가능한 다문화사회를 유지하는 데 필수적이기 때문이다.

현재 한국의 다문화교육에 대한 인식은 다문화인이 한국 사회에 적응하도록 하는 교육이나 훈련으로 생각하는 경우가 대부분이다. 그러므로 먼저 다문화교육에 대한 바른 인식이 필요하다. 다문화교육은 소수인 다문화인을 교육시키는 데 한정된 것이 아니라, 다수인 한국 사람들을 개혁시키는 것을 포함한다. 더욱이 다문화교육의 핵심이라 할 수 있는 차별과 편견을 없애려면 소수자에 대한 교육이 아니라, 다수자를 위한 소수자 이해교육으로 의식을 전환해야 하며, 다문화교육도 소수자를 위한 교육이 아니라 다수자를 위한 교육으로 나아가야 한다. 다문화교육은 소수자인 다문화인에 대한 정책 지원이나 그들을 다수인 한국 사회에 동화시키는 것이나 문화적응 교육 같은 것이 아니다. 진정한 의미에서 다문화교육은 함께 더불어 평등하게 살아가는 것을 배우는 것이다. 그러기 위해서는 다수자의 의식 전환이 선행되어야 한다. 이러한 의식 전환은 학교에서 다문화교육을 통해 이루어져야 하며, 모든 학교는 다문화주의를 지향하는 학교가 되어야 한다. 그 이유는 학교를 통해 민주주의가 학습되며, 학생들이 학교를 통해 민주주의를 배워야 하기 때문이다.

2장
다문화교육의 학문적 둘레

다문화교육이 언제 어떻게 태동되었는지를 아는 것은 민주주의 발전 과정을 아는 것과 밀접한 관계를 갖는다. 다문화교육에서 지향하는 '문화다양성의 인정' 혹은 '문화다양성의 존중'은 민주주의의 기본 이념이기 때문이다. 이렇게 한 사회의 구성원이 지니는 다양성을 인정하고 존중하게 된 민주주의 사회는 어느 날 갑자기 나타난 것이 아니라 오랜 인권 투쟁의 역사적 산물이라고 볼 수 있다. 다양성을 존중하는 가치를 중심 이념으로 하는 다문화교육이 출현하게 된 배경 역시 인권운동에 의해서다.

이 장에서는 미국의 다문화교육 연구자인 뱅크스(2009; 2014), 뱅크스와 뱅크스(Banks & Banks, 2009), 슬리터와 그랜트(Sleeter & Grant, 2009), 그랜트와 슬리터(Grant & Sleeter, 2011), 골닉과 친(Gollnick & Chinn, 2009), 존슨과 존슨(Johnson & Johnson, 2002), 캠벨(Campbell, 2010), 니에토(Nieto, 2009) 등을 중심으로 다문화교육의 생성 배경에서 발전 과정에 이르기까지의 개념과 가치, 다문화교육에 관한 다양한 정의와 지향점 등을 다루게 될 것이다.

이 장에서 인용되는 내용들은 한국에 소개된 번역서를 중심으로 한다. 뱅크스(2009)는 방명애 외(2014), 『다문화교육의 세계동향』으로 번역되었고, 뱅크스(2014)는 모경환 외(2016), 『다문화교육입문』, 뱅크스와 뱅크스(2009)는 차윤경 외(2011), 『다문화교육 현황과 전망』, 슬리터와 그랜트(2009)는 문승호 외(2009), 『다문화교육의 탐구: 다섯 가지 방법들』, 그랜트와 슬리터(2011)는 김영순 외(2013), 『교사를 위한 다문화교육』, 골닉과 친(2009)은 염철현(2012), 『다문화교육개론』, 존슨과 존슨(2002)은 김영순 외(2010), 『다문화교육과 인간관계』, 캠벨(2010)은 김영순 외(2012), 『민주주의와 다문화교육』, 니에토(2009)는 김영순 외(2016), 『언어, 문화 그리고 비판적 다문화교육』으로 각각 번역되었다.

1. 다문화교육의 생성 배경

대부분 미국의 다문화교육 연구자들은 다문화교육의 태동기를 1960년대부터 1970년대에 걸쳐 미국뿐만 아니라 전 세계적으로 일어난 민족부흥운동에 기인한다고 보고 있다. 당시 미국의 경우 소수민족 집단은 사회적 배제와 차별에 대한 불만을 표출했고, 평등과 사회통합을 위한 목소리를 내기 시작했다.

뱅크스(2009)는 미국 내 흑인 인권운동이 다문화교육의 생성 배경이라고 간주한다. 흑인 인권운동은 미국 이외의 세계 곳곳에서 소수집단의 인권 요구는 물론 민족부흥운동을 자극했다. 캐나다에서는 프랑스인과 인디언 원주민, 영국에서는 서부 인도인과 아시아인, 네덜란드에서는 인도네시아인과 수리남인, 그리고 호주에서는 원주민이 민족부흥운동에 적극적으로 참가하기 시작했다. 이에 해당 국가의 정부에서는 초·중·고등학교와 대학 등 교육기관에 소수민족의 요구를 들어주고 그들의 희망과 꿈을 반영하는 정책과 프로그램들을 즉각 요구했다(Banks, 방명애 외 역, 2014: 3).

당시 서유럽국가들에는 프랑스와 스페인의 바스크인, 덴마크의 게르만인, 영국의 웨일스인과 스코틀랜드인 그리고 유태인과 같이 언어·문화적 소수집단들이 오랫동안 정주 집단들과 공존하여 존재해왔다. 이러한 유럽의 다양성은 제2차 세계대전 이후 식민지 국가들의 이주자가 자신들의 사회경제적 지위 향상을 위해 유럽으로 이동하기 시작하면서부터 더욱 증가하기 시작했다. 이렇게 유럽으로 이주한 소수민족집단들은 자신들의 고유한 문화와 언어를 버려야 이주한 국가에서 '진정한 시민' 혹은 '정주민'처럼 살 수 있다고 믿었다. 기본적으로 다양성이 존재함에도 영국, 프랑스, 독일, 네덜란드 같이 민족국가로서의 역사가 긴 나라들의 경우 동화주의 이데올로기가 지배했다. 그들의 목표는 기존의 국가정체성과 주류집단의 문화적 지배력을 지속적으로 유지하는 것이었다(Banks, 방명애 외 역, 2014: 3-5).

이렇게 서양 국가들에서 널리 받아들인 동화주의와 자유주의 이데올로기는 다양한 집단으로부터 온 사회의 모든 구성원이 참여하는 단일국가를 꿈꿨다. 이것은 마치 유럽의 진보주의자들이 말하는 '판 유럽(Pan Europe)', 즉 현재의 유럽연합적 입장으로의 확장과 견줄 수 있다고 볼 수 있다. 물론 유럽연합 체제는 상호문화이해와 교류, 합목적적인 이익을 도모하려는 데 동기를 찾을 수 있어서 당시의 동화주의나 자유주의와는 거리가 멀다고 볼 수 있다. 당시에 동화주의와 자유주의의 맥락하에서는 사회통합을 위해 개인이 자신의 민족적·문화적 정체성을 버려야 한다는 믿음이 팽배했다. 같은 뿌리를 가진 민족에 대한 애착과 전통주의는 현대화되고 있는 사회와 시민문화에 어울리지 않는다고 주장하는 자유주의도 등장한다. 또한 전통주의와 문화적 다원주의는 개인의 권리보다는 집단의 권리를 주장할 뿐만 아니라 개인보다 집단을 우선으로 생각한다.

자유주의자들은 전통주의로 인해 불평등과 인종의식, 집단주의 그리고 민족적 계층화가 생겨난다고 주장한다. 자유주의 및 동화주의자들은 문화·인종적 집단이 강조된다면, 고용시장과 학교 교육 영역에서 나타나는 차별과 같이 민주주의의 이상과 가치관에 맞지 않는 소외가 반드시 발생한다고 말한다(Glazer, 1975). 자유주의자들 및 동화주의자들은 이러한 문제를 해결하기 위해 모든 개인이 문화적으로나 사회구조적으로 동화되고, 공공정책이 인종이나 민족에 상관없이 중립적인 공통의 국가문화가 필요하다고 주장한다(Banks, 방명애 외 역, 2014: 5).

뱅크스(2009)에 따르면 소수민족집단의 구성원들은 확실한 정치·경제적 특권을 얻기 위해 이주한 국가사회에 동화되기 위해 노력했다고 본다. 미국, 캐나다, 호주 등과 같이 산업화가 이루어진 국가에서 많은 소수민족집단 구성원이 사회·경제적 지위 향상을 위해 고유의 민족문화를 버리는 경향이 있었다. 나아가 자신이 속한 소수집단의 문화와 전통에 대해 수치스럽게 생각하기도 했다. 역사적으로, 그리고 현재까지도 대부분 국가에서 동화주의가 지속적으로 추진되고 있는 것은 이주민이 그 국가에서 사회·경제적으로 지위 상승을 이루기 위한 욕구 때문이라고 할 수 있다.

동화주의와 자유주의 이데올로기는 미국, 캐나다 그리고 호주 같은 서양국가에서 지배적인 경향을 나타냈고, 이주한 백인 민족집단의 경우 상당한 수준의 문화적 혹은 사회구조적 동화를 달성했다(Carr & Lund, 2007). 하지만 유색인종 집단에게는 동화주의가 그다지 효과적이지 않았다. 문화적으로 완전히 동화되었다고 하더라도 유색인종 집단은 구조적으로 상당히 많은 배제와 차별을 경험했다. 북미 원주민과 알래스카 원주민 같은 토착민 집단과 흑인 유색인종 집단의 경우 그들에게 미국 사회에 문화적으로 동화될 것을 요구하면서도 정작 높은 수준의 교육 기회나 투표할 권리, 그리고 정책 과정에 참여할 기회를 주지 않았다. 아울러 호주의 토착민이나 캐나다의 원주민도 마찬가지 상황이었다. 서양국가들은 유색인종 민족집단에 대해 기대와 목표를 세우기는 했지만, 소수민족집단이 구조적으로 그와 같은 목표를 달성하는 것을 불가능하도록 했다. 1960년대와 1970년대에 일어난 민족부흥운동의 핵심적인 원인은 유색인종 민족집단에 대한 사회적 그리고 제도적인 배제 때문이었다(Banks, 방명애 외 역, 2014: 6).

민족운동의 발생 원인은 흑인 또는 캐나다 원주민이 사회적 불평등과 인종차별을 경험한 데서 비롯한 것이다. 이와 같이 소수민족집단들은 자신이 속한 국가 내에 평등주의를 제도화하고, 민주주의 이데올로기와 사상이 이루어질 것을 요구했다. 제2차 세계대전 이후 각국 정부는 소수집단에 대한 인종차별을 없애고, 그들의 사회·경제적 지위를 향상시키기 위해 노력했다. 이와 더불어 소수민족집단은 구조적인 통합을 비롯하여 자신들의 고유한 문화, 언어, 종교 그리고 민족 특성을 유지할 권리로서 민족어를 교육받을 권리, 민족 단체의 법적 지위 획득 등을 주장했다.

뱅크스(2009)는 미국의 경우 초기 단계의 다문화교육은 시민권리운동과 더불어 발전했다고 본다. 이렇게 발전한 다문화교육은 미국뿐만 아니라 이어 영국, 캐나다, 호주에서도 발달하기 시작하여 1971년에는 캐나다에서, 1978년에는 호주에서 다문화주의 정책을 수립했다. 다문화교육은 학교를 개혁하여 인종이나 민족, 또는 사회적 지위와 언어가 다른 소수집단의 학생들에게 평등한 교육을 실현하기 위한 접근이다. 또한 다문화교육은 민주주의와 사회정의를 촉진하기도 한다.

다문화교육이 확산하는 초기단계에는 멕시코계 미국인, 영국의 아프리카계 카리브해인과 동남아인, 혹은 호주의 원주민, 프랑스의 알제리인, 멕시코 내 원주민 등 소수민족집단의 학생들은 학교에서 학업성취 문제나 언어적 문제를 겪었다. 이러한 소수민족집단과 주류집단 간에는 항시 학력격차가 존재했다. 이러한 격차 속에서 소수민족집단은 자신들의 문화와 정체성, 꿈과 희망, 그리고 학업성취도의 향상을 위해 학교개혁을 요구하기 시작했다(Banks, 방명애 외 역, 2014: 8).

민족부흥운동이 일어났을 당시, 대부분 국가에서는 학교현장에 이들의 요구를 성급하게 개념화시키고 시행했다. 이때 학교가 가장 중요하게 설정한 목표는 민족부흥운동을 위한 시위와 그들의 불만을 억제하는 것이었다. 이렇게 학교가 구조적인 변화를 겪으면서 다문화교육운동이 발전하게 된 것이다. 이러한 변화 요구에 따른 학교의 전형적인 반응은 소수민족의 공휴일이나 명절을 기념일로 바꾸고, 학교 교육과정에 소수민족과 관련된 교육과정을 포함하며, 소수민족과 관련된 교과목을 개설하는 것이었다. 이주민 학생들을 위해 해당 민족의 교사들을 고용하여 이들을 가르치게 한 것도 이러한 이유 때문이었다. 하지만 학교 교육과정에 모종의 변화가 일어났음에도 여전히 주류집단과 소수민족집단 간의 학업성취도에는 격차가 존재했다. 그러자 교육자들은 소외집단의 학업성취도를 향상시키고 민주적 태도와 가치관 형성을 위해 학교의 심도 있는 구조적인 변화가 있어야 함을 깨닫기 시작했다. 그래서 교육학자들과 교육가들은 다문화교육의 범위를 넓히고, 학교를 다문화적으로 개혁하는 데 초점을 맞추기 시작했다(Banks, 방명애 외 역, 2014: 8).

여기서 '다문화적으로 개혁한다'는 의미는 1970년대와 1980년대에 반인종차별주의자들의 운동과 관련이 있다. 그들은 다문화교육을 인종차별과 권력 또는 자본주의 같은 요소들과 연계하여 다루지 않았음을 비판했고, 그 결과 오히려 민족과 인종집단들이 억압당하고 희생당하는 계기가 되었다고 주장했다. 그래서 학교의 혁신적인 변화가 반인종차별과 연계해야 한다는 분위기가 팽배했다. 무들리(Moodley, 1995: 812)에 의하면 다문화교육이 반인종차별주의 교육으로 전환된 것은 문화적 차이를 강조하기보다는 불평등이 자리 잡고 있는 현실을 극복하고자 하는 데 있었다고 한다. 최근 반인종차별주의 교육의 중요한 개념들은 주류 다문화교육에 포함되었다(Banks, 2006; Nieto & Bode, 2008; Sleeter, 2005). 결과적으로 오늘날에는 다문화교육과 반인종차별주의 교육을 더 이상 비교하거나 구별하지 않는다. 이런 점에서 미국의 다문화교육은 반인종차별교육과 일맥상통하며 같은 가치를 지닌 교육으로 평가할 수 있다.

다문화교육에 관한 기초 지식이 있는 사람이라면 다문화교육의 목표와 내용에 대해 많은 다문화교육 연구자들이 상당한 의견 일치를 보이고 있음을 알 수 있다. 그러나 아직도 다문화교육의 개념은 쟁점이 되고 있다는 사실은 주시할 만한 일이다. 미국을 비롯한 서양국가들은 다문화교육의 초점을 민족이나 인종, 또는 언어적 소수집단에 두었다. 그뿐만 아니라 미국의 다문화교육은 여성과 장애인의 시위운동을 반영하면서 표면적으로나마 장애와 특수성을 다문화교육의 범주에 포함했다는 사실도 알 수 있다. 또한 미국 내 동성애자의 권리를 지지하는 사람들은 학교 또는 사회 속에서 동성애자들이 겪는 차별이 존재하기 때문에 다문화교육 범주에 성적지향의 문제들을 포함할 것을 주장하는 의견도 있다.

이러한 움직임에 대해 다문화교육 연구자들은 긍정적으로 연구와 정책에 이런 내용들을 고려했다. 나아가 실제로 다문화교육의 요소로 이들 이슈를 고려하거나 포함하기도 했다. 골닉과 친(Gollnick & Chinn,

2009)은 "미국뿐만 아니라 다른 국가의 경우에도 다문화교육의 이론과 실제 간에는 해당 국가가 처한 사회경제적 상황, 정치권력에 따라 여전히 차이가 존재한다"고 지적한다.

1960년대에 미국은 인종통합을 시작했는데, 특히 학교 제도를 통해 확연하게 드러나기 시작했다고 한다. 인종통합이 미국 전체 학교에서 강제로 시행되면서 오히려 문화적 차이가 부각되었고, 저소득층의 유색인과 비주류 백인 학생은 문화적으로 불우한 것으로 평가되었다. 이들 가족은 자녀에게 학교생활에 필요한 재원 조달이 힘들었을 뿐만 아니라 교육 같은 문화자본이나 혜택을 제공하지 못한다는 이유로 비난을 받아야 했다. 이러한 배경 속에서 헤드스타트(Head Start),[1] 보상교육, 특수교육 같은 프로그램들이 개발되었다. 이러한 프로그램이 실시되는 학교와 교실에는 가난하거나 장애가 있는 유색인이 대부분이었다. 또한 교과서와 교과 과정에서 그들의 문화를 찾아볼 수 없었으며, 사회 진출 후에도 전문직을 갖거나 특권을 누리는 데 제한을 받았다 (Gollnick & Chinn, 염철현 역, 2012: 24).

1970년대에는 비주류집단의 문화와 주류집단의 문화는 서로 다른 것이라는 접근방식이 도입되었다. 이 접근방식의 목표는 문화적으

---

1 이 프로그램은 1965년 미국 연방정부에서 경제적 · 문화적으로 소외된 가정 아동들을 위해 국가 차원에서 만든 유아교육용 프로그램이다. 주목적은 저소득 계층의 아동이 초등학교 입학 전에 그 아동의 가정환경과 발달에서 결핍된 점을 보상하여 상위 계층의 아동들과 똑같이 학교생활을 할 수 있도록 하는 것이다. 이 프로그램은 지역사회와 부모의 참여를 중심으로 하며, 저소득층을 위해 의료혜택 · 사회복지 · 영양적 혜택 등을 제공하는 포괄적 프로그램으로 이해할 수 있다. 이어 1967년 헤드스타트의 장기적 효과를 추구하기 위해 초등학교 저학년까지 지속적인 지원을 해주는 팔로스루(Follow Through) 프로그램이 보완되었으며, 3세 이하 자녀를 가진 부모들을 위해 부모-아동 센터(Parent and Child Center)가 설립되었다.

로 다른 학생에게 주류사회의 문화 유형을 가르쳐 그들이 주류사회에 적응하도록 돕는 것이었다. 그러나 여전히 장애학생은 비장애학생과 분리된 상태였다(Sleeter & Grant, 2006; Gollnick & Chinn, 염철현 역, 2012: 24).

위에서 언급한 바와 같이 1960년부터 1970년대에 이르기까지 전 지구적으로 일어난 민족부흥운동은 소수민족의 인권운동 방식을 지향하여 민족학, 차별, 집단 관계 같은 사회적 · 학문적 쟁점이 새롭게 관심을 불러일으켰다. 각 인종과 민족에 대한 자부심이 생성되어 비주류 집단은 전국의 대학에서 아프리카계 미국인 관련 전공학과 및 여타 민족학 프로그램을 개설을 요구했다. 이런 유사 프로그램은 중등학교에서도 생겨났다. 그러나 민족학 프로그램 참가자와 학생들은 주로 연구 대상이 되는 집단과 동일했다. 이 프로그램은 민족사와 문화에 초점을 두어 학생들에게 그들의 민족적 배경에 대한 통찰을 제공하고, 자긍심을 심어주고자 했다. 대부분의 프로그램은 민족과 관련되어 있고, 오직 하나의 민족만이 연구 목표가 되었다. 간혹 연구 목표에는 민족집단과 주류집단의 관계와 갈등에 대한 이해가 포함되었지만, 다민족적이지는 않았다. 실제로 이러한 영향으로 이주한 소수민족 출신의 연구자들이 양성되기 시작했으며, 대학에서는 인류학·민족학·지역학 관련 프로그램이 설치되고, 관련 연구기관들이 생겨나기 시작했다.

슬리터와 그랜트(Sleeter & Grant, 2006)는 미국에서 민족부흥운동과 민족학 연구가 성장하자 집단 간 관계 또는 인간관계가 강조되었다고 주장한다. 이들 프로그램에는 교사들을 위한 민족학 콘텐츠도 포함되었다. 연구 목표는 고정관념을 완화하거나 제거할 목적으로 집단 간, 특히 인종 간 이해를 개선하는 것이었다. 이 접근법은 정의적 측면, 즉 그들과 다른 사람에 대한 교사의 태도와 감정을 강조했다. 민족학이 학문 내외적으로 발전하면서 이러한 프로그램만으로는 미국 사회의 다양성과 차이를 연구하는 데 한계가 있다는 반론이 제기되었다. 또한 주류문화 학생들은 다른 집단의 역사 및 문화적 기여에 대해 이해해야 했다.

민족학 연구는 학제 간 융합적일 뿐만 아니라 각 민족의 다양성을 연구하는 다민족학으로 확장되었다. 교사들은 주류집단의 기여와 함께 비주류집단의 기여를 포함하는 교육과정을 새로이 개발했다. 교재는 미국과 세계의 다민족적 본질을 더 정확하게 반영하기 위해 다시 집필되었다. 이런 과정을 거쳐 학생들은 다양한 민족의 역사와 문화, 음악과 예술을 비롯한 다민족적 · 다문화적 프로그램을 접할 수 있었다. 그리고 일반 학교 프로그램에 통합된 타 영역을 통해 집단에 대한 다양한 시각을 체험할 기회를 갖게 되었다. 그뿐만 아니라 교과 과정과 수업 자료에는 주류집단의 시각과 다차원적인 시각이 반영되었다(Gollnick & Chinn, 염철현 역, 2012: 24-25).

이 시기에 구조적 차별로 고통 받아온 다른 집단들, 이를테면 여성, 저소득층, 장애인, 노인 집단이 관심을 받기 시작했다. 교육자들은 이들 소외집단의 관련 학습내용을 포함해 다민족교육을 '다문화교육'이라는 좀 더 포괄적인 개념으로 확장했다. 다문화교육의 개념은 개인이 속한 다른 집단에 초점을 두면서 인종, 민족성, 계급, 젠더의 상호작용을 강조했다. 또한 집단구성원에 기초한 차별의 배제를 요구했다. 이제 성차별에 대한 저항과 함께 인종차별, 계급차별, 호모포비아(homophobia, 동성애혐오증), 그리고 아동, 노인, 장애인에 대한 차별에 저항하는 것이 일상처럼 되었다(Gollnick & Chinn, 염철현 역, 2012: 25).

이 절에서는 다문화교육이 태동한 원인 및 발전 과정을 살펴보았다. 특히 뱅크스(2009), 골닉과 친(2009)에서 소개한 다문화교육의 태동과 확산 내용을 정리했다. 그들의 연구에서 다문화교육은 미국의 민족부흥운동의 일환으로 시작되었으며, 소수민족 출신에 대한 차별 저항을 태동 배경으로 하고 있다. 나아가 대학과 연구소에서 다민족학 연구가 유행처럼 번졌고, 이를 통한 문화다양성 교육이 학교 차원에서 이루어지게 되었다.

미국의 다문화교육은 반인종차별교육적 성격을 띠며 나아가 사회경제적 계층 간의 차이, 종교 간의 차이 등 모든 다양성을 존중할 수 있는 시민 역량을 갖추는 민주시민교육 프로그램으로 발전해가고 있다. 최근에는 장애와 비장애 학생들의 통합교육도 다문화교육의 범주에 포함되는 것으로 이해한다. 다음 절에서는 이런 방향성을 지니고 진화하는 미국의 다문화교육의 변천 과정을 살펴보도록 한다.

2. 미국 다문화교육의 변천 과정

다문화교육이 시작된 곳을 굳이 이야기하려면 당연히 다양한 이주민 사회로 구성된 북미 대륙이며, 그중에서도 미국이 대표적이라고 할 수 있다. 이 장의 1절에서 개괄했듯이 미국에서 다문화교육은 1960년대 말에 시작하여 1970년대를 거치면서 급속도로 발전되어 개발되었다.

미국의 다문화교육은 미국 내 아프리카계 미국인의 인종차별을 없애기 위해 촉발된 1960년대 시민권 운동에서 시작되었다. 수많은 사건이 시민권 운동을 촉발했으나, 그중 두 가지가 중요하다고 할 수 있다. 첫 번째 사건은 브라운 대 토페카 교육위원회(Brown vs. Board of Education of Topeka, 1954) 재판의 대법원 판결이다. 이 판결에서는 "흑백은 분리되지만 평등하다"라는 문구가 삭제되었다. 원래 이 문구는 1896년 공공시설에서 인종 분리를 지지했던 플레시 대 퍼거슨(Plessey vs. Ferguson) 재판의 대법원 판결에 따른 것이었다. 두 번째 사건은 브라운 사건이 있은 지 1년 후 로자 파크스(Rosa Parks)가 앨라배마주 몽고메리에서 버스 좌석을 백인 남성에게 내어줄 것을 거절한 사건에서 시작되었다. 나흘 뒤인 1955년 12월 5일, 마틴 루터 킹 목사는 흑인에게 버스 탑승을 거부하는 운동을 할 것을 촉구했고, 수동적인 저항을 보여준 몽고메리 버스 보이콧 사건으로 인해 몽고메리에서는 버스에서의 인종 분리가 사라졌다. 이 두 사건이 바로 미국 민권운동의 시발점이었고, 결국 1964년 「민권법(Civil Rights Act)」이 제정됨으로써 완결되었다(Grant & Sleeter, 김영순 외 역, 2013: 107).

1960년대 시민권리운동과 더불어 일어난 것이 치카노 운동이다. 치카노 운동은 미국과 멕시코 사이의 전쟁이 끝나고 지금의 미국과 멕시코의 국경 성립 시기인 1848년 이후에 일어나기 시작했는데, 1960년대 아프리카계 미국인의 행동이 치카노 운동을 조직한 멕시코계 미국인을 포함하여 역사적으로 인권을 박탈당한 집단들의 운동으로 발전하게 되었다. 이 운동은 멕시코계 미국인이 직면했던 토지 임대의 회복, 공적·사적 제도권에서의 차별, 노동자의 권리, 교육의 질, 그리고 선거와 정치적인 권리 등 불평등 문제에 관한 것이었다(Grant & Sleeter, 김영순 외 역, 2013: 110).

1960년대와 1970년대의 미국 원주민 운동(American Indian Movement, AIM) 또는 레드파워(Red Power) 운동 또한 빼놓을 수 없다. 미국 원주민의 레드파워 운동은 거의 400년 동안 인디언의 문화와 정신을 파괴하고, 인디언의 영토를 빼앗고, 정치적·경제적 주류사회로 인디언을 동화시키려는 미국 정부의 정책에 대항한 운동이다. 미국의 시민권리운동과 달리 레드파워 운동은 자결권과 인종차별주의를 다르게 다룬다(Grant & Sleeter, 김영순 외 역, 2013: 112).

또한 그랜트와 슬리터(2011)에 따르면 미국 여성운동의 역사가 다문화교육과 연관성이 있다고 본다. 이 여성운동은 3가지 동향으로 파악된다. 첫 번째는 여성이 자신들의 권리를 위해 투쟁하고자 조직화된 바 1919년 투표권을 획득했으며, 이것이 1960년대까지 지속되었다. 1960년대 여성운동의 두 번째 물결은 여성의 불공평한 대우에 관한 대중의 인식을 일깨우는 것이었다. 현재도 진행 중인 여성운동의 세 번째 동향은 성과 생식에 관한 권리, 종교적 예배에서 여성 지도자들의 역할과 지위, 그리고 보육 자원과 시설을 제공하는 사업시설 등과 같은 복합적인 문제에 직면해 있다고 했다.

다문화교육이 등장하는 데 영향을 끼친 또 다른 운동들로는 동성애 인권운동과 장애인 인권운동을 들 수 있다. 1969년 스톤월(Stonewall) 폭동으로 촉발된 동성애 인권운동은 뉴욕 경찰국이 게이 전용 술집을 급습하여 여장한 종업원들과 손님들을 체포하면서 시작되었다. 다른 때와 달리 종업원들과 손님들은 격렬하게 저항했는데, 기록에 의하면, 그 술집에서 2천여 명의 레즈비언과 게이 그리고 성전환자 지지자들이 경찰을 제압했고 사흘 동안 폭동이 계속되었다고 한다. 이 사건으로 인해 레즈비언, 게이, 양성애자 그리고 성전환자들은 자신들을 격리하고자 하는 법률과 편견에 대항하는 운동을 시작했다(Grant & Sleeter, 김영순 외 역, 2013: 116).

미국에서의 장애인 인권운동은 1970년대에 시작하여 흑인 인권운동과 여성운동에 의해 더욱더 활기를 띠게 되었다. 이 운동은 서로 다른 종류의 장애를 가진 사람들을 단결시켰고, 이 운동에는 신체장애, 정신장애, 시각장애, 청각장애뿐만 아니라 다른 장애들과 장애가 없는 사람들도 포함했다. 장애인 인권운동의 목표는 우선적으로 교통, 건축물 그리고 물리적 환경에 대한 접근성과 고용, 교육, 주거의 동등한 기회를 포함하여 장애를 가진 사람들을 위한 시민 권리를 성취하는 것이었다. 다른 한편으로 그들이 생활방식, 자기결정 그리고 독립적으로 살 수 있는 개인적인 능력을 기르는 데 있다(Grant & Sleeter, 김영순 외 역, 2013: 118).

이러한 운동들이 시작되고 나서 1960년대 중반에 들어서면서 다문화교육의 태동과 관련하여 3가지 요인이 수렴되었다. 소수민족의 민족부흥운동과 일반 시민의 시민권 운동에 대한 인식이 성숙했고, 학교 교과서와 교육과정을 비판적으로 분석했다. 나아가 시민권 운동은 비폭력적 방법으로 시작되었으며, 그동안 억압되었던 특정 인종집단에 대한 권리 보호를 위한 법제화가 진행되었다. 1960년대 말까지 시민권 운동은 모든 유색인종 미국인이 역동적으로 참여한 민족부흥운동이었으며, 이 운동의 핵심은 자기 결단과 임파워먼트라는 방향으로 진행되었다.

그 당시 학령기 학생들은 자신의 인종이 무엇이냐에 따라 다른 학교에 다녀야 하는 분리차별정책이 금지되면서 교육과정이 오직 혹은 주로 백인에 대한 내용으로 가득 차게 되었다. 또한 많은 교사들이 유색인종 학생과 그들의 문화에 대해 아는 바가 거의 없었으며, 영어가 모국어가 아닌 학생들을 처방이 필요한 결핍 학생으로 간주했다. 게이(Gay, 1983)는 "학생 운동가들은 교과서를 분석하고 문화적 차이에 대해 새로운 사고방식을 선포하는 노력을 통해 최초의 다인종교육 프로그램을 개발했다"고 지적했다(Sleeter & Grant, 문승호 외 역, 2009: 239).

1970년대 들어 학교개혁과 관련한 초기의 다문화교육 아이디어가 많은 교실에 접목되고 실행되었다. 교사들은 다양한 다문화적 학습자료들을 활용해 수업을 진행해왔고 해당 집단들로부터 격려와 지지를 받았다. 미국 내의 민족집단들은 대중에게 그들의 문화적 유산과 정체성을 알리는 방법을 개발했고, 여성권 운동에 대해서도 많은 논의가 이루어졌다. 다양성에 대한 지지는 수많은 법적 사례와 연방정부의 법안을 통해 지지를 받았다. 이중언어 정책을 지지하는 라우 대 니콜스

(Lau v. Nichols)의 법적 결정,[2] 다민족 교육과정 개발을 위한 민족 유산 법안의 통과, 그리고 문화적 다원성을 가르치는 것을 교육의 목적으로 접목시키는 노력 등이 있었다(Sleeter & Grant, 문승호 외 역, 2009: 239).

슬리터와 그랜트(2009)에 따르면 이와 같은 종류의 다문화교육에 관한 일련의 지원은 1980년대 들어오면서 다소 주춤하기도 했는데, 이는 정부의 정책이 더 보수적으로 바뀌고 다문화교육을 반대하는 자들이 거세게 반발했기 때문이라고 설명한다. 다문화교육 반대자들은 다문화교육이 국가를 분열시킨다고 주장했다. 또한 미국 경제의 침체로 인해 무너져가는 대외적 입지를 바로세우기 위해 정책 수립가와 교육행정가들은 학교가 기본을 중시하는 교육으로 회귀하여 수학 및 과학, 읽기와 쓰기 같은 리터러시 기본 교육에 주력해야 한다고 주장했다.

1980년대부터 1990년대에 이르기까지 교육의 쟁점과 목적은 국가와 각 주에서 교육목표를 설정하고 성취기준을 정립하여 학생들의 학습을 향상시키고 이미 기술된 교과의 내용을 숙달할 수 있도록 테스트를 시행하는 것이었다. 「목표 2000(Goal 2000: The Educate America Act)」과 1994년 통과한 「미국 학교 개선안(Improve America's Schools Act)」에서는 수학, 과학, 역사, 영어, 기타, 다른 교과에서 국가 교육과정 규준을 정립하도록 했다. 모든 학생이 교과 내에서 무엇을 배워야 하는지에 대한 철학적 분쟁으로 인해 교육과정 규준을 정하려는 노력은 연방정부 차

2 Lau v. Nichols 414 US 563 사건 판례는 1974에 있었던 미합중국 대법원의 판결로, 법원이 공립학교에서 영어 능력이 제한적인 학생들을 위한 보충 언어 교육의 부족이 1964년 「민권법」을 위반했다고 만장일치로 결정한 사건이다. 법원은 영어가 모국어가 아닌 사람들이 의미 있는 교육을 거부당했기 때문에 학교 정책에 의해 야기된 다른 영향으로 1964년 「민권법」을 위반했으며, 학교구는 학생들에게 '적절한 구제'를 제공해야 한다고 주장했다.

원에서 각 주 차원으로 이관했다. 1990년대 중반에 이르러 대부분의 주에서는 교육과정 내용 규준을 개발했고, 이에 기초하여 주 차원에서 평가 시스템을 도입하기 시작했다. 이와 같은 맥락하에서 다문화교육은 항상 뒷전이었다. 다만 백인, 영어 사용 학생과 유색인종, 가정에서의 비영어 사용자 간 '성취 격차'가 논의되었고, 이는 '아동낙오방지법'[3]으로 연결되었다(Sleeter & Grant, 문승호 외 역, 2009: 240).

실제로 미국은 역사적으로 항상 다원주의를 표방해왔다. 미국의 일상적인 문화들은 다양한 하위문화들과 상호작용함으로써 형성되어 왔다. 또한 시간이 흐르면서 미국 문화는 토착민, 아시아 이주민, 아프리카인, 유럽인의 의지로 형성된 폭넓은 다양성에 의해 영향을 받아왔다. 미국의 음악, 미술, 언어, 음식 그리고 관습까지도 각기 다양한 문화가 한 국가로 통합된 모습을 보여주는 예라고 볼 수 있다. 미국의 다양성은 여전히 증가하고 있다. 1980년대만 하더라도 150개국 이상에서 7,800만 명 이상이 미국으로 유입되었고, 이들은 전체적으로 보아 12개 이상의 다양한 언어를 사용하고 있는 것으로 집계되었다(Johnson & Johnson, 김영순 외 역, 2010: 23-24).

1995년 카네기재단은 1980년대부터 1990년까지 미국의 이주민

---

3 '아동낙오방지법(NCLB: No Child Left Behind)'은 미국의 법률로서, 일반교육과정에서 낙오하는 학생이 없도록 미국의 각 주가 성취도 평가의 기준을 정하고, 이를 충족하지 못한 학교, 교사, 학생은 제재를 받도록 하는 법이다. 1990년대 미국의 연방정부와 주정부 당국은 일반교육과정의 중퇴자와 학생들의 낮은 학업성취도에 대해 염려했다. 따라서 교육 혁신을 선언하면서 등장한 부시 행정부는 1965년 제정된 「초 · 중등 교육법(ESEA: Elementary and Secondary Education Act)」 개정을 단행했다. 「아동낙오방지법」은 2002년 1월 8일 오하이오주의 해밀턴고등학교 체육관에서 조지 W. 부시 대통령이 이 법안에 서명함으로써 유치원에서 고등학교까지 이르는 미국 공교육에 적용되는 연방 교육법이 되었다.

아동 수가 24% 정도 증가했고, 영어에 제한적이나마 능숙한 아동 수가 20%를 넘고 있다는 데 주목했다. 영어로 말할 수 없는 가정의 14세 이상 자녀들은 언어적으로 고립되었다. 1970년 학령기 학생의 20%는 소수집단에서 왔으며, 1990년에는 40%가 넘었다. 빈곤층 가정을 배경으로 한 학생들, 학대로부터 고통 받고 있는 학생들, 그리고 장애를 지닌 학생들의 비율은 증가하고 있다. 이 사실은 학생들의 문화적 · 경험적 배경의 다양성, 지식, 능력 그리고 소통 기법들이 미래에 지속적으로 증가할 것이라는 기대를 갖게 한다(Johnson & Johnson, 김영순 외 역, 2010: 24).

역사적으로 미국 대륙 발견 이래 의무교육은 다양한 개인 간의 유대를 증진시키기 위한 수단으로 사용되어왔다. 그들이 지닌 종교, 민족성, 문화적 배경이 무엇이든 간에 모든 어린이는 제도권 학교에 출석하도록 요구되었다. 항상 우리의 다원적 삶에서 연대를 창출한 곳은 다름 아닌 바로 학교 내부에서였다. 그러나 미국은 현재 다문화교육에서 제자리걸음 혹은 뒷걸음질하는 움직임이 없지 않다. 트럼프 행정부 출범 이후 미국은 역대 최저 수준의 난민 수용률을 기록하고 있다. 그뿐만 아니라 밀입국자들을 막는다는 목적으로 멕시코와의 국경에 큰 벽을 세우고, 밀입국한 부모로부터 아이를 분리시키는 반인권적이고 극단적인 정책을 펼치면서 국제사회로부터 거센 비난을 받고 있다. 2018년 최근까지 미국 전역에서 트럼프 행정부의 '혈육 분리' 이민정책에 항의해 700여 차례 시위 행사가 이어졌다.

미국 사법부의 불법입국자 '제로 용인' 정책에 따라 미국 입경의 법 집행인원들은 올해 4월부터 불법입국자 체포 시 강제로 미성년자녀들을 분리했다. 즉, 체포된 불법입국자들은 모두 감옥에 갇히거나 심지어 송환될 위기에 처했으며 그 과정에서 그들의 자녀는 다른 곳에 안치되었다. 이 조치가 알려진 후 미국 정부는 국제 여론의 강력한 비난을 받았다.

현재 미국은 아이러니컬하게도 이민자의 천국에서 이민자가 수난을 받는 나라가 되었다. 전 세계의 다문화교육을 선도하던 미국의 교육은 트럼프 행정부에 의해 지금까지와 다른 방향의 다문화교육정책이 전개될 수도 있다. 자국의 이익과 안전, 미국 기업과 미국 국적자 우선의 경제 활성화 정책과 고용 정책은 다양성을 발전의 기틀로 삼았던 미국을 어떻게 변화시킬지 주목할 만하다.

3. 다문화교육의 목표와 패러다임

앞 절에서 밝힌 바와 같이 다문화교육의 태동은 민족부흥운동과 연관이 있고, 인권 발달과 소수민족 및 소외 집단의 정치 및 사회적 참여 향상과 관련이 있다. 다문화교육의 개념과 목적은 이와 같은 다문화교육의 태동과 전개 과정에서 여러 학자들의 다양한 논의를 통해 형성되어왔다.

1) 다문화교육의 목표

뱅크스(2013)는 다문화교육에 관한 고전적인 정의를 내놓았는데, 다문화교육은 아이디어 혹은 개념일 뿐만 아니라 교육개혁 운동이나 하나의 과정이라는 것이다. 또한 다문화교육은 모든 학생이 자신의 성(gender), 성적 지향, 사회계층 그리고 민족적·인종적·문화적 특징에 구애받지 않고 학교에서 동등한 학습 기회를 가져야 한다는 생각을 담고 있다. 나아가 뱅크스(2013)는 다문화교육을 효과적으로 수행하기 위해서는 학교 전체가 개혁되어야 한다고 주장한다. 이는 다문화교육이 학교를 개혁시켜야 한다는 임무를 갖게 되는 것으로 이해할 수 있다. 또한 교사를 비롯한 학교의 모든 구성원의 마인드가 다문화적으로 변화해야 하며, 교육과정과 교재들이 변화되어야 함을 의미한다. 나아가 학생과 학부형 그리고 학교를 둘러싼 지역사회가 학교를 중심으로 다문화적 환경 생태계를 구성해야 한다는 뜻이다.

다문화교육은 인종, 민족, 문화, 종교, 사회계층에 관련한 사항들이 교육 속에 녹아들어가 교육활동으로 전환되는데, 이는 미국과 서구 국가들의 교육에서 가장 중요한 특징 가운데 하나라고 본다. 또한 다양성은 국가 자산을 풍부하게 하고, 시민이 개인적·공공적 문제를 인식하고 해결하는 방식을 증가시킨다고 가정한다. 아울러 이러한 다양성은 모든 시민에게 타문화 체험의 기회를 제공함으로써 개인의 자아실현을 도와주고 국가의 자산을 풍족하게 한다. 개인이 다양한 문화에 참여할 기회를 가질 때 비로소 그들은 인간의 총체적 경험으로부터 더 많은 것을 배울 수 있다(Banks, 모경환 외 역, 2016: 16).

그랜트와 슬리터(1986)는 다문화교육이 인종, 민족, 성, 언어, 계급, 종교, 특수성, 다양한 성적 지향(즉 레즈비언, 게이, 양성애, 혹은 트랜스젠더)과 관련되어 있으며 학생의 학습과 활동에 어떤 영향을 미치는지에 주목한다. 다문화교육은 이러한 변수들이 개별적으로 혹은 상호작용하여 학생들의 행동에 영향을 미치는 방식들을 검토한다. 다문화교육가들은 이들 변수가 상호관계를 맺으면서 학생의 행동에 영향을 미치는 양상을 설명했다. 이를 위해 '상호교차성(intersectionality)'이라는 개념을 사용한다. 교사가 학생이 속한 인종이나 민족을 아는 것만으로는 그 학생의 행동을 총체적으로 이해할 수 없다. 교사가 학생의 모국어, 사회계층, 민족 정체성, 해당 학생 자신이 속한 민족집단을 동일시하는 정도 등을 안다면 학생과 학생의 행동을 더 잘 이해할 수 있을 것이다(Banks, 모경환 외 역, 2016: 16-17).

다문화교육은 효과적인 교실수업과 학교 환경을 개발하기 위해 학생의 문화를 이용하는 교육전략으로 이해할 수 있다. 다시 말해 학교 환경에 문화, 다양성, 평등, 사회정의, 민주주의 같은 개념을 접목하는 것이다. 교사는 다양한 특성을 지닌 학생들을 일률적인 방식으로만 가르칠 수 없다. 학생의 문화와 경험은 그들이 학습하는 방식과 교사 및 또래와 상호작용하는 방식에도 영향을 미친다. 학교는 교육 프로그램을 개발할 때 학생들의 다양한 요구·기술·경험을 인식해야 한다. 학생들은 신체적 · 정신적 능력, 젠더, 민족성, 인종, 언어, 종교, 계급, 성적 취향 등에 따라 제각기 다르다. 학생은 학교에서 문화적 요인과 주류사회와의 관계 때문에 권위에 대해 다양하게 반응한다. 마찬가지로 교사도 국가권력구조 내에서 자신이 겪은 문화적 경험이나 교원양성기관에서 예비교사로서 수련할 때의 경험을 바탕으로 자신만의 방식으로 학생을 지도한다.

다문화교육은 학생의 다양성과 교육에서의 평등을 통합한 개념이다. 평등은 학생이 속한 집단의 특성과 상관없이 학생이 사회의 혜택에 동등하게 접근할 수 있도록 돕기 때문이다(Gollnick & Chinn, 염철현 역, 2012: 21). 또한 다문화교육이란 민주주의의 이론을 기반으로 개인의 존엄성과 개인의 발전 가능성뿐만 아니라 전 인류의 평등을 촉진하기 위해 실시된다. 교사들은 이 가치들을 가르치고 반영해야 할 책임이 있다(Campbell, 김영순 외 역, 2012: 68).

다문화사회의 도래로 인해 다문화교육은 시민교육을 위해 필수불가결한 요소다. 또한 우리 사회에서 목적의 화합과 민주주의의 성장 · 발전을 준비하는 데 필수적이다. 다문화교육은 다양한 사회 속에서 다른 사람과 함께 일하는 것을 배우는 것, 모든 학생의 교육적이고 경제적인 성공을 격려하는 것을 포함한다. 따라서 다문화교육은 학교가 부여받은 민주주의적 사명의 중요한 부분을 차지한다(Campbell, 김영순 외 역, 2012: 69).

위에 열거한 다문화교육에 대해 뱅크스(2013)는 6가지 목표를 제시한다. 다문화교육의 목적은 첫째, 개인들로 하여금 다른 문화의 관점을 갖게 하고 이를 통해 자신의 문화를 바라보게 함으로써 자기 이해를 증진시키는 것이다(Banks, 모경환 외 역, 2016: 18).

둘째, 학생들에게 민족적 · 문화적 · 언어적 대안들을 교육하는 것이다. 학교는 미국 내 소수민족이 가지고 있는 다양한 문화와 가치관, 그리고 생활방식이나 풍부한 관점에 대해서는 교육하고 있지 않다. 백인 중심 교육과정은 유색인종 학생들이 학교 문화를 이질적이고 적대적으로 느끼게 함으로써 부정적인 영향을 미친다. 유색인종 학생들은 그들의 문화에 대한 교육자들의 부정적 시각과 학교와 지역사회에서 겪는 부정적 경험으로 인해 지식 기반 사회에서 성공하는 데 필요한 기능을 습득하는 데 어려움을 겪고 있다(Banks, 모경환 외 역, 2016: 19).

셋째, 모든 학생이 자문화, 주류문화, 타문화가 공존하는 사회에서 살아가는 데 요구되는 지식, 기능, 태도를 함양하는 데 있다(Banks, 2011). 일례로 주류인 백인 학생들은 흑인 학생들이 사용하는 영어(검다는 뜻의 'ebony'와 같은 발음이라는 뜻의 'phonics'가 결합하여 'Ebonics'라고도 불린다)의 독특함과 풍부함을 배울 필요가 있다. 그리고 흑인 학생들은 가족과 지역사회로부터 소외당하지 않고 주류사회에서 성공하기 위해 표준영어로 말하고 쓸 수 있도록 해야 한다(Banks, 모경환 외 역, 2016: 19).

넷째, 소수민족집단이 자신들의 신체적 · 인종적 · 문화적인 특성들로 인해 겪는 고통과 차별을 줄이는 데 있다. 필리핀계, 멕시코계, 푸에르토리고계, 중국계 미국인과 그들의 자녀들은 학교에서 성취를 위해, 혹은 주류사회에 동화되어 사회적 성공을 위해 자신들의 민족적 유산과 정체성 그리고 가족마저 부인하는 경우가 있다. 유태계 · 폴란드계 · 이탈리아계 미국인도 학교와 주류사회에서 성공하기 위해 자신의 민족적 문화를 거부하는 경우가 종종 있다. 이들에게는 민족어를 포기하는 것이 성공을 위해 치러야 하는 값비싼 대가다. 이렇게 했을 때 비록 학교와 사회에서는 성공하지만 자아, 가족, 공동체로부터 소외될 수밖에 없다(Banks, 모경환 외 역, 2016: 20).

뱅크스(2013)는 민족 정체성이 모든 소수집단 구성원에게 자아정체성의 핵심요소가 되는 것은 아니라고 규정한다. 어떤 사람에겐 종교, 계층, 성 또는 성적 지향이 더 중요한 정체성이라는 것이다. 또한 어떤 사람들은 한 개 이상의 민족 혹은 문화집단에 일체감을 갖는다. 민족 정체성은 일부 유색인종에게는 중요한 문제가 아닐 수도 있다. 그러나 비록 이들이 개인적으로는 민족 정체성을 중요하게 생각하지 않는다 하더라도 다른 인종이나 민족집단에 소속된 사람들은 이들을 특정 인종 및 민족집단의 구성원으로 여기며, 민족성이야말로 그들이 지닌 중요한 정체성이라고 판단한다.

일상생활 속에서 주변성을 경험한 민족집단의 구성원은 그 사회로부터 소외감을 느끼기 쉽다. 즉, 자기가 지닌 기본적 정체성을 드러내지 못하거나 거부해야 하는 사람들은 사회에서 자아실현을 제대로 할 수 없으며 정치적 · 사회적 소외를 경험할 가능성이 높다. 따라서 모든 시민이 자신의 민족 · 문화집단에 대한 충성심을 유지하도록 하는 것은 정치적 민주주의를 위해 매우 중요하다(Banks, 모경환 외 역, 2016: 21).

다섯째, 학생들이 세계화된 세계에서 살아가는 데 필요한 다양한 능력을 습득하도록 기여하는 것이다. 오늘날의 세계는 초국적 이주로 인해 뉴욕, 런던, 파리, 베를린 같은 글로벌 도시의 학생들이 인도나 파키스탄과 같이 개발도상국가에서 교육받은 학생들과 일자리를 두고 경쟁하는 시대가 되었다. 테크놀로지의 영향으로 교통 · 통신이 발달함에 따라 회사들은 글로벌화되었으며 재화와 용역의 비용을 줄이기 위해 개발도상국으로 생산시설을 옮기거나 일자리를 아웃소싱하는 것을 가능하게 만들었다(Banks, 모경환 외 역, 2016: 22). 다문화교육가들은 다문화교육의 내용이 학생들에게 세계화 시대를 살아가는 데 필요한 세계시민이 갖추어야 할 자질을 비롯한 기본 기능을 습득하도록 해준다고 가정한다.

이(Lee, 2007)는 다문화적 자료와 정보가 학생들에게 의미 있고 그들의 학습 의욕을 고취시킨다고 한다. 또한 뱅크스(2009)는 교사가 인종, 민족, 사회계층과 연관 있는 중요한 문제를 다룰 때 학생들은 필요한 기능을 더 잘 습득한다고 주장한다. 미국을 포함한 전 세계의 학생들은 민족적 · 인종적 · 언어적 · 종교적 문제가 일상생활의 현실의 문제가 되어버린 세상에 살고 있다. 바로 이러한 문제들과 함께 학생들이 처해 있는 문화적 공동체와 관련된 내용을 제공하는 것이 학생들에게 의미 있고 중요하다(Banks, 모경환 외 역, 2016: 22).

뱅크스(2013)는 다문화학교의 개념을 제공한다. 다원화된 사회에서 학교는 학습자들이 자신의 가정과 지역사회의 문화에 대해 긍정적으로 이해하도록 하는 임무를 가져야 한다고 주장한다. 또한 교육은 학습자가 자신의 문화적 한계로부터 벗어날 수 있도록 이끌어주어야 한다. 그리고 공공의 선을 실현하고자 하는 시민 공동체의 창조와 유지를 위해 민주주의 사회에서 교육은 사회를 공평하고 정의롭게 만드는 시민 행동(civic action)에 참여할 수 있도록 해야 한다. 아울러 이러한 시민 행동에 동참할 수 있는 지식, 태도, 기능을 습득하는 데 공헌해야 한다고 주장한다.

여섯째, 다양한 인종, 문화, 언어, 종교 집단을 배경으로 하는 학생들이 자신이 속한 문화 공동체, 국가적 시민 공동체, 지역 문화, 그리고 전 지구적 공동체에서 시민으로서 역할을 하는 데 필요한 지식, 태도, 기능을 습득하도록 기여하는 것이다. 효과적인 시민성 교육이란 다양한 문화적 배경의 학생들에게 자신의 문화 공동체와 국가, 지역, 나아가 세계 공동체의 시민으로서 살아갈 수 있는 지식과 기능, 가치를 가르치는 것이다(Banks, 모경환 외 역, 2016: 24).

이러한 교육이야말로 진정한 평등과 정의를 지향하는 세계시민적 관점과 가치를 학생들에게 가르치는 교육이 될 수 있다. 이와 같은 변혁적 또는 비판적 시민성 교육을 통해 확실한 교육적 평등을 가져올 수 있도록 학교개혁이 필요하다.

2) 다문화교육 패러다임

다문화교육 패러다임은 다문화교육을 규정하고 있는 목표, 행위, 가치관 등 혹은 다문화교육에 대한 사고를 규정하는 이론을 말한다(한국다문화교육연구학회, 2014: 110). 1960년대 이후 저소득 계층 학생들과 유색인종 학생들의 낮은 수준의 학업성취도를 설명하는 주요 패러다임들이 형성되어왔다(Banks & Park, 2010). 이러한 패러다임 중 대표적인 두 가지가 문화적 박탈 패러다임(cultural deprivation paradigm)과 문화적 차이 패러다임(cultural difference paradigm)이다. 이 두 가지 패러다임은 이론적 가정, 연구 결과, 그리고 다문화적 상황에 놓인 교실에서의 교수 측면에서 매우 상이하다.

뱅크스와 박(Banks & Park, 2010)은 문화적 박탈 패러다임을 받아들인 교사들과 문화적 차이 패러다임을 받아들인 교사들은 학습자들과의 상호작용에서 저소득 계층 학생들과 유색인종 및 소수민족 출신 학생들에게 각기 다른 반응을 보이는 경향이 있다고 보았다. 또한 대부분의 교사들은 이 두 가지 패러다임 중 어떤 하나의 패러다임을 가지고 학습자의 학업성취도 제고에 관해 각기 상이한 견해를 지니는 경향이 있다고 한다.

문화적 박탈 패러다임은 문화적 박탈이론을 기초로 한다. 이 이론에 의하면 저소득 계층 학생들의 학업성취도가 낮은 이유는 그들이 문화적 빈곤을 통해 사회화를 경험했기 때문이라고 본다. 이들은 빈곤 가족, 해체된 가족, 한부모 가족 같은 특징으로 인해 저소득 계층의 자녀들이 '문화적 박탈'과 '돌이킬 수 없는 인지적 결손'을 경험하게 된다고 믿는다. 문화적 박탈론자들에 의하면, 학교의 주된 목적은 '문화적으로 박탈된' 학생들의 인지적·지적 결손을 보완해줄 수 있는 문화적 경험 등을 제공하는 것이라고 가정한다. 이들은 저소득 계층 학생들이 학교에서 가르치는 기본적 기능들을 배울 수 있다고 믿지만, 이러한 기능들을 행동주의적 방법 및 전략을 통해 가르쳐야 한다고 생각한다(Banks, 모경환 외 역, 2016: 125).

또한 문화적 박탈론자들은 성취와 진로 등에 관한 문제의 원인이 학교의 문화보다는 학생들의 문화에 있다고 생각한다. 즉, 저소득층 학생과 유색인종 학생들은 학교에서 잘못 교육시켜서가 아니라 그들이 가지고 있는 문화적 · 사회계층적 특징 때문에 성취도가 낮다고 주장한다. 또한 이 때문에 학습자의 학업성취도를 향상시키기 위한 학교의 노력에는 한계가 있다고 생각한다. 이 패러다임을 지지하는 교사들은 다양한 집단에서 온 학생들의 문화적 특징을 활용해 학교의 문화를 변화시키는 것보다는 학생들을 직접 변화시키는 것에 중점을 둔다(Banks, 모경환 외 역, 2016: 125-126).

이에 반해 문화적 차이 패러다임에서는 저소득층 학생과 유색인종 학생들이 문화적 결손을 가지고 있다는 기본 전제를 인정하지 않는다. 문화적 차이 패러다임 지지자들은 아프리카계, 멕시코계, 아시아계, 그리고 미국 원주민 같은 민족집단이 풍부하고 다양한 문화를 지닌다고 생각한다. 문화적 차이론자들에 의하면 소수민족의 문화들은 주류집단의 생활 세계를 풍요롭게 할 가치관, 행동 양식, 언어 등이 포함되어 있다고 확신한다. 이들의 관점을 기준으로 보면 저소득 계층 학생들과 유색인종 학생들이 학교에서 학업성취도가 낮게 나타나는 것은 문화적으로 박탈된 문화를 소유해서가 아니라 그들의 문화가 학교의 문화와 다르며, 사회가 중시하는 주류문화와 다르기 때문이다. 따라서 문화적 차이론자들은 저소득층 학생들이나 유색인종 학생들이 보이는 낮은 학업성취도에 대한 책임이 학생들이 소유하고 있는 문화에 있는 것이 아니라 학교 밖의 불평등과 학교 안에 있다고 생각한다. 이런 연유로 학교와 교사들은 저소득층 학생들 및 유색인종 학생들의 문화를 존중하고 반영하도록 하는 방향으로 변화해야 한다. 아울러 이 학생들의 문화적 특징에 부합하는 교수 전략을 사용해야 한다(Banks, 모경환 외 역, 2016: 126).

뱅크스(2009)는 오(Au, 2011), 마히리(Mahiri, 2011), 게이(Gay, 2010), 라

슨 빌링스(Ladson-Billings, 1994) 같은 문화적 차이론자들의 연구를 들어 대부분 흑인과 남미계, 미국 원주민과 하와이 원주민 학생들이 학교 문화와 일치하지 않는 학습 특징과 문화적 특징을 부분적으로 지니고 있음을 밝혀냈다. 이러한 학습 양식 이론(learning style theory)은 교사와 교직원들에 의해 잘못 이해되거나 사용되는 경우가 많다고 지적한다. 예를 들면 남미계나 흑인 학생은 장의존적 학습 양식을 가지고 있을 것이라고 해석하는 경우가 많다. 이러한 생각은 다양한 민족, 인종, 언어 집단 출신의 학생들에 대한 새로운 고정관념을 형성하는 결과를 유발한다. 흑인과 남미계 미국인 집단이 백인 주류 학생 집단보다 장의존적 학습 특징을 지니는 경향이 더 강하다고 하더라도 각 집단 내부에도 다양한 학습 양식의 차이가 존재한다. 교육자들은 학습 양식에 대한 연구 또는 이론을 읽거나 활용하고자 할 때 집단의 특징이 지니는 복잡성에 유념해야 한다.

이 절에서 다룬 다문화교육의 목적과 패러다임은 다문화교육의 둘레를 가늠하는 데 중요한 역할을 한다. 다문화교육은 단순한 교육 프로그램이 아닌 거시적 차원에서의 학교개혁과 교육과정 개선이라고 볼 수 있다. 특히 학생의 다양한 문화를 활용하는 교육전략을 구상하고 학교 환경에 문화, 다양성, 평등, 사회정의, 민주주의 등과 같은 개념을 접목하는 것으로 민주시민교육과 별반 다를 바 없는 내용으로 이해할 수 있다. 이는 곧 다문화교육이 민주주의 사회를 지탱하는 시민교육 차원이자 인간성 회복 및 인간 본성의 부활을 위한 참교육과 동의 및 유사 개념이라고 할 수 있겠다.

4. 다문화교육의 다양한 정의[4]

다문화교육에 관한 정의는 딱히 정해지지 않았다. 다문화교육의 출발 국가라고 할 수 있는 미국에서도 연구자들의 관점이나 지향하는 이데올로기에 따라 다문화교육에 관한 정의는 다양하다. 푸에르토리코계 미국 이주민 자녀로서 다문화교육 분야에 많은 연구업적을 내놓은 니에토(Nieto, 2009)의 저서 《Language, Culture, and Teaching: Critical Perspective》에서는 사회정치적 맥락에서 다문화교육을 다음과 같이 정의한다. 다문화교육은 전면적인 학교개혁의 과정이며 모든 학생을 위한 기본 교육이다. 그것은 학교와 사회의 인종차별주의와 다른 여러 형태의 차별에 대한 거부이자 도전이라고 주장한다. 또한 학생, 그들이 속한 지역사회, 교사가 반영하는 인종, 민족, 종교, 언어, 성, 경제 등의 다양성을 수용하고 긍정한다.

다문화교육은 교사, 학생, 가족 간의 상호작용과 교수·학습에 대한 학교의 개념화 방식뿐만 아니라 학교의 교육과정과 학습자 지도 전략 속에도 스며들어 있다. 다문화교육은 비판적 교육학을 이념적 배경

---

4 이 절에서 기술한 다문화교육에 관한 다양한 정의는 니에토(2009)의 저서 《Language, Culture, and Teaching: Critical Perspective》에 기초하고 있다. 특히 이 책의 한국어 번역판 『언어, 문화 그리고 비판적 다문화교육』(김영순 외 역, 2016) 3장의 일부 내용을 요약하여 정리한 것이다.

으로 하며 사회변화를 위한 기초로서 지식, 성찰, 실천을 강조한다. 이 때문에 사회정의의 민주적 원칙을 증진시킨다. 여기서는 니에토(2009)가 주장한 한 단위 문장으로 구현된 다문화교육의 정의 7가지를 제시하고자 한다.

1) 정의 1: 반인종차별주의 교육

반차별주의, 반인종차별주의는 일반적으로 다문화 관점의 핵심이다. 어떤 학교에서는 민족 축제를 다문화교육의 연장선상에서 개최한다. 또 다른 학교는 다문화적 관점을 담았다고 여겨지는 내용으로 게시판을 채우려고 한다. 그렇지만 이러한 노력은 오히려 학생들에게 고정관념을 심어줄 수 있다. 예를 들어 어떤 학교에서는 최상급의 학습 과정에 백인이 압도적으로 많고, 최하급 과정에는 유색인종이 대부분이며, 수학이나 물리 수업에 여학생은 거의 없다. 이러한 예를 자세히 들여다보면 반인종차별주의와 반차별주의적 관점이 부재하다는 것을 명시적으로 보여준다(Nieto, 김영순 외 역, 2016: 105).

많은 사람들은 학교의 다문화적 프로그램이 자동적으로 인종차별주의에 대해 다룬다고 오해한다. 그 때문에 다문화교육은 반드시 의도적으로 반인종차별주의적이 되어야 한다고 강조한다. 이는 포괄적이고 균형적인 다문화교육과정은 반드시 반인종차별적으로 구성되어야 함을 의미한다. 교육이 단순히 포괄적으로 이루어진다고 해서 가치를 가지거나 진실한 것은 아니다. 하지만 포괄적인 교육은 학생들이 더욱 넓고 다양한 관점을 가질 수 있도록 보장하는 중요한 첫걸음이다. 우리는 숭고한 영웅 중심의 미국 역사를 반드시 가르쳐야 하는 것과 마찬가지로 끔찍하리만큼 배타적인 역사 또한 가르쳐야 한다. 반인종차별주의 다문화교육은 교사와 학생들에게 세상을 아름답게만 보기보다는 그 자체로 볼 수 있는 장기적이고 견고한 관점을 갖게 한다. 반인종차별주의자가 되는 것은 인종차별주의를 적극적으로 반대하는 것을 의미한다. 이는 반인종차별주의와 반차별주의를 교육과정의 일부로 만들고 학생들이 인종차별주의에 직면할 수 있도록 가르치는 것이다.

본질적인 다문화 철학에 찬성하는 학교들은 자신들의 정책과 태도, 그리고 학교 운영진들이 어떻게 학생들을 차별하게 되는지를 면밀히 조사해야 할 것이다. 학교의 정책과 관행에 집중하는 것은 다문화교육이 개별교사나 교육자의 인식과 믿음을 넘어서야 한다는 것을 명확히 한다. 다문화교육은 반인종차별주의적인데, 이는 다문화교육이 학교의 인종차별주의적이고 차별주의적인 관행을 폭로하기 때문이다(Nieto, 김영순 외 역, 2016: 107-108).

인종차별주의는 학교에서 불순하고 부정적인 단어라는 이유로 거의 언급되지 않거나 다뤄지지 않는다. 많은 교사들은 불행하게도 단순히 화목하게 잘 지내야 한다는 강의나 '인간관계 주간 행사'를 치르는 것이 학생들을 반인종차별주의자나 반차별주의자로 만들어줄 것이라고 생각한다. 하지만 이는 사회의 인종차별주의, 성차별주의, 언어차별주의, 이성애주의, 연령차별주의, 반유태주의, 계층주의, 민족중심주의를 논의하지 않고서는 불가능하다. 학교는 계층화를 조장하고 심화시키는 공간이 아니라, 다양성에 대한 감수성을 받아들일 수 있도록 교육하는 장소가 되어야 한다. 그러므로 학교의 임무 중 하나는 불평등에 대한 공식적인 대화가 가능한 환경을 만들고, 또 이것이 대화의 주제가 되게 해야 한다. 미국 역사에서 사라졌거나 파편이 된 부분을 가르치는 것은 이 임무를 수행하는 데 중요하다(Nieto, 김영순 외 역, 2016: 107-108).

2) 정의 2: 기초교육으로서 다문화교육

다문화적 교양은 현대사회를 살아가는 데 있어 읽고 쓰고 계산하고 컴퓨터를 사용하는 교양만큼 필수다. 다문화교육이 교육과정의 핵심에서 벗어난다면, 그것은 다문화교육이 기초교육으로서 불필요하다고 받아들여진다는 것이다. 학교에서 다문화교육을 넓은 의미로 개념화하기 위한 노력을 방해하는 가장 큰 문제 중 하나는 학교 교육의 경직화된 '표준'이다. 현대 미국 교육으로 이해되는 표준은 가장 가치 있는 지식이 이미 현존하고 있다고 생각한다. 이 같은 편협한 관점에 따르면, 사실상 기초는 이미 정의되었으며 가르치는 지식은 필연적으로 유럽, 남성, 그리고 상위 계층으로부터 온다. 이런 생각은 궁극적으로 문화의 질적 하락과 엘리트주의, 반민주주의를 야기하며, 심지어 그것이 미국의 특성을 모두 배제하여 결국 반미주의를 가져올 수 있다고 한다(Nieto, 김영순 외 역, 2016: 111).

표준이 담고 있는 것들이 모두 진실이 아니라고 말하려는 것은 아니다. 현대의 지식은 너무 파편화되어 있고 구분되어 있어 청소년들이 우리 역사와 문화의 공통성을 배우기가 쉽지 않다. 그들이 접근할 수 있는 핵심 지식은 너무나 적으며, 이것은 문제가 될 수 있다. 그러나 유럽이나 유럽계 미국인의 관점을 제외시킨 고정적인 교육과정을 제시하는 것도 우리의 실제적인 공통된 문화를 확장시키지 않는다. 그와 동시에 학교의 교육과정과 구조가 모든 집단의 사람들에게 완벽하게 '평등한 대우'를 한다는 것은 여러 가지 이유로 비현실적이다. '억지 맞춤', 즉 아프리카계 미국인, 여자, 유태계 미국인, 게이 등을 교육과정에 동등하게 끼워 맞추는 것은 다문화교육이 추구하는 바가 아니다. 많은 집단은 역사 참여에 거부당해왔다. 그러므로 최소한 우리가 위대한 탐험가나 퀘이커 교도, 군주와 폭군, 전쟁을 만드는 자와 평화를 이루는 자 등의 전통적인 입장에서 역사를 본다면, 그들의 역할은 공평했던 적이 없다. 그러나 이러한 편협한 역사적 관점에서조차 다양한 배경과 사회적 계층을 가진 사람들의 참여는 주목할 만하다. 지금까지 무시되었던 참여자들의 공은 인정되어야 한다. 우리 역사와 예술, 문학 그리고 과학의 진보에서 중요한 역할을 한 사람들은 지금까지는 간과되었을지 몰라도 반드시 주목받아야 한다. 현재의 문학은 종전까지 볼 수 없었던 다양한 관점과 의견을 반영한 좋은 사례다(Nieto, 김영순 외 역, 2016: 112).

우리는 다문화교육을 수행할 때 역사, 문학, 예술에 대한 접근을 단순히 '기여'하라는 것이 아니다(Banks, 2004b). 그러한 접근법은 기존의 교육에 조금 수정을 가하는 것으로, 단지 소수자를 도와주는 것으로 변질될 수 있다. 대부분의 교육과정은 일반적으로 배제되었던 집단들이 어떻게 역사를 만들어왔고 예술과 문학, 지리, 과학 그리고 철학에 어떻게 그들만의 방식으로 영향을 끼쳤는가를 간과해왔다. 다문화교육에 반하는 단일문화교육은 주류집단에 근거를 둔 하나의 현실만을 반영한다. 단일문화교육은 현재 대부분의 학교에서 일상적으로 이루어지고 있다. 학생들이 배우는 것은 접근 가능한 지식의 일부일 뿐이고, 제일 중요한 것이 무엇인지를 결정하는 사람들은 그들의 제한적인 배경, 교육, 경험의 영향을 받아 선택하게 된다. 왜냐하면 단일문화교육은 다수 의견을 배제하는 불완전한 교육이기 때문이다. 그것은 우리 세상의 한 부분인 많은 학생의 다양성을 사라지게 한다(Nieto, 김영순 외 역, 2016: 112-113).

학생들의 다문화적 교양을 발전시키지 않는 한 어떠한 학교도 적절하고 완벽하게 교육과정의 책무를 제대로 수행한다고 간주할 수 없다. 이것은 학교가 최소한 모든 학생들이 자신의 언어를 유창하게 구사하며, 다른 많은 나라의 예술과 문학에 대해 알고, 미국뿐 아니라 아프리카, 아시아, 라틴아메리카, 그리고 유럽 다른 나라들의 역사와 지리에 대해 친숙하기를 기대해야 한다는 의미다. 우리는 이러한 교육을 통해 학생들에게 다양한 사람을 이해하고 공감할 수 있도록 사회적이고 지적인 기술을 발전시키기를 희망한다. 이보다 더 기초적인 것은 없다(Nieto, 김영순 외 역, 2016: 113).

3) 정의 3: 모든 학생을 위한 중요한 교육

이러한 정의 진술은 우리나라 다문화교육에서도 반성의 여지를 제공한다. 바로 다문화교육은 유색인종 학생들이나 도시 학생들, 혹은 '사회적으로 혜택받지 못하는' 학생이나 '위험에 빠진' 학생들에게만 필요하다는 생각이 존재한다. 이는 분명히 잘못된 생각이다. 이러한 신념은 아마도 다문화교육의 뿌리에서 시작된 것으로 보인다. 이를테면 1960년대의 시민 권리와 평등 교육 운동을 꼽을 수 있다. 이 시기에 다문화교육의 기본 목표는 역사적으로 학교에서 무시되었거나 교육받지 못한 학생들, 특히 유색인종 학생들의 요구를 반영하는 것이었다. 처음에 다문화교육을 주창했던 사람들은 이러한 학생들의 역사와 문화, 경험을 반영한 교육과정이나 수업 자료를 개발하는 데 관심이 필요하다고 믿었다. 이러한 생각은 역사적으로 대부분의 학교에 잔존하고 있는 교육과정상의 불균형으로 인해 오늘날까지 필요한 것으로 이해되고 있다(Nieto, 김영순 외 역, 2016: 113-114).

최근 다문화교육에 대한 포괄적인 개념이 수용되고 있다. 이제까지 부분적이고 편파적인 교육만 받았기에 모든 학생은 일정 부분 교육받지 못했다는 것이 바로 그것이다. 비록 편파적 교육의 일차 피해자는 교육과정에서 제외된 사람들이지만, 결국 모두를 실패하게 한다. 예를 들어, 중요한 여성 문제는 드물게 열리는 몇 차례의 특별한 여성사 강의를 제외하고는 여전히 교육과정에서 배제되어 있다. 노동사 역시 사실상 미국의 모든 교육과정에서 제외되어 있다. 교육의 기회가 부족한 노동 계층의 아이들뿐만 아니라 모든 사회계층의 아이들은 역사적 측면에서 우리의 과거에 대해 정직하고 완전한 관점을 교육받지 못하고 있다. 마찬가지로, 대부분의 학교에서 게이와 레즈비언에 대한 학습을 제공하기 어렵고 일상적으로 침묵을 지키는데, 이는 단순히 교육과정뿐만 아니라 방과 후 활동에서도 나타난다.

여학생은 말할 것도 없고 남학생도 불완전한 교육을 받는데, 이는 그들이 학교 교육에서 '여성'에 대해 거의 배우지 못했기 때문이다. 부잣집 아이들은 문명화 과정에서 자신의 족적을 남긴 부자와 권력자들이 만든 역사를 배운다. 이성애자 학생들은 게이나 레즈비언 학생들이 비도덕적이고 일탈적이기에 추방되어야 한다는 메시지를 받는다. 헬렌 켈러(Helen Keller)와 같이 삶의 역경을 이겨내거나 동정심을 유발하는 사람을 제외하면 오직 신체가 건강한 사람들만 대부분의 교육과정에 반영된다. 그 결과 학생들은 학교에서 제한된 인간애에 대해 배우게 된다. 다문화교육은 포괄적이다. 왜냐하면 그것은 민족, 능력, 사회계층, 언어, 성적(性的) 지향, 종교, 젠더, 인종, 혹은 다른 여러 차이에 상관없이 모든 사람에 관한 것이고 모든 사람을 위한 것이기 때문이다. 주류문화 출신의 학생들은 일반적으로 다양성에 대해 잘못 교육을 받았거나 교육받지 못했기 때문에 다른 학생들보다 더욱 다문화교육이 필요하다고 설득력 있게 입증할 수 있다. 예를 들어, 유럽계 미국인 학생은 종종 그들이 문화를 갖지 않는다고 생각한다. 그와 동시에 자신의 삶의 방식, 행동 방식, 신념, 생활이 '정상'이라고 느끼며. 다른 모든 것은 '민족적'이며 이국적이다(Nieto, 김영순 외 역, 2016: 115).

다문화교육은 많은 교육자에 의해 '문화적 다양성'과 '사회적으로 혜택받지 못한' 사람들을 위한 교육이라고 가르쳐왔다. 예를 들어, 대부분 유럽계 백인이 다니는 학교 교사들은 자신의 학생들에게 민권운동을 가르치는 데 다문화교육이 중요하다고 생각하지 않았다. 이와 마찬가지로, 멕시코계 미국인 공동체에서 이중언어 프로그램을 수강하는 학생들만 멕시코 문학과 멕시코계 작가에게 노출되어 있고, 민족학 강의는 종종 유색인종의 학생 비율이 높은 고등학교에서만 열린다. 이것은 다문화교육의 자민족 중심적인 해석이다. 이러한 행동의 이면에는 잘못된 정보 수용과 가부장적인 생각이 내재되어 있다. 유럽계 미국인 중심의 '정규' 교육과정에서 벗어나는 모든 것은 몇몇 교육자에 의해 관습적으로 나약하다고 생각되며, 다문화교육과정을 만드는 전통적인 방식은 교육과정을 약화시키는 것이라고 간주되었다. 논리가 빈약한 교육적 결정은 특권계층 아이들이 '정규' 혹은 더욱 학문적으로 도전적인 교육과정을 소화할 수 있도록 하는 데 반해, 이른바 사회적으로 소외된 계층의 학생들은 '실제' 교육과정의 약화된 버전을 필요로 한다는 전제를 기반으로 한다. 그러나 교육과정의 수준을 낮추는 대신 다문화적으로 형성함으로써 필연적으로 그것을 풍성하게 할 수 있다. 모든 학생은 자신의 모어는 물론 민족 언어와 문화를 배우고, 제2언어를 자유롭게 구사하며, 이슬람의 역사를 이해함으로써 풍요로울 수 있다.

4) 정의 4: 학교의 모든 영역에 걸친 교육

다문화교육은 하루의 특정 시간에 행해지는 활동이 아니며 학습되어야 할 과목도 아니다. 음악이나 미술 교사처럼 학급마다 돌아다니며 가르치는 전담 '다문화 교사'를 두는 것도 다문화교육이 지향하는 바는 아니다. 만약 이것이 학교의 다문화교육 개념이라면 교사들은 스스로 감당할 수 있는 것을 결정했는지에 대한 의문을 가질 것이다. 다문화적 접근의 진실은 편재성이다. 이것은 학교 분위기, 물리적 환경, 교육과정, 교사들과 학생, 공동체와의 관계, 즉 모든 영역에 스며들어 있다(Ramsey, 2004). 이것은 모든 수업과 교육과정 가이드, 단원, 게시판, 가정통신문에도 드러난다. 또한 도서관의 책과 시청각자료가 구비되는 과정에서도, 휴식시간에 하는 게임에서도, 점심시간에도 볼 수 있다. 다문화교육은 철학이자 세상을 보는 관점이며, 단순히 프로그램이나 수업, 혹은 교사와 관련된 것이 아니다. 이러한 포괄적인 관점에서 다문화교육은 우리에게 학교개혁을 재고하게 한다(Nieto, 김영순 외 역, 2016: 117).

학교가 조직화되는 과정에서 다문화 철학이 뜻하는 바는 어떤 학생으로 하여금 다른 학생보다 쉽게 능력을 발현할 수밖에 없는 경직화된 구조를 변경하는 것을 의미한다. 이는 또한 문자적으로든 상징적으로든 학교가 변화하는 것을 의미한다. 즉, 학교가 지금처럼 인종과 사회계층에 따라 분리되기보다는 통합적으로 변화하는 것을 의미한다. 아울러, 모든 학교의 교직원들이 미국의 다양성에 대해 더 잘 대변할 수 있도록 노력하는 것이다. 다문화교육의 편재성은 교육 전략의 풍부한 다양성과 창의성에서 두드러진다. 그래서 모든 문화집단에서 온 학생들, 남성과 여성 모두 그 이전보다 다문화교육 방법을 통해 혜택받을 것이다. 교육과정은 비판적으로 재검토될 것이며 역사와 관점, 그리고 다양한 사람, 남성과 여성의 통찰력을 포함할 것이다(Nieto, 김영순 외 역, 2016: 117).

5) 정의 5: 사회정의를 위한 교육

모든 좋은 교육은 브라질 교육학자 프레이리(Freire)가 실천으로 정의한 프락시스 이론과 연결되어 있다(Freire, 1970). 다문화적 관점을 발달시킨다는 것은 더욱 포괄적이고 광범위하게 생각하는 방법을 배우는 것이며, 학습한 것을 실제 상황에 적용시키는 것이다. 거의 한 세기 전에 교육철학자인 듀이(J. Dewey)는 교육이 실천과 행동으로 연결되지 않는다면 어떤 일이 일어나는지를 다음과 같이 묘사했다. "사려 깊은 행동으로부터 단절된 정보는 죽은 지식이다."(Dewey 1916: 153)

다시 말해 다문화교육은 1장에서 개념을 정의한 바와 같이 학생들과 교사들의 학습을 사회정의를 위한 행동으로 이어지게 한다. 어려운 주제에 대해 토론하기보다 지역사회 신문을 만들고, 지역 노인복지관에서 공동 프로그램을 시작하거나, 잠재적 위험성이 있는 근처 쓰레기 매립장 철거를 위한 진정서를 작성함으로써 학생들은 공동으로든 개인으로든 변화를 이끌어낼 힘을 가지고 있다는 것을 학습할 수 있다.

학생들을 민주주의의 활동적인 구성원으로 준비시키는 것은 듀이주의 철학의 기초이며, 그것은 종종 학교의 주된 교육 목적으로 사용되었다. 그러나 소수의 학교들만이 민주주의를 위한 견습 기관으로서의 역할을 하고 있다. 융통성 없는 분류 능력, 불공정한 시험, 단일문화적 교육과정, 그리고 상상력이 부족한 교육 정책과 실행은 이러한 목적과 대치된다. 그 결과 많은 학교의 학생들은 민주주의를 주장하는 것이 공허하고 불필요한 주제라고 생각한다.

예를 들어, 지루(Giroux, 2002: 1138-1162)는 자신이 말하는 '민주주의 담론'이 무비판적 애국심과 9.11 재앙으로 인해 악화시킨 의무적인 깃발 달기 약속과 같이 주변화되고 있다고 주장했다. 어떤 학교에서는 민주주의 연습을 오직 교과서에서만 찾을 수 있고, 미국 혁명 토론에만 제한되어 있었으며, 학생들이 일상에서 민주주의를 연습할 기회는 매우 적었다고 지적한다. 학교에서는 거의 다루어지지 않는 권력과 불평등 같이 논란이 되는 주제도 기꺼이 다뤄져야 한다. 학교는 공공기관으로서 현상을 유지하는 데 책임이 있기 때문에 이러한 주제에 대해 논하는 것이 현상을 공격하는 것처럼 보일 수 있다. 그러나 학교는 평등성을 지향해야 한다.

민주적 이상과 실제 불평등 현상의 대립을 보여주는 것은 몇몇의 교육자를 포함하여 많은 사람을 불편하게 한다. 이러한 문제는 여전히 포괄적으로 개념화된 다문화적 관점의 중심에 있다. 왜냐하면 학교 교육의 주제는 갈등과 반목, 모순이 모두 들어 있는 사회이기 때문이다. 윤리와 더불어 권력, 지위, 보상의 분배는 사회의 기본적인 문제이고, 교육은 반드시 이것들을 소개해야 한다. 다문화교육과 학생 권리의 연관성, 그리고 민주주의의 책임이 명백함에도 많은 청소년은 민주주의의 도전이나 시민의 비판적 역할 보장, 민주주의의 권리 유지 같은 책임들에 대해 배우지 못한다(Nieto, 김영순 외 역, 2016: 119-120).

다문화교육은 이러한 현상을 되돌리는 데 엄청난 영향력을 갖는다. 다문화적 관점은 단순히 학급에서 사회정의에 대해 초점을 맞춰 논의하도록 허용하는 것이 아니라 사회정의를 환영하며, 심지어 그러한 논의가 일어날 수 있도록 활발하게 계획하는 것을 의미한다. 이러한 논의는 선거권을 박탈당한 공동체, 빈곤, 차별, 전쟁, 국가 예산 같이 불균등하고 부정적인 영향을 미치는 주제에 중심을 둔다. 또한 학생들에게 이러한 문제들을 소개할 때 무엇을 할 수 있는지를 다룬다. 이러한 모든 문제가 다양하고 다원론에 기초하기 때문에 교육은 반드시 다문화적이 되어야 한다(Nieto, 김영순 외 역, 2016: 120).

6) 정의 6: 과정으로서 다문화교육

교육과정과 교육 자료는 다문화교육의 내용을 보여주지만, 다문화교육은 늘 현재진행형이며 역동적인 과정이어야 한다. 또한 다문화교육은 기본적으로 사람들 간의 관계를 수반하는 과정이다. 교사들이 다양한 민족적 · 문화적 집단에 대해 안다는 사실보다 교사가 학생에게 보여주는 감수성과 이해가 학생의 학습을 촉진하는 데 훨씬 더 중요하다. 또한 다문화교육은 학교가 학생들과 상호작용하기 위해 반드시 알아야 하는 성취에 대한 기대나 학습 환경, 학생들의 학습에 대한 선호 등과 같은 무형의 중요한 문화적 차이를 고려하는 과정이다(Nieto, 김영순 외 역, 2016: 128).

니에토(2009)는 다문화교육의 역동적인 과정을 보여주며 이를 통한 학교 혁신을 강조한다. '흑인역사의 달(Black History Month)'에 의회 체험 프로그램을 진행하는 것은 능력별 반 편성을 폐지하는 것보다 쉽다고 하면서 내용적인 측면의 다문화교육이 다루기 쉽고 더 빠른 결과를 얻는다고 한다. 그러면서 다문화교육과정의 중요성이 차순위로 밀리는 것을 경고한다. 예를 들어, 전자는 정규과정 외의 비정규 프로그램을 더하는 것으로 현장체험을 중시하는 교육적 측면에서 필요하다. 하지만 능력별 반 편성을 폐지하는 것은 능력, 사회계층, 인종에 대한 근본적인 개념에 저항할 만큼 결정적이다. 다른 예로 기초 읽기 교재를 교체하는 것은 모든 학생에 대한 기대를 높이는 것보다 쉽다. 전자는 한 책을 다른 책으로 대체하는 것이지만 후자는 관점, 행동 그리고 지식 같은 다루기 어려운 것을 변화시킨다. 다문화교육과정을 혁신하는 것은 '논란이 되는' 내용을 소개하는 것보다 일반적으로 매우 복잡하고 정치적으로 불안하며 기득권의 이익에 훨씬 위협적이어서 쉬운 일만은 아니다. 그렇지만 우리가 니에토(2009)의 논의를 제대로 이해한다면 다문화교육과정의 본질적인 측면이 반드시 변화되어야 함을 읽어야 할 것이다.

다문화교육은 과정이라는 정의 진술에 따라 사회적으로 혜택받지 못하는 학생을 희생하는 정책의 실행 및 기존 지식의 단순함과 착오를 밝혀내야 한다. 교사 교육 프로그램을 통해 미래의 교사들은 학습에서의 문화와 언어의 영향력, 학교와 사회 안에 남아 있는 인종주의와 차별, 다양한 학생의 학습을 장려하는 교육적·교과 과정적 전략에 대한 지각을 키울 필요가 있다. 또한 학교에서 교사의 역할도 재정의되어야 한다. 왜냐하면 역량이 강화된 교사들은 학생들이 역량을 강화할 수 있는 학습 환경을 만드는 데 기여하기 때문이다. 또한 학교에 공동체의 이해와 가치가 정확하게 반영될 수 있도록 가정의 역할이 확대될 필요가 있다(Nieto, 김영순 외 역, 2016: 121). 그리고 교육과정과 학교 조직의 완벽한 혁신 전략이 요구된다. 그 과정은 복잡하고, 문제가 많고, 논란이 되고, 시간이 걸리겠지만, 이는 진정한 다문화사회를 만들기 위해 교사와 학교가 함께해야 할 부분이다.

7) 정의 7: 비판적 교육으로서 다문화교육

모든 교육적 결정은 교사나 전체 학교 시스템 등에 의해 정치적인 이데올로기와 의사결정자의 세계관으로부터 영향을 받아 일정한 수준에서 결정된다. 전통적 관습에서 벗어나 획일화된 시험을 중단하고 학교 수업시간을 늘리거나, 읽기 프로그램을 확충하고 교실 대신 사이버 학습을 사용하는 등과 같은 활동은 학습자와 교육자의 특정한 관점을 반영한다. 학교의 이 모든 결정은 그들이 보기에 얼마나 중립적이든 간에 우리 학생들의 삶과 경험에 일정한 영향을 줄 것이다. 이것이 우리가 학교에 제공하는 교육과정과 교과서, 그리고 학습 자료의 진실이다. 각 주와 지역의 가이드라인과 법안은 정치적인 결정으로 특정 학교나 교사들이 가르칠 대상을 제한할 것이다. 하지만 이 결정에서 배제된 것은 포함된 것만큼이나 흥미로운 사실을 보여준다. 예를 들어, 고등학교에서 가르치는 대부분의 문학작품은 여전히 지나치게 남성, 유럽인, 유럽계 미국인 중심으로 구성되어 있다. 상대적으로 여성과 유색인종, 다른 언어를 사용하는 사람들의 의미는 축소되었다. 이런 사례가 단일문화적 교육과정이라고 볼 수 있다. 단일문화적 교육과정의 문제는 학생에게 한 가지 시각으로만 세상을 바라보게 한다는 것이다. 현실이 정적이고 문제가 종료되었으며 순탄하게 보일 때, 그 이면의 논란과 열정 그리고 과거와 현재에 걸쳐 사람들에게 외면당한 문제들은 사라진다. 학생들은 이 모든 사실을 알고 민주주의 사회에 적극적으로 참여하는 시민이 되기 위해 세상의 복잡성과 이와 관련된 다양한 시각을 배워야 한다. 학생들은 비판적인 관점을 통해 어떤 문제를 바라보는데, 단 하나의 시각만 있는 것은 아님을 배운다(Nieto, 김영순 외 역, 2016: 122).

뱅크스(2004)에 따르면, 다문화교육과정의 주요 목적은 학생들이 의사결정을 하고 사회적 행동 능력을 기르도록 돕는 것이다. 그렇게 함으로써 학생들은 다양한 관점에서 사건과 상황을 판단하는 시각을 기를 수 있다. 다문화적 접근법은 다양성을 존중하며 비판적 사고와 성찰, 행동을 장려한다. 학생의 역량은 이 과정을 통해 강화되는데, 이것이 바로 비판적 교육학의 근간이다. 이와 반대는 프리에리(Freire, 1985)가 말한 '길들이는 교육', 수동성, 수용 그리고 복종을 강조하는 교육이다. 프리에리에 따르면, 길들이기 위한 교육은 '지식을 전달'하는 과정이며, 반대로 해방을 위한 교육은 '행동이 변화하는' 교육이다. 해방을 위한 교육은 학생들이 위험을 감수하고 호기심을 갖고 질문하는 것을 장려한다. 학생들이 교사가 한 말을 따라 하기보다는 자신만의 대답을 찾기를 기대한다.

다문화교육이 비판적 교육학이라는 정의 진술은 '비판적 교육학이 다문화교육과 어떻게 연관되어 있는가?'라는 질문으로 귀결된다. 게이(Gay, 1996)에 따르면, 비판적 교육학과 다문화교육은 '거울에 비친 이미지'처럼 유사하다는 것이다. 또한 슬리터(Sleeter, 1996: 2)에 의하면, 비판적 교육학과 다문화교육은 '지배에 저항하는 학교 교육의 모델'로서 함께 작용한다. 비판적 교육학은 학습자들의 문화적 · 언어적 다양성을 억압하기보다는 이를 적극적으로 인정한다. 비판적 교육학은 비록 새로운 지식과 학생들이 예전에 배웠던 지식이 서로 대치되더라도 단순하게 교사가 학생에게 지식을 전달하는 것이 아니다.

비판적 교육학에서 비롯되어 특별히 언어에 초점을 맞춘 '비판적 문해력'은 이와 비슷한 목표가 있다. 콤버(Comber, 2001: 271)에 따르면, "교사와 학생이 비판적 문해력에 함께 참여할 때 그들은 언어와 권력, 사람과 생활 방식, 도덕과 민족, 혜택받는 자와 그렇지 못한 자에 대해 복잡한 질문을 하게 될 것이다."(Nieto, 김영순 외 역, 2016: 124)

일반적으로 역사는 패배한 사람이나 사회에서 가장 낮은 계층의 사람이 아니라 정복자에 의해 기술된다. 그러므로 역사는 사회의 주류 집단 중심으로 왜곡될 가능성을 늘 가지고 있다. 미국 원주민은 역사책에서 콜럼버스가 그들의 땅을 발견한 것이 아니라 침략한 것이라고 서술하고 있다, 멕시코계 미국인은 유럽인에 의해 침략당한 전설적인 땅인 아스틀란(Aztlan)을 자주 언급한다. 많은 푸에르토리코인은 대다수의 교과서에 제시되어 있는 것처럼 미국 시민권이 승인된 것이라기보다는 부과된 것이라고 설명하고 있다. 또한 그들은 미국 시민권이 1917년 푸에르토리코에 존재한 상 · 하원 입법부에 의해 반대되었다는 것을 강조한다. 아프리카계 미국인의 역사는 노예 해방을 위한 투쟁을 강조하는 경향이 있고, 그들은 종종 폭동과 자신들의 저항을 노예의 관점으로 묘사한 이야기를 포함한다(Nieto, 김영순 외 역, 2016: 126).

또한 비판적 교육학은 신화를 해체한다. 비판적 교육학은 우리가 당연하게 받아들인 진실에 대한 신화를 없애고 폭로하는 동시에 알기 쉽게 설명해주며, 비판적이고 신중하게 분석한다. 모두를 위한 정의, 동일한 법 아래에서의 공평한 대우, 그리고 평등한 교육의 기회는 항상 현실적으로 이루어진 것은 아니다. 문제는 우리가 이상적인 가치들을 마치 그들이 항상 존재했던 것처럼, 진실인 것처럼, 예외적 상황이란 없는 것처럼 가르치는 것이다. 비판적 교육학은 우리에게 이러한 이상에 대해, 현실과 이상의 차이를 비판적으로 검토하는 과정을 통해 이상에 대한 믿음을 갖도록 한다. 비판적 교육학은 학생들의 경험과 관점으로부터 시작하기 때문에 다문화적이다. 가장 성공적인 교육은 학습자로부터 시작하는 교육이며, 다문화적 관점이 교육을 뒷받침할 때 학생들은 스스로 교육과정의 토대가 된다. 그러나 '해방의 교육'은 학생들의 직접적인 참여를 뛰어 넘어 오히려 그들의 배경과 상관없이 경험을 제한한다(Nieto, 김영순 외 역, 2016: 127).

실제로 비판적 교육학은 프랑크푸르트학파의 비판 이론을 중심으로 한 비판철학적 논리를 배경으로 발전했다. 비판적 교육학의 이론적 프레임은 교육의 역사적이면서 참여적인 성격과 사회와 과학이론에 대한 비판적 이론에 방향을 맞추어야 한다고 강조한다. 다시 말해 당대의 사회적 발생조건들과 활용조건들을 교육학에 관련시켜야 한다는 논리다. 그래서 비판적 교육학이 추구하는 핵심과제는 이념적 비판으로, 교육이 가지는 사회적 조건을 드러내는 일을 한다. 이런 이유로 초국적 이주가 성행하는 최근의 세계적 분위기에 따른 다문화적 환경이 조성된 학교현장의 변화를 비판적 교육학의 개념에 활용한 교육학적 진단과 대책이 요구된다.

이런 진단과 대책에 호응하는 다문화교육을 '비판적 다문화교육'이라고 한다. 비판적 다문화교육은 역시 비판적 다문화주의를 배경으로 하고 있다. 비판적 다문화주의는 앞 절에서 소개한 것과 같이 급진적 관점의 비판주의 인식에 기초하여 인종, 성별, 사회계층 등에 따른 불평등과 일상의 체계적 억압 구조를 비판하며 변혁적 어젠다를 강조한다. 이런 맥락에서 보자면 우리 사회는 인종 혹은 민족 문제보다 성별, 계층, 종교적 차원의 문제에 대해서도 다문화교육이 관여해야 할 이유가 생긴다. 작금의 한국 교육의 현실에서 다문화교육이 단지 이주민과 그들 자녀의 교육문제에만 천착해서는 안 된다는 것이다. 이 책 역시 진정한 다문화교육으로 비판적 다문화교육이 확산되었으면 하는 바람을 포함하고 있다.

3장 시민역량으로서의 다문화감수성

다문화교육이 사회정의를 지향하고 교육과정을 변화시키며 학교를 개혁시켜야 한다는 점에 동의한다면, 다문화사회에서 우리의 학교가 어떻게 다문화 환경에 적합하게 변화하고 있으며, 개인으로서 어떤 역량을 가져야 하는가에 관심을 가질 필요가 있다.

이 장에서는 바로 다문화사회에서 개인으로서, 시민으로서 살아가야 할 가장 기초적인 역량으로 간주되는 다문화감수성에 관해 논의할 것이다. 다문화감수성을 함양하기 위해서는 학교 차원에서의 문화다양성 교육을 실천해야 할 것이다. 따라서 이 장에서는 다문화교육의 효과로 나타날 수 있는 다문화감수성과 이를 높이는 교수학습 방안에 대해 살펴볼 것이다.

1. 다문화사회에 필요한 시민성

1) 시민과 시민권의 개념

다문화사회에서 살아가는 것은 선택의 문제가 아니라 필연적인 현실이다. 다문화사회의 시민으로 살아가려면 어떻게 갈등 없이 평화적으로 공존할 수 있는가를 생각해야 한다, 이를 위해 시민으로서 갖추어야 할 자질을 교육의 장에서 구현할 수 있는 방법에 대해 탐구할 것이다.

우리 사회에서 시민교육의 대상은 학교에 있는 학생들뿐만 아니라 다문화사회를 구성하는 모든 시민이다. 영어에서 시민은 '시티즌' 혹은 '시티즌십'이 사용된다. 특히 시민(Citizenship)은 다의적인 개념으로 사용되기 때문에 이 글에서 기술하는 시민의 개념을 정의할 필요가 있다. 시민 개념의 주요 연구자인 킴리카(Kymlicka, 1995: 284)에 따르면, 시티즌십은 '법적 지위로서의 시티즌십'과 '바람직한 시민의 덕성 및 활동으로서의 시티즌십'라는 두 가지 서로 다른 개념을 나타내고 있다(김영순, 2010: 35-36).

우리는 시티즌십을 '시민권'으로 번역할 뿐만 아니라 '시민성'으로도 사용한다. 그런데 두 용어 모두 시티즌십의 개념 전체를 포괄하고 있지 못하기 때문에 적절하지 않다. 다시 말해 '시민권'이라는 말은 법적 지위로서 시티즌십과 관련이 있다. 그런데 '시민의 덕성으로서의 시티즌십'뿐만 아니라 '법적 지위로서의 시티즌십'이라는 의미조차 포괄하지 못하고 있다. 왜냐하면 법적 지위로서의 시티즌십은 시민으로서의 '권리'뿐만 아니라 '의무' 그리고 '소속 국적'이라는 의미를 포괄한다(김영순, 2010: 36). '시민권'이라는 용어는 흔히 좁은 의미의 형식적 권리를 이르는 말로 사용된다. 그 때문에 앞서 논의한 복합적 의미를 제대로 담아내지 못한다. 마찬가지로 '시민성'이라는 용어도 시티즌십이 포함하는 중요한 의미를 모두 포괄하지 못하므로 적합한 번역어라고 볼 수 없다. 이와 같은 이유로 최현(2007)의 경우 시민권이나 시민성을 사용하는 대신에 '시티즌십'이라는 용어를 그대로 사용한다. 그렇지만 이 책에서는 시티즌십을 "바람직한 시민의 덕목과 활동"으로 정의할 것이며, '시민 의식'을 뜻하는 '시민성'으로 사용할 것이다. 원래 시민성 개념은 시민으로서 갖추어야 할 품성으로 국민국가가 대중적인 애국심과 보편적인 규범, 그리고 국가에 대한 의무와 충성을 강조하는 측면으로 등장했다(조철기, 2005: 465). 그렇지만 최근 들어 관련 연구자들은 시민성에 대해 정치적 의미를 부여할 뿐만 아니라 사회문화적 관점에서 접근하고 있다. 아울러 국가적 통일성을 위한 수단이 아니라 시민사회에서 시민의 사회적 권리를 되찾기 위한 관점이라는 경향을 보이기도 한다(Smith, 1989; 김영순, 2010: 36-37).

시민성에 관한 다양한 논의가 존재한다. 이 중 대표적인 몇 가지만 열거하면 다음과 같다. 퀴글리와 바물러(Quigley & Bahmuller, 1991)는 시민성을 "국가나 공동체를 구성하는 개인이나 제도가 구성원으로서 수행해야 하는 기능적 역할"이라고 정의한다. 윌리엄스(Williams, 2003)는 시민성을 "국민국가의 맥락에서 국가로부터 경계 지어진 구속된 개인의 정체성으로 개념화된 것"이라고 언급한다. 프록터(Proctor, 1988)는 시민성을 "공동체의 구성원임을 인정하는 권리와 구성원에게 요구되는 의무의 측면으로 구성된 것"이라고 본다. 로저스(Rogers, 1992)도 권리와 의무의 두 가지 측면을 모두 고려하여 시민성을 정의한다. 이렇게 볼 때 시민성은 정치적 문제를 포함한 사회 제반 문제에 대해 정확히 이해하고 올바른 판단과 이를 실천할 수 있는 능력과 태도라고 할 수 있다(김영순, 2010: 37).

최근 들어 교통 및 통신 수단이 발달하고 인터넷 및 첨단 테크놀로지의 등장으로 세계화가 확산되면서 시민성의 개념도 확대 · 변화되고 있다. 오늘날 시민성의 개념은 단일 국가의 법률적 의무나 권리뿐 아니라 국가의 경계를 초월하여 세계시민으로서의 자질로서 다중시민성 또는 세계시민성 등의 개념이 등장한다. 다중시민성은 "시민은 한 국가의 시민일 뿐 아니라 여러 국가가 연합된 지역의 시민으로서, 그리고 세계시민으로서의 지위를 동시에 다중적으로 가진다"고 보는 개념이다(Habermas, 1992; Turner, 1986; 김왕근, 1999; 김영순, 2010: 37-38).

세계시민성은 세계화에 더 강조점을 둔 개념으로 전 세계 다른 지역 사람들과의 공존에서 요구되는 시민으로서 필요한 자질이다. 그렇다면 인종적 · 민족적 · 문화적 다양성이 심화되면서 다문화사회에서 요구하는 시민성은 무엇이며 교육은 어떻게 변화해야 하는가라는 질문이 자연스레 제기된다.

틸버리(Tilbury, 2002)는 전 지구적 차원의 세계화로 국가의 영향력이 약화되면서 더 나은 세계를 위한 능동적 시민성이 필요하다고 강조한다. 킴리카(1995)는 지구촌 시대에는 다문화적 시민성을 시민의 역량으로 삼아야 한다고 주장한다. 다문화적 시민성은 국가를 구성하는 다양한 민족, 인종, 언어, 종교 공동체가 국가, 시민, 문화 속에 반영되고 제 목소리를 낼 수 있도록 국가 시민문화가 변혁되는 데 동인을 제공한다. 힉스(Hicks, 2003)는 시민이 문화적 · 국가적 · 지역적 · 세계적 정체성을 함양하고 다양한 집단 속에서 자기 역할을 다하고 더 정의로운 사회를 구현하며 세계 건설을 위해 필요한 지식과 태도, 기능의 함양을 포함한 세계시민성 교육을 제안한다. 지리교육에서 세계시민성 교육은 상호의존성을 강조하고, 무시되거나 소홀하게 다루어진 사람들과 지역에 대한 지식과 경험을 배우며, 복잡하고 논쟁적인 세계적 문제를 다양한 관점에서 접근하는 것이다(김영순, 2010: 38-39).

위의 논의들에서 세계화로 비롯된 초국적 이주의 보편화와 이로 인한 다문화사회의 형성 등으로 시민성은 국가정체성을 넘어 지역정체성과 세계정체성으로 이동하는 경향을 보이고 있다. 그리고 시민성이나 정체성의 개념이 통일적이고 동질적인 개념에서 다차원적이고 복수적인 개념으로 변화되고 있다. 따라서 이 같은 시민성에 부응하는 시민교육은 어떤 모습을 지녀야 하는가를 살펴보도록 한다.

2) 시민교육의 방향 모색

우선 학교 영역의 교육에서 모든 학생은 출신과 문화적 배경, 사회화 과정들에서 다양하기 때문에 같은 방식으로 가르칠 수 없다. 그들이 가지고 있는 다양한 욕구, 기능, 경험들은 교사에 의한 교수 전략의 개발 과정에서 고려되어야 한다. 각각의 학생은 다양한 심리 및 정신적 능력, 성, 종족, 인종, 언어, 종교, 계층적 배경을 지니고 있다. 민주주의 차원에서 다문화교육은 이들 학생이 가지고 있는 문화적 다양성과 교육에서의 동등성을 실현하려는 개념이다. 여기서 말하는 동등성이란 학생들의 출신 집단에 관계없이 학교에서의 성취를 위한 동등한 기회를 제공하고, 나아가 사회적 혜택에 접근하는 것을 동일하게 보장해주는 것을 말한다(Gollnick & Chinn, 2002; 김영순, 2010: 39).

그러나 전통적인 교수 모형은 학생들의 삶에 영향을 주는 문화적 정체성을 간과하는 경향이 있다. 이는 '모두를 위한 하나의 가장 좋은 방법'이 있다는 식의 편의 위주의 관념과 행동을 유발해왔다. 이렇게 단일 접근법이 모든 문화집단에 적용되어야 한다는 생각은 가장 동화된 집단을 제외한 모든 집단에게 사실상 쓸모없는 교육을 하게 만들었다(Maxim, 2006: 49). 여기에서 가장 동화된 집단이란 기존의 사회를 주도하는 다수 주류문화집단을 의미한다. 종족 정체성의 다양성은 강제로 통합되거나 주류사회에 대한 반발을 준비하게 될 것이다(김영순, 2010: 39).

같은 관점에서 다문화 상황이 도래한 한국 사회에 단일 접근법을 적용하여 소수민족 문화를 배경으로 가진 사람들에게 다수자 위주로 구성된 사회문화 환경과 맥락을 이해하고 적응하라는 것은 주류사회의 동화를 강조하는 것이다. 이는 결과적으로 소수자의 고유한 정체성을 무시하거나, 그들만이 지닐 수 있는 또 다른 문화적 가능성을 부정하는 결과를 초래할 수 있다. 또한 소수자의 정체성 재형성 과정에서 자신의 존재 근거를 상실하게 하는 결과를 초래할 수 있다. 문제는 그들이 한국에 거주하기 이전에 받았던 교육, 경험, 관계 등을 부정하게 하거나, 부정적인 것으로 교육하는 결과를 초래하기 때문이다. 나아가 이주자 부모의 정체성이 무시당하므로 부모가 낮은 자존감을 지니게 되면 그 자녀의 정체성에 혼란을 가중시킬 수 있다(양영자, 2007: 216-217; 김영순, 2010: 40).

소수 이주 집단의 문화적 정체성을 부정하는 것은 종족적 소수에 대한 차별을 불러오며, 나아가 민주적 평등 원칙을 훼손하는 결과를 초래하게 된다. 이는 결국 사회적 갈등으로 이어져 민주주의 운영을 주도하는 다수자 사회의 안정적 발전을 위협하는 요인으로 작용할 수 있다. 따라서 소수자에게 사회적 평등의 구현과 관련된 동등한 교육기회를 실질적으로 보장하여 민주주의의 평등 원칙을 적용하고, 이를 통해 고용과 충분한 수입, 정치권력 같은 사회적 자본에 접근할 자유를 구현할 수 있도록 해야 한다(Howe, 2000: 34). 또한 최근 펼쳐지는 글로벌 시대에 다문화교육이 중요한 것은 민주주의 평등 원칙에 따라 소수자의 정체성을 형성하게 해주고 문화적 다양성을 지닌 사회구성원이 더불어 사는 데 기여하기 때문이다. 또한 비다문화가정 학생들이 직접적인 외국경험 없이 외국인 가정 및 다문화가정 학생들과의 자연스런 만남을 통해 이중언어, 다중언어와 그들의 문화를 경험할 수 있기 때문이다. 다문화 상황은 다양성이 확대되어 국내에서도 학습자들에게 글로벌 현상을 이해할 수 있는 좋은 기회를 제공해줄 수 있다.

민주주의의 실천 차원에서 다문화교육이란 다원주의의 실행을 의미하는 것으로, 목표는 학생들이 다양하고 민주적인 사회의 적극적인 참여자가 되도록 준비시키는 것이다(Koppelman & Goodhart, 2005: 292). 이를 위해 학생들의 문화적 배경이 효율적인 교수와 학교 환경 개발에 사용되는 교육 전략을 구사해야 하며, 공식적인 학교 환경을 문화, 다양성, 사회정의, 민주주의 개념에 적합하도록 변화시켜야 한다(Gollnick & Chinn, 2002: 5). 그뿐만 아니라 다문화교육 담당 교사들은 긍정적인 문화정체성을 형성시키기 위해 학생들을 동일한 집단에 소속된 개인이라기보다는 고유한 개별주체로서 간주해야 하며, 학생들이 가지고 있는 문화적 · 종족적 배경을 스스로 명료화할 수 있도록 도와주어야 한다(Manning & Baruth, 2004: 19; 김영순, 2010: 41).

소수집단 학생들이 주류사회의 배경을 지닌 사람처럼 행동하는 것을 지지하고 옹호하는 것보다 자신의 정체성을 인식하고, 주류문화와 비교하며, 소통할 수 있도록 하는 것이 개별 학생과 사회 전체에 유익한 결과를 가져올 수 있다. 그러므로 소수집단 학생들이 지닌 문화적 이질성을 극복하고, 그들의 배경이 문제 되지 않기 위해서는 문화적으로 민감한 교수전략이 효과적일 수 있다. 그들이 지닌 가정환경이나 문화정체성이 학업 실패로 이어지지 않도록 관찰해야 하며, 그들의 성취와 향상에 지속적인 기대를 가져야 한다. 이와 더불어 개별적인 상호작용을 시도해야 한다(Brophy & Alleman, 2007: 40). 이러한 의미의 문화반응 교수법은 문화민주주의 논리와 밀접하다. 따라서 문화민주주의로 대변되는 다문화사회의 시민교육은 다문화역량을 보유한 시민을 양성하는 방향으로 전개되어야 한다(김영순, 2010 41-42).

OECD 국가들이 역량연구에 집중하는 경향을 보이며, 최근에는 문화적 역량에 대한 연구도 중점적으로 이루어지고 있다. 특히 유럽에서 문화적 역량에 대한 연구가 활발하게 수행되고 있는 데는 몇 가지 이유가 있다. 첫째, 문화적 역량에 대한 연구는 21세기 들어 문화가 개인과 조직, 사회와 국가 경쟁력의 중요한 요소로 등장할 것이라는 과학적 진단에 근거하여 청소년과 성인들의 문화적 역량을 강화하기 위한 기초연구 차원에서 추진되고 있다(이병준, 2009: 66).

둘째, 문화적 역량연구는 유럽통화가 통합된 후 다음 단계의 공통과제로 인식되는 유럽연합 내에서의 문화적 공동체와 문화적 다양성 문제를 동시에 해결하기 위한 유럽연합 차원의 관심에서 진행되고 있다.

셋째, 문화적 역량연구는 PISA 연구결과에 승복하지 못하는 유럽 국가들이 스스로 컬처(Culture)-PISA에 대한 강점을 가지고 있음을 나타내기 위한 관심에서 실험적으로 추진하고 있다(김영순, 2010: 42).

리첸과 샐가니크(Rychen & Salganik, 2003)의 연구에 따르면 문화적 역량을 영역으로서의 문화와 도구로서의 예술과 문화로 범주화하고 있다. 이는 사회학적 관점에서의 문화 개념에 대해 문화적 역량을 '놀이자' 역할에 비유하여 설명한 것과 유사하다. 이 영역으로서의 문화에서 문화적 역량을 정의하면, 각 개인의 역할은 게임에서 플레이어의 역할과 유사하게 단순한 관찰자가 아니라 도전하고 규칙을 지키며, 역동적으로 수행하는 주체다. 또한 역할자로서 각 개인은 '지식, 가치, 규칙, 의식, 코드, 개념, 언어, 법, 기관' 등과의 친밀성을 갖추어야 한다. 이는 문화적 활동과 소비를 효과적이고 성공적으로 할 수 있는 것과 연관된다. 그리고 단순한 소비를 넘어서 창조자로서의 역할을 할 수 있게 되는 것까지를 포함한다(이병준, 2009). 리첸과 샐가니크(2003)의 입장에서 볼 때 다문화역량은 사회구성원이 합의하고 제도화한다. 문화사회에서의 놀이자(플레이어) 역할을 충실히 해내는 것이라고 볼 수 있다(김영순, 2010: 43).

리첸과 샐가니크(2003)와 달리 티머베르크(Timmerberg, 2003)의 연구에 따르면 다문화역량은 문화적 역량의 많은 부분을 차지하고 있음을 알 수 있다. 티머베르크(2003)는 문화적 역량을 설명하기 위해 문화적 역량과 예술적 역량을 각기 다른 카테고리로 분류한다. 티머베르크(2003)에 따르면 문화적 역량은 성(젠더), 문화, 세대, 종교적 다양성 속에서 살아가기 위해 필요한 사회적 역량으로, 문화적으로 이질적인 다양한 사람과 더불어 살아가야 하는 역량이다. 따라서 여기서는 편견 없는 포용성, 관용, 열린 마음, 간문화적 능력 등의 요소가 강조된다. 티머베르크(2003)의 입장에 따르면 다문화역량은 문화적 역량의 하위 역량이며, 다문화교육의 개념과 모형을 어떠한 방향으로 지향하는가에 따라 관용과 개방된 마음 같은 문화적 역량과도 연관이 있다. 다문화역량은 이주사회 속에서의 상황들과 교감(교류)할 수 있는 능력으로 이해될 수 있다(김영순, 2010: 43).

문화적 역량에 대해서는 티머베르크(2003)나 리첸과 샐가니크(2003)와는 다른 의견도 있다. BKJ(2003)는 문화 영역에서의 역량을 문화적 역량과 예술적 역량 두 가지로 구분한다. 문화적 역량은 예술적 역량을 일상생활 속에 적용시키는 능력으로 이해할 수 있는데, 문화적 통합으로 나아가는 것, 문화적 삶에 참여하는 것, 문화적 정체성, 사회적 자본의 개발 등을 포함한다(이병준, 2009; 김영순, 2010: 43-44).

최근 들어 문화적 역량의 구성요소들을 연구한 논문들이 빈번하게 등장하는 데 비해 다문화역량의 구성요소에 대해서는 부분적인 논의들만 있을 뿐이다. 이 개념은 '간문화적 의식', '다문화 경영'과 더불어 다른 사회적 · 의사소통적 · 방법론적 능력들이 함께 섞여 있다. 여기에는 공감, 수용, 관용, 갈등관리 같은 능력들이 함께 연결되어 있다. 다문화역량은 독자적인 문화적 정체성과 타자의 자기규정에 기반을 둔 사회적 · 역사적 조건들을 성찰할 수 있는 것과 연관된다. 이와 더불어 다문화역량은 자신과 다른 문화정체성을 보이는 사람들과 교류하는 능력, 간문화적 행위능력을 개발하기 위한 전제가 된다. 따라서 자기성찰 능력은 넓은 의미에서 반인종주의로 이해될 수 있으며, 이는 자신과 다른 가치를 가진 다른 사람들의 입장을 이해할 수 있는 토대가 된다. 이러한 측면에서 다문화역량은 사회적 기술 이상이라고 볼 수 있다. 이와 더불어 다문화역량이 개인적인 차원에서만 강조되는 것을 지양하고 두 가지 차원의 다문화역량을 주장하고 있다. 첫째는 개인적 차원이고, 둘째는 기관과 시스템적 차원의 다문화역량이다(김영순, 2010: 44).

이와 같이 다문화역량에 대한 개념들이 과연 어떠한 것이고, 어떠한 부분적 역량으로 구성될 수 있는가의 문제가 있다. 관련 학계에서는 다문화역량이 무엇이며 다문화역량을 구성하는 요소가 어떠한 것인가에 대해서는 아직 구체적으로 합의된 내용이 없다. 다만 최근 생애 핵심역량에 대한 논의에서 등장하는 의사소통능력, 대인관계능력과 갈등관리능력, 그리고 문화적 역량에 포함되는 관용적 능력, 개방적 능력 등은 다문화역량의 내용적 요소에 포함될 수도 있다(김영순, 2010: 45).

- ▶ 의사소통능력
- ▶ 사회적/대인관계 능력
- ▶ 갈등관리능력
- ▶ 공감, 관용, 수용 능력
- ▶ 문화 간의 차이 인정 능력

이러한 다문화역량에 대한 논의 속에서 최근 독일 바이에른주 시민교육연합회와 독일성인교육연구소는 다문화역량 프로그램을 제시하고 있다. 다문화역량을 교육학적으로 바라보는 시각은 다양해야 한다. 물론 그 시각조차 지지하는 이론적 모형에 기초하기는 하지만, 다문화역량을 통합적으로 바라볼 때 교육적 효과의 극대화를 지향할 수 있다.

첫째, 다문화역량은 생애기초 역량이다. 앞으로 진행되는 다문화사회로의 이행 과정은 다문화역량이 일상생활과 삶에서 요구되는 기초적 역량으로 파악되어야 한다. 둘째, 다문화역량은 기초직업능력에 속한다. 향후 외국인 근로자 수가 증가하고 글로벌화가 가속화되어 직업적 차원에서도 국제화의 물결 속에 생존하기 위해서는 다문화역량은 거의 모든 직업에 필요한 기초직업능력으로 이해되어야 한다. 셋째, 다문화역량은 문화적 역량이다. 다문화역량은 한 사회 속에서 개인 주체가 세계와의 소통 속에서 관계성과 정체성, 취향을 형성해가는 문화적 역량으로 이해되어야 한다. 넷째, 다문화역량은 지식과 기술, 태도 및 인식도 포함한다. 다문화역량은 지식적 측면뿐만 아니라 기술적 측면과 태도적 측면, 더 나아가서는 다문화사회를 바라보는 개인과 사회의 인식 측면까지 모두 포괄하는 심층적인 측면에서 바라보아야 한다(김영순, 2010: 45-46).

또한 다문화역량의 전달과 학습이 이루어지는 수준은 거시사회적 차원, 생활세계 연관성의 차원, 그리고 개인이 겪는 심리사회적 성장 차원이라는 3가지 측면에서다. 이 3가지 수준은 교육적 실천의 전문성 논의와 관련하여 모두 해당한다고 볼 수 있다. 첫째, 거시사회적 문제 접근은 세계화의 문제와 연계하여 정치적이고 사회적인 문제들을 포함하는 시각을 가진다. 둘째, 생활세계 연관성 차원은 개관할 수 있는 생활세계, 심리사회적 성장 차원은 주체가 겪을 수 있는 내적·외적 정황, 위기와 미래에 대한 지각 같은 첫 번째와 두 번째 접근의 시각에 대응할 수 있는 주체의 능력개발에 초점을 둔다(김영순, 2010: 46).

2. 다문화사회와 다문화감수성

1) 다문화감수성의 개념

다문화감수성은 그동안 문화 간 의사소통능력에 대한 연구에서 꾸준히 제기되어온 개념이라고 할 수 있다(김영순 외, 2013: 465). 첸(Chen, 1997)의 연구에 따르면, 개인이 지닌 문화 간 역량은 바로 문화 간 의사소통능력이라고 볼 수 있다. 여기에서 문화 간 의사소통능력이란 '문화 간 인지능력', '문화 간 감수성', '문화 간 기민성'의 3가지 요소로 구성된 개인의 능력이다(김영순 외, 2013: 465). 그 중에서도 문화 간 역량을 향상시키는 가장 효율적인 방법은 문화 간 감수성을 증진시키는 것이라고 볼 수 있다(Spitzberg, 1988). 문화 간 감수성이 함양되면, 개인은 자신과 타인의 문화 간 차이를 구별할 수 있으며, 그 차이를 인정하고 타인의 문화를 존중하는 태도로써 주어진 환경에 가장 적절한 행동을 판단할 수 있게 되고, 개인의 문화 간 역량 또한 향상될 수 있다(김영순 외, 2013: 465-466).

다문화감수성은 단순히 문화지식을 습득하는 것만으로는 얻을 수 없는 능력으로서 타문화와 타문화 사람들에 대해 유연하면서도 개방적인 태도를 가지는 것을 의미한다. 즉 이러한 개방적인 태도는 책을 읽거나 암기한다고 해서 생기는 지식이 아니라, 직접 경험하고 그 경험을 토대로 스스로 고정관념을 돌이켜봄으로써 생기는 깨달음과 성찰 과정을 통해 얻게 된다. 따라서 다문화감수성은 다문화적 상황에 노출되는 경험과 관련된 체험활동 등의 교육과 훈련을 통해 발달할 수 있는 개념이라 할 수 있다(김영순 외, 2013: 466).

이처럼 다문화감수성을 함양한 개인은 높은 자아 존중감을 가지고 있으며, 타인과의 의사소통에서 개방적이고 뛰어난 공감능력으로 참여적인 상호작용 모습을 보인다(김영순 외, 2013: 466). 또한 다문화감수성은 자신이 하는 사회적 행위가 상황에 적절한지에 대해 민감하게 반응하고, 자신의 행위에 대한 타인의 반응에 주목함으로써 스스로 반성하고 차이를 이해하려고 한다. 따라서 다문화감수성이 높은 개인은 상대방과 소통함에 있어 성급히 결론을 내리기보다는 진지하게 경청하여 이해하려고 하며, 이러한 태도는 개인이 타문화와의 문화 간 차이를 경계하지 않고 즐길 수 있도록 한다(Chen & Starosta, 2000). 이처럼 다문화감수성이 높은 사람은 상대방에게 비교적 잘 적응할 수 있으며, 다소 복잡한 의사소통 상황이더라도 상대적으로 잘 대응하는 모습을 보인다. 그래서 다문화사회 구성원이 문화접촉 상황에서 겪게 되는 갈등과 분쟁을 다루는 능력으로도 이해할 수 있다(박주희 외, 2008: 2).

다문화감수성은 급변하는 환경에서 우리 모두 갖추어야 할 필수적인 능력이라 할 수 있다. 특히 다문화감수성은 대학교육 현장에서 외국인 유학생을 지도하는 교수자에게 매우 중요하게 생각되는 역량으로서 다른 사람과 상호작용하는 인지적 · 정서적 · 행동적 측면의 변화로 나누어볼 수 있다(김영순 외, 2013: 466-467).

첸과 스타로스타(Chen & Starosta, 2000)는 다문화감수성을 문화 간 커뮤니케이션 능력의 하위개념으로 인식했으며, 이러한 문화 간 커뮤니케이션 능력을 측정하기 위해 다문화감수성을 측정하는 'ISS(Intercultural Sensitivity)'를 제시했다. 이들은 다문화감수성을 지닌 사람은 사회적 상호작용에서 자신의 행위가 상황에 적절한지에 민감하고, 타인에 대해 개방적이며, 뛰어난 감정이입 능력과 참여적 상호작용 능력을 갖고 있다는 점을 밝혀냈다(김영순 외, 2013: 467). 또한 다문화감수성이 높을수록 다양한 문화적 차이를 수용하고 존중하며, 이를 이해하고자 하는 능동적 욕구 및 동기가 더욱 높다고 주장했다. 그러나 다문화감수성을 확보하는 과정으로서 교수자를 조명한 연구는 매우 미흡하며 대부분 예비교사를 대상으로 연구가 진행되거나(이규림 외, 2012; 이정연, 2010) 유아 및 초등 · 중등 교육을 담당하는 교수자를 파악하는 데 중점을 두고 있다(모경환 외, 2007).

다문화감수성은 교수자가 외국인 유학생을 지도하는 데 다양성을 수용할 수 있는 사고를 정립시키고, 학생과의 상호작용을 더욱 원활하게 해준다(김영순 외, 2013: 467). 특히 다문화감수성은 다문화 시대에 교수자가 갖추어야 할 필수적인 역량으로 선행연구에서 계속적으로 제기되고 있다(김정덕 외, 2011; 김영주 외, 2012; 정혜욱, 2012). 따라서 다문화감수성은 교수자로 하여금 긍정적인 가치관을 형성하고 교육방식을 정하는 데 기여할 것이다. 또한 기존 연구들(김옥순, 2008; Smith et al., 1997)을 바탕으로 타문화와의 접촉경험을 통해 형성된 가치관이 다문화감수성을 확보하는 데 유의미한 영향을 미칠 것이라 예측할 수 있다.

2) 다문화감수성의 발달 모형

베넷(Bennett, 1993)은 인지적 · 정의적 · 행동적 측면에서 다문화감수성 발달 모형(Developmental Model of International Sensitivity, DMIS)를 제시했다(김영순 외, 2013: 468). 다문화감수성 발달은 문화적인 차이를 경험하게 해서 이를 인식하는 의식구조나 문화적 차이에 대한 태도 및 행동이 체계화되는 과정을 일컫는다. 베넷(1993)에 따르면, 다문화감수성의 일반적인 수용 과정에서 처음에는 자문화중심주의를 지키기 위해 타문화에 대한 저항이 일어나지만 점차 상대의 문화를 개방적으로 바라보며 그의 문화에 적응하고 통합되어가는 발달단계를 거친다고 보았다. 즉 부정, 방어, 최소화의 자문화 중심적 단계에서 수용, 적응, 통합의 문화상대주의적 단계로 이동한다고 주장했다(김영순 외, 2013: 468).

다문화감수성 발달 모형를 살펴보면, 부정의 단계는 고립과 분리라는 하위 단계로 구성되어 있는 자문화중심주의의 가장 낮은 단계다. 이 단계는 문화의 차이를 인정하지 않으며, 자신의 문화만 진정한 문화라고 생각하고 다른 문화에 대해서는 관심을 갖지 않는다(김영순 외, 2013: 468). 방어의 단계는 비하, 우월감, 반전이라는 하위 단계로 구성되어 있는 자문화중심주의의 두 번째 단계다. 이 단계에서 개인은 타문화와의 문화적 차이를 인식하지만, 자신이 속한 문화를 기준으로 타문화에 대해 부정적인 평가를 한다. 그리고 문화의 차이가 심할수록 타문화에 대한 부정적인 평가도 심해지는 경향을 보인다(김영순 외, 2013: 468). 최소화의 단계는 물리적 보편주의와 초월적 보편주의라는 하위 단계로 구성된 자문화중심주의의 마지막 단계다. 이 단계에서 개인은 모든 인간이 근본적으로 유사하다는 가정을 수용하면서 다양한 문화적 차이를 받아들인다. 하지만 문화의 유사성에 더욱 초점을 맞추는 자문화 중심적인 입장을 유지하고 있다. 자문화 중심적 단계의 마지막 단계로서 표면적으로 드러나는 문화적 차이를 인정하지만, 모든 인간이 근본적으로 유사하다고 가정한다(배재정, 2012; 김영순 외, 2013: 468-469).

네 번째 단계는 수용의 단계인데, 이 단계부터는 문화상대주의적 관점으로 넘어가는 전환 단계다. 이 단계는 행동 차이에 대한 존중과 가치 차이에 대한 존중이라는 두 하위 단계를 가지고 있는 문화상대주의의 초기 단계다. 이 단계는 문화적 차이를 인정하기 시작하는 단계로서 문화상대주의의 개념에 바탕을 두고 타문화에 대한 이해와 해석 능력이 갖춰지기 시작한다(김영순 외, 2013: 469). 다섯 번째 단계는 적응 단계인데, 이 단계는 공감과 다원주의라는 하위 단계를 가지고 있는 문화상대주의의 두 번째 단계다. 이 단계에서 개인은 문화 간 의사소통능력을 발달시킨다. 효과적인 공감과 감정이입을 통해 타문화를 이해하려고 노력하며 자신의 문화뿐만 아니라 타문화의 입장에서 사건을 바라보기 위해 노력한다. 이 단계에 있는 개인은 문화 간 커뮤니케이션 능력을 더욱 발달시키게 된다(김영순 외, 2013: 469). 여섯 번째 단계는 통합 단계로서 맥락적 평가와 건설적 주변성이라는 두 하위 단계를 가지고 있는 문화상대주의의 완성 단계다. 이 단계는 개인이 다문화적 관점을 내면화하는 단계로서, 더욱 범경제적인 관점에서 문화 간의 관계를 조명하고자 한다(김영순 외, 2013: 469).

이와 같은 다문화감수성 발달 모형(DMIS)은 사회적 구성주의에 근거하여 다문화감수성을 정의했다. 다시 말해 다문화감수성을 문화적 차이를 이해하고 조절하는 능력으로 보았으며, 경험의 재구성을 통해 세계관의 변화가 행동과 태도의 변화를 가져온다는 관점을 제공하고 있다. 또한 다문화감수성의 발달 과정을 발전적이고 예측 가능한 일련의 연속체로 개념화했는데, 이는 다문화감수성이 정적인 단계가 아니라 계속 변화해가는 과정에 있는 단계로서 교육과 훈련을 위한 모형으로서도 활용도가 높다고 할 수 있다(김영순 외, 2013: 469).

베넷(1993)의 다문화감수성 발달 모델은 문화교육 또는 다문화교육의 실제와 관련된 중요한 시사점들을 제시하며, 외국에서는 이 모델이 다국적 기업의 인력 양성 교육에 유용하게 활용되기도 한다. 한국의 다문화교육에 대한 적용을 전제로 했을 때, DMIS의 시사점은 3가지로 집약된다. 하나는 베넷(1993) 자신이 제시하는 단계적 이행을 위한 실제적 교수전략이며, 또 다른 하나는 문화 차이에 대한 접근, 그리고 마지막은 문화적 정체성에 대한 해석이다(한용택, 2017: 118).

(1) DMIS의 교수전략

베넷(1993)은 DMIS의 각 단계의 특징을 세밀하고 유기적으로 제시했을 뿐 아니라 하나의 단계에서 다음 단계로의 원활한 이행을 위해 중시해야 할 교육적 내용요소도 제시하고 있다(한용택, 2017: 118).

부정 단계의 개인은 문화의 상대성을 인지할 수 있는 기준 자체가 없기 때문에 이들을 위한 교육에서는 문화적 차이가 존재한다는 사실을 인지하게 해주어야 한다.

방어 단계의 개인은 부정 단계의 개인과 달리 문화적 차이는 인정하지만 그 차이가 극단적인 두 축으로 배열된다는 점에서 공통적 인간성을 강조하면서 양극화를 완화시키는 것이 다음 단계로의 이행을 원활하게 하는 교수전략이다. 자문화중심주의의 마지막 단계인 최소화 단계의 개인을 문화상대주의의 첫째 단계인 수용 단계로 이행시키기 위해 주안점을 두어야 할 요소는 문화적 차이의 중요성을 인지하도록 문화적 자기인식능력을 발전시키고 통일성과 다양성의 조화를 갖도록 하는 것이다. 수용 단계는 문화적 차이를 하나의 과정으로 받아들이는 단계다. 다음 단계로의 이행을 위한 적절한 교육은 다른 문화의 맥락을 이해하기 위해 질문하면서 배울 수 있도록 유도하는 것이다. 적응 단계에서는 다른 문화와의 인지적 · 직관적 공감능력과 다문화적 소통능력의 함양에 교육의 초점이 맞추어져야 한다. 고정적이기보다는 유동적 특성으로 문화적 차이를 인지한 후 이에 맞추어 사고와 행동을 적응시키는 단계이기 때문이다. 최상위 단계인 통합 단계에서의 교육은 그 어느 문화에도 특별히 속하지 않는다는 사실을 약점이 아니라 강점으로 인지하는, 진정한 의미에서의 다문화적 정체성을 가지고 문화적 매개자 역할을 하도록 유도하는 것이 교수전략의 핵심이다(한용택, 2017: 119).

(2) 문화적 차이

베넷(1993)이 제시한 단계별 교수전략의 중심에는 각 단계에 있는 개인에게 문화적 차이를 어떻게 바라보게 하느냐의 문제가 있다. 자문화중심주의에서 진정한 문화상대주의로의 이행은 결국 문화적 차이의 인지에서 수용으로, 그리고 수용에서 내면화와 행동으로의 이행으로 귀결된다(한용택, 2017: 119). 이러한 점은 다문화감수성 교육이 내용 면에서 지식, 태도, 가치, 행동의 모든 영역을 포함하며, 방법적으로는 단계적 · 반복적 · 유기적으로 이루어져야 함을 시사한다. 문화들 사이에 차이가 있다는 사실의 단순한 주입이 아니라, 지식에 기반을 둔 차이의 인지에서 출발해 행동과 태도의 내면화된 변화를 유도할 때만이 다문화감수성 교육이 유효할 수 있다. 그런 점에서 다문화감수성 교육의 출발은 문화적 차이를 정확하게 이해하는 데서 시작된다.

베넷(1993)의 DMIS를 관통하는 개념 중 하나는 '구분'이다. 이것은 개인이 차이를 인지하는 능력인데, 두 가지 전제에 기반을 두고 있다. 하나는 개인이 동일한 사물을 서로 다르게 본다는 전제이며, 다른 하나는 각각의 문화가 변별 양식이나 상이한 세계관을 견지하는 방식에 따라 서로 구분된다는 전제다. 우리가 현실을 해석하고 우리 자신을 둘러싸고 있는 세계를 인식할 때 문화가 정보를 제공한다는 점에 근거한다. 따라서 현실의 해석이나 세계관은 문화에 따라 서로 다를 수밖에 없다. 다문화감수성을 증진시킨다는 것은 문화가 세계를 수용하는 방식의 근본적 차이를 인식하고 그것에 대처하는 방법을 배우는 것이라고 할 수 있다(한용택, 2017: 120).

원칙적으로 차이는 대상들끼리의 비교에 의해 발생한다. 그런 의미에서 문화적 차이에 대한 교육은 단순히 외국 문화의 이해에 국한되지 않는다. 그것은 다른 문화의 발견과 이해 그리고 자기 문화에 대한 발견과 이해를 동시에 포함하며, 자신과 자신이 속한 문화를 객관화·대상화함으로써 가능하다. 나와 타자, 내가 속한 문화와 내가 속하지 않은 문화의 관계가 주체와 대상으로 명확하게 분리되어 인식되는 것이 아니라 상호적이며 동등한 주체로 인식되어야 한다(한용택, 2017: 120).

문화적 차이와 관련하여 베넷(1993)의 다문화감수성 발달 모델이 제시하는 또 다른 시사점은 어떠한 문화에 초점을 맞추어야 하는가다. 사실 지금까지 다문화교육의 내용을 구성하는 문화는 대부분 의식주 중심의 가시적 문화다. 하지만 그보다 더욱 중요한 것은 현실의 해석, 가치, 세계관에 영향을 미치는 비가시적 문화, 또는 역으로 현실의 해석, 가치, 세계관으로 이루어진 비가시적 문화다. 문화 차이에 따른 갈등이나 오해의 대부분은 가시적이고 구체적인 문화로부터가 아니라 심층문화, 기저문화라고 할 수 있는 비가시적이고 추상적인 문화로부터 기인한다는 점을 기억할 필요가 있다(한용택, 2017: 122).

(3) 사회통합 방향 제시

DMIS의 여섯 번째 단계, 즉 통합 단계의 특징 가운데 하나는 개인이 특정한 문화에 근거한 정체성이 아니라 복수의 문화집단 정체성을 갖게 된다는 점이다. 통합 단계의 개인은 가끔 어느 집단에서나 주변인처럼 느껴지기도 하는 동시에 어디에서도 문화적 차이가 초래하는 불편함을 느끼지 않기도 한다(한용택, 2017: 122).

베넷(1993)은 이 단계의 개인에게 필요한 교육적 쟁점으로 다문화적 정체성을 들고 있다. 반면에 첫 번째 단계인 부정 단계에 머물고 있는 개인에게는 문화와 관련된 상대적 범주 자체가 없다고 할 수 있다. 자신의 고유문화에 관해 질문을 받으면 당황할 정도로 그에게 문화적 정체성의 기준은 유일한 것이다. 요컨대 다문화감수성은 정체성의 문제와 밀접하게 연관되어 있다. 일단 정체성이 형성되면 영원히 계속되는 것이 아니라 끊임없이 형성되는 과정이라는 점에서, 그리고 어떻게 보면 DMIS의 여섯 번째 단계는 기존의 문화적 정체성으로부터의 '해방'이라고도 생각할 수 있다. 이 점에서 문화적 정체성은 다문화감수성 발달의 과정이자 결과이기도 하다. 유일하고 절대적인 문화적 정체성 준거에서 그 어디에도 무게중심이 놓여 있지 않은 복수의 다양한 준거로의 이행이 다문화감수성 발달과 동행하는 궤적이다(한용택, 2017: 122).

다문화교육에서의 정체성 문제는 매우 중요한 구성목표 가운데 하나다. 베넷(1993)과 유사한 맥락에서 뱅크스(2007) 또한 다양한 문화적 상황에 놓인 개인의 문화적 발달 과정을 다음과 같이 6단계로 설명하고 있다(Banks, 2007; 한용택, 2017: 123).

▶ 첫 번째 단계는 문화적 · 심리적 속박 단계다. 이 단계에서는 개인이 자신의 문화집단에 대해 부정적인 신념을 갖고 있으며, 다른 문화집단과의 접촉 상황을 회피하며 자존감이 낮아진다.

▶ 두 번째 단계는 문화적 밀폐화 단계다. 자신이 속한 문화집단이 타문화집단보다 우월하다고 믿는 단계로, 자신의 문화 공동체 내에만 참여하는 경향이 강하다.

▶ 세 번째 단계는 문화 정체성 명료화 단계다. 이 단계에서는 자신이 속한 문화집단에 대해 긍정적 태도를 분명히 하며, 자신의 문화집단이 갖는 긍정적 속성과 부정적 속성을 모두 수용한다.

▶ 네 번째 단계는 이중문화주의 단계다. 자신의 문화 및 타문화 공동체에 참여하는 데 필요한 문화적 정체감과 심리적 특성을 갖게 되는 단계다.

▶ 다섯 번째 단계는 다문화주의 및 반성적 국가주의 단계다. 국가에 대해 반성적으로 숙고하고, 한 국가 내에 존재하는 여러 하위문화의 가치, 상징, 제도를 이해하며, 인종 등에 대해 공유하는 다문화적 관점과 감정을 갖는 단계다.

▶ 여섯 번째 단계는 세계주의 및 세계적인 유능성 단계다. 인류의 보편적 · 윤리적 가치와 원리에 대한 이해를 기반으로 세계의 다양한 문화에 대해 반성적이며 긍정적으로 이해하는 문화적 정체성 단계라고 볼 수 있다.

문화정체성 발달 측면에서 베넷(1993)의 모델과 뱅크스(2007)의 모델은 단계별로 정확하게 대응하는 것은 아니지만 상호유사성이 있다. 두 모델 모두 자문화중심주의에서 문화상대주의로의 이행에 기반을 두기 때문이다. 뱅크스(2007)의 1단계와 2단계, 즉 문화적 · 심리적 속박 단계와 문화적 밀폐화 단계는 자문화중심주의적 특성을 가지는데, 이는 베넷(1993)의 최소화 단계, 또는 그 이전 단계에 해당한다. 뱅크스(2007)의 문화적 정체성 명료화 단계는 베넷(1993)의 수용 단계에, 이중문화주의 단계는 적응 단계에, 다문화주의 및 반성적 국가주의는 적응 단계와 통합 단계의 경계선에 위치한다. 두 모델의 마지막 단계는 모두 다문화적 정체성 확립을 특징으로 하는 이상적 상태를 전제한다는 점에서 동일하다고 할 수 있다(한용택, 2017: 124).

이 절에서 논의한 다문화감수성은 다문화사회에서 개인이 지녀야 할 시민성 역량과 일맥상통한다. 특히 다문화감수성은 개인이 접하게 되는 다양성을 개방적으로 수용하고 문화가 다른 개인을 신뢰할 수 있는 의식을 갖게 한다. 이를 통해 상호 긍정적인 인간관계가 형성된다고 볼 수 있다. 나아가 다문화감수성은 문화적 정체성 형성과 불가분의 관계다. 다시 말해 다문화감수성을 갖춘 개인이 특정한 문화적 맥락에서 벗어나 자문화와 타문화의 구분조차 필요하지 않은 완벽한 문화상대주의 관점을 견지하는 데 기여하게 된다. 따라서 다문화교육은 학습자들에게 다문화감수성을 향상시키는 교육을 지향해야 한다고도 할 수 있을 것이다.

이미 한용택(2017)에서 다문화감수성 발달을 위한 교수전략을 제시한 바 있다. 이 전략이 말 그대로 전략을 제시했기 때문에 구체적인 교수학습 프로그램 구안에 관심을 갖게 될 것이다. 앞서 1장에서 한국의 다문화교육 연구동향을 살펴본 바 있다. 특히 다문화감수성 관련 선행연구 혹은 다문화교육 프로그램에 관한 연구에 주목해볼 수 있다. 이 연구들의 대부분 사례가 비록 다문화감수성 향상 프로그램이라는 구체적인 제목이 안 붙었더라도 다문화감수성을 제고하기 위한 교육 프로그램이라는 사실을 견지할 수 있을 것이다.

3. 다문화교육을 실천하는 학교 사례[1]

다문화에 상반되는 개념은 당연히 단일문화라고 볼 수 있다. 물론 다문화에 관한 개념을 논의하기 위해 문화에 관한 기술이 선행되어야 하지만, 여기서는 다문화교육이 중심이기에 설명은 생략하기로 한다.[2] 단일문화교육은 오직 주류문화만을 대표하는 학교 구조, 정책, 교육과정, 교육 자료, 교육학 전략으로 교육활동을 구성한다. 이 절에서는 니에토(2009)가 지적한 미국 학교의 단일문화교육에 관한 비판적 견해와 다문화교육적인 학교 운영 사례를 살펴보기로 한다.

1) 단일문화학교의 사례

조지워싱턴중학교에 들어가면 “공인되지 않은 사람은 이 학교에 들어올 수 없다. 모든 방문자는 반드시 교장실에 즉시 보고해야 한다”

1 이 절에 소개된 학교 사례들은 니에토(2009)의 저서 《Language, Culture, and Teaching: Critical Perspective》에 기초하고 있다. 특히 이 책의 한국어 번역판 『언어, 문화 그리고 비판적 다문화교육』(김영순 외 역, 2016)에서 11장의 내용을 요약한 것이다.

2 문화 및 다문화에 관련된 다양한 개념과 정의에 대해서는 김영순 외(2008), 『문화의 맛과 멋을 만나다』; 김영순(2017), 『다문화 사회와 공존의 인문학』을 참조할 것.

라고 쓰인 안내문을 보게 된다. 학교의 구성원은 다수의 아프리카계 미국인, 푸에르토리코인, 아랍계 미국인, 중앙아시아인, 한국인, 베트남인 등 상당히 다양하지만 학교의 교장과 교감, 상담가들은 모두 유럽계 미국인 남성들이다. 우리는 복도를 지나면서 여러 개의 게시판을 보게 된다. 그중 하나는 다가오는 크리스마스를 기념하는 것이고, 다른 하나는 P.T.O. 베이커리에 관한 내용이다. 그리고 세 번째 게시물에는 일반적으로 '미국인'이 주로 먹는 음식을 근거로 한 4가지 기초식품군이 나열되어 있다(Nieto, 김영순 외 역, 2016: 336).

이 학교는 미국 역사, 영어, 수학, 과학, 음악 감상, 미술 그리고 체육 수업이 각각 45분으로 운영된다. 미국 역사 수업 시간에 학생들은 주로 유럽계 미국인 남성들이 전쟁과 정복을 통해 얻은 자랑스러운 업적에 대해 배운다. 학생들은 기부, 균형적 관점, 여성의 재능, 주류문화 이외의 것에 대해 배우지 못한다. 미국의 노예제도는 미국 남북전쟁과 관련하여 언급되고, 아프리카계 미국인은 학습내용에서 많이 다루어지고 있지 않다. 영어 수업 시간에 교사와 학생들은 '고전'에 몰두하고, 매우 적은 수의 여성이나 아프리카계 미국인 작가들이 최근의 문집에 포함되긴 했지만 대부분 유럽인이나 유럽계 미국인 작가에 의해 쓰인 책을 읽는다. 아시아계, 라틴계, 미국 원주민 작가들의 작품은 문집에 포함되어 있지 않다. 학생들은 음악 시간에 고전음악을 접하는데, 이는 주로 유럽의 고전음악으로 아시아, 아프리카, 라틴아메리카의 고전음악은 찾아볼 수 없다. 미술 수업에서 학생들은 유명한 유럽인이나 유럽계 미국인 화가에 대해 배우고 매우 가끔 제3세계의 '공예'와 '공예품'에 대해 배운다(Nieto, 김영순 외 역, 2016: 336-337).

조지워싱턴중학교의 교사들은 주로 유럽계 미국인 여성으로서 다문화적 접근이나 관점에 대한 정식 교육을 거의 받지 않았다. 교사들은 자신들이 '인종차별을 하지 않는 것(color-blind)'에 대해 자랑스러워하는데, 그것은 교사들이 학생들에게 차이를 두지 않고 모두 똑같이 대하기 때문이다. 이처럼 학교가 '인종차별을 하지 않는 것'은 다행히 수준별 반 편성으로 확대되지 않았다. 이는 교사들이 보편적으로 모든 학생을 자신의 능력이 미치는 최대까지 가르쳐야 한다고 생각하기 때문이다. 수준별 반 편성은 '영재'에서부터 '보충'까지 4가지 수준으로 구별된다. IQ 테스트는 반 편성을 위한 학생의 수준을 측정하는 데 사용되며, 우수한 학생들은 '영재' 프로그램에 배치되어 고급 수준의 수학, 과학, 영어, 사회 교과 수업에 참여한다. 오직 상위권 학생들만이 외국어 수업에 참여할 기회를 갖는다. 상위권 학생들의 대부분은 유럽계 미국인과 아시아계 미국인으로 구성되어 있다. 학교는 이런 반 편성이 학생들의 선천적인 지적 수준 때문이거나 학생들이 가정에서 훨씬 많은 지적 자극이나 격려를 받았기 때문이라고 합리화한다. 교사들은 상위권 학생들에게 최상의 결과를 기대하고, 수업에 방해가 되는 하위권 학생들에게는 기대를 낮게 갖도록 학습되었다(Nieto, 김영순 외 역, 2016: 337).

조지워싱턴중학교에서 인종차별 사건이 일어났지만, 학교는 조용히 그리고 은밀하게 처리했다. 예를 들어 학생들 간 인종차별적인 욕이 사용되었을 때, 학생들은 그런 욕을 하지 말라는 충고를 들을 뿐이다. 다른 민족 학생 간에 싸움이 일어났을 때, 교감은 인종이나 민족은 그 싸움과 아무런 상관이 없다고 주장했다. 교감은 "애들이니까요. …… 싸울 수도 있지요"라는 식으로 이 사건을 설명했다. 조지워싱턴중학교는 하위 문화적 집단에 속하는 다른 사람에 대한 경험이 거의 언급되지 않는 단일문화적 환경이다. 학생의 다양성에 대해서는 관심이 적어

학교의 교육과정은 일반적으로 그들이 자리 잡고 있는 사회로부터 동떨어져 있는 것처럼 보인다. 게다가 인종차별주의, 성차별주의, 동성애 혐오주의 같은 민감하지만 다문화사회에서 필요한 주제들은 거의 다루어지지 않으며 현실은 마치 모든 것이 해결되었고 고정된 것처럼 묘사된다(Nieto, 김영순 외 역, 2016: 337-338).

조지워싱턴중학교와 같이 우리나라의 학교에서도 이러한 상황은 여전하다. 다문화 환경에 놓인 학교들에서 일어나는 불미스런 상황과 사건들이 학교의 명예 실추라는 이유로 학교 경영자들에 의해 사회에 알려지지 않고 묵인되는 경우가 많다. 다문화교육은 결코 단일한 개념이 아니다. 다문화교육은 이중언어와 이중문화 프로그램, 소수민족 및 다민족학에 관한 교육내용을 포함해야 한다. 다문화교육은 일반적으로 교육 내용과 과정의 구조적인 변화보다는 단지 내용만 추가하는 식으로 재구성되는 편이다. 심지어 지난해에는 다문화교육을 시행했다고 말하지만 이번 학기에는 해야 할 다른 것들이 많아서 다문화교육을 할 수 없다고 말하는 교사들을 쉽게 만나볼 수 있다.

다문화교육 연구자들이 수년 동안 다문화교육의 복잡성을 지속적으로 말했다. 그럼에도 다문화교육은 종종 지나치게 단순화되거나 획일적으로 해석되었다. 니에토(2009)는 다문화교육에 대한 지지가 실제 학교에서 얼마나 다양한 수준으로 나타나는지 명확히 하는 모델을 개발하려고 시도해왔다. 그녀는 다문화교육에 관한 범주나 모델을 개발하는 학교 같은 환경에서 사람들 사이의 사회적 상호작용 역시 잘 이루어지지 않고 있다는 문제의식에서 출발했다. 그녀는 그러한 모델이 현실을 고정된 관점으로 여기게 하여 적절하지 않을 수 있다는 점에 주저하면서도 교사와 행정 직원, 교육자들이 자신들의 학교에서 다문화적 관점을 발전시키는 것이 어떤 의미인지를 다시 생각해볼 기회를 제공할 수도 있다는 희망을 가지고 있다.

이 모델의 수준은 경계를 가로질러 정확하게 구분하지 않는 매우 동적인 것으로 간주되어야 한다. 매킨토시(McIntosh, 1983)에 따르면 이 모델의 수준은 반드시 '상호작용적'으로 이해되어야 한다. 이러한 수준은 한결같이 '이상적'인 범주이지만, 학교 현실이 정말 그렇다는 것을 보여주는 것은 아니다. 모델의 각 범주하에 언급된 특징들을 고려해볼 때 아마도 순수하게 '단일문화적'이거나 '관용적'인 학교는 없을 것이다. 그러나 이러한 범주는 다양성에 대한 지지가 어떻게 각 학교에서 다양한 방법으로 나타나는지를 기술하는 데 사용된다.

다문화교육은 프로그램이나 고정된 교육과정의 내용을 포함하고 나아가 신념이나 철학이기에 이 절에서 소개한 학교 모델은 우리 사회의 다양성을 포용하기 위해 특정한 학교 정책이나 관행들이 어떻게 변화해야 하는지를 결정하는 데 도움을 줄 것이다. 니에토(2009)는 다문화교육을 실천하는 학교들이 바로 관용, 수용, 존중 그리고 인정, 연대, 비평 같은 다양한 수준을 보여주고 있다고 하면서 그 사례들을 제시한다.

2) 관용적 학교의 사례

사전적 정의에 따르면, 관용이란 "다른 사람의 신념이나 실천을 인정하고 존중하는 것"이다. 관용은 다문화적 관점을 발전시키는 행위이며 태도로 볼 수 있다. 니에토(2009)는 관용의 함축적 의미는 명시적 의미와 전적으로 다르다고 지적하며, 교육현장에서의 관용이 무엇을 의미하는지를 생각해보면, 마음이 내키지는 않지만 다소 불쾌한 심정으로 관용을 받아들이는 우리의 모습을 떠올릴 수 있다고 한다. 이는 차이에 대한 관용은 그것을 참는 것이지 받아들일 필요는 없다는 뜻이다. 이러한 오늘의 관용은 내일이 되면 쉽게 거부될 수 있기에 다문화교육을 지지하는 수준이 불안한 상황에 놓일 수 있다고 경고한다. 그녀는 관용적 학교의 예로 브라더후드중학교를 들고 있다(Nieto, 김영순 외 역, 2016: 339).

이 중학교는 단일문화적 학교에서 한 단계 진화했다고 볼 수 있는 관용적 학교에 속한다. 이 학교의 구성원은 '인종차별이 없는' 차이를 받아들이는 경향이 있다. 차이를 받아들이기는 하지만, 이들의 궁극적인 목표는 주류문화에 동화되는 것이기 때문에 언어와 문화의 차이는 가능한 한 빨리 극복되어야 한다고 본다. 이와 같은 이데올로기는 물리적 환경과 교직원들의 태도, 학생들의 교육과정에 반영되어 있다. 브라더후드중학교를 방문했을 때, 날로 늘어나는 캄보디아 학생들의 가족과 소통할 수 있는 교직원은 없었다. 그러나 그곳에는 영어로 방문자들을 환영하는 큰 문구가 쓰여 있다. 눈에 쉽게 띄는 자리에 위치한 게시판에는 "내가 미국인인 것이 왜 자랑스러운가?"라는 주제로 올해의 글쓰기 대회 우승자가 게시되어 있다. 우승자는 유럽계 미국인 6학년 학생과 베트남계 미국인 7학년 학생 두 명이었다. 이들은 미국에서 인종과 민족, 성별에 상관없이 모든 사람에게 열려 있는 많은 기회에 대한 주제로 글을 써서 선정되었다고 이유를 게시하고 있다. 다른 게시판에는 미국 남부지역에 살고 있는 아프리카계 미국인 로자 파크스(Rosa

Parks)에 대한 이야기[3]가 게시되어 있다. 이 게시물에는 1995년 어느 날 그녀가 너무 피곤한 나머지 버스에서 백인에게 자리를 양보하지 않은 사건이 현대 시민권리운동의 촉발제가 되었다고 쓰여 있다(Nieto, 김영순 외 역, 2016: 339).

브라더후드중학교에서는 중요한 구조적인 변화가 일어나고 있다. 최근에는 6, 7학년 학생들을 '가족'이라는 집단으로 구성하고 이들을 존 가족, 스미스 가족, 포터 가족 등으로 부르는 실험이 시작되었다. 학생들은 영어, 사회, 수학, 과학 등 주요 과목에서 가족이라는 구성원과 참여한다. 그리고 이러한 수업들은 수준별 반 편성으로 구성되지 않는다. 교사들은 학생들과 매일 만나고 함께 계획을 짜면서 쉽게 통합적인 교육과정을 발전시킬 수 있었다. 이 학교의 교사들은 팀 티칭이 가능하도록 수업을 기획하여 학생들로 하여금 45분이 아닌 90분 동안 수업에 집중할 수 있도록 했다. 학생들은 이러한 방식을 좋아했고, 워싱턴 D. C.에 관해 공부할 때도 다양한 교과 융합적 과업을 수행하면서 흥미로

---

3 로자 파크스(Rosa Lee Louise McCauley Parks)는 미국의 대표적인 현대 시민권운동의 어머니로 불린다. 그녀의 일화는 매우 작은 사건에서 시작되었다. 1955년 12월 1일 미국 몽고메리 페어 백화점에서 일을 마친 로자는 6시쯤 클리블랜드 거리에서 버스에 올랐다. 이 버스 역시 백인 좌석과 유색인 좌석으로 나뉘어 있었다. 로자는 유색인 좌석 맨 앞줄에 앉았다. 시간이 지나면서 앞쪽 백인 좌석은 전부 찼고, 엠파이어 극장 정류소에 이르자 백인 몇 명이 더 탔다. 백인 두세 명이 서 있는 것을 본 운전기사가 유색인 좌석 표시를 로자가 앉은 자리 뒤로 밀고는 중간에 앉은 흑인 네 명에게 일어나라고 요구했다. 다른 세 사람은 일어나 뒤로 갔지만 로자는 움직이지 않았다. "당신은 왜 안 일어나는 거요?"라고 운전기사가 소리쳤다. 그녀는 "일어나야 할 이유가 없다고 생각해요"라고 대답했다. 로자는 백인에게 자리를 양보하는 것에 신물이 났다. 게다가 그녀가 앉았던 자리는 원래 흑인 좌석이었다. 좌석을 백인에게 양보하지 않은 이유로 로자는 몽고메리시 조례 6장 11절 '분리에 관한 법률' 위반 혐의로 체포되었다. 이 작은 사건은 곧 미국의 흑인 민권운동을 이끌게 되었고, 현대사회의 인권에 대한 개념을 바꾸어 놓은 계기가 되었다.

위했다. 이를테면 학생들은 기하학을 활용하여 도시가 어떻게 설계되었는지를 배웠고, 의회의 대표들에게 어떻게 법안들이 만들어졌는지 질문하는 글을 쓰기도 했다. 학생들은 워싱턴에서 의원 및 정치인들을 인터뷰하기 위한 계획을 세웠고, 부모들은 학생들이 계획하는 워싱턴 여행을 위한 기금을 모금했다(Nieto, 김영순 외 역, 2016: 340).

브라더후드중학교의 교육과정은 다문화사회가 요구하는 변화를 반영하기 시작했다. 학교는 학생들이 외국어를 배우는 것을 장려했다. 또한 다수의 수업에서는 여성, 아프리카계 미국인, 미국 원주민에 관한 활동을 추가했다. 예를 들어, 지난해의 마틴 루터 킹 기념일에는 모든 학생이 "나는 꿈이 있어요(I Have a Dream)" 연설 비디오를 시청하는 것으로 이날을 축하했다. 교육과정의 중요한 변화는 사회와 영어 교과에서 이루어졌다. 음악 교사 역시 더욱 국제적인 내용을 수업목록에 추가했고, 미술 교사도 최근에 작가이자 재즈 음악가이며 작곡가인 아프리카계 미국인 로메어 비어든(Romare Bearden)의 작품을 전시하기 시작했다. 그리고 올해는 '다문화 교사'가 교직원으로 채용되었다. 다문화 교사는 학교의 모든 학생과 각 집단을 일주일에 한 번씩 만난다. 다문화 교사는 학생들에게 중국의 춘절, 콴자,[4] 라마단(Ramadan), 그리고 동방박사의 날(Dia de los Reyes)에 대해 가르쳤다(Nieto, 김영순 외 역, 2016: 340).

니에토(2009)에서 관용적 학교 사례로 든 브라더후드중학교의 상황을 다음과 같이 요약할 수 있다. 이 학교에서 대부분의 교사들은 날로 증가하고 있는 학생들의 다양성에 대처할 전문적인 준비가 되어 있

4 '콴자(Kwanzaa)'는 미국에서 일부 아프리카계 미국인이 12월 26일에서 1월 1일 사이에 여는 문화 축제.

지 않다. 그들은 진심으로 학생들을 돕고 싶어 하지만, 교육적 실천이나 교육과정에는 약간의 변화만 있을 뿐이다. 교육과정의 형식적인 점검이 아니라 교사들이 학생들을 '세심한 관심을 가지고 돌보는' 것이야말로 다문화교육이 지향하는 바라고 생각한다. 이 학교에서 교사들은 학생들의 언어, 인종, 젠더, 사회계층에서의 차이를 인정한다. 그렇지만 이들이 문제를 탐색하고 이에 대한 대응을 마련하는 데는 수동적으로 행동한다고 이해할 수 있다.

3) 수용적 학교의 사례

수용은 다양성을 지지하는 관용 그다음 단계다. 이는 차이가 인정되고 차이의 중요성이 간과되지도 않음을 의미한다. 우리는 '수용'이라는 차원에서 다문화교육의 중요한 움직임을 보게 된다. 학교 정책과 교육현장이 어떻게 다문화적으로 변하게 될지 살펴보면 이러한 수용의 움직임은 중요하다.

니에토(2009)는 이러한 수용적 학교의 사례를 레인보우중학교에서 찾았다. 이 학교에 들어서면 영어와 그 밖의 언어로 적힌 안내문을 볼 수 있다. 이는 영어 이외의 언어를 사용하는 학생들이 사용하는 주요 언어인 스페인어와 아이티 크레올어 등으로 구성된다. 레인보우중학교의 교장은 아프리카계 미국인이다. 교장은 학교를 '다문화 건물'로 지정했고 다양한 학습 유형에 관한 세미나, 편견 없는 평가, 그리고 이중언어교육 등 다양성에 초점을 맞춘 다수의 교사 연수를 진행하곤 한다. 또한, 교장은 이중언어 학급을 위해 스페인어를 하는 교사와 아이티 크레올어를 하는 교사를 채용했고, 그 교사들을 정규 프로그램에 다양하게 배치했다.

레인보우중학교는 모든 학생에게 증가하는 다양성을 반영하기 위해 교육과정을 수정했다. 영어 수업은 아프리카계 미국인, 아일랜드인, 유태인 작가의 작품, 그리고 영어로 쓰인 라틴계 문학에 대한 선택권을 넓혔고, 일부 과학 교사와 수학 교사들은 다양한 배경의 과학자와 수학자에 대해 언급하기 시작했다. 취업 준비를 위한 진로 수업에서는 학부모들이 초대되어 그들의 직업과 현재 자신의 직책에 오르기 위해 받은 트레이닝에 대해 이야기했다. 모든 학생에게 외국어를 배우도록 배려했으며, 외국어에 대한 선택권 또한 스페인어, 프랑스어, 독일어, 중국어로 확대했다(Nieto, 김영순 외 역, 2016: 342-343).

수준별 학습은 레인보우중학교의 최상위권 학생들을 제외하고는 사라졌다. 모든 학생은 대수학을 배울 기회를 가지고 있지만, 교사들이 보기에 대수학이 너무 어려울 것 같은 학생들에게는 대수학을 배울 기회를 제공하지 않고 있다. 수준별 학습을 따르지 않는 교실은 학생들에게 호평을 받았으며, 이러한 시도는 학생들의 학습활동을 개선했다. 또한 학생들이 일주일에 하루 특정 프로젝트에 대해 학습하는 '러닝 블록(learning block)'에 전념하도록 하는 탄력학습 시간제를 운영했다. 이를테면, 어떤 학습자 그룹은 지역사회의 노인에 대한 심층 연구를 시작했다. 그들은 노인에게 제공할 수 있는 서비스에 대해 배웠고, 미국 노인들의 가난과 부족한 의료 서비스를 간단히 다루었다. 이 그룹은 학습활동에 지역사회에 대한 서비스 구성요소를 추가했는데, 이는 주간 '러닝 블록'을 이용하여 지역 주민센터에서 노인들과 책을 읽으며 학습을 도와주는 활동으로 이루어지고 있다(Nieto, 김영순 외 역, 2016: 343).

아이티어와 스페인어를 말하는 학생들은 해당 언어로 시험을 보고 모국어를 숙달했다고 생각되면 과도기적인 이중언어교육 프로그램에 배치된다. 이 프로그램에서 학생들은 ESL 전문가와 함께 하루 중 일정 시간은 영어를 제2 외국어로 하고 학생들의 모국어로 기본적인 교육과정을 배운다. 대부분의 ESL 교사들은 영어 이외의 다른 외국어에도 능숙해서 학생들이 제2 외국어를 습득하는 과정을 이해할 수 있도록 돕는다. 이러한 이중언어 프로그램은 3년이라는 제한 시간 동안 학생들이 가능한 한 빨리 '정규수업'에 배치되는 '주류'가 되기를 바란다. 이 과정에서 학생들은 하루 중 대부분을 친구들과 떨어져 지낸다. 그러나 체육, 미술, 음악 등 몇몇 수업은 영어를 말하는 학생들과 함께 듣는다. 학생들이 이 프로그램을 통해 영어에 유창해지면, 수학과 사회 수업을 시작으로 몇몇 수업에서는 정규수업에 참여하게 된다. 이중언어 프로그램에서 학생들의 모국 문화는 때때로 교육과정의 기초로 사용되고 학생들은 자기 민족 선조들의 역사에 대해 배운다. 예를 들어, 카리브해 지역의 역사 수업은 두 그룹 모두에게 그들의 모국어로 진행된다. 그렇지만 이중언어 프로그램에 참여하지 않는 아이티계와 라틴계 학생들, 다른 출신 배경의 학생들도 모두 이 수업에 참여할 수 있다(Nieto, 김영순 외 역, 2016: 343-344).

인종차별뿐만 아니라 다른 형태의 차별적인 사건이 레인보우중학교에서 일어났다. 이 학교의 교장은 가해 학생과 학생의 부모를 호출하는 등 이 문제를 신중하게 다루고자 했다. 학생들 간 욕설을 하거나 다른 사람을 희생양으로 삼으면 심각한 결과를 초래한다는 것을 이해할 수 있게 했다. 이 학교는 1년 중 하루를 배정해 다양성 교육을 시행했다. 이 수업에서 학생들은 차별의 개념과 유형, 사례들을 배우고, 다른 사람을 세심히 배려하는 것의 중요성을 익힌다. 또한 미국 역사에서 다양한 이민자의 역사에 초점을 맞춘 워크숍을 듣도록 하기 위해 정규수업을 취소했다. 또한 '다문화축제'를 개최하고 이주를 배경으로 한 다양한 문화를 지닌 학부모들로부터 기부 받은 레서피로 요리책을 출판했다(Nieto, 김영순 외 역, 2016: 344).

니에토(2009)에서 수용적 학교 사례로 든 레인보우중학교는 사례 구분의 본질대로 학생들의 다양성을 수용하기 위해 지속적으로 노력하고 있는 것으로 파악된다. 이 학교의 교장과 교사들은 주류문화에 대한 동화가 목적이 되지 않아야 한다고 생각했고, '용광로'라는 동화주의적 낡은 생각에 반대하는 입장을 가졌다.

4) 존중적 학교의 사례

존중은 다문화교육을 지지하는 관용 및 수용의 그다음 단계다. 이는 다양성을 존중하고 높게 평가하는 것을 의미한다. 개인의 차이를 존중하는 것은 학교 교육의 기본이 된다. 니에토(2009)는 존중을 실천하는 학교의 사례를 소저너트루스중학교에서 찾았다.

소저너트루스중학교는 인구군이 변하고 있는 중소도시에 위치해 있다. 이곳에는 많은 수의 아프리카계 미국인과 더불어 아프리카 카보베르데와 베트남 학생들의 숫자가 증가하고 있다. 이 학교의 교직원들 중에는 다양한 배경 출신의 교사, 상담가, 특수교육 교사가 포함되어 있다. 한 예를 들어, 베트남 언어치료 전문가의 존재는 베트남 학생들의 특수한 요구가 해결되지 않고 있다는 교사들의 우려를 완화하는 데 도움을 주었다. 베트남 언어치료 전문가는 교사들이 베트남어에 익숙하지 않아 베트남 학생들의 문제를 파악하지 못한다는 사실을 발견했다(Nieto, 김영순 외 역, 2016: 345).

소저너트루스중학교를 방문했을 때 학부모 자원봉사자의 환영을 받았다. 그는 우리에게 모든 언어로 표시된 학교 소개 자료를 주었고, 학부모 라운지로 데려가 커피와 차 그리고 빵을 주었다. 학부모 자원봉사자는 우리에게 학교를 돌아볼 것을 제안했다. 학교 게시판은 학생들이 거주하는 지역에서 수행되는 스페인어 철자 경시대회와 더불어 아프리카계 미국인 역사를 다룬 W. E. B. DuBios 클럽을 소개했다. 게시판에 걸린 학생들의 사진은 많은 학생이 이 모든 활동에 폭넓게 참여하고 있다는 사실을 분명하게 보여주었다. 대부분의 학생들은 학교에서 열정적이고 신나 보였고 복도는 학생들이 다른 교실로 옮기는 소리로 떠들썩했다(Nieto, 김영순 외 역, 2016: 345).

교사 연수를 받는 것은 소저너트루스중학교의 중요한 원칙이다. 교사들과 상담가들, 그리고 다른 교직원들은 지역의 대학에서 수업을 듣고 학교현장의 흐름을 잘 따라가기를 요구 받는다. 이것을 더욱 실현 가능하게 하기 위해 교직원들은 매주 함께 모여 교육을 위한 자유 시간을 가진다. 그 결과, 교육과정은 크게 변화하고 있다. 교사들은 교육과정을 발전시키기 위한 위원회를 구성했다. 영어과에서는 익숙하지 않은 새로운 다문화적 문학작품을 읽고 토론하는 데 시간을 할애하기로 결정했다. 그 결과, 나이, 이민, 변화와 지속, 개인과 집단책임 등의 핵심 주제로 교육과정이 재구성되었다. 교사들은 이러한 주제를 반영하는 문학작품을 고르는 것이 쉽다는 것을 알게 되었고, 이러한 문학작품들이 바로 다문화적 특성을 지닌 작품이다. 예를 들어, 개인과 집단

책임에 대한 주제에서 교사들은 『안네의 일기』, 캐서린 패터슨(Katherine Paterson)의 『비밀의 숲 테라비시아(Bridge to Terabithia)』, 마이클 도리스(Michael Dorris)의 『사랑으로 깨어나는 이야기(morning girl)』를 포함해 다양한 차이에 대한 이야기를 선택했다. 영어 교사들은 차례로 역사, 미술, 과학 교과에서 이러한 주제들에 대한 통합적인 구성을 발전시키는 데 참여했다. 미술 교과와 음악 교과 교사들은 그들과 함께 작업하겠다고 동의했고, 베트남 춤, 과테말라 위빙(weaving), 유태인 클래츠머 음악, 그리고 미국 원주민에 대한 수업에 참여하여 다른 공동체에서 개인과 집단의 책임에 관한 예시로 사용했다(Nieto, 김영순 외 역, 2016: 345-346).

교육과정에서 볼 수 있는 또 다른 변화들은 더욱 비인종차별적이고 정직해졌다. 제2차 세계대전에 대해 공부할 때, 학생들은 미국이 했던 영웅적인 역할에 대해 배웠다. 동시에 600만 명의 유태인, 집시, 게이, 레즈비언, 다른 다양한 배경에서 온 반대자들 수백만 명이 학살당한 홀로코스트에 대해서도 공부했고, 이 내용들로 시험도 보았다. 학생들은 또한 첫 시간에 수십만 명의 일본인과 일본계 미국인이 미국 땅에 억류되어 있었다는 것을 배웠다. 또한, 미국 역사에서 노동의 중요한 역할과 속박에서 스스로 해방된 아프리카계 미국인의 역할 같은 이슈들에 대해 이야기하는 것이 '안전'해졌다. 이 두 주제는 이전에는 너무 '민감'하다고 생각되었다. 이는 학교가 진실성과 용기로 알려진 여성의 이름인 소저너 트루스[5]로 개명된 이유다(Nieto, 김영순 외 역, 2016: 346).

5 소저너 트루스(Sojourner Truth)는 미국의 흑인 전도사이자 사회개혁가로 종교적 열정을 바탕으로 노예제 폐지와 여권운동에 힘쓴 여성이다.

소저너트루스중학교는 수준별 반 편성을 모두 폐지했다. 우리가 교실에 들어서면서 본 교육의 수준이 어려워 보였기 때문에 모든 수준의 학생들이 함께 공부하고 있다는 사실을 믿기 어려웠다. 하지만 연구를 통해 학교가 모든 학생에게 높은 기대치를 가지고 있다는 것이 드러났다. 어떤 학생에게는 다른 학생들보다 더욱 많은 시간을 들이고, 어떤 학생에게는 역할과 책임을 변화시키는 협력적 그룹을 제공하는 등 학교는 모든 학생과의 대화를 통해 학생들 간에 차이가 나는 능력이 받아들여졌다. 영어 이외의 언어를 구사하는 학생들은 단 3년이 아니라 학창시절 내내 그들의 모국어를 사용하는 프로그램인 '이중언어 프로그램 유지'에 대한 선택사항이 주어졌다. 영어를 구사하지 못하는 학생들만 이중언어 프로그램에 참여하도록 하는 정책을 변경하여 이 학교에서는 영어와 그들의 모국어를 사용하는 학생들도 프로그램에 참여할 수 있게 했다. 이중언어를 구사하는 학부모와 다른 공동체 구성원은 학급에 정기적으로 초대되어 그들의 삶과 직업, 가족 이야기, 혹은 다른 경험들에 대한 이야기를 나누었다. 그러나 이중언어 프로그램에 참여하고 있는 학생들은 하루 종일 그들의 동료들과 떨어져 있는 것이 아니라 대부분의 수업에는 다시 참여했다(Nieto, 김영순 외 역, 2016: 346-347).

이 학교의 교사들은 학생들 간 욕설과 민족 간의 적대행위가 개정된 교육과정 이후에 상당히 감소했다는 것에 주목했다. 이는 어쩌면 더욱 많은 학생들이 교육과정을 통해 자신을 돌아보고 자신들의 눈에 보이지 않는 것들에 대해 덜 분노하게 되거나, 많은 교사들이 학생들의 다양성에 대해 인지하고 공감하게 되거나, 교직원들이 다양하게 구성되거나 혹은 지역사회의 분위기가 학교에 더욱 호의적이라서 그럴지도 모른다. 그것이 무엇이든 간에 소저너트루스중학교는 교직원과 학생 모두 세상을 보는 방식을 확장하는 환경을 조성하기 위해 노력하고 있는 것으로 평가할 수 있다.

5) 긍정, 연대, 비평 중심 학교의 사례

존슨과 존슨(Johnson & Johnson, 2002)과 니에토(2009) 등은 긍정, 연대 그리고 비평은 비록 어렵고 도전적인 문제일지라도 학생들이 서로 논쟁하고 협력할 때 가장 효과적인 학습 결과를 얻게 된다고 주장한다. 긍정, 연대, 비평은 학생들과 가족의 많은 차이가 학습을 위한 수단으로 받아들여지고 인정되며, 이러한 차이가 확대된다는 가정하에 시작된다. 이 교육의 수준이 다른 단계들과 구별되는 것 중 하나는 갈등을 피하지 않으며 이것을 오히려 학습의 불가피한 한 부분으로 받아들인다는 것이다. 왜냐하면 이 단계의 다문화교육은 평등과 사회정의가 함께 고려되며, 다른 집단들에 대한 기본 가치와 종종 상반되기 때문에 갈등은 피치 못하게 일어나게 된다.

니에토(2009)는 연대 그리고 비평은 문화라는 것이 고정된 것이나 불변하는 인공물이 아니라는 이해에 기초하며, 언제든지 비평의 대상이 될 수 있음을 피력했다. 다문화교육은 단순히 다양성을 존중하는 교육만을 의미하지 않는다. 어떤 특정 공동체를 뛰어넘는 다른 문화 집단들의 일상생활에서 일어나는 것들을 이해하고, 갈등과 고통을 만들어낼 수 있는 것들에 대해서도 다룰 수 있어야 한다. 비평을 제외한 다문화교육은 낭만주의적 혹은 이국적인 단계에 머무르는 문화로 귀결될 수 있다. 만약 학생들이 다른 사람들과의 차이를 이해하기 위해 그들의 문화적 경험을 초월한다면, 반성의 과정과 함께 다른 사람들의 문화 비평을 경험해야 한다. 비평 과정은 핵심적인 부분에서 다른 사람들과의 연대를 통해 시작된다. 진정한 존중을 기초로 할 경우 비평은 필요할 뿐만 아니라 건전한 것이다. 니에토(2009)는 긍정, 연대 그리고 비평을 중심으로 다루는 학교 사례를 아르투로스콤버그중학교에서 찾고 있다.

이 학교는 푸에르토리코인, 살바도르인, 미국 원주민, 폴란드계 미국인, 아일랜드계 미국인, 중국계 미국인, 필리핀인 그리고 아프리카계 미국인 등 다양한 인구분포를 갖는 중소도시에 위치해 있다. 이 학교는 아프리카 사람들에게는 "문화가 없다"라는 왜곡된 신화에 이의를 제기하며 미국에서 흑인의 역할을 탐색하는 데 자신의 일생을 바친 푸에르토리코 흑인 학자의 이름을 따서 지어졌다. 학교 현관 위에 보이는 학교의 로고는 학생들이 만든 거대한 태피스트리였는데, 이는 '용광로'나 '샐러드 볼'이 아닌 다른 모델의 다문화교육을 상징한다. 주 교육위원회는 "태피스트리는 손으로 짠 직물이다. 그것을 뒤에서 살펴보면 여러 실이 잡다하게 마구 섞인 것처럼 보인다. 그러나 반대로 돌려봤을 때 이 실들은 함께 모여 아름다운 그림을 그려내고 있다"라고 설명한다. 태피스트리는 매듭과 끊어진 실, 그리고 검은색 바탕 위에 뒤죽박죽 섞인 것처럼 보이는 색들과 패턴들을 통해 사회가 해결해야 할 긴장, 갈등 그리고 딜레마를 표현한다고 했다. 협동과 투쟁의 두 가지 정신은 이 학교에서 분명하게 드러난다(Nieto, 김영순 외 역, 2016: 349).

스콤버그중학교를 방문하면 "배우고, 생각하고, 질문하고, 세상을 더 나은 곳으로 만들기 위해 노력하라"라는 교훈(校訓)을 볼 수 있다. 이 교훈은 학교 전체를 통해 울려 퍼지는 하나의 의미 있는 메시지다.

본관에는 교실과 지역사회 봉사, 그리고 수업 외 활동에 대한 다양한 사진이 걸려 있다. 외형은 전형적인 학교이지만, 모든 학생이 안전하게 느끼고 학습의 가장 높은 수준을 배울 수 있는 장소로 변모하고 있다. 학교에는 우리가 금방 알아볼 수 있는 전형적인 교실과 함께 특정한 학습 영역에 초점을 맞춘 센터도 있다. 그곳에는 학생들이 유럽의 발레, 전통적인 필리핀의 춤, 현대의 미국 춤을 연습할 수 있는 스튜디오 공간이 있다. 또한, 건물 밖에는 학생들과 교직원들이 심고 기르고 수확하는 넓은 텃밭이 있다. 여기서 가꿔진 채소들은 교내 식당 직원들이 식사를 준비하는 데 이용되며, 더욱 건강하고 민족적 다양성을 반영하는 메뉴로 바뀌면서 학생들의 식사 습관이 크게 개선되었다(Nieto, 김영순 외 역, 2016: 348-349).

우리는 다양한 교실들과 다른 학습센터를 방문할 수 있었는데, 그곳에서는 낮에 시간을 낼 수 있는 학부모들이 교실에서 수업을 보조하거나 그림 프로젝트 또는 컴퓨터 수업이 열리는 학부모실에 있거나, 다른 학부모들 또는 교사들이 여러 문화를 아우르는 자녀 양육에서 ESL까지를 주제로 다루는 워크숍에 참가하는 모습을 볼 수 있었다. 게시판은 화려한 색과 다양한 언어로 뒤덮여 있었고, 미국인이 되는 것이 어떤 의미인가에 대한 학생들의 비판적 글쓰기에서부터 미술 프로젝트까지 많은 학생의 재능을 기념하는 것들이 전시되어 있었다. 학습은 교실이나 강당의 소그룹 협동 프로젝트 등 모든 곳에서 이루어지고 있었다(Nieto, 김영순 외 역, 2016: 349).

이 학교에서는 수준별 반 편성과 특수교육이 사라졌다. 특수교육이 필요한 학생들은 가끔 특수교육이 필요 없는 학생들과 구분되어 소그룹 지도를 받기도 하지만, 보통은 다른 학생들과 함께 교육을 받는다. 모든 학생은 '재능이 있다'고 간주되며 특별 수업은 가끔 춤, 수학, 시, 혹은 과학에 뛰어난 학생들을 위해 편성된다. 관심이 없는 학생들도 이러한 수업에서 배제되지는 않는다. 또한, 모든 학생은 대수학과 기하학 수업에 참여하며 수업 전후나 다른 수업 시간에 특별 코칭 시간을 가지기도 한다. 수업은 유연하게 이루어지는데, 여러 학문 분야가 연계된 교육과정과 팀 티칭으로 이루어지기 때문에 가끔 수업시간이 3시간 정도로 길어질 때도 있다. 한 교실의 물리적 환경도 다양하다. 어떤 학생들은 둥근 테이블에 앉고, 어떤 학생들은 전통적인 책상에 앉으며, 어떤 학생들은 더욱 활발하게 움직이기 위해 책상에 앉지 않기도 한다. 학급의 규모 역시 그날의 수업 주제에 따라 작은 그룹에서 큰 그룹에 이르기까지 다양하게 구성된다(Nieto, 김영순 외 역, 2016: 350).

스콤버그중학교에는 '외국어'가 없으며, 엄격히 말해 이중언어 프로그램도 없다. 그 대신, 학교에서는 다국적 언어를 사용하며 모든 학생은 최소한 그들의 모국어를 제외한 하나의 제2 언어를 공부해야 한다. 학생들은 언어에 의해 분류되지 않으며, 대신에 교육을 위해 두 가지 언어가 사용되는 이중언어적 환경에서 공부한다. 현재 학교에서 사용되는 주요 언어는 학교 구성원이 가장 많이 사용하는 영어, 스페인어 그리고 타갈로그어다. 학생들이 교실이나 복도, 놀이터, 심지어 영어가 모국어인 학생들 사이에서도 이러한 언어들을 사용하는 것을 보는 것은 드문 일이 아니다(Nieto, 김영순 외 역, 2016: 350).

스콤버그중학교의 학생들은 학습에 몰두하고 흥미를 가지고 있다. 그들은 학제적 교육과정에서 비롯된 다수의 혁신적이고 폭넓은 프로젝트에 참여하고 있다. 예를 들어 학생들은 학교에 소속된 중국계 미국인 예술가와 함께 작업하면서 1882년 「중국인 추방법」을 제정한 미국 역사의 '미국의 토착주의' 운동에 초점을 맞춘 희곡을 쓰고 작품을 만들어냈다. 학생들은 연극을 준비하면서 많은 양의 작품을 읽었고 광범위한 조사를 했다. 또한, 기초 정보를 얻기 위해 국회도서관에 연락했고, 이민배척주의를 야기한 그때의 분위기를 알기 위해 당시의 뉴스나 관련 잡지를 읽었다. 학생들은 또한 모든 의상과 세트를 직접 디자인하고 만들었다. 게다가 그들은 최근 미국에 건너온 다양한 배경의 많은 이민자를 인터뷰하여 부정적인 것부터 긍정적인 것까지 다양한 범위의 새로운 나라에 대한 경험을 갖고 있다는 것을 발견했다. 연극이 공연되는 날에 수백 명의 학부모와 여러 지역사회 사람들이 관람했다. 학생들은 지속적인 이민에 대해 찬반 논쟁을 벌였고, 그들의 의회 대표로부터 이민법에 관한 최신 정보를 받았다(Nieto, 김영순 외 역, 2016: 351).

스콤버그중학교의 교사들은 다양성을 가르치는 자신들의 책임을 진지하게 받아들인다. 학생들은 모든 이야기에는 다양한 측면이 있다는 것을 학습했다. 이 때문에 그들은 정보에 입각한 결정을 내리기 위해 자신들이 얻을 수 있는 최대한 많은 양의 정보를 필요로 하고 있다. 영어 수업이든, 과학 수업이든, 미술 수업이든, 다른 수업이든 상관없이 학생들에게 "이 책의 저자는 누구인가요?"와 같은 질문을 함으로써 책, 신문, 교과과정, 혹은 정보에 대한 비판적인 시각을 갖게 한다. 이러한 질문을 통해 학생들은 모든 이야기에는 관점이 있으며, 그렇기 때문에 모든 관점은 부분적으로 왜곡될 수 있다는 것을 배운다. 또한, 학생들은 부모의 사회경제적 지위에 상관없이 자신의 배경이 편협한 인식을 만들 수 있다는 한계를 가지고 있다는 것도 알고 있다. 어린 나이에도 대부분의 학생들은 모든 주제가 어렵다는 것을 배우며 노숙자, 지구온난화, 다른 문화권에서 성별에 따른 문화가 어떻게 여성의 기회를 제한하는지 등의 다양한 주제를 해결하려고 애쓰고 있다. 이곳에서는 존중과 배려를 갖고 접근한다면, 어떠한 주제도 논의의 금기 대상이 되지 않는다(Nieto, 김영순 외 역, 2016: 351).

이것은 교사가 학생들과 함께 배우는 사람이 되어야 한다는 의미다. 교사는 각각의 주제에 호기심과 열린 마음으로 접근하고, 학교에 근무하는 동안 공부할 시간, 동료와 만나는 시간, 그리고 교육과정에 따라 계획하는 시간을 갖는다. 교사 연수는 가까운 대학교에서 수업을 듣고 스터디그룹의 동료들과 어디서든 반나절에서 몇 개월 동안 공동으로 연구하는 것을 의미한다. 이러한 것들은 교사들이 관련 주제나 어려운 문제에 대해 신중하게 연구할 수 있는 포럼을 제공한다. 이러한 스터디그룹의 일부는 남북전쟁 후 재건시대와 필리핀 사람들의 역사 같은 주제나 협동학습, 다양한 인지 양식 같은 교육적 주제에 초점을 맞추었다. 특별히 이 학교에서 주목할 만한 점은 다문화교육이 일반교육과 분리되어 있지 않다는 것이다. 이는 "모든 교육은 그 자체로 다문화적이다"라는 의미다. 영어 수업에서는 영어가 사용되는 나라의 다양한 사람에 의해 저술된 문학작품을 활용한다. 이는 영어 수업이 다문화적일 뿐 아니라 국제적인 것이 될 수 있도록 한다. 과학 수업은 특정한 민족그룹 사람들에 의해 이루어진 성과에만 집중하지 않고, 어떻게 과학 그 자체가 개념화되었고, 가치 있게 되었으며, 전통적으로 과학의 비주류에 있었던 사람들에 의해 어떻게 시행되었는지에 대해 고려하는 방향으로 변화되었다. 에이즈 교육이나 각기 다른 문화권에서의 치료, 과학적 인종차별주의 같은 주제들은 이 학교에서 모두 연구의 대상이다(Nieto, 김영순 외 역, 2016: 352).

니에토(2009)에서 긍정, 연대, 비평 중심 학교의 사례로 든 학교가 진정한 다문화교육이 실현되는 다문화학교가 아닐까 한다. 학교에서 학습자 상호 간, 교수자와 학습자 간, 학교경영자와 교직원 간의 긍정적인 인간관계가 상호 신뢰를 가져올 수 있다고 본다. 이는 자연스럽게 이해관계를 개선하려는 연대를 구성할 수 있는 동인이 될 것이다. 아울러 비평을 통해 비판적인 관점을 모색하고, 이를 통해 갈등을 해결하고 협력을 모색하는 학교의 모습이 바로 다문화학교의 모습일 것이다.

6) 4가지 다문화 유형 학교의 시사점

니에토(2009)는 앞서 예시로 든 4가지 유형의 학교를 심층연구하면서 각 학교의 차이점 중 가장 큰 것은 바로 학교 경영 구조라는 것을 밝혔다. 특히 긍정, 연대 그리고 비평을 중심으로 하는 이 학교에는 학생, 교사, 학부모, 그리고 다른 공동체 사람들로 구성된 스콤버그학교의회가 있다. 이 의회는 교장을 초빙하는 것에서부터 합리적이고 평등한 징계 정책과 실천을 결정하기까지 폭넓은 의사결정권을 갖고 있다. 학생 대표는 급우들에 의해 선출되는데, 비록 처음에는 인기투표 같았지만 최근 들어 학생들이 이 책임을 진지하게 받아들이기 시작했다. 이는 아마 어른들이 이를 진지하고 중요하게 받아들였기 때문일 것이다. 예를 들어, 학급의 한 학생이 유독성 폐기물과 환경에 대한 연구와 관련해 이웃 도시로 체험학습을 가기로 결정했을 때, 학생들은 "이 여행의 교육 목적은 무엇인가? 시간이 얼마나 걸릴 것인가? 비용은 얼마가 들 것인가?"와 관련된 기본 계획을 짜야 한다. 조사와 계획이 끝난 후,

학생들은 자신들의 아이디어를 의회에 제출하고, 학생과 학부모, 지역사회 단체가 포함된 기금 조성 계획이 시작된다. 스콤버그학교는 매일 중요한 변화를 겪고 있는 학습센터다. 교사들은 학생들이 학교에서 보여주는 풍부한 재능을 발견하면서 모든 학생에게 큰 기대를 갖는다. 이 학교는 가능성의 분위기를 가지고 있는데, 이는 학생들의 경험이 학습과 학생들의 지평을 넓히는 데 사용되기 때문이다. 결국 학생들은 자신들의 경험이 중요하고 특별한 동시에 수많은 경험 중 하나일 뿐이라는 사실을 깨닫는다. 이 학교에 대한 심층연구를 마치면서 니에토(2009)는 "모든 사람을 포함하는 '미국인'에 대한 새로운 정의가 이 학교에서 형성되고 있다. 무엇보다 이곳에서의 학습은 재미있고 몰입되며, 포괄적이고 발전적이다"라고 밝히고 있다.

니에토(2009)가 연구한 다문화교육을 실행하는 학교는 모두 4가지 유형이지만, 무엇보다 학교 경영을 혁신하는 데 중점을 두고 있음을 알 수 있다. 이러한 경영 구조는 시민의 자질을 지닌 학교 구성원, 즉 학교 경영자인 교장, 교감을 비롯한 교사와 학생, 학부형과 지역사회 주민의 민주주의 지향성에 근거를 두고 있다고 본다. 결국 학교 구성원, 나아가 한 사회의 구성원에게 다양성을 일깨우는 교육은 민주주의를 지향하는 국가체제하에 있는 모든 제도권적 학교의 책무가 아닐까 한다. 그러기 위해 다양성을 태도와 행동으로 가져갈 수 있는 다문화감수성에 관한 검토가 필요하다고 본다.

4장
다문화교육과 협동학습 수행하기

앞선 3장에서 우리는 다문화감수성이 다문화사회에서 개인이 갖추어야 할 시민 역량이라는 것을 논의했다. 이 장에서는 이러한 다문화감수성을 갖춘 개인을 넘어서 개인과 개인 간의 관계에서 필요한 상호 긍정적인 신뢰감을 형성하는 방법을 알아볼 것이다. 그것은 바로 더불어 살아갈 수 있는 방법을 강구하는 데 필요한 교육활동으로서 협동학습 방법이다. 협동학습은 다양성을 지닌 개인과 개인 간의 소통과 협력을 높이는 데 필요한 경험 기제이며, 다문화 교수학습방법 중 가장 중요한 방법이라 할 수 있다. 이 장에서는 협동학습의 개념과 특징, 협동학습과 다문화교육의 관계, 협동학습을 위한 교사의 역할 등을 만날 수 있다.

1. 협동학습의 개념과 특징

1) 협동학습의 등장

사회화는 인간이 살아가는 데 인간다움을 경험하고 해당 사회구성원으로 성장하는 데 중요한 생애 과정이다. 이러한 사회화 과정에서 사회적 상호작용은 경쟁, 갈등, 교환, 협동으로 이루어진다. '협동'은 인류가 탄생하면서부터 지속된 생존방식이다. 따라서 협동을 학습과 연계시킨 협동학습도 그리 새로운 아이디어는 아니다. 하지만 이러한 협동이 수업 방식으로 교실에 도입되어 형성된 것은 19세기 후반의 일이다.

협동학습을 고안해낸 사람은 교육학과가 아닌 학교경영자다. 미국 매사추세츠주 퀸시(Quincy)의 공립학교 교장이던 파커(Parker)는 협동학습의 창시자이자 실천가였다. 그의 노력 덕분에 협동학습은 20세기 미국 교육계를 뒤흔들 정도로 큰 반향을 일으켰다. 미국의 저명한 교육학자인 듀이(Dewey) 역시 협동학습을 강조했지만, 1930년대 후반에 들어서면서 공립학교에서는 협동학습보다 경쟁학습이 강조되기 시작했다. 이때부터 협동학습에 대한 관심은 다소간 줄어들었고 교육을 인력개발이라는 측면에서 중요시한 미국을 비롯한 대부분의 자본주의 국가에서 경쟁학습의 부흥이 일어났다. 자본주의 사회에서 성공적으로 적응하기 위해서는 학교에서부터 경쟁적인 환경에 적응하고, 학생의 경쟁력을 키워주는 것이 학교의 존재 이유라고 믿었다. 그러나 이러한 경쟁학습 구조는 인지적 또는 정의적으로 많은 문제점을 가지고 있었다. 경쟁학습은 상대적으로 낮은 성취를 보인 아동들이 겪는 정서적 폐단은 말할 것도 없고, 무엇보다 국가와 사회의 입장에서 보면 소수의 승자를 배출하는 대신에 다수의 패자를 양산하는 비능률적인 행태를 보였기 때문이다. 그뿐만 아니라 경쟁학습은 학생들이 가지고 있는 개인의 잠재력을 발전시키기보다는 승자와 패자를 가리는 데 목표를 두었으므로 단지 일정 수준 이상의 지적 능력 개발을 목적으로 했다. 그래서 교육의 인지적 목표는 학생 변별을 위한 수단으로 삼았고, 학생들의 지적 성장은 한계를 가지게 되었다(정문성, 2006: 15-16).

정문성(2006)의 경쟁학습 구조에 대한 비판과 그 대안으로 등장한 것이 개별학습이라고 한다. 개별학습은 학생들을 무조건 동일한 기준으로 경쟁시킬 것이 아니라, 학생들 각자가 가지고 있는 개인적인 잠재력을 최대화시키기 위해 많은 교육적·재정적 투자를 통해 개인에게 적절한 학습 환경을 제공해주는 데 중점을 두었다. 특히 학습능력에 시간의 개념을 도입하여 학생들의 기본적인 지적 능력의 차이는 없으며 단지 빨리 배우는 학습자와 느리게 배우는 학습자만 있을 뿐이라는 주장을 앞세웠다. 따라서 개인의 특성에 적합한 학습 환경이 제공된다면 교육이 당면한 모든 문제를 해결할 수 있다고 기대되었다. 경쟁학습으로 인한 다수 패배자들은 이제 비교에서 벗어나 자율적으로 수준에 맞는 학습을 할 수 있었고, 자신의 능력을 더 성장시킬 수 있는 기회도 확대되었다.

개별학습 전환으로 경쟁학습 구조가 가지는 많은 문제점은 해결되었지만, 또 다른 문제들이 나타나기 시작했다. 개별학습이 갖는 문제점은 사회성이 결여된 극단적인 개인주의자가 양산되거나 혹은 다른 사람으로부터 전혀 지적 자극이나 교류 없이 편견으로 가득한 사람을 만들 우려가 있다. 이처럼 협동학습은 경쟁학습과 개별학습이 가지고 있는 인지적 · 정의적 약점들을 동시에 제거하고 학습자의 지적 발달 연구에서 밝혀낸 발달심리와 집단구성원의 상호작용에 관한 사회심리학의 연구 업적에 기초하여 1940년대에 도이치(Deutch)가 새롭게 형성시킨 이론이다. 그 후 20세기 초반 듀이와 파커 등에 의해 이론적으로나 실천적으로 강조되었다. 그러나 1930년대 후반 공립학교에서 경쟁학습이 강조되면서 협동학습에 대한 관심은 줄어들었다. 그러나 레빈(Lewin)과 도이치 등이 구조화된 협동학습의 기초 이론들을 구축해내면서 협동학습은 다시 관심을 끌게 되었다(정문성, 2006: 17).

1900년대 게슈탈트 심리학파의 코프카(Koffka)가 "집단은 구성원 사이에 다양한 상호의존성을 보여주는 역동적 전체"라는 주장을 한 바 있다. 이에 기초하여 레빈은 "집단의 본질이 구성원 간의 상호의존성"에 있다는 것을 밝혀냈다.[1] 레빈의 제자였던 도이치는 1940년 후반 레빈의 이론을 기초로 하여 협동과 경쟁 이론을 만들어냈고, 그 후 많은 학자에 의해 협동학습 모형이 개발 · 보급되면서 이론적으로나 실제적으로 큰 관심을 끌게 되었다(Johnson & Johnson, 1999; Kagan, 1994).

협동학습 모형의 보급이 확대되면서 많은 연구가와 교사들이 교

1 게슈탈트 심리학파는 정신현상을 감각이나 감정 등의 요소들이 이룬 한 단위의 집합으로 보는 요소심리학에 반대하며 그것의 전체적 형태나 구조를 중시하는 심리학적인 관점을 지닌 그룹들을 통칭한다. 게슈탈트학파를 이루는 학자들은 베르트하이머(Wertheimer, M.), 쾰러(Köhler, W.), 레빈(Lewin, K.) 등이다.

육현장과 교실에서 직접 협동학습을 실험해봄으로써 효과를 검증했다. 협동학습은 이런 일련의 검증 단계를 거쳐 하나의 교육운동으로 전개되었고, 지금까지도 교육학계에서 상당히 많은 연구들과 모델들이 개발되고 있다.[2] 우리나라에서도 7차 교육과정에 협동학습이 상당히 많은 영향을 주었고, 일명 '창의인성' 교육과정이라 할 수 있는 2009 개정 교육과정에서는 "나눔과 배려를 실천할 줄 아는 창의적 인재 양성"이라는 목표에 맞추어 상당수의 협동학습 모델이 개발되어 교육현장에 보급되었다.

2) 협동학습의 특징

협동학습은 개별학습과 달리 공동의 목표를 중요시한다. 공동의 목표를 성취하기 위해 함께 일하는 것은 그 과업에 참여한 개인에게 상호 깊은 영향을 줄 수 있다. 또한 개인 간에 구성된 상호의존의 유형에 따라 협동학습을 통한 성취 결과에 영향을 미친다.

협동적인 상황을 구성하는 것은 쉽지 않지만, 그 결과는 협동 상

2 협동연구는 1970년대 후반부터 활발했는데, 존스홉킨스 대학의 드브리스(Devries)와 에드워드(Edward)가 체계적으로 협동학습의 실험 연구를 시작했고, 존슨과 존슨, 슬래빈(Slavin) 등에 의해 협동학습 연구가 크게 발전했다. 또한 캘리포니아 대학 산타크루즈 캠퍼스의 애런슨(Aronson)이 협동학습 방법인 직소(Jigsaw) 모형을 개발했고, 이스라엘 텔아비브 대학의 샤란(Sharan)과 라자로비츠(Lazarowitz), 캘리포니아 대학 리버사이드 캠퍼스의 교수였던 케이건(Kagan), 캐나다의 휴스(Hughes), 노르웨이의 히르타커(Hjrtaker) 등이 협동학습 연구에 참여하는 등 세계적인 관심을 끌게 되었다(정문성, 2006).

황에 참여한 각자의 노력에 용기를 주고 서로를 지지하고 도와줌으로써 다른 사람이 성공하도록 동기를 유발해낸다. 경쟁적인 상황을 구성하는 것은 그 상황 하에 있는 다른 사람의 노력을 막고 방해함으로써 그 사람의 성공에 장애가 되는 결과를 가져온다. 개인적인 노력 모델의 환경을 구성하는 것은 개인이 다른 사람을 배제하고 혼자 일해야 하므로 개인 간에 상호 접촉이 없는 상황을 만드는 결과를 가져온다(Johnson & Johnson, 김영순 외 역, 2010: 200).

협동학습은 인간의 삶이 근본적으로 다른 사람과의 협동관계를 추구하며, 그러한 협동적 관계를 통해 긍정적 상호작용을 경험하게 하는 전제에서 출발한다. 또한 그러한 경험은 교육적인 측면에서 인지적 또는 정의적으로 바람직하다는 믿음을 기반으로 하고 있다. 협동학습 연구자들은 "우리 사회는 경쟁 사회이며 학교도 학생 개개인의 경쟁력을 길러주는 장이 되어야 한다"는 오해를 타파하려고 노력한다. 이들의 입장에서 사회를 자세히 살펴보면 경쟁보다는 협동적인 생활이 지배하고 있다. 가까이는 가정에서부터 학급, 학교, 지역사회, 이익집단, 직장 등 우리의 생활환경은 모두 역할이 구분되어 있고, 서로가 자신의 역할을 적극적으로 수행하는 협동적 관계라고 볼 수 있다. 따라서 이러한 사회 현실에 가장 가까운 실질적인 학교 교육이 바로 협동학습이라는 것이다. 사회적 상호의존성 이론에서 나온 학습구조 이론은 이 세상 모든 학교의 수업은 협동학습 구조, 경쟁학습 구조, 개별학습 구조 중의 하나라고 한다(정문성, 2000: 38). 특히 다양성을 지닌 사회에서의 협동은 각기 다른 문화적 배경을 가진 사람을 이해하고 그와 소통하는 데 중요한 기여를 하게 된다. 이런 협동학습의 지속적인 실행을 위한 핵심은 우선 구성주의 학습 환경을 구축하는 데 있다(Johnson & Johnson,

김영순 외 역, 2010: 201-202).

존슨과 존슨(2002)이 정리한 협동학습의 특성을 요약하면 다음과 같다. 첫째, 협동학습에서 모든 학습자는 의미 있는 행위를 하고 역동적으로 참여한다. 또한 적극적인 참여자로서의 학습자는 과제를 성실하게 수행하고, 협력하여 과제에 몰입한다.

둘째, 협동학습은 학습자가 자신의 잠재력을 성취하고, 심리적 성취감을 경험하게 한다. 그리고 학습자는 끊임없는 동기부여가 되어 학습에 노력과 열정을 쏟아붓게 된다. 반면 실패감을 경험한 학습자들은 과제를 성취하고 실행하는 데 어려움을 겪게 된다. 이것이 학습자에게 심리적 · 언어적 공격성을 일으키기도 한다.

셋째, 협동학습을 체계적으로 활용하는 것은 학습자에게 관심과 노력을 쏟아부을 수 있는 관계성을 발전시킨다. 소외된 학습자와 친구가 없는 학습자는 사교성과 소속감이 있는 학습자에 비해 폭력성과 부정적인 성향을 보인다.

넷째, 협동적인 모둠은 다른 학습자들과 함께 효과적인 과제 수행에 필요한 상호작용과 모둠활동 기술을 발전시킬 수 있는 장을 마련해준다.

다섯째, 협동적인 모둠은 제기된 문제를 공유하고 해결하는 데 토론의 장을 마련해준다. 그 결과 학습자가 난관에 대처하는 능력을 함양하게 된다. 문제를 공유하지 못하는 학습자와 관심을 받지 못하거나 도움을 받지 못하는 학습자는 부정적인 성향을 가질 위험이 있다.

여섯째, 협동적인 집단은 자존감이 높으며, 의미를 찾는 감각이 촉진된다. 그럼으로써 학습을 위한 도움을 주고받거나 질적인 삶이 되도록 기여한다.

일곱째, 협동의 장점은 학교 구성원의 협동이 우선되어야 한다. 이를테면, 교사들의 협동, 교사와 행정가의 협동, 행정가들의 협동이 있어야 가능하다.

여덟째, 협동학습을 체계적으로 활용하는 것은 구성주의 방법으로 갈등을 해결할 실마리를 제공해준다. 이를 위해 학생과 교사에게 일련의 공인된 절차가 필요하다. 그래서 단위 학교들이 갈등 해결 및 조정 프로그램을 보유해야 하며, 이를 실행하는 데 적극적이어야 한다. 협동학습이 의미 있는 결과를 얻으려면 교사의 철저한 준비는 물론 학습자의 적극적인 참여가 중요하다. 어떻게 보면 협동학습은 단순한 교수학습 방법이라기보다는 가장 중요한 교수학습 도구의 하나로 여겨진다.

3) 협동학습의 구성요소

협동학습의 구성요소를 살펴보기 위해 교실에서 흔히 수행되는 학습구조를 3가지 유형으로 구분할 필요가 있다(김영순 외, 2018: 148). 첫 번째 유형은 누가 더 잘하는가에 초점을 두는 경쟁학습 구조이고, 두 번째 유형은 다른 학습자는 신경 쓰지 않고 자신만의 속도에 맞추어 과제를 완성하고, 완성된 과제는 자신이 스스로 평가하고 노력에 대한 책임도 자신이 져야 하는 개별학습 구조다. 세 번째 유형은 모둠으로 구성된 집단구성원이 자신은 물론 다른 집단구성원의 학습에 대해서도 책임을 져야 하기 때문에 서로 공유하고 도와주면서 상호작용을 하는 협동학습 구조가 있다(Johnson, Holubec & Johnson, 1992).

학생들은 개별학습 구조나 경쟁학습 구조보다는 협동학습에서 배운 지식을 서로 공유하면서 반복학습과 체험학습이 일어날 가능성이 많기 때문에 더 효과적이다. 개인은 새로운 아이디어를 제공할 때 한계를 가지고 있지만, 협동학습을 통해 그러한 한계점을 극복할 수 있고, 협동학습을 하는 팀에서는 '우리는 모두 함께하고 있다'라는 사실에 도움 받을 가능성이 훨씬 높기 때문이다. 따라서 슬래빈(Slavin, 1991)은 긍정적 상호의존성과 함께 개인의 책무성이 발생하게 됨으로써 개인보다는 소그룹 단위의 보상을 제공하여 구성원이 협력하도록 자극하는 구조로 되어 있다고 강조했다(김영순 외, 2018: 148).

협동학습에서 필수적으로 강조하는 요소는 개인 간의 상호교류와 개인적 책무성, 집단구성원 간의 긍정적인 상호의존성, 대인관계 및 사회기술, 집단평가 등 크게 5가지로 보는데, 구체적으로 다음과 같다(김영순 외, 2018: 148). 첫째, 긍정적인 상호의존성은 모둠 구성원 개개인이 모둠의 성공을 위해 자신뿐만 아니라 다른 모둠원도 함께 목표를 달성해야 하기 때문에 서로 돕는 관계를 의미한다. 둘째, 개인적 책무성은 과제를 완성해야 하는 책임이 개인에게 있으며, 집단구성원으로서 개인의 수행에 대한 평가 결과가 그 개인이 속해 있는 집단과 자신에게 적용되기에 개별 책무성이 존재한다. 셋째, 개인 간 상호교류는 집단구성원이 집단의 목표 성취를 위해 다른 구성원의 노력을 격려하고 촉진시켜주는 것을 의미한다. 넷째, 소집단 및 사회 기술에서는 집단 내 협동적 노력으로 성공하기 위해 요구되는 기술이다. 다섯째, 집단평가는 구성원 각자가 공동의 목표를 달성하기 위해 얼마나 노력하고 협력했는지에 대한 토론과 평가가 적절히 이루어져야 한다고 보았다(김영순 외, 2018: 148). 학자들마다 제시한 구성요소를 요약하면 〈표 2〉와 같다.

〈표 2〉 협동학습에 필요한 구성요소들

학자명	협동학습의 원리
존슨과 존슨(1989); 존슨; 존슨, 홀루벡과 로이(Johnson, Holubec & Roy, 1992)의 5가지	긍정적인 상호의존, 개인적 책무성, 개인 간 상호교류, 대인관계 및 사회 기술, 집단 과정
슬래빈(1991)의 두 가지	긍정적인 상호의존, 개인적 책무성
코헨(Cohen, 1994)의 4가지	사고기술을 강조하는 개방형 개념과제, 타 구성원의 참여를 요구하는 집단과제, 주요 주제와 관련한 다중과제, 각 집단구성원에게 부여된 역할
로티에와 오간(Rottier & Ogan, 1991)의 7가지	사회기술, 개인 간 상호교류, 개인적 책무성, 집단응집, 집단책임, 교사감독, 집단평가
옴로드(Ormrod, 1995)의 6가지	집단구성원의 상호의존성, 집단목표, 소집단의 크기, 개인적 책무성, 교사감독, 집단평가
샤란(Sharan, 1990)의 5가지	긍정적 상호작용, 개인 간 상호교류, 개인적 책무성, 소집단 및 대인관계 기술, 집단평가

출처: 김영순 외, 2018.

협동학습은 학습구조방식에서 개별학습이나 경쟁학습보다 긍정적인 평가를 받고 있다. 서로의 경쟁에 비중을 두었던 사회구조가 이제는 서로 협력하고 소통하는 패러다임으로 변화하고 있다. 이러한 사회적 변화는 곧 학교 교육의 변화를 요구한다. 따라서 학교는 협력적 상호작용을 통해 사회화 훈련이라는 과정의 변화를 모색하고 있다(김영순 외, 2018: 149). 특히, 사회과는 전통적으로 시민으로서의 자질 함양을 목표로 하고 있기 때문에 협동학습이라는 과정의 경험을 통해 학생들은 긍정적인 상호의존성을 함양할 수 있다(한관종, 2005: 263).

이상의 협동학습에 관한 선행연구 분석을 통해 얻을 수 있는 결론은 첫째, 경쟁학습보다 협동학습은 상호의존적인 인간관계를 구성하고, 혼자서 살아갈 수 없는 사회에서 화합과 공존을 모색하는 학습방법이라는 점이다. 둘째, 노력에 대한 책임에서도 협동학습은 자유로운 개별학습 구조보다 개개인이 집단을 위한 개별 책무성이 존재하기 때문에 이를 통해 사회적 책무성을 가진 사람으로 성장할 기회를 제공한다.

2. 협동학습과 다문화교육

협동학습의 특징을 대략적으로 기술하면 구체적인 수업 목표의 제시, 긍정적 상호의존성의 증가, 대면적 상호작용과 개별적 책무성의 경험, 집단목표 강화, 이질적인 소집단 구성, 집단 과정 중시, 충분한 학습시간 제공, 성공기회의 균등, 소집단의 단합 강조, 과제의 세분화, 동시다발적인 상호작용이다.

이바름 외(2011)는 위의 협동학습에 관한 특징을 다문화교육과 연결하여 다음과 같이 정리하고 있다. 우선 교실에 민주주의 방식을 도입하는 것으로 규정한다. 협동학습은 교실과 수업에서의 민주화를 실천하는 방식이다. 민주주의의 가장 큰 이념은 인간존중과 자유, 평등이다. 협동학습을 통해 획득한 긍정적 상호의존성으로 인해 모든 학생이 서로를 인정하고 배려하는 학업 구조를 만든다. 교사가 큰 학습과제는 제시하지만 그 주제 안에서 학생들은 토의와 토론을 통해 자유롭게 하위 과제를 도출해내고, 그 과제를 분담하여 스스로 학습한다. 협동학습에서 소집단이 성공하기 위해서는 모든 구성원에게 균등하게 성취기회가 주어져야 한다. 능력이 있는 학생이나 부족한 학생 모두 자신의 집단에 동동한 기여를 할 수 있다. 또한 학습공동체로서 동료의 학습에 대한 사회적 책임이다. 학습 공동체란 자신의 학업성취만 달성하면 끝나는 것이 아니라 동료들의 학업성취도 나의 책임으로 생각하는 공동체를 뜻한다. 개인만 성공하는 것이 아닌 공동체 모두 성공해야 하는 구조가 협동학습의 중요한 특징이다. 협동학습은 협동의 과정도 중요하게 생각하지만 결과를 더 중시한다. 앞서 언급한 바와 같이 협동학습이 나타난 배경은 정의적 목표를 이루기 위한 것이 아니라 인지적 성취를 높이기 위해서다(이바름 외, 2011: 116).

협동학습에서는 다문화 학생이 소집단 구성원이고, 제대로 과제를 완수하지 못한다고 해서 그 학생이 소외되거나 열외되는 현상이 발생하지 않는다. 협동학습 목표 구조에서는 학업성취 능력에 관계없이 그 누구도 소집단에 피해를 주는 학생이 발생하지 않도록 되어 있다. 마치 레슬링이나 권투, 씨름에서와 같이 체급별로 고려해서 시합을 하는 것과 같다. 그 학생이 현재 가지고 있는 능력에서 출발하도록 배려함으로써 소집단 구성원은 자신의 능력 범위 안에서 마음껏 활동에 임할 수 있다. 마찬가지로 자신이 가장 뛰어난 능력을 가졌다고 해서 항상 모둠의 성취에 결정적으로 기여할 수 있는 것도 아니다. 다문화 학생이 소집단 구성원에 포함되어 있다는 것이 소집단 성취에 어떤 불이익이나 반사 이익을 받지 않는 것이 협동학습 목표의 구조다(이바름 외, 2011: 117).

다른 한편 협동학습이 다문화교육과 관련이 있다는 것에 대해 학생 자체가 학습 자료원으로 활용될 수 있다는 점을 들 수 있다. 학생들이 학습과제를 하면서 자유로운 발상과 평등한 참여 기회를 보장함으로써 학생들로 하여금 자신이 가진 학습자료를 마음껏 활용하도록 한다. 다문화 학생들이 가지고 있는 다양한 문화와 경험들은 협동학습에서 훌륭한 학습 자료원으로 활용될 수 있다. 전혀 다른 시각과 경험이 이를 가능하게 하고, 그러한 경험들이 소속감과 존재 의미를 강하게 느끼게 해주며, 동료들로부터 인정받는 기회를 더욱 많이 제공해줄 것이다. 이 때문에 케이건 외(Kagan et al., 1985)는 다문화 교실에서 협동학습이 다문화 학생들의 자아 존중감(self-esteem)을 높여준다고 했다(이바름 외, 2011: 117).

그뿐만 아니라 다문화 상황에 놓인 교실에서 협동학습은 모둠 구성원의 재능을 발굴하는 것이라고 규정한다. 협동학습은 소집단을 구성하여 운영하기 때문에 개인이 자신의 재능을 발휘할 기회가 많다. 다문화 학생들이 가지고 있지만 드러내거나 시도하지 못할 재능들이 협동학습을 통해 발굴될 가능성이 매우 높다. 이는 사실 일반 학생들도 마찬가지이지만, 사회·심리적 또는 언어적으로 불리한 상황에 처해 있는 다문화 학생들에게 협동학습은 경쟁학습이나 개별학습에 비해 자신의 재능을 발휘할 기회가 더욱 많이 주어져 있다고 볼 수 있다. 또한 모둠의 이질적 구성이 장점으로 작동한다. 협동학습에서 소집단 구성의 가장 중요한 특징은 이질적 구성을 강조한다는 점이다. 여기에서 '이질적'이라는 것은 모둠 구성원의 특징이 학습능력, 성별, 경제적 배경, 성격, 인종 등 다양하다는 것이다. 구성원의 특징이 이질적일수록 상호작용은 더욱 활발하게 발생하며, 인지적 · 정의적 자극이 많이 일어난다. 반대로 비슷한 능력과 성향을 가진 학생들이 소집단을 구성하면 처음에는 상호작용이 활발하게 일어나는 것처럼 보일 수 있다. 그러나 곧 활동이 감소하게 되는데, 이는 소집단 내에서 더 이상 새로운 자극을 받지 못하기 때문이다(이바름 외, 2011: 117-118).

협동학습은 초 · 중등 교사 모두에게 듣고, 공유하고, 함께 일하는 것과 같은 긍정적인 사회적 기술 능력을 가르치는 전략을 제공한다. 협동학습은 특히 경제적 · 사회적 스트레스로 인해 학생들의 성적이 저하되는 낙후된 지역에 필요하다. 집단 상호작용을 개선하는 과정은 청소년에게 흥미를 유발하고, 긍정적이고 협력적인 교실 환경을 만드는데 참여하게 하며, 이를 통해 서로에게서 배우는 기회가 된다(Campbell, 김영순 외 역, 2012: 372-373).

다문화 수업 시간에 수행되는 그룹 활동은 학생들의 관점을 변화시키고, 그들의 유효성을 확인하며, 점차적으로 대화를 갖도록 한다. 또한 학생들이 함께 활동하도록 가르치고 있으며, 교실에 대한 편견을 줄일 수 있다(Slavin, 1995). 그룹 활동을 통해 학습을 자습과 연습 문제지 수업에서 인지적인 요구가 많은 수업으로 전환시킬 수 있다. 또한 잘 계획된 협동학습은 학생들이 자신의 교육에 대한 책임을 지도록 용기를 주어야 한다(Berman, 1990; Campbell, 김영순 외 역, 2012: 373).

라슨-빌링스(Ladson-Billings, 1994)는 협력적인 구조와 팀 형성은 아프리카계 미국인 학생들에게 효과적으로 적용될 수 있는 중요한 요소라고 주장한다. 그녀는 이와 같은 문제를 다음과 같이 언급한다. "문화에 기반을 둔 교육은 학생들이 협력적으로 배우도록 격려하고, 그들이 서로를 가르치며, 서로에 대한 책임감을 기대한다."(Campbell, 김영순 외 역, 2012: 373) 가르시아(Garcia, 2001)는 멕시코계 미국인 학생을 가르치는 유능한 교사들이 높은 수준을 갖춘 혼성 집단의 사회적 상호작용을 요구하는 소규모 협동적인 학문 활동을 보장하기 위한 조직을 구성했다고 주장했다(Campbell, 김영순 외 역, 2012: 373).

숙련된 교사는 능력별 집단 형성의 영향력을 없애고, 모두를 위한 높은 기대를 확립하기 위해 협동 그룹을 사용한다. 협동 전략은 기회와 민주주의 원칙인 평등에 관해 학생들의 인식을 약화시키는 전통적 계층화와 능력별 집단형성 교육방식과는 정반대의 선택이다. 케이건

(1986)은 협동학습이 동일한 교육적 기회를 위해 필요한 단계를 제공하는 수학과 과학 등의 과목에서 학생들 사이의 성취를 동등하게 할 수 있다는 증거를 보여준다(Campbell, 김영순 외 역, 2012: 373).

협동학습은 성취기준 이하의 성적을 보이는 학생의 학업성취도를 향상시킨다. 비록 협력 전략이 모든 학교에서 가치 있는 것으로 받아들여져도 그들이 모두를 위한 높은 성취 수준을 보이고, 학생들과 동등한 상황에서 상호작용을 증진하며, 학생문제를 해결하기 위해 함께 활동하도록 가르치기 때문에 다문화 환경에서 특히 중요하다(Johnson & Johnson, 1999). 협동학습은 언어와 긍정적인 상호집단 관계를 가르치는 직접적인 방법이다. 한 연구에 의하면, 학생들이 협력하는 방법을 배우고 팀을 이루어 학습할 경우, 인종의 벽을 넘어 우정과 존중을 익힐 수 있다(Kagan, 1986; Campbell, 김영순 외 역, 2012: 373).

캠벨(Campbell, 2010)은 협동학습을 위한 수업을 준비하기 위해 다음과 같은 4가지 기초 단계를 필요로 한다고 주장한다. ① 교실 환경을 디자인한다. ② 적절한 과업을 선택한다. ③ 적절한 역할을 가르친다. ④ 긍정적인 상호의존을 권장한다. 이 4가지 단계를 구체적으로 알아보도록 하자.[3]

(1) 교실 환경을 디자인한다

교사는 학생들이 함께 활동하는 것을 가르쳐야 한다. 그룹에서 학

---

3 캠벨의 저서 《Choosing Democracy: A Pratical Guide to Multicultural Education》은 김영순 외(2012), 『민주주의와 다문화교육』이라는 제목으로 번역되었다. 특히 번역서의 10장에서 협동학습, 민주주의, 다문화교육을 다루고 있는데, 이 절에 기술되는 협동학습을 위한 4가지 기초 단계는 바로 이 10장의 일부 내용을 인용한 것이다.

습활동하는 방법을 배우는 것은 교육과 연습이 필요하다. 교사는 협동 작업을 준비하기 위해 학생들이 새로운 역할과 사회성을 배울 수 있도록 연습 시간을 설계해야 한다. 1~2주에 걸친 장기간의 프로젝트는 학생들이 협동과 진행 기술을 개발한 후에야 적합한 방법이다. 어린 학생이나 협동에 새롭게 참여하는 학생들을 위해 교수활동은 학생들이 짝을 이루게 하여 시작한다. 이러한 초기 단계의 협동학습에서 선택할 수 있는 과제는 5~10분 이내에 완수할 수 있는 것이어야 한다. 그리고 4~6명의 학생들이 한 모둠이 되어 모든 학생이 활동에 참여할 수 있도록 해야 한다. 팀당 기록자가 한 명 필요하고, 모든 팀은 활동을 문서로 기록해야 한다.

교사는 협동학습을 장려하기 위해 교실 환경을 설계해야 한다. 의자 이동, 컴퓨터 위치 설계, 칸막이와 의자, 교수 재료 등은 학생들에게 책임감과 협동성을 촉진할 수 있도록 한다. 모든 학생을 대상으로 2~4주 만에 모둠 구성원을 교체하고 재구성한다. 초등학교에서는 학생들이 과제마다 다른 모둠을 형성하기 때문에 이를 능력별로 편성된 모둠이라고 생각하지 않는다. 언어적으로 소수집단 학생들이 수업을 하는 경우, 이중언어를 사용하는 학생과 영어 학습자를 같은 모둠에 배치한다. 영어 학습자는 영어를 연습하고 이해하는 법을 배울 것이다. 이중언어를 사용하는 학생은 모국어뿐만 아니라 학문적 자부심도 얻을 수 있다.

교사는 각 모둠에게 자주 보고하도록 요구해야 한다. 이러한 보고를 통해 학생들에게 높은 기대를 가지도록 할 것이다. 모둠의 모든 구성원이 기록자의 기록과 모둠에 대한 보고서를 사용할 수 있다. 예를 들어, “기록자의 왼쪽에 있는 사람이 보고서를 만들라”고 할 수 있다.

보고 역할을 분배하면, 모둠 전체의 질적 연구를 위한 책임을 유지하는 데 도움이 된다. 모둠 노트를 정기적으로 모아서 검토함으로써 학생들의 참여를 격려하고 감독할 수 있다.

학생들에게 협동학습에 참여하는 방법을 가르치는 데는 많은 시간이 소요된다. 역할 행동에 대한 강의는 연습으로 대신할 수 없다. 교사는 역할을 정의하고, 학생들이 그 역할을 연습하도록 돕고, 그 연습을 평가해야 하고, 학생들이 그들의 역할행동을 향상시키도록 도와야 한다. 어떤 교사들은 가치 있는 수업 시간을 모둠 활동을 연습하기 위해 사용하기를 꺼려할지도 모르지만, 그렇게 사용된 시간은 학년 전체에서 시간을 절약할 수 있게 해준다. 부여된 과업을 통해 활동하고, 독립적인 연구 프로젝트를 추구하는 팀으로 작업하는 방법을 알고 있는 학생들은 이러한 기술을 익히는 시간을 보상받는 것 이상을 얻게 될 것이다(Campbell, 김영순 외 역, 2012: 378-379).

(2) 적절한 과업을 선택한다

협동 과업들은 적절히 어려운 과업을 성공적으로 완성함을 기반으로 즉각적인 보상을 제공할 때 가장 효과적이다. 이러한 작업은 여러 기술이 필요하고, 학생들에게 다양한 관점을 갖도록 권장한다. 가능하면 연구 주제로 학생들의 개인적인 경험에 의존하라.

협동학습의 첫달에는 작고 빠르고 쉬운 평가 작업과 명확히 끝나는 시점이 있는 프로젝트로 시작하는 것이 좋다. 협동학습의 효과적인 과업들은 모둠이 단 하나의 옳은 답을 찾는 것보다는 오히려 개념적 사고를 포함해야 한다. 학생들이 자신의 경험을 공유하고 창의적 문제 해결에 참여할 수 있는 과업들이 효과적이다.

모든 과업이 그룹 조사에 적합한 것은 아니다. 집단 작업은 미리 정해진 자료를 기계적으로 암기하기보다는 문제를 해결하는 방식에 도움을 준다. 부사와 명사의 정의는 암기를 위한 그룹 구조를 사용할 수 있지만, 학생들이 자신의 작문을 편집할 때 더 유용하다. 집단작업은 역사 혹은 지리적 사실을 암기할 때 별로 중요하지 않지만, 역사나 사회, 과학 조사 과정에서 비판적 사고력을 가르치는 데 매우 유용하다. 집단작업은 글쓰기와 인터넷 작업 과정의 접근 방법에서 특히 유용하다(Campbell, 김영순 외 역, 2012: 379-380).

(3) 적절한 역할을 가르친다

교사는 적절한 협동 역할 행동을 가르침으로써 협동학습을 시작할 수 있다. 모둠 활동을 유지하기 위한 몇 가지 과업은 너무 복잡해서 한 명의 개인에게 할당할 수 없다. 여러 역할을 할당하는 것은 모든 학생이 배우고 리더십을 연습할 수 있도록 용인된다. 각각의 학생이 각각의 역할에 필요한 기술을 습득했는지 확인하기 위해 모둠 내의 역할을 바꾸는 것도 효과적이다.

교사는 종종 프로젝트에 대한 작업이 진행된 지 1~2주 후에 역할을 검토하고 재설정해야 한다. 이것은 지속적인 과정이다. 협동학습이 효과가 없는 것은 역할이나 목표가 명확하지 않기 때문이다. 모둠이 제대로 기능하지 못할 때, 역할 행동에 대한 일부 평가와 연습을 위한 시간이 필요하다.

과학과 수학 프로젝트는 종종 자료와 수업 기자재를 정리하게 하는 등 그룹 구성원에게 몇 가지 역할을 추가로 할당하는 것이 도움이 된다. 차별과제 부여 프로젝트에서는 '심부름꾼', '안전감시자' 및 '정리

감독' 역할을 사용한다(Cohen, 1986). 심부름꾼은 작업 영역에 대한 모든 자료를 모은다. 심부름꾼 역할은 수십 명의 학생이 자료를 얻기 위해 자리를 떠나야 하므로 의욕을 떨어뜨릴 수도 있다. 안전감시자는 날카로운 물체, 유출, 기타 안전 우려 때문에 긴장감을 유지해야 한다. 정리감독은 모든 모둠 구성원에 대한 정리 활동을 감독하고 감시한다. 일단 역할이 정해지면, 그러한 역할은 교사를 돕고 스트레스를 줄일 수 있다. 또 모둠 내에 언어 도우미를 지정하면 외국어학습자를 지원해줄 수 있다(Campbell, 김영순 외 역, 2012: 380-381).

(4) 긍정적인 상호의존을 권장한다

교사가 협동학습을 사용할 때, 교사는 학생들 사이에서 긍정적인 상호의존을 확립하기 위해 노력해야 한다. 협동할 때 모둠이 더 잘하기 위해 과업과 평가를 정리해야 한다. 부서진 원의 과업이 좋은 예다. 모둠 내의 학생들에게 원에 대한 일련의 부분들을 제공한다. 각 모둠은 모든 구성원이 완전한 원을 만들기 위해 필요한 모든 부분을 가지고 있다. 모둠원은 원을 만들기 위해 다른 모둠원에게 도움을 요청할 것이다. 그러나 만일 일부 학생이 자신의 성공만을 추구하고 다른 사람의 요구를 무시한다면, 그들은 전체로써 모둠의 과업을 완성하는 것을 방해하므로 동료가 과업을 완성하는 데 필요로 하는 부분들을 사용하여 그들의 원을 완성할 것이다.

전체 모둠이 공통적인 성적을 받는 프로젝트는 긍정적인 상호의존성을 불러일으킨다. 모둠이 예상되는 낙제생들의 예술적 · 기계적 적성 또는 컴퓨터 기술들을 사용하기 위한 방법을 찾아내도록 용기를 주어야 한다. 케이건(1986)은 낮은 점수를 받은 학생이 가장 적은 모둠에 보너스 점수를 주는 등급 시스템을 제안함으로써 긍정적으로 상호의존하는 방법을 설명한다. 케이건(1986)은 학생들이 뒤처지는 한 모둠원의 기초적인 합산과 분할을 검토하는 것을 돕게 하여 모둠원의 점수, 모둠 점수, 모든 학생들의 수학 능력을 향상시킨다는 점에 주목한다(Campbell, 김영순 외 역, 2012: 382).

전통적으로 대부분의 학교 등급 시스템과 교과 과정은 학생들을 성공한 사람과 실패자로 분류하는 결과를 초래했다. 협동학습, 특히 그룹 평가는 이러한 학교 관행에 역행하는 것이다(Johnson & Johnson, 1999).

상호 교수(reciprocal teaching)는 학생들이 읽기, 쓰기 및 수학을 모둠에서 공부할 수 있도록 도와주는 전략이다. 모둠은 정기적으로 구성원의 독해와 탐구 능력을 향상시키기 위해 협력 전략을 사용한다. 각 모둠 구성원은 다른 사람이 더 능숙해지도록 도와야 하는 과업을 갖는다. 학생들은 대화에 참여하고 서로의 과업에 대한 감시자 역할을 한다(Carter, 1997).

협동작업은 중·고등학교에서 사회 활동 프로젝트에 특히 도움이 된다. 2~4명으로 구성된 학생 그룹의 아이디어와 다양성은 교실, 기관, 서비스 기관, 지역사회 단체의 현실적인 문제 해결과 관련된 독창성, 지성, 창조성을 가져다준다. 심지어 6명이 모둠을 수행하는 것은 많은 기술을 필요로 한다. 학생들은 6명으로 구성된 팀을 만들어서 두세 달 동안 협동작업을 연습할 것이다. 비판적 사고의 발달 같은 사회적 행동 프로젝트에서 개발된 협동작업 기술들은 지식 기반 산업이 계속해서 성장하고 있는 현실세계에서 학생들의 취업을 준비시켜준다. 협동학습 프로젝트는 교사 중시의 교실에서 학생들에게 발견되는 공통적인 수동적 · 수용적 행동으로부터 성인의 직업 세계가 요구하는 능동적이고 책임감 있는 행동의 교량 역할을 한다(Campbell, 김영순 외 역, 2012: 382-383).

교실환경이 컴퓨터와 인터넷으로 변화됨으로써 협동학습이 향상될 수 있는 기회가 많아졌다. 학생들은 일반적으로 컴퓨터를 통해 함께 협력하여 질 좋은 연구를 수행하고, 컴퓨터 조작 등의 기술적인 문제에도 서로 도움을 줄 수 있다. 인터넷 조사에서 협력 팀 접근방식은 자신의 사고 과정에 대해 말로 표현하도록 학생을 격려한다. 학생 팀은 연구를 계획하고, 일부는 인터넷 조사를 하고, 일부는 학생들이 잘 다룰 수 있는 소프트웨어로 문서 작성을 준비하고 사진을 찾으며, 편집 및 교정하고 설계하며 인쇄를 한다. 잘 설계된 학생 프로젝트는 매년 개선되고 반복될 수 있다. 프로젝트는 소수가 아닌 모든 학생이 긍정적인 경험을 할 때 가치가 있다. 교사의 역할은 덜 적극적인 학생들을 격려하고 참여하게 하며 배울 수 있도록 돕는 것이다(Campbell, 김영순 외 역, 2012: 383).

3. 협동학습 수행하기

협동학습에서는 참여자인 학습자의 자기주도적인 행위도 중요하지만, 이를 안내하는 교사의 역할도 중요하다. 협동학습도 전체적으로는 학생들의 활동이 많지만 반드시 기획자, 사회자, 진행자로서 교사에 의해 이루어져야 한다. 학생들이 알아서 모둠을 만들고 과제를 주면 협동학습이 가능하리라고 생각하는 것은 무책임하다. 수업은 교사가 연출하는 연극이다. 따라서 배우의 즉흥 연기에만 맡겨서는 안 된다. 교사는 수업의 전문가이기 때문에 협동학습에서 모둠을 구성하는 것에서부터 학습활동을 안내하는 것에 이르기까지 교사의 역할이 결정적이다. 수업에는 수업목표가 있고, 학생들은 아직 스스로 모둠을 이끌어서 수업목표를 달성할 정도의 리더십을 갖추지 못했기 때문이다(장인실 외, 2012: 455-456).

협동학습이 성공적이라는 평가를 받으려면 학생들로부터 "선생님이 안내해주신 대로 했더니 우리가 이런 멋진 것을 만들었네!"라는 말이 나와야 한다. '선생님이 해준 것이 아니고 우리가 했으며', '나 혼자 한 것이 아니고 우리가 함께했으며', '친구를 도왔더니 그것이 오히려 스스로를 도운 것이 되었으며', '친구가 실패하기를 바란 것이 아니라 친구가 잘하기를 기대했더니 그 때문에 내가 성공하게 된' 경험을 갖는 것이 협동학습이다. 교사는 수업에서 학생들이 이러한 경험을 할 수 있도록 적극적으로 개입해야 한다(장인실 외, 2012: 456).

그러므로 교사는 다양한 협동학습 모형을 잘 숙지하고 실천해본 경험이 있어야 한다. 그런 경험이 있어야 학습 내용, 학생 수준, 시간의 분배 등에 맞게 적절한 협동학습 모형을 활용하여 수업을 이끌어나갈 수 있기 때문이다. 이런 학습 모형을 많이 알고 있으면, 다양한 절차와 절차에 따른 행동을 지시하면 어떤 결과가 나올 수 있다는 것을 예측할 수 있게 된다. 또한 그 과정에서 어떤 걸림돌이 발생할지도 예측할 수 있으며, 그에 대한 대책도 준비할 수 있다(장인실 외, 2012: 456).

이런 맥락에서 학생들이 예비교사 과정에서 동료들과 협동학습을 미리 경험하게 하는 것은 반드시 필요한 과정이다. 협동학습에서 교사의 역할은 구체적으로 다음과 같이 설명될 수 있다.[4]

1) 수업 이전에 결정하기

(1) 수업의 목적을 구체화하기

수업을 계획하려면 교사는 반드시 수업이 도달하려는 목적을 알아야 한다. 모든 수업에서 학습기술과 모둠 구성원 사이의 상호작용 기술과 소집단 기술이라는 목적이 필요하다. 교사는 학습 목표를 구체화해야 한다. 학습 목표의 구체화는 개념 분석이나 과제 분석, 사회적 기

---

4 협동학습에 관한 교사의 역할에 대해서는 존슨과 존슨(Johnson & Johnson)의 《Multicultural Education and Human Relation》의 한국어 번역서 김영순 외 역(2010), 『다문화교육과 인간관계』의 7장 협동학습 방법 중 228-268쪽의 내용을 요약하고 수정한 것이다.

능의 목적에 근거를 두어야 한다. 이때 사회적 기능의 목적은 수업을 진행하는 동안 자신이 강조하고 싶은 상호작용 기술과 모둠 활동 기능을 구체화하는 것이다. 교사는 다음과 같은 절차로 사회적 기능들을 선택할 수 있다.

- ▶ 학습 모둠을 꾸준히 관찰하고, 학생들이 서로 학습활동을 하고 있는 학습 문제를 해결하는 데 필요한 여러 가지 특별한 기술을 진단한다.
- ▶ 학생들에게 협동작업을 더 잘할 수 있는 사회적 기술을 확인하게 한다.
- ▶ 모든 수업에서 가르치는 사회적 기술의 목록을 작성하고, 다음 수업에서 필요한 사회적 기술을 강조한다.
- ▶ 학생들이 연구 과제를 완료하는 데 필요한 사회적 기술을 분석한다.

사회적 기술을 결정하는 가장 좋은 방법은 학생들이 직접 학습 순서를 알아볼 수 있는 순서도를 체계적으로 만들게 한다. 이는 학생들이 협동학습에 적극적으로 참여하게 하고, 팀 프로젝트에서 자신의 책임을 다하도록 노력하게 한다. 학습 순서도는 단순하지만 학습 과정의 모든 단계를 한눈에 확인할 수 있는 강력한 수단이다(Johnson & Johnson, 김영순 외 역, 2010: 228-229).

(2) 모둠의 크기 결정하기

학생들이 함께 학습활동을 하려면 반드시 학습 모둠의 구성원으로 조직되어야 한다. 학생들을 모둠으로 조직하기 위해 교사는 학급 전체 모둠의 규모, 모둠별 인원, 모둠이 함께 활동할 기간과 수업 활동에서 필요한 모둠의 인적 구성 방법을 결정해야 한다.

일반적으로 협동학습의 모둠 인원이 2~4명이라고 하더라도 모둠의 인원은 적을수록 좋다. 협동학습 모둠의 이상적인 규모가 정해져 있는 것은 아니지만, 학생들이 함께 활동하기에 가장 효과적인 모둠 인원은 2~3명 또는 가장 많아도 4명이다. 교사들이 가장 많이 하는 실수는 학생들이 능숙하게 학습활동을 할 수 있는 능력을 갖추기도 전에 모둠의 인원을 4~6명으로 정하는 것이다. 다음은 협동학습 모둠의 크기를 정할 때 참고하면 좋은 조언들이다(Johnson & Johnson, 김영순 외 역, 2010: 229-231).

▶ 학습 자료나 해결해야 할 과제의 특성에 따라 모둠 구성원의 인원이 결정된다.

▶ 모둠의 구성원이 많아지면, 모둠의 성공을 돕는 자원도 많아지게 된다. 또한 능숙하게 활동할 수 있는 모둠 구성원이 더 많아야 한다. 그뿐만 아니라 모둠 구성원 사이의 상호작용이 활발하게 일어나지 않는다.

▶ 학습 기간에 활용할 수 있는 시간이 짧을수록 모둠의 구성 인원도 적어야 한다.

▶ 모둠 구성원의 인원이 적을수록 학생들이 활동하지 않고 학습활동에 무임승차하는 것을 막을 수 있다. 또한 학생들이 함께 활동하면서 생기는 문제를 파악하는 것이 쉬워진다.

(3) 모둠원 구성하기

모둠을 구성하는 데 가장 이상적인 방법은 없다. 모둠의 성과를 결정하는 것은 그 모둠에 누가 있느냐가 아니라 어떻게 모든 구성원이 함께 활동하느냐에 달려 있다. 교사들은 특별한 기능을 가르치거나 교수학습 목적에 확실하게 도달하기 위해 학습 능력이 비슷한 구성원으로 이루어진 협동학습 모둠을 구성할 수 있다. 그러나 일반적으로는 다양한 활동 배경과 서로 다른 능력 및 흥미를 가진 학생들이 이질적으로 모여서 구성한 모둠의 장점이 많다. 아래의 내용은 이질적으로 구성된 모둠의 장점이다(Johnson & Johnson, 김영순 외 역, 2010: 231-233).

▶ 학생들은 다른 학생들이 가지고 있는 여러 가지 아이디어, 다양한 사고방식과 문제 해결 방법을 접할 수 있다.

▶ 학생들은 이전보다 더 빈번하게 학습에서 창의성을 자극하는 인지적인 불균형 상태가 되고, 인지능력과 사회성이 발달하게 된다.

▶ 학생들은 이전보다 훨씬 더 정교한 사고를 하게 되고, 더 많은 설명을 교환하며, 토론 활동에 훨씬 더 활발하게 참여하게 된다. 이 모든 것은 이해의 폭을 넓히고, 합리적인 사고 수준을 높이며, 정확하게 오랫동안 기억하는 능력을 기르는 데 도움이 된다.

이질적으로 모둠을 구성하기 위해서는 무작위로 배정하거나, 개인의 특성과 수준을 고려한 후 무작위로 배정하는 방법이 있다. 무작위로 배정하는 방법은 모둠원을 구성하는 가장 쉬우면서도 효과적인 방법이다. 예를 들어, 학급 전체 인원이 30명인데 한 모둠을 3명으로 구성한다면, 10개의 모둠을 만들면 된다. 교사는 각 학생에게 임의로 1에서 10까지 번호를 반복해서 붙여준 후 같은 숫자에 해당하는 학생들이 함께 모여 모둠을 구성하게 된다. 1번에 해당하는 학생들끼리 한 모둠이 되고, 2번에 해당하는 학생들끼리 한 모둠이 되는 방식이다.

개인의 특성과 수준을 고려한 후 무작위로 배정하는 방법은 교사가 학생의 한두 가지 특성을 선택한다는 것을 제외하면 무작위로 배정하는 방법과 거의 비슷하다. 이때 개인의 특성이란 독서 수준, 학습하는 방법, 과제 적응 능력 또는 개인적인 흥미 같은 것이다. 이것을 약간 변형한 모둠 구성 방법은 학생들의 선호도를 중심으로 모둠을 구성하는 것이다. 우선 학생들에게 자신이 가장 좋아하고 참여하고 싶은 운동 종목을 적게 한다. 그리고 같은 운동 종목을 적은 학생들끼리 모둠을 구성하는 것이다. 이 방법을 응용해서 자신이 좋아하는 음식, 유명인, 능력, 자동차, 대통령, 동물, 채소, 동화책 주인공 등을 이용할 수 있다.

(4) 모둠 활동 기간

협동학습을 실시하는 교사들의 공동 관심사는 '협동학습 모둠을 어느 기간만큼 함께 활동하게 할 것인가?'이다. 이 질문에 대한 답은 교사가 이용하는 협동학습 모둠의 유형으로 결정할 수 있다. 기본 모둠은 적어도 1년 또는 몇 년 동안 유지된다. 비형식적인 협동학습 모둠의 경우에는 짧게는 몇 분 정도, 길어도 한 차시 정도만 지속된다. 하지만 형식적인 협동학습 모둠의 경우에는 활동 기간을 정하는 특정한 방식이 있는 것도 아니고, 그 기간을 간단하게 결정하는 것도 쉽지 않다. 각 모둠은 대부분 학습과제나 학습 단원을 끝낼 때까지 함께 활동한다. 학습 활동을 하는 동안 모든 학생은 다른 친구들과 함께 활동해야 한다(Johnson & Johnson, 김영순 외 역, 2010: 233-234).

(5) 협동학습 모둠 다양하게 구성하기

많은 수업 활동에서 교사들은 기본 모둠 구성뿐만 아니라 형식적인 협동학습 모둠과 비형식적인 협동학습 모둠을 적절하게 조합하여 구성하기를 원할 것이다. 교사들은 어떤 학습 단원이라도 한 가지 이상의 방법으로 모둠을 구성해서 가르쳐야 한다. 교사들에게는 학생들을 새로운 모둠에 재빠르게 배정하는 방법과 서로 다른 모둠 사이를 이동시키는 절차가 필요하다. 예를 들면 학생들을 2명인 모둠에서 4명인 모둠으로, 4명인 모둠에서 다시 2명인 모둠이나 3명인 모둠으로 새롭게 변화를 주어 구성하는 것과 같은 방법이다(Johnson & Johnson, 김영순 외 역, 2010: 234).

(6) 상호의존성을 위한 모둠 역할 부여

교사는 단원의 학습을 계획할 때 학생들의 학습을 극대화하기 위해 필요한 활동이 무엇인가를 고심하게 된다. 모둠 역할은 모둠 구성원이 자신이 속한 모둠의 다른 구성원에게 기대하는 역할과 그 구성원이 모둠 활동에서 꼭 해야 할 일이 무엇인지 규정한다. 학생들의 상호작용을 읽기 담당, 기록 담당, 활동 격려 담당, 학습 이해 담당으로 배정해서 구조화한다. 학생들끼리 협동하려는 노력을 구조화하는 모둠 역할을 이용하여 긍정적인 발전을 이끌어내기 위해서는 다음과 같은 상황을 고려해야 한다(Johnson & Johnson, 김영순 외 역, 2010: 234-235).

- ▶ 학생들이 함께 활동하는 데 익숙해지기 전까지는 역할을 부여하지 않는다.
- ▶ 학생들이 함께 활동하는 데 익숙해지면 읽기 담당, 기록 담당, 활동 격려 담당 등과 같은 간단한 한 가지 역할만 부여한다. 이때 모든 학생이 골고루 다른 역할을 여러 번 맡아볼 수 있도록 돌아가면서 역할을 부여한다.
- ▶ 간단한 역할에 익숙해지면 학습 이해, 확인, 담당 같은 약간 더 복잡한 역할을 추가한다. 교사는 이때부터 기능적인 역할을 부여한다.
- ▶ 과업을 정교하게 할 수 있는 모둠 활동을 체계화시키고, 과업을 완성시키는 데 적합한 역할을 부여한다. 이런 역할 배정은 모둠에서 자발적으로 일어나

기는 힘들다. 학생들은 교사의 도움을 받아서 구체적이고 체계적이며 충분한 연습을 통해 비로소 이전에 배운 것과 현재 배우고 있는 것을 연결할 수 있다.

때때로 학생들은 협동적인 모둠 활동에 참여하기를 거부하거나 모둠의 과업이 성공하도록 돕는 방법을 이해하지 못한다. 이런 문제는 교사들이 각각의 모둠 구성원에게 모둠에서 활동할 수 있는 특별한 역할을 부여함으로써 해결하거나 예방할 수 있다. 모둠 구성원에게 알맞은 역할을 부여하는 것은 다음과 같이 활용할 수 있다(Johnson & Johnson, 김영순 외 역, 2010: 235).

- ▶ 한 명 또는 더 많은 모둠 구성원이 모둠활동에 전혀 기여하지 않거나 한 명이 모둠을 좌지우지하는 문제를 감소시킬 수 있다.
- ▶ 학생들이 모둠 활동에 꼭 필요한 활동 기능을 실행하는 것과 모둠 구성원이 꼭 습득해야 할 기능을 배우는 것을 보장한다.
- ▶ 모둠 구성원이 서로 의존하도록 이끌어줄 수 있다. 교사는 모든 모둠 구성원에게 상호보완적이고 서로 연관성 있는 역할을 부여하면서 모둠 구성원의 역할에 대한 상호의존성을 구조화할 수 있다.

(7) 교실 정돈하기

교실을 정돈하고 교실 내 집기를 배치하는 것은 학습활동을 위한 적절한 행동과 계획에 대한 기대와 밀접한 관련이 있다. 한 줄로 책상을 배열하는 것은 책상을 작은 원형으로 배열하는 것과는 다른 의도와 기대를 반영한다. 공간 활용 계획은 교실에서 학생들의 순환방식이 어떠한지 규정한다. 순환은 교실 안으로, 밖으로 이동하는 흐름을 말한다. 교사는 자신이 계획한 교실 환경에서 학생들이 무엇을 보아야 하며, 언제 그것을 보아야 하는지, 학생들이 누구와 함께 상호작용하는지를 결정한다.

모든 수업을 효과적으로 할 수 있는 한 가지 방법의 교실배치는 없다. 명확한 경계가 있는 활동공간으로 짝별, 모둠별, 줄별로 이동할 필요가 있다. 색, 표시 그리고 조명은 학생들의 주의력을 교실에서 강조된 곳에 집중하게 하고 수업공간의 경계를 명확하게 해준다. 교사는 다음과 같은 다양한 방법으로 학생들이 활동하는 공간의 경계를 명확히 해야 한다(Johnson & Johnson, 김영순 외 역, 2010: 236-237).

▶ 이름표와 표지: 활동구역을 나타내기 위해 이름표와 표지를 사용한다.

▶ 색: 시각적인 주의를 끌 만한 색을 사용한다. 다른 자료를 보관하는 공간과 자원센터뿐만 아니라 모둠공간과 개인공간도 구분할 수 있도록 색을 사용한다.

▶ 선 긋기: 각 활동구역이 명확하게 구분되도록 바닥이나 벽에 테이프로 선을 긋는다.

▶ 모빌과 표시: 주의를 끌 만한 모빌과 화살표 같은 표시를 사용한다. 교사는 벽에 표시를 붙이거나 천장에 모빌을 매달아서 활동구역을 명시할 수 있다.

▶ 조명: 특별한 활동구역을 구분하기 위해 조명을 사용한다. 조명은 학생들의 주의력을 증대시킨다. 불빛이 밝은 곳은 학생들의 시선을 그곳으로 향하게 하고 활동력을 자극한다. 빛에 둘러싸여 상대적으로 더 불빛이 어두운 곳은 경계가 된다. 교실 활동이 변화하면 교실의 조명도 바뀔 수 있다.

▶ 집기 배치: 활동공간과 자료보관 공간을 명시하기 위해 집기를 옮긴다. 큰 화분이라도 화분 밑에 바퀴가 있다면 공간의 경계를 표시하기 위해 옮길 수 있다.

▶ 공간 표시: 모둠이 활동할 공간을 표시한다. 만약 협동학습 모둠이 며칠이나 몇 주 동안 함께 활동한다면 모둠 구성원은 자신들의 활동구역을 표시할 포스터를 만들 수 있다.

(8) 학습자료 계획

학생들은 과제의 유형에 따라 학습에 필요한 자료를 결정해야 한다. 교사는 모둠원의 참여와 성취를 최대화하기 위해 어떻게 자료들을 배치하고 분배할 것인지 결정한다. 대개 교사는 공동 과제나 개별 과제에 상관없이 자료들을 서로 나눌 수 있게 분배한다. 공동 과제의 경우 교사는 자료, 정보, 경쟁상대를 통해 서로 의존하게 할 수 있다.

자료에 대한 상호의존의 경우, 개별 모둠에 한 장의 과제를 주어 자료를 상호의존하게 한다. 학생들은 과제를 해결하기 위해 함께 활동해야 한다. 이것은 최초 몇 번의 모둠활동에 특히 효과적이다. 학생들이 협동학습에 익숙해지면 교사는 학생들 각자에게 복사한 자료를 줄 수 있다. 또한 정보에 대한 상호의존의 경우 과제를 완성하기 위해 필요한 자료를 퍼즐처럼 배열하고 각각의 자료를 개인이 담당하도록 해서 학생들끼리 정보를 상호의존하게 한다. 각 모둠의 구성원은 정보를 종합하기 위해 다른 서적이나 자료를 받을 수 있다. 이런 방법은 모둠의 모든 구성원이 과제를 해결하기 위해 참여하게 한다.

경쟁상대에 대한 상호의존의 경우, 자료들을 구조화해서 모둠 간에 토너먼트 형식과 어느 모둠이 가장 많이 배우는지 경쟁하게 해서 같은 모둠원끼리 상호의존하게 한다. 이런 절차는 드브리스와 에드워드(DeVries & Edwards, 1973)가 도입했다. 학생들은 팀-게임-토너먼트 형식에서는 다른 모둠과 경쟁하게 되는 토너먼트에 대비해 이질적인 협동학습 집단으로 나뉘게 된다. 모둠끼리 경쟁하는 가운데 학생들은 개인적으로 거의 비슷한 능력 수준을 갖춘 다른 모둠의 학생들과 경쟁하게 된다. 교사는 경쟁에서 최선을 다한 모둠원이 있는 팀을 승자로 선언한다(Johnson & Johnson, 김영순 외 역, 2010: 238-239).

2) 과제와 협동학습 모둠 구성하기

(1) 학습과제 설명하기

지금까지는 사전 교육내용을 결정하고 수업 준비를 계획했다. 다음 단계는 과제와 수업의 목표 그리고 학생이 과제를 수행하는 데 필요한 개념과 원칙, 활동 절차를 설명한다. 학급의 학생들에게 과제를 완성하기 위해서는 무엇을 해야 하는지, 어떻게 해야 하는지 알려주어야 한다(Johnson & Johnson, 김영순 외 역, 2010: 239).

(2) 성취기준 설명하기

학생들에게 수행해야 할 학습과제를 설명할 때는 기대하는 성과의 수준을 설명해야 한다. 협동학습은 기준을 근거로 평가해야 한다. 기준에 근거한 영역별 평가는 확실한 기준을 정하고 그 기준에 준하여 학생들을 평가하는 것이다. 학생들을 평가하고자 하는 기준을 명확히 하라. 아마도 "모둠원 모두가 확실하게 학습하기 전까지는 끝난 것이 아니다"라고 말할지도 모른다. 때때로 개선은 최상의 결과를 이끌어내는 것으로 정해질지도 모른다. 그러나 실제 모둠 간의 경쟁을 촉진하기 위해서는 "만약 학급 전체가 어휘시험에서 520단어 이상을 맞힌다면 학생들은 개인별로 보너스 2점을 받게 된다"와 같은 방법으로 학급 전체가 성취할 수 있는 수준으로 기준을 잡아야 한다(Johnson & Johnson, 김영순 외 역, 2010: 240-241).

(3) 긍정적인 상호의존 구성하기

존슨과 존슨(1992)에서 긍정적인 상호의존의 목표는 공동의 목표가 정립될 때 존재할 수 있다고 한다. 그래야 각 개인은 동료 역시 각자의 목표를 성취해야 그들 모두 목표를 달성했다고 느끼게 된다고 한다. 모둠원은 다른 모든 모둠원이 성공하지 못하면 그들 역시 성공하지 못한다는 것을 알고 있다. 긍정적인 상호의존은 협동학습의 핵심이다. 긍정적인 상호의존 없이 협동학습은 존재하지 않는다. 학생들은 학습하는 상황에서 공동운명체임을 깨달아야 한다.

우선 긍정적인 목표인 상호의존 구조화하기를 살펴보자. 모든 협동학습은 긍정적인 목표인 상호의존에서 시작한다. 학생들이 내가 아닌 '우리'를 먼저 생각하게 만들기 위해 교사는 "여러분에게는 3가지 책임이 있습니다. 먼저 각자의 과제를 학습해야 하며, 두 번째는 모둠의 모든 구성원이 그 과제를 학습해야 합니다. 마지막으로 학급 전체가 그 과제를 성공적으로 학습해야 합니다"라고 말해야 한다.

또한 긍정적인 목표인 상호의존 보완하기의 경우 두 번째로 긍정적인 목표인 상호의존에 보상이나 역할, 방법이나 정체성 등 다른 형태의 긍정적 상호의존을 추가해야 한다. 예를 들어 긍정적인 보상의 상호의존성은 "만약 시험에서 모든 모둠원이 90점 이상의 점수를 받으면, 너희 모두는 각자 5점의 보너스를 받게 될 것이다"라고 말할 수 있다. 일반적으로 수업에서 긍정적인 상호의존성이 더 많이 구조화될수록 더 좋은 결과를 이끌어낸다(Johnson & Johnson, 김영순 외 역, 2010: 240-241).

(4) 개인적인 책임 구조화하기

협동학습에서 모든 구성원은 자신이 맡은 역할을 수행해야 한다. 협동학습 이면에 깔려 있는 목적은 각 개인을 옳은 방향으로 더욱 강하게 만드는 것이다. 교사는 모둠원 모두 맡은 과제를 책임 있게 학습하고, 다른 모둠의 구성원이 다음의 방법으로 학습할 수 있게 도와야 한다. 우선 교사는 각 개인의 결과물을 평가해야 한다. 두 번째로 각 개인과 모둠에게 그 결과를 제시하고 미리 설정한 기준과 비교하도록 해야 한다. 그런 피드백의 과정은 각 모둠원이 배우려고 노력한 점과 다른 구성원의 학습에 기여했다는 점을 알고 축하할 수 있게 한다. 학생들에게 잘못된 점을 즉시 개선하게 하며, 그 외 필요한 도움이나 격려를 제공한다. 그리고 모둠 과제를 수행할 때 어떤 한 사람만 과도하게 노력하는 일이 없도록 책임을 재배정할 수 있다.

개인적인 책임은 각 구성원이 다른 사람들의 담당 과업에 무임승차할 수 없다는 점을 일깨워준다. 개인적인 책임감을 심어주는 과정은 다음 사항들을 포함하고 있다. ① 모둠을 작게 만든다. ② 개별 시험과 비정기적인 구술시험을 본다. ③ 개인이 모둠의 작업에 얼마나 자주 기여했는지를 관찰하고 기록한다. ④ 학생들이 알고 있는 것을 다른 친구들에게 알려준다. ⑤ 배운 것을 다양한 문제에 적용하도록 한다(Johnson & Johnson, 김영순 외 역, 2010: 241).

(5) 모둠 간의 협동을 구조화하기

교사는 협동학습을 통해 얻은 긍정적인 결과들을 모둠 간의 협동에 구조화함으로써 학급 전체로 확산시킬 수 있다. 학급 전체의 목표 역시 모둠과 개인의 목표를 세우는 것과 같은 방법으로 세울 수 있다. 교사는 활동이 끝난 모둠에게 아직 활동 중인 모둠을 도와주도록 격려해야 한다. 활동이 끝난 모둠끼리는 결과물과 과제 해결 전략을 비교하도록 해서 협동의 이점을 전체 학습으로 확산시킬 수 있다(Johnson & Johnson, 김영순 외 역, 2010: 241-242).

(6) 바람직한 행동 구체화하기

협동학습을 할 때는 학생들에게 대인관계 기술을 가르쳐야 한다. 협동학습에서는 학생들이 학습과제와 모둠의 구성원으로서 해야 하는 일, 즉 두 가지 역할 분담을 배워야 한다. 협동학습은 근본적으로 경쟁학습이나 개별학습보다 복잡한데, 이는 학생들이 학습과 협동을 동시에 수행해야 하기 때문이다. 만약 협동기술을 배우지 않았다면, 학생들은 과제를 수행할 수 없다. 협동기술이 뛰어날수록 학습의 질과 양은 더 높아진다. 교사는 학습조직에서 적절하고 바람직한 행동을 구체화해서 필요한 협동기술을 정의해야 한다.

교사가 학습조직에서 기대하는 행동이 분명할수록 학생들은 더욱 더 그렇게 행동할 것이다. 사회적 기술 수행하기(모둠원과 조용한 목소리로 말하기), 기능하기(기여하기, 다른 사람의 참여 격려하기), 조직하기(요약하고 정교화하기), 자극하기(비판하기, 합당한 근거 요구하기)로 구성된다. 정기적으로 학습모둠에 필요한 대인관계 기술과 모둠활동 기술을 가르쳐야 한다. 효율적인 협동학습을 위한 바람직한 행동을 요구하는 3가지 원칙은 다음과 같다(Johnson & Johnson, 김영순 외 역, 2010: 242).

▶ 구체적이어야 한다. 구체적인 사회적 기술을 제시하라.

▶ 작은 것부터 시작하라. 학생들에게 한 번에 학습할 수 있는 것 이상을 요구해서 과도한 부담을 주지 말라. 몇 시간 동안 한두 가지 행동을 강조하는 것으로 충분하다.

▶ 반복학습의 중요성을 강조하라. 학습한 사회적 기술을 한두 번 연습해보는 것만으로는 충분하지 않다. 기술을 종합하고 익숙해지게 한 후 습관적이고 자동적으로 할 수 있을 때까지 반복학습을 하게 하라.

3) 관찰하고 중재하기

(1) 학생들의 행동 관찰하기

교사의 일은 협동학습이 시작되는 순간 본격화된다. 교사는 학습의 진전 상황을 파악하고 학생들이 사회적인 기술을 적절하게 사용하고 있는지 평가하기 위해 모둠 내 상호작용을 관찰해야 한다. 그리고 교사가 학생들의 상호작용을 직접 칭찬하고, 학생들 역시 서로의 성공을 직접 칭찬하도록 하는 방식으로 학습을 진행해야 한다. 관찰은 횟수를 계산한 관찰일지를 사용하면 형식적일 수 있고, 학생들의 말이나 행동을 기술하는 비형식적인 방법을 사용하면 일화가 될 수 있다.

교사는 관찰한 내용을 바탕으로 학생들의 학습이나 모둠 내 상호작용 기술을 개선하기 위해 중재할 수 있다. 학생들은 교사가 유심히 관찰하는 것을 중요하게 생각한다는 점을 기억해야 한다. 모니터는 계속적인 점검을 의미하며, 모니터링은 4단계로 이루어진다(Johnson & Johnson, 김영순 외 역, 2010: 243-244).

▶ 준비 단계: 누가 관찰자가 될 것인지, 어떤 관찰 형식을 사용할지 결정하고 관찰자를 훈련하는 것으로 관찰을 준비한다.

▶ 관찰 단계: 학습조직에서 협동의 정도를 평가하기 위해 관찰한다.

▶ 개입 단계: 모둠의 과제나 협동을 개선해야 할 때는 개입한다.

▶ 평가 단계: 학생들의 자기관리능력을 증진시키기 위해 그들 스스로 참여도를 평가하게 한다. 모둠에서도 효과적으로 활동했는지 평가하게 하고, 개인과 모둠 둘 다 성장 목표를 세우게 한다.

교사는 다음의 지침에 따라 협동학습 조직을 관리하면 된다. 우선 교실에서의 이동경로와 각 모둠을 관찰하는 데 드는 시간을 계획해서 수업시간 동안 모든 모둠을 관찰할 수 있도록 한다. 그리고 학생들이 적절한 행동을 하는 횟수를 세는 데 정형적인 관찰지를 사용한다. 자료가 구체적일수록 교사와 학생 모두에게 유용하다. 처음부터 너무 상이한 행동까지 관찰하려 하지 않는다. 처음에는 누가 말하는가 정도만 관찰해도 되며, 긍정적인 행동에 초점을 맞추어야 한다. 나아가 학생의 특이한 행동을 보충하고 빈도를 기록한다. 차후 학생이나 학부모와의 상담, 전화통화에서 이렇게 기록된 자료를 교환하는 것은 매우 유용할 것이다. 또한 학생 관찰자를 훈련시키고 이용한다. 학생 관찰자는 각 모둠의 역할에 대한 더 완벽한 정보를 줄 수도 있고, 적합한 행동과 그렇지 않은 행동에 대한 중요한 교훈을 줄 수도 있다. 각 모둠 회의의 마지막에 관찰자들이 수집한 정보에 대해 토의하는 시간을 충분히 배정한다(Johnson & Johnson, 김영순 외 역, 2010: 244).

(2) 과제 보조하기

협동학습 조직은 교사가 학생의 마음을 들여다볼 수 있는 '창문'을 제공한다. 교사는 협동적인 활동을 통해 학생들의 숨은 생각이 행동으로 드러나면 이를 관찰하고 조언할 수 있게 된다. 교사는 학생들이 서로에게 자신이 학습한 내용을 설명하는 것을 주의 깊게 들으면 학생들이 이해한 것과 이해하지 못한 것을 파악할 수 있다. 그 결과 교사는 좀 더 명확하게 교육할 수 있고, 학생들이 과제를 완수하기 위한 중요한 절차와 전략을 되돌아보게 된다. 또 학생들의 질문에 대답해주고 필요한 경우에는 과제를 해결하는 기술을 가르쳐줄 수도 있다. 교사는 학생들이 학습해야 하는 과제의 개념과 정보를 논의하는 과정에서 "그래 맞아"라는 말 대신 "그것이 단락의 주제를 찾는 방법이야"와 같은 구체적인 표현을 해야 한다. 구체적인 표현은 훌륭한 학습을 강화하고 학생들이 과제에 접근하는 데 도움을 주어 긍정적인 변화를 증진한다. 메타인지적 사고, 즉 사고하는 과정에 대해 통찰력을 갖고 사고하는 것은 학생들에게 "무엇을 하고 있니?", "왜 하는 거지?", "이것이 너에게 어떤 도움이 되지?"와 같은 질문을 하는 것으로부터 시작된다(Johnson & Johnson, 김영순 외 역, 2010: 244-245).

(3) 사회적 기술을 가르치기 위한 중재

협동학습 조직은 교사에게 학생의 사회적인 기술에 대한 밑그림을 제공해준다. 학습 모둠을 관찰하는 과정에서 교사는 학생들이 함께 활동하는 데 필요한 더욱 효과적인 과정을 알려주기 위해, 또는 매우 효과적이고 능숙한 행동을 강화하기 위해 개입한다. 개입할 때를 선택하는 것이 가르치는 기술이다. 개입할 때는 다음과 같이 해야 한다(Johnson & Johnson, 김영순 외 역, 2010: 245).

- ▶ 일단 학생들이 현재 수행하는 과업을 중단하도록 한다.
- ▶ 문제에 대해 교사의 말을 듣게 한다.
- ▶ 학생들에게 3가지 가능한 해결책을 제안한다.
- ▶ 학생들에게 어느 해결책을 먼저 시도할지 결정하게 한다.

4) 학습과 상호작용 평가하기

(1) 학습 마무리 및 학습 평가하기

교사는 학생들이 요점을 정리하고, 아이디어를 생각해내고, 교사가 제시한 마지막 답을 확인하게 해서 학습을 마무리할 수 있다. 학생들은 학습내용을 요약하고 나중에 어떻게 이용할 것인지 이해하고 있어야 한다. 학생들의 학습의 양과 질은 정기적인 평가와 때때로 표준화된 시험의 형식으로 평가되어야 한다. 더욱이 협동학습은 수행평가와 근거 있는 평가, 총체적인 양질의 학습을 동시에 제공할 수 있다. 수행평가는 학생들이 배운 것으로 무엇을 할 수 있는가를 실제로 해 보여야 한다. 근거 있는 평가는 학생들이 실제 생활에서 바람직한 과정이나 기술을 사용하는가를 보여주어야 하며, 총체적인 양질의 학습은 급우의 학습을 돕는 과정에서 지속적인 개선이 이루어져야 한다. 또한 광범위한 평가 형식이 사용될 수도 있다. 동시에 학생들이 직접 평가 과정에 참여해서 바로 교정해주는 과정을 통해 모둠원 전체의 학습을 극대화할 수 있다(Johnson & Johnson, 김영순 외 역, 2010: 246).

(2) 모둠활동이 얼마나 잘 진행되는지 살펴보기

과제를 완성하거나 학습의 막바지에 다다르면 학생들은 모둠원의 행동 중에서 과제를 완성하는 데 도움이 되었던 것과 그렇지 않았던 것에 대해 기술하고, 지속해야 할 행동과 변화시켜야 할 행동을 결정해야 한다. 이 과정은 모둠과 학급의 두 수준에서 일어나며, 다음의 4단계로 이루어진다(Johnson & Johnson, 김영순 외 역, 2010: 247).

- ▶ 1단계(피드백 주기): 교사는 학생 개인과 각 모둠, 그리고 학급 전체에 과제와 협동의 효과에 대해 피드백을 해주어야 한다. 이때 학생들에게 제공되는 피드백은 일반적인 평가가 아닌 구체적인 기술이어야 한다(Johnson, 2000).
- ▶ 2단계(되돌아보기): 교사는 학생들이 받은 피드백을 그들이 분석하고 반영하는지 반드시 확인해야 한다. '예' 혹은 '아니오'로 답할 수 있는 질문은 피한다. 즉 "모두 서로 도와서 공부했습니까?"라는 말 대신 "모둠원이 각각 얼마나 자주 자신의 문제 해결방법을 설명하고, 다른 모둠원의 설명을 고쳐주거나 분명히 해주었습니까?"라고 질문해야 한다.
- ▶ 3단계(목표 세우기): 교사는 개인과 모둠이 학습의 질을 높일 수 있는 목표를 설정할 수 있게 도와주어야 한다.
- ▶ 4단계(칭찬하기): 교사는 모둠원의 노력과 모둠의 성공에 대해 축하하고 격려한다.

각 모둠별로 함께 활동할 때 잘한 점 3가지와 다음에 더 잘하기 위해 할 일 한 가지를 작성하게 한다. 개인과 모둠 학습 둘 다 더 잘하게 하기 위해 수업 전반에 걸쳐 학생들이 배운 것을 요약하게 한다. 어떤 과목의 어떤 영역이라도 협동학습으로 구조화시킬 수 있다. 형식적인 협동학습을 사용하면 교사는 수업 전에 여러 가지를 결정할 수 있고,

학생들에게 과제와 협동 목표 구조를 설명할 수 있다. 또 모둠의 활동을 모니터하여 필요할 때 개입하고, 모둠의 활동 과정을 평가하고 도움을 줄 수 있다. 교사들은 형식적인 협동학습과 더불어 비형식적인 협동학습과 협동에 기반을 둔 모둠들을 활용할 수 있다.

협동학습에서 평가는 매우 중요하다. 평가가 협동학습을 구성하는 요소가 되기도 한다. 즉, 협동학습은 모둠평가를 기초로 한다. 물론 개별평가도 하지만 모둠평가가 우선이다. 가장 바람직한 접근은 개별평가와 모둠평가를 병행하는 것이다. 여기에서는 모둠평가 방법을 구체적으로 소개한다(정문성, 2006; 장인실 외, 2012: 456-457).

첫째, 모둠원 개인의 성적을 모두 합하여 산술평균을 낸 후에 산출된 점수를 모둠 전체의 점수로 계산하는 방법이다. 이 경우 성적이 낮은 모둠원은 모둠 내에서 비난의 대상이 된다. 그러므로 협동학습에서는 잘 사용하지 않는다. 사용할 경우, 개인의 능력에 따른 차별된 평가지를 사용하면 협동학습에서도 사용이 가능하다. 또는 STAD 모형[5]에서 사용하는 향상점수 방식을 사용할 수도 있다(Slavin, 1978).

둘째, 모든 모둠원이 일정한 점수에 도달해야 모둠에게도 그 점수를 부여하는 방법이다. 이 경우에도 항상 일정한 점수를 얻지 못하는 모둠원이 비난의 대상이 된다. 그러므로 그 기준을 모둠원의 기본 능력을 고려하여 차별적으로 제시하는 것이 바람직하다(장인실 외, 2012: 457).

셋째, 모둠원 개인의 성적을 모두 합하여 산술평균을 낸 점수가

5 STAD 협동학습 모델은 존스홉킨스 대학의 슬래빈에 의해 개발된 모형인데, 이 모형은 과학 지식의 이해나 기본 기능을 습득하기 위해 고안되어 과학교재를 그대로 사용할 수 있고, 실제 수업에 적용하기 쉽게 절차도 간단하며, 보상 체제의 구조가 열린 교육이 추구하는 활발한 동료 학습자 간의 상호작용과 학습 동기를 촉진시켜준다.

일정 수준에 도달하면 모둠에게도 일정 수준의 점수를 부여하는 방법이다. 이 경우에도 마찬가지로 점수가 낮은 모둠원이 비난의 대상이 되므로 차별적 평가지를 사용하거나 향상점수를 사용해야 한다(장인실 외, 2012: 457).

넷째, 해결해야 할 집단 과제에 점수를 부과하여 그 과제를 달성하면 점수를 주는 방법이다. 가장 널리 사용되는 것은 모둠의 프로젝트에 대한 평가의 경우다. 프로젝트는 비교적 장기간 동안 많은 양의 학습 내용을 많은 기능을 동원해서 수행해야 하고, 혼자서는 할 수 없는 복잡하고 복합적인 주제로 부여된다. 이 경우 무임승차를 하거나 특정 모둠원이 프로젝트의 대부분을 하지 않도록 역할 분담을 철저히 하고, 모둠원이 어떻게 모둠 과제 달성에 기여했는지를 밝히도록 한다(장인실 외, 2012: 457).

다섯째, 모둠활동이 끝난 뒤 무작위로 한 모둠원의 작업물을 평가하여 그 모둠 전체의 점수로 하거나 모둠원 한 명이 대표로 평가를 받아서 그 점수를 모둠 점수로 하는 방법이 있다. 학습효과는 크지만 당사자가 된 모둠원의 부담이 크다는 단점이 있다(장인실 외, 2012: 457).

최근 들어 학습자들은 대중문화에 의해 형성된 자기중심적 · 개인주의적 · 경쟁적 가치에 함몰되어 교실에서 협동학습을 수행하기란 결코 쉽지 않다. 많은 아이들은 협동할 준비가 되어 있지 않다. 교사들은 협동능력과 협동을 지지하는 태도를 가르쳐야 한다. 협동을 가르치고 촉진시키기 위해 다양한 수업 경영 전략을 사용할 필요가 있다(Campbell, 김영순 외 역, 2012: 390).

끊임없이 경쟁적인 교실에서 승리하는 학생과 교사의 관심과 감독을 피하는 학생들 모두 협력적 학습 전략을 채택하는 것에 반감을 가진다. 교사는 경쟁적이고 협력적인 학생들에게 성공할 수 있는 환경을 제공하기 위해 협동학습과 개별화된 학습의 균형을 적절히 맞추어야 한다. 소수의 학생들이 협동에 실패하면 협동학습 능력과 역할을 신중하게 재교육해야 한다. 역할 행동에 관한 교수는 때때로 협동학습 초기 단계에서 확고하게 이루어질 필요가 있다. 일단 그룹이 기능을 잘 수행하면, 새로운 학생들은 그 그룹의 학생들부터 오리엔테이션을 받을 수 있다(Johnson & Johnson, 1999).

교사가 중요하게 지적해야 할 문제는 학생들을 그룹에 할당하는 문제가 아니라 관리, 소외감, 참여하지 않는 소수 학생들에 대한 문제다. 한 학생이 그룹 활동을 거부하면, 그룹의 다른 구성원을 좌절시킬 수 있다. 특히, 학생들이 갈등 해결에 대한 경험이 거의 없을 때 학생의 행동을 수정하는 일은 잠재적으로 그룹에 중대한 분열을 야기 할 수 있다. 학생들은 심한 잔소리, 빈정거림 및 기타 심각한 전략들에 의존할 수도 있다. 협동학습이 시작된 지 몇 주 후에 이 문제들은 그룹 작업이 보상이 되고 학생들이 함께 배우기를 선호할 때 줄어든다. 혼종 그룹은 대부분의 협동학습에서 가장 효과적이다. 역할 연습 후에 민족, 성별, 사회계층, 인식능력 수준의 통합을 최대화하기 위해 팀을 구성한다(Campbell, 김영순 외 역, 2012: 390).

인종 갈등이 있는 지역사회에서 여러 주에 걸친 학생의 준비와 확장된 사회성 연습은 협동 그룹의 성공을 담보할 것이다. 긴장감이 높을 때는 학생들이 함께 작업하기 위한 명확한 목표와 행동 규칙이 필요하다. 이러한 목표는 학교 전반에 걸쳐 세워지고 유지되어야 한다. 학생들은 협동작업을 위한 준비의 일부로써 사회성을 연습할 필요가 있다. 팀 구성의 활동은 동등한 사회적 지위와 통합된 환경의 창조에 기여할 수 있다. 교실에서 협동학습의 체계적인 개발은 수업 시간에 민족 갈등과 분열을 줄이고, 학교 내 폭력을 감소시키는 데 기여할 것이다(Campbell, 김영순 외 역, 2012: 390-391).

캠벨(2010)에서 협동학습은 교실 및 수업 관리에 혁신적인 변화를 가져오고 있다고 주장한다. 소음은 종종 협동학습을 위한 그룹 활동을 수행하는 교실에서 증가하게 된다. 교사와 관리자는 생산적이고 필요한 소음과 쓸모없는 잡담을 구별해야 한다. 학생들이 협동학습에서 필요한 기술을 찾아낼 때, 교사는 통제하는 역할을 맡기보다는 방향을 안내하는 사람으로서 역할을 행해야 한다. 교사는 과업을 제시하고 수행하는 데 학습자를 격려하고 더욱이 반성적 활동을 해야 한다. 다만 지식과 정보를 전달하는 일에는 관여하지 말아야 한다. 교사는 협동적인 교실 환경을 만들고, 그것을 위한 과업 설계에 더 많은 시간을 보내며, 학생들의 행동을 비판하는 시간은 더 적게 가져야 한다. 처음에는 적절한 과업 설계에 많은 시간과 독창성이 필요할 것이다. 일단 협동 수업이 설계되면, 그 과업을 매 학기마다 유용하게 쓸 수 있다.

협동학습은 4차 산업혁명의 변화하는 환경 속에서 한 사회의 구성원이 공동의 목표를 달성하기 위한 공동체 의식 함양에서 학습자는 물론 교수자에게도 적합한 수업 모형이다. 특히 다문화적 사회로 변화하는 세계와 다문화 환경에 놓인 수업에서 상호 신뢰감을 형성하고 더불어 살아가는 데 필요한 협동의식을 고취시키는 데도 적합한 교수 모형이다. 앞으로의 과제는 학교 영역에서의 협동학습이 각 교과별로 어떤 방식으로 운영할 것인지를 염두에 두고 협동학습 프로그램을 개발해나가는 데 관심을 집중해야 할 것이다.

5장
다문화학교와
다문화교육 프로그램

다문화교육이 학교 영역의 교육에 집중하는 것은 학교가 우리 사회의 미래를 만드는 곳이기 때문이다. 민주주의 체제를 채택하는 대부분 국가의 학교에서는 학생들에게 민주주의를 가르쳐야 한다. 특히 다문화 환경을 접하게 되는 학교는 학생들에게 다양성을 가르쳐야 할 의무가 있다. 여기에는 민족교육, 이중언어교육 등을 비롯하여 갈등 해결을 위한 프로그램 등 교과 및 비교과에 걸친 다양성 교육 프로그램이 포함된다. 이런 다문화 정신과 가치를 배울 수 있고, 다문화적 삶을 살아갈 수 있는 태도와 행동을 습득할 수 있는 곳이 바로 다문화학교다.

이 장에서는 베넷(2001)과 뱅크스(2014)가 제안한 다문화학교의 특성과 개념을 살펴보고, 특히 다문화학교에서의 다문화교육과정 수행하기, 그리고 갈등을 긍정적으로 조절하는 다문화교육 프로그램에 대해 알아볼 것이다.

1. 다문화학교의 특성과 조건

1) 베넷(2001)의 다문화학교 개념

베넷(2001)은 통합된 학교에 관한 연구에서 다원주의적 특성이 강할수록 민족 및 인종 간의 상호 신뢰적 관계 형성을 가능하게 하고, 학습자의 학업성취 수준을 향상하며, 학습자 개개인의 발달을 촉진할 가능성이 크다고 주장한다. 학교 내에서 문화다원주의 혹은 통합적 다원주의가 실현되기 위해서는 교사의 긍정적인 기대, 긍정적인 집단 간 접촉을 촉진하는 학습 환경, 다문화교육과정 운영이라는 3가지 조건이 필수적으로 요구된다(Bennett, 김옥순 외 역, 2010: 49).

첫째, 교사의 긍정적인 기대다. 교사는 자신의 직관에 따라 성급하게 학생을 판단하기도 하고 차별적으로 대우하기도 한다. 많은 교사는 학생들이 지닌 인종적 특성과 부모의 사회경제적 지위에 따라 상이한 방식으로 학생들과 상호작용한다(Bennett, 김옥순 외 역, 2010: 49).

교사의 기대가 갖는 힘에 대해 언급한 자료는 많은 편이다. 교사의 태도가 학생의 성취에 영향을 미친다는 가설을 지지하는 연구 결과도 상당히 많다. 또한, 교사 실습생을 대상으로 한 연구에서는 유색인 학생에 대한 백인 교사의 기대가 낮다는 것을 입증하는 결과도 많다. 이는 교사의 기대감이 학생의 성취도에 영향을 미칠 수 있다는 점과 상당수 교사가 아프리카계 미국인 학생과 라틴계 학생에게 상대적으로 기대감이 낮다는 점을 시사한다.

베넷(2001)은 '이것이 정말 사실이라면 통합교육이 과연 가능할까?' 라고 논의를 시작한다. 아울러 그는 충분히 가능하다고 대답한다. 모든 학교 구성원이 인종적 편견을 가지고 있거나 낮은 기대감을 갖고 있는 것은 아니다. 이는 인종적 편견이 사회에 필연적으로 나타날 수밖에 없는 조건은 결코 아니라는 것을 의미한다. 인종적 편견을 갖고 있는 학교 구성원, 즉 교사, 학생, 학교경영자와 학교직원들의 관점 전환을 통해 편견을 줄일 수 있다. 바로 이것이 다문화교육의 주된 목적이다.

둘째, 인종 간의 긍정적 접촉을 수행할 수 있는 학습 환경의 조성이다. 대부분의 학교는 역사적 · 문화적 배경이 다른 학생들을 하나의 집단 속에 몰아넣고 최선의 결과를 바란다. 그러나 최선의 결과는 당연히 나타나지 않는다. 상이한 민족집단 간의 뜻하지 않은 접촉은 오히려 기존의 부정적인 고정관념을 강화시키거나 새로운 고정관념을 만들어 낼 수 있다. 이러한 현상은 사회접촉이론(social contact theory)에 기초하여 학교정책이 이루어질 경우 예방이 가능하다. 사회접촉이론가들에 따르면 집단 간의 사회적 접촉이 부정적인 편견을 줄이고, 우호적인 행동과 태도 형성에 도움이 되기 위해서는 최소한 다음의 4가지 기본 조건이 필요하다(Bennett, 김옥순 외 역, 2010: 52-54).

▶ 접촉은 집단 간 이해와 호혜적인 지식을 생산할 수 있을 만큼 충분히 친밀한 것이어야 한다.

▶ 다양한 집단의 구성원은 동등한 지위를 가져야 한다.

▶ 접촉 상황은 사람들 간의 협력을 유도해야 한다. 즉, 접촉 상황에서 공동의

목표를 달성하기 위한 그룹 간의 협력이 요구되어야 한다.

▶ 제도적 지원이 제공되어야 한다.

이와 같은 긍정적인 사회적 접촉의 4가지 조건은 인종분리 폐지 학교를 관찰하고 문제를 발견하는 데 지침으로 활용될 수 있다. 대부분의 학교에서 가장 어려운 조건 중의 하나가 바로 상이한 인종집단들에게 동등한 지위를 부여하는 환경을 조성하는 것이다(Bennett, 김옥순 외 역, 2010: 54).

사실 사회경제적인 면에서 명확한 차이가 존재할 수도 있고, 성취 수준의 입장에서 보자면 입학 초기부터 흑인 학생과 백인 학생 간에 차이가 존재할 수도 있다. 이는 능력별 학급 편성이 필요한 것으로 인식될 수도 있음을 시사한다. 이런 측면에서 보자면 인종분리주의의 부활로 이어질 수 있다. 역사적으로 교육이나 고용에서 이미 인종차별이 존재해왔기 때문에 학교를 예를 들어보아도 흑인이나 히스패닉계 사람들 중에서 학생들에게 역할 모델이 될 만한 고위직 행정가나 교사를 찾는 데 어려움이 있다.

학교에서 긍정적인 사회 접촉을 위한 프로그램이 고려되어야 한다. 그런데 간혹 학교의 교칙, 교과 외 활동, 학교 상징, 학교 전통 등은 긍정적인 집단 간 접촉을 방해하는 요인으로 작용하기도 한다. 사실 일부 교칙에는 특정 언어 사용 금지, 모자 착용 금지 등 불공평한 측면이 여전히 존재하고 있다. 교과 외 활동을 방과 후에 계획하는 것은 버스로 통학하는 학생의 참여를 제한하게 되고, 교과 외 활동에서 집단 간 접촉할 수 있는 기회를 제한하는 결과를 초래하기도 한다(Bennett, 김옥순 외 역, 2010: 54).

셋째, 다문화교육과정의 운영이다. 교육과정은 교육의 체계이자 지침이다. 또한 교육기관에서 학생들이 경험하게 되는 공식적 혹은 비공식적 경험의 총체다. 이러한 개념에 기초할 때, 다문화교육과정은 잠재적 교육과정에 해당한다. 베넷(2001)은 예를 들어 다문화교육과정이 교사의 가치관과 기대, 학생의 또래집단 형성, 학교의 규칙 등과 밀접한 관계가 있다고 본다. 또한 학생들이 갖고 있는 다양한 가치관, 문화적 스타일, 지식, 견해 등과도 밀접하게 관련되어 있다고 주장한다. 따라서 넓은 관점에서 볼 때, 다문화교육과정은 학교환경 전체와 관련되어 있다. 베넷(2001)은 다문화교육과정 모델의 6가지 목표를 다음과 같이 제시하고 있다(Bennett, 김옥순 외 역, 2010: 63).

(1) 다양한 역사적 관점의 이해

우리는 제3세계 국가나 우리 사회 내의 소수민족에 대한 정보를 접할 때 그들의 역사에 무관심하다. 사실 서구의 문화 내용과 문명의 발달만을 강조하는 전통적 교육과정에서 이러한 경향은 당연하다. 따라서 다문화교육의 가장 중요한 목적은 다양한 역사적 관점을 발달시킴으로써 서구 중심으로 편향된 교육과정들을 바로잡는 것이다. 과거와 현재의 세계적인 사건들은 다양한 관점에서 이해되어야 한다. 하물며 지역적 사건이나 국가적 사건들을 이해할 때도 다수집단과 소수집단의 관점이 동시에 고려되어야 한다.

(2) 문화적 의식 함양

문화적 의식은 자신이 가진 세계관이 보편적이지 않으며, 다른 나라나 민족집단의 구성원이 가진 세계관과 차이가 있다는 점을 이해하고 인정하는 것이다. 여기에는 우리 사회에 다양한 사고와 행동 방식이 존재한다는 점을 이해하고, 자신의 생각과 행동이 다른 나라나 민족집단에서 어떻게 이해될지에 대해 인식하는 것을 포함한다.

(3) 간문화적 역량 개발

간문화적 역량은 자신과 다른 언어, 기호, 몸짓 같은 표현적 의사소통 그리고 신체언어 같은 무의식적인 신호들, 문화적 관습들을 해석할 수 있는 능력이다. 이때 중요한 것이 바로 공감과 의사소통능력이다. 상이한 문화적 배경을 가진 사람들이 상대방의 행동과 사고방식에 대해 자신의 문화적 조건에 기초해서 상대방에 대해 여러 가지 가정을 하게 된다. 이렇게 자신의 문화적 조건을 바탕으로 만들어진 가정들을 자각하게 하는 것이 간문화적 역량개발의 목적이다.

(4) 인종차별이나 성차별 또는 모든 형태의 편견과 차별에 대해 투쟁하기

이는 성 및 성적 지향에 대해 편견을 가지거나 특정 인종에 대해 오해하는 경우, 그리고 자신의 문화와 달라서 형성되는 부정적인 태도나 행동을 줄여나가는 것을 의미한다. 여기서는 성, 인종, 민족집단과 관련된 사회적 통념과 고정관념을 제거하는 것이 필수다.

(5) 지구의 현재 상태와 전 지구적 역동성에 대한 이해 증진

지구의 현재 상태와 전 지구적 역동성을 이해한다는 것은 지구의 보편적인 변화 경향, 발전 과정을 인식하는 것을 의미한다. 세계는 다양한 하위체계가 상호 밀접하게 연계되어 있는 거대한 생태계로 간주할 수 있다. 이 생태계는 신기술의 도입과 같이 작은 사건들로 분화될 수 있을 뿐만 아니라 이 사건들에 의해 심각한 영향을 주기도 하고 받을 수도 있다는 점을 이해해야 한다.

(6) 사회적 행동기술 개발

사회적 행동기술은 우리 지구의 지속 가능한 미래와 인류의 행복을 위협하는 문제들을 해결하는 데 필요한 지식과 태도, 행동을 의미한다. 특히 이는 전 지구적으로 생각하고 지역적으로 행동할 것을 강조한다. 그리고 개인적 효능감과 세계시민으로서의 책임의식을 발달시키고, 이에 기초하여 사회구성원으로서 적극적으로 참여하도록 하는 데 목적을 두고 있다. 더불어 소수집단이나 비소수집단이 민주적 과정을 통해 변화 촉진자가 되도록 하는 데도 중점을 두고 있다.

베넷(2001)은 위에 제시한 교육과정 모델의 6가지 목적이 상호 연관되어 있다고 주장한다. 위의 개별 목적들은 다문화교육을 위해 필요하지만, 그 목적 하나만으로 충분한 것은 아니다. 예를 들어, 간문화적 역량과 관련된 지식, 기술, 태도의 개발 없이 문화적 의식만 함양한다면 오히려 자문화중심주의나 분극화 현상을 강화하는 결과를 가져올 수 있다. 왜냐하면 문화적 의식 함양과 밀접하게 관련된 자아정체감이나 개인적 안전감의 발달 없이 간문화적 역량을 개발하는 것은 불가능하기 때문이다. 또한 여섯 번째 목적으로 제시된 변화 촉진자로서의 변화를 위해서는 교실에서 이루어지는 공부나 토론만으로는 충분하지 않으며, 차별적 관행들을 근절시키고 바람직한 새로운 변화들을 불러일으키는 데 필요한 행동과 기술들도 다루어야 한다(Bennett, 김옥순 외 역,

2010: 65).

이러한 다문화교육의 6가지 목적을 추구하는 학교를 '다문화적 개인'을 양성하는 다문화학교라고 볼 수 있다. 나아가 베넷(2001)은 이러한 다문화학교의 조건을 다음과 같이 4가지로 제시했다.

첫째, 다문화학교는 재분리가 아닌 완전 통합교육이 이루어져야 하는 곳이다. 이는 통합적 다원주의가 실현되는 완전한 통합이 이루어지는 것을 의미한다. 통합은 기존에 분리되어 있던 모든 집단을 인정하고 수용한다. 또한 통합은 문화다원주의적 상황을 창출해낸다. 효과적으로 통합된 학교의 특성에 대한 연구에서는 통합적 다원주의적 특성이 강할수록 인종 간의 우호적 관계 형성을 가능하게 하고, 학업성취 수준을 향상하며, 학생 개개인의 발달을 촉진할 가능성이 큰 것으로 밝혀졌다. 학교 내에서 문화다원주의 혹은 통합적 다원주의가 실현되기 위해서는 교사의 긍정적인 기대, 긍정적인 집단 간 접촉을 촉진하는 학습 환경, 다문화교육과정의 3가지 조건이 필수적으로 요구된다.

둘째, 다문화학교 교사들은 학생들에 대해 긍정적 기대를 하고 있어야 한다. 교사는 직관으로 성급하게 학생을 판단하기도 하고 차별적으로 대우하기도 한다. 많은 교사들은 학생들의 인종과 사회경제적 지위에 따라 상이한 방식으로 학생들과 상호작용한다. 그 때문에 다문화학교에서도 중요한 핵심요소가 바로 교사의 긍정적 기대다. 특정 민족 및 인종에 대한 교사의 낮은 기대감은 그 집단에 대한 부정적 편견에 기초한 것이다. 따라서 교사가 차별과 편견의 벽을 넘어 학생에 대한 긍정적 기대감을 갖고자 하면 여러 인종의 학생들이 함께 모여 있는 교실에서 나타나는 문화적 차이를 반드시 이해해야 한다.

셋째, 다문화학교는 다양한 민족 및 인종 간의 긍정적 접촉을 수행할 수 있는 학습 환경을 갖추어야 한다. 다른 민족집단 간의 뜻하지 않은 접촉은 오히려 기존의 부정적인 고정관념을 강화하거나 새로운 고정관념을 만들어낼 수 있다. 그러므로 조건 없는 통합보다는 인종 간의 긍정적 접촉을 지지하는 학습 환경을 통제해줄 필요가 있다. 이러한 긍정적인 사회적 접촉은 인종분리 폐지 학교를 관찰하고 문제를 발견하는 데 지침으로 활용될 수 있다.

넷째, 다문화학교는 다문화교육을 위한 교육과정을 설계하고 실행해야 한다. 여기서 말하는 다문화교육과정은 다문화 핵심가치를 구심점으로 하여 교육 목적을 설정한다. 다문화 핵심가치로는 세계 공동체에 대한 책임, 지구에 대한 존중, 문화적 다양성 인정, 인간 존엄성과 보편적 인권으로 구성된다. 이러한 핵심가치를 중심으로 다문화교육과정의 목적은 다양한 역사적 관점의 발달, 문화적 의식 강화, 간문화적 역량 강화, 인종차별, 성차별, 기타 모든 차별이나 편견에 대한 투쟁, 지구의 현 상태와 세계적 역동성에 대한 이해 증진, 사회적 행동기술 형성으로 구성된다.

2) 뱅크스(2014)의 다문화학교 특성

학교는 물론 다른 교육제도들도 모든 사회계층, 인종, 문화, 언어 집단에서 온 학생들과 남녀 학생들이 동등한 배움의 기회와 문화적 역량 강화[1]를 경험할 수 있도록 변화해야 한다(Banks & Banks, 2013). 교육

1 문화적 역량 강화(cultural empowerment)란 교육 내용에 학생들이 속한 집단의 문화

기관들은 또한 모든 학생이 더욱 민주적인 가치 · 신념 · 행위를 발달시키고, 간문화적으로 행동하는 데 필요한 지식 · 기능 · 태도를 함양할 수 있도록 도와야 한다. 뱅크스(2014)는 '다문화교육의 모든 차원을 이행하기 위해 학교의 어떤 부분이 변해야 하는가?'라는 질문에 다문화교육의 전형을 보여주는 학교에 대해 다음과 같은 8가지 특징을 제안한다(Banks, 모경환 외 역, 2016: 74-78).

(1) 교직원의 태도, 인식, 신념, 행동

학교의 구성원인 교사와 교직원은 종종 소수 언어권 학생, 저소득층 학생, 유색인종 학생들의 학업 능력에 대해 낮은 기대치를 가진 것으로 알려져 있다. 그러나 혁신이 이루어진 다문화학교의 교사와 교직원은 모든 학생이 높은 학업성취를 이룰 수 있다고 기대하며, 모든 학생이 평등하게 배울 수 있다는 믿음을 지니고 있다.

(2) 공식적 교육과정과 교과목

대부분의 학교에서 채택하는 교육과정은 주류 미국인의 관점에서 개념, 사건, 상황을 제시한다. 그러한 교육과정은 유색인종과 여성, 성적 소수자(LGBT)의 경험을 주변화한다. 다문화교육은 학생들이 다양한 인종, 민족, 언어, 성, 사회계층 집단의 관점에서 사건, 개념, 쟁점, 문제를 바라볼 수 있도록 교육과정을 개혁한다. 그리고 개혁된 다문화교육과정에서는 LGBT 구성원의 관점뿐만 아니라 남성과 여성 모두의

적 요소를 포함시킴으로써 문화적 자긍심, 자신감, 효능감을 갖게 하는 것을 의미한다(Banks, 모경환 외 역, 2016: 74).

관점이 중요하다.

(3) 학교에서 선호하는 학습, 수업, 문화적 특징

저소득층, 소수언어 사용자, 인디언 원주민, 흑인 학생들은 학교에서 가장 빈번하게 사용하는 수업 방식과는 맞지 않는 학습 습관, 문화적 특성, 동기 등을 지니는 것으로 나타났다. 이러한 학생들은 경쟁적인 수업 기법이 아닌 협동학습 기법을 사용했을 때 학습 효과가 높게 나타난다. 또한 그들 중 대부분은 학교 교칙과 학업성취 결과가 명료하게 제시되고 기대치가 분명할 때 높은 학습 효과를 보인다.

(4) 학생들의 언어와 방언

많은 학생들이 학교에서 배우게 될 표준 영어와 다른 모국어나 방언을 사용하는 상태로 학교에 온다. 모든 학생이 일반 사회에서 성공적으로 활동하기 위해서는 표준 영어를 배워야 하지만, 학교는 이 학생들의 제1 언어와 다양한 영어를 존중해주어야 한다. 다수의 흑인 학생들은 언어학자들이 '에보닉스(Ebonics)' 또는 '흑인 영어'라고 칭하는 언어를 사용한다. 개혁적 다문화학교의 교사와 직원들은 학생들이 사용하는 언어와 영어의 방언을 존중하고 학생들의 제1 언어와 방언을 그들이 표준 영어를 배울 수 있도록 돕는 통로로 사용한다.

(5) 수업 교재

가끔은 교과서와 수업 교재에 많은 편견이 암시적으로 발견된다. 이러한 교재는 종종 유색인종, 언어적 소수자, 여성, 저소득층 사람들의 경험을 주변화시키고 주류사회의 구성원인 남성의 문화에 치중하기도 한다. 그러나 개혁된 다문화학교에서는 수업 교재가 개선되어 다양한 민족적 · 문화적 관점에서 사건을 묘사한다. 그리고 교사와 학생 역시 모든 수업 교재의 문화적 편견을 확인하고 그것에 이의를 제기하도록 배운다.

(6) 평가와 시험 절차

학교에서 이루어지는 다양한 평가의 결과는 종종 유색인종 학생들과 저소득층 학생들, 그리고 소수언어권 학생들을 특수 학급에 과다하게 배정하고 영재반에는 과소하게 배정해왔다. 실제로 학교에서 지적장애아나 영재아의 수는 특정 민족이나 인종 집단에 집중적으로 분포된 것이 아니라 모든 인구 집단에 무작위적으로 분산되어 있다. 따라서 개혁적인 다문화학교에서는 다양한 문화, 민족, 언어 집단에서 온 학생들이 문화적으로 공정한 평가를 받을 수 있도록 하는 평가 기법이 사용되어야 한다. 개혁적인 다문화학교에서는 영재반에 유색인종 학생들과 소수언어권 학생들이 인구에 비례한 만큼 배정되어 있다. 이런 사실은 학교에서 이루어지는 평가와 시험 절차에서 민족적 다양성이 차별과 배제로 이루어지면 안 된다는 것을 의미한다.

(7) 학교 문화와 잠재적 교육과정

잠재적 교육과정은 "교수자가 명시적으로 가르치지 않으나 모든 학생이 학습하는 교육과정"으로 정의된다. 대부분 잠재적 교육과정은 바람직한 학교문화를 형성하는 데 기여하게 된다. 문화적 · 민족적 다양성에 대한 학교의 태도는 게시판에 붙은 그림의 종류, 교직원의 인종 구성, 다양한 인종 · 민족 · 문화 · 언어 집단에서 온 학생들이 훈련을 받거나 징계를 받을 때의 공정함 등과 같은 학교의 문화 현상에 미묘하고 다양하게 반영되어 있다. 다문화교육은 잠재적 교육과정이 문화적 · 민족적 다양성의 가치를 소중히 여기고, 이 다양성을 친숙하게 한다.

(8) 진로 및 상담 프로그램

다문화학교의 상담자는 다양한 문화 · 인종 · 민족 · 언어 집단에서 온 학생들이 자신의 적성에 맞는 직업을 선택하는 데 기여해야 한다. 또한 상담자들은 학생들이 그러한 직업 선택을 추구하기 위해 필요한 수업을 들을 수 있도록 돕는다. 또한 상담자들은 문화적 다양성에 민감해야 하며, 학생들이 자신의 한계를 초월하여 꿈을 갖게 하고 그 꿈을 실현할 수 있도록 도와야 한다.

뱅크스(2014)는 위의 8가지 요인, 즉 교직원의 태도, 인식, 신념, 행동의 변화 그리고 공식적 교육과정과 교과목 운영, 학교에서 선호하는 학습, 수업, 문화적 특징 고려, 학생들의 언어와 방언 존중, 수업교재의 다양성, 평가와 시험 절차의 공정성과 다양성 유지, 학교 문화에 기반을 둔 잠재적 교육과정 운영, 진로 및 상담 프로그램 운영 등을 중심으로 학교가 개혁되고 다문화교육과정이 제대로 실행되어야 함을 강조했다. 이렇게 된다면, 다양한 집단에서 온 학생들의 학업성취가 높아질 것이라고 가정한다.

베넷(2001)과 뱅크스(2014)가 제시하는 다문화학교의 공통적인 특성들은 학교와 학교 구성원의 마인드를 다문화적으로 변화시키고, 다문화교육과정을 운영하는 것이며, 다양한 민족 배경의 학생들이 공평하게 배울 수 있는 여건을 마련해주는 것으로 요약할 수 있다. 이를 통해 다문화학교는 학생들이 속한 집단 상호 간에 관한 태도, 신념, 행동이 더욱 민주적으로 변화될 것이며, 미래 민주주의 발전에 기여하는 시민으로 성장하게 될 것이다.

2. 다문화교육과정 수행하기[2]

1) 잠재적 교육과정의 중요성

앞서 베넷(2001)과 뱅크스(2014)의 다문화학교 특성에 관한 논의에서 다문화교육과정의 중요성에 대해 피력한 것을 살펴보았다. 그랜트와 슬리터(Grant & Sleeter, 2011) 역시 다문화학교가 갖추어야 할 다문화교육과정의 운영에 관한 지침을 제시하고 있다.

그들은 교육과정에 관한 정의를 다음과 같이 광범위하게 잡고 있다. 이를 위해 첫째, 교육과정은 교수활동과 학습활동에서의 '무엇'이다. 즉, 교사가 가르치는 것과 학생들이 배우는 것이 제시되어 있다. 둘째, 교실에서 사용되는 교과서와 다른 교육 자료의 내용을 포함한다. 정확히 말해 교실에서 사용되는 교과서와 자료, 그리고 '실제 사용 중인 교육과정'으로 이해할 수 있다. 이는 교실에서 교과서에 수록되어 있는지 여부를 떠나 교사와 학생 그리고 학생들 간에 실제로 일어나고 있는 것을 의미한다. 셋째, 교과서의 내용뿐만 아니라 가장 중요한 것

2 이 절은 그랜트와 슬리터(2011)의 저서 《Doing Multicultural Eduction for Achievement and Equity》를 김영순 외(2013), 『교사를 위한 다문화교육』으로 번역한 내용 중 6장 '다문화교육과정 설계하기'의 내용을 일부분 재구성한 것이다.

은 교과서에 무슨 내용이 있든지 간에 교사와 학생, 학급 내 학생들 사이에서 실제로 무엇이 발생하는지와 같이 '실제 지도하는 교육과정'이다. 넷째, 계획되고 계획되지 않은 학습활동을 뜻한다. 이것은 교사가 무엇을 가르치려고 하는지뿐만 아니라 의도했든 그렇지 않든 학생들이 교실과 학교에 있음으로써 배우게 되는 것들을 의미한다. 예를 들어, 학생들은 특정 수업의 운영방식에 따라 지식이란 '정답'으로만 간주된다거나 오직 특정 일부 학생들만이 똑똑하고 나머지는 모두 부진아라고 간주될 수도 있다(Grant & Sleeter, 김영순 외 역, 2013: 300-301).

대부분의 현장 교사들은 계획된 교육과정에 집중하고 있을 것이다. 왜냐하면, 교사는 그렇게 해야 한다고 여기기 때문이다. 그러나 전체적인 수업을 통해 학생들이 실제로 무엇을 배우고 있는지에 대해 폭넓은 시각으로 생각하는 것이 중요하다. 특히 교사는 가르치고자 하는 것이 모순되거나 그것을 약화시킬 때 잠재적 수업을 넓은 시각으로 생각하는 것이 중요하다. 그 이유는 학생들이 학교에서 교사에 의해 계획한 것뿐만 아니라 그렇지 않은 것을 의도하지 않게 배우기 때문이다.

구마시로(2004)는 학생들이 실제로 무엇을 배울 것인지를 예측하거나 전체적으로 생각하는 것을 배우는 공식은 없다고 지적한다. 그러면서 교사들에게 교수 활동에서 불확실성을 받아들이고, 이 불확실성에 대해 자신의 교육과정을 심사숙고하는 도구로 사용하라고 조언한다(Grant & Sleeter, 김영순 외 역, 2013: 302).

그랜트와 슬리터(2011)는 교육과정을 비판적으로 바라보기 위해 '오늘날 교육과정 문서에는 누구의 지식이 담겨 있는가?'라는 교육과정에 관한 본질적인 질문을 던진다. 오랫동안 교과서는 학교에서 무엇을 가르칠지를 표준화해왔다. 그들은 신규 교사가 학교에 부임했을 때의 가정을 통해 교육과정에 대한 중요성을 역설했다. 신규 교사는 담당 학급에 대한 지도 자료 혹은 안내서를 의미하는 교육과정 안내서, 성취기준 문서, 교과서를 전달받게 된다. 이런 자료들을 받음으로써 다른 누군가의 교육과정, 예를 들어 교과서 출판사, 교육위원회, 교과서 선정위원회와 그들로부터 일종의 초대장을 받게 된 것임을 명심해야 한다고 강조한다. 이 초대장은 단지 그들의 자료와 교육을 수락했다는 의미뿐만 아니라 학생의 요구나 흥미와 관련하여 교육과정의 타당성을 검토하고 평가하는 활동에 초대되었다는 의미를 지닌다. 그들은 그 자료들을 사용할 것인지 말 것인지 선택할 권한은 없지만, 그 교육과정을 사용하여 어떻게 가르칠지에 대해서는 선택할 수 있다. 현재 학교에서 사용되는 교과서, 교육과정 지침서, 성취기준 문서를 고르라. 교육과정 문서에 누구의 지식이 포함되었는지를 평가하는 가장 쉬운 방법은 텍스트에 드러난 사람들을 인종 및 민족, 성별을 기준으로 등장 횟수를 세는 것이다. 만약 구분할 수 있다면 장애, 사회계층, 종교 같은 검색어를 추가로 사용할 수 있다(Grant & Sleeter, 김영순 외 역, 2013: 305).

1970년대에는 대부분의 교과서와 다른 형태의 교육과정에서 유색인종, 여성, 장애인 등이 등장하지 않았다. 오늘날 출판사는 주류집단이 아닌 다양한 집단에 대한 사진과 참고문헌의 수를 고려한다. 이는 전체 인구 대비 그들의 인구 비율과 비슷하게 그들을 등장시키기 위해서다. 이것은 백인이 지속적으로 관심을 받고 가장 다양한 역할을 하고 있다는 측면에서 우세하다는 것을 의미한다. 숫자상으로 아프리카계 미국인은 그다음으로 가장 많이 등장하는 집단이다. 아시아계 미국인, 라틴계, 토착 미국인이 포함되어 있지만, 대부분 매우 개략적인 형태로 제시되고, 아랍계 미국인은 등장하지 않는다. 장애인은 가끔씩 등장한다. 따라서 예비교사들이 기록한 결과는 교과서 출판사에서 기획한 내용과 매우 비슷할 것이다(Grant & Sleeter, 김영순 외 역, 2013: 307).

교육과정의 구성은 교과서를 통해 드러난다. 여기에는 '누구의 관점이 교육과정의 지식을 구성하는가?'라는 심각한 문제가 존재할 수 있다. 1960년대 후반과 1970년대 초반 이래로 민족학, 여성학, 장애인 혹은 동성연애자 연구, 문화 연구 등 수많은 연구에서 학자들은 대안적인 관점을 제시했다. 예를 들어, 《Occupied America: The Chicano's struggle toward Liberation》이라는 책이 출간되기 전에 멕시코계 미국인은 가난에서 벗어나기 위해 미국에 온 이주민으로 형편없는 교육과 유창하지 않은 영어 사용 등의 어려움을 겪고 있다고 기술되었다. 또한 멕시코계 미국인 학자들은 미국이 어떻게 멕시코 북부를 식민지화했는지에 초점을 맞춘다. 그럼으로써 지금까지의 멕시코계 미국인에 대한 해석을 완전히 바꾸었다. 또한 그 후에는 미국이 백인의 이익을 위해 멕시코 사람들에게 저임금을 받게 했다고 비난했다. 그리고 멕시코계 미국인을 계속 종속적인 상태로 유지하기 위해 억압적인 정치를 제도화한 것에 집중했다. 멕시코계 미국인 학자들의 저술은 직접적으로 대부분의 교과서에서 제시한 관점에 도전했다. 만약 역사나 사회 과목을 가르친다면, 통합 교육과정은 일부 멕시코계 미국인뿐만 아니라 그들의 관점까지도 포함해야 한다(Grant & Sleeter, 김영순 외 역, 2013: 307-308).

포함, 배제 혹은 '타자화'는 예비교사들이 '참교사'가 되어가는 과정에서 반드시 넘어서야 할 중요한 도전이다. 배제되어왔던 이들을 어떻게 그리고 어디에 포함시킬 것인가? 교육과정이 매우 중요하지만, 이 외에도 교실에서 특정 집단이 주목받지 못하고 배제되는 영역이 많다. 교실 안에는 배제가 존재하고, 관심을 필요로 하는 다른 많은 영역이 있다. 예를 들어, 학생들이 프로젝트를 수행 중이라고 할 때, 누가 의사 결정에 참여하고 누가 의사 결정에 참여하지 못할 것인가? 이것이 모둠 내에서 대화의 특성이 간주되기 때문에 편견과 고정관념 없이 이루어진다고 할 수 있는가? '타자화'는 잠재적 교육과정의 역할을 하는가? 또한, 특정 복장을 한 특성을 지닌 이들은 포함되지만, 그렇지 않은 학생들은 제외된다. 이 점에서 보자면 보이지 않는 권력이 작용하고 있다는 조짐을 알 수 있다(Grant & Sleeter, 김영순 외 역, 2013: 309-310).

예를 들어 내가 가르치는 학생들이 대부분 필리핀계 미국인이라고 가정해보자. 이 상황에서 필리핀인이 거의 등장하지 않는 일반적 교육과정으로는 필리핀인이 중요하지 않고 그들에게는 의미 있는 역사나 문화도 없다는 식의 잠재적 교육과정을 제공하게 될 뿐이다. 왜 필리핀계 미국인 학생들은 자신들이 전혀 반영되지 않은 교육을 소중하게 여겨야 하는가? 그러나 학생들은 교육과정에 반영된 그들 자신과 자신의 지역사회를 이해할 수 있을 때 좀 더 잘 배운다는 증거들이 있다(Gay, 2010). 동시에, 모든 학생은 타인의 경험과 관점을 존중하고 그것에 공감하는 법을 배울 필요가 있다(Grant & Sleeter, 김영순 외 역, 2013: 316).

2) 다문화교육과정의 설계

교육 목표, 학습 목적, 성취기준 등을 새롭게 설정하는 교육과정 개혁은 학교마다 각기 다른 방식으로 이루어진다. 그러나 학생들의 학업성취 수준, 사회경제적 위치, 민족성, 영어 유창성 정도에 대한 학교장의 생각은 교사에게 주어진 융통성의 정도를 결정하는 데 영향을 미친다. 학생들의 학업성취 수준과 영어 유창도가 평균 이하이고, 최저생계 수준 혹은 그 이하에 속하며, 학생 인구 대부분이 소수집단 출신인 학교에 근무하는 교사들은 성취기준을 엄격하게 따르라는 지시를 받는다. 학교 관리자는 구조화된 기본 교육과정을 고수한 채 학생들을 감독한다. 하지만 구조화된 교육과정은 재학 중인 학생들을 고려하여 개발되지 않았기 때문에 그 교육과정은 적절하지 못하다. 즉, 교육과정이 학생들의 배경과 연계되지 않는다면 학생들이 그것을 배우는 데 어려움을 겪을 수 있다. 더욱이 교사들에게 교육과정 기준을 따르라고 지시하는 현상은 교사들 스스로 교육과정을 설계할 전문적 능력과 기술을 보유하지 못한다는 것을 시사한다(Grant & Sleeter, 김영순 외 역, 2013: 318-319).

프레이리(Freire, 1998: 79)는 교사들을 향해 "우리의 문화적 맥락에 따른 길들여짐, 행동 방식, 가치에 대한 비판적 성찰은 필수다"라고 피력한 바 있다. 교사들은 학교의 존재 목적과 가장 가르칠 만한 가치가 있는 것에 대한 자신의 믿음에 밑바탕이 되는 가정들을 명확하게 이해할수록 더욱 정직하게 가르칠 수 있을 것이다. 교과서, 교육과정 지침서, 성취기준, 자신이 속한 학교의 지침 등이 교사들을 특정 방향으로 이끌겠지만, 어쩌면 교사들이야말로 자신이 맡은 교실에서 '실제 사용되는 교육과정'을 만들 수 있는 유일한 사람일 것이다(Grant & Sleeter, 김영순 외 역, 2013: 324).

다문화적인 수업 혹은 이와 관련된 단원을 처음으로 설계하는 교사들은 종종 그러한 교육과정에서 문화집단에 관해 지도해야 한다고 생각한다. 그러나 오늘날 많은 교사는 시험으로 측정하는 학업성취 향상에 대한 압박과 더불어 이것을 할 시간적인 여유가 없다고 단정 짓는다. 그렇지만 이러한 생각은 다문화적 관점에서 교육과정의 개념을 발전시키는 것의 의미를 잘못 이해한 것이다. 다양한 문화집단을 지도하는 내용에 시간을 소비하기보다는 이미 교육과정에 포함된 것들을 다문화적 관점에서 가르치는 방식을 권장한다. 앞서 교과서 분석에서 확인한 것처럼 대부분의 교육과정은 다른 어느 집단보다 특히 중산계층 혹은 부유한 백인 남성의 관점과 경험을 연관하여 개념을 발전시킨다(Grant & Sleeter, 김영순 외 역, 2013: 324).

그렇다면 하나의 '개념'을 발전시킨다는 것은 어떤 의미가 있을까? 이 질문의 답은 교육과정 설계에서 어떤 개념은 학생들이 반드시 이해해야 하는 핵심적인 아이디어이거나, 그 단원 혹은 차시가 끝날 무렵에 학생들이 반드시 사용할 수 있어야 하는 중요한 기능을 뜻한다. 교육과정은 알아야 할 것, 주제 영역, 해야 할 활동, 책 제목, 책의 단원을 나열하는 것이 아니라, 중요한 개념들을 통해 구성해야 한다. 교육 경험이 많고 훌륭한 교사들은 아마도 학습자들이 배우고자 하는 핵심 개념에 대해 명확하게 생각하고 있었을 것이다. 결과적으로 학습자에게 그러한 개념들을 가르치는 데 집중할 수 있었을 것이다. 반면에, 학습자들을 잘 가르치지 못했던 교사들은 많은 학습 소재들을 이해하고 있었을지는 모르나, 핵심 개념이 무엇인지 명확하게 알지 못했기 때문에 새로운 학습 소재 혹은 기능을 핵심 개념에 연결하지 못했을 것이다. 그리고 결과적으로 그들이 가르치려고 노력했던 많은 내용을 잊어버렸을 것이다(Grant & Sleeter, 김영순 외 역, 2013: 325).

위스크(Wiske, 1998)는 《Teaching for Understanding》에서 주요 개념을 가리키는 말로 '생성적 주제'라는 용어를 사용했으며, '생성적(generative)'이라는 단어를 통해 다음과 같이 개념을 정의한다(Wiske, 1998: 64-65).

- 개념은 한 영역 혹은 분야에서 가장 중요한 것이다. 생성적 주제에 따라 만들어진 교육과정은 그 영역 혹은 분야에서 더욱 정교한 일을 하기 위한 기초를 제공하여 이해도를 향상시켜준다.
- 개념은 학생들이 접할 수 있고 흥미 있어 하는 것이다. 생성적 주제는 학생의 경험이나 관심사와 연관이 있다.
- 개념은 교사에게 흥미로운 것이다. 개방형 질문에 동반되는 낯설고 복잡한 영역을 탐색하는 방법을 학습하는 학생들에게 교사의 열정, 호기심, 의문은 지적 몰입을 위한 모델이 된다.
- 개념은 연결 가능한 것이다. 생성적 주제는 학생들의 학교 안과 밖의 이전 경험, 그리고 어떤 학문 내와 학제 간의 주요 내용들과 곧바로 연결된다. 생성적 주제에 대한 탐구는 더 심화된 질문을 이끌어낸다는 점에서 보통은 매우 양질이라고 할 수 있다.

교육과정 지침서와 각 주정부의 교육과정 내용 성취기준은 차시 혹은 단원을 계획하는 데 필요한 개념의 원천이 되므로 유용하다. 사실상 현재 가르치고 있는 지역의 내용 성취기준에 따라 교육과정을 구성하도록 요구받게 될 것이다(Grant & Sleeter, 김영순 외 역, 2013: 326).

개념이 교육과정 내용으로 전환되고 교육활동으로 수행되어야 한다. 이런 맥락에서 이제부터는 다양하고 다문화적인 관점에서 개념을 다문화교육과정으로 정교화시켜보자. 다문화교육 이론가들은 각기 다른 다문화교육과정 설계 모델들을 검토하고 평가하기 위해 유형분류 체계를 발전시켰다(Banks, 1989; Sleeter & Grant, 2007). 다음의 내용은 보건

교육과정에 나오는 '건강'의 개념을 사용하여 예시 설명을 기술했다 (Grant & Sleeter, 김영순 외 역, 2013: 329).

(1) 기여, 부가 혹은 인간관계

이것은 '영웅과 휴일' 접근법이다. 교사는 수업에 유명한 사람들, 즉 영웅 혹은 휴일과 경축일, 그리고 차이와 유사성에 대한 수업을 부가한다. 그러나 전체적인 교육과정은 변화되지 않는다. 소외된 집단은 여전히 '맛보기' 식으로 나타난다. 예를 들어, '건강'에 관한 단원에서 교과서에서 건강한 식단의 예로 비앵글로 문화집단의 건강 음식을 첨가할 수 있다. 이것만으로는 우리가 추천하는 접근법이 아니지만, 이러한 방법은 흔하게 사용된다. 왜냐하면 이러한 교육과정의 재고는 많은 노력이 필요하지 않기 때문이다.

(2) 민족 연구, 여성 연구, 단일 집단 연구

이 접근법에서는 한 소외된 집단의 관점에서 하나의 민족 혹은 인종 집단, 여성, 장애인, 게이 등의 개념들을 심도 있게 지도할 수 있다. 이전에 우리는 멕시코계 미국인과 장애인 연구 학자들이 어떻게 주요 개념들을 재작업했는지에 대한 예시를 제시했다. 민족 연구 교육과정은 유색인 학생들에게 미국 사회에서 그들 자신의 역사와 정체성에 대한 감각을 키워주고, 자기 인식과 자신감을 향상시킨다. 또한 이 과정에서는 왜 이들 집단에게 자원이 불균형하게 배분되었는지 조사하고 불평등에 맞서기 위해 이 집단에서 어떤 전략을 사용했는지에 대해 토의한다(Suzuki, 1980). 여성 연구에서는 "개개인이 잠재력을 모두 발현하고 타인의 이익을 위해 일부를 의식적 · 무의식적으로 억압하고 착취하는 모든 구조와 이데올로기로부터 자유로운 세계"를 표방한다.

'건강'에 대한 단원에서는 여성 연구의 관점에서 날씬함을 강조하는 미에 대한 이미지들을 비판하고, 거식증 같은 식습관 불균형을 조사하며, 균형 잡힌 영양과 운동, 자연스러운 아름다움에 대한 감사함을 포용하는 긍정적인 자기 이미지를 형성하도록 제시할 수 있다. 혹은 미국 원주민 연구의 관점에서는 미국 원주민이 현재 직면한 건강 관련 주요 문제들, 예를 들어 비만을 조사하도록 한다. 그리고 많은 원주민 사회에서 건강관리에 대한 접근이 어려운 이유와 부족의 전통적인 건강관리가 현대의 건강관리 체계와 연결될 수 있는 방법을 모색할 수 있다.

(3) 변혁적 다문화적 접근

뱅크스(1993: 9)는 변혁적 학문 지식은 "주류 학문 지식에 대항하며, 역사적이고 문학적인 규범을 확장하는 개념, 패러다임, 주제, 설명이다. 변혁적 학문 지식은 주류 학자들이 규정하는 지식의 특성에 관한 주요 가정들에 도전한다"라고 주장했다. 이런 맥락에서 변혁적 다문화 교육과정은 일반적으로 둘 혹은 그 이상 되는 집단의 관점과 경험을 통해 개념들을 다룬다. 전통적인 관점을 첨가하기보다는 한 집단의 구성원이 어떤 사건이나 문제에 대해 공유하고자 하는 관점들을 파악하고자 한다. 또한 그 개념을 고려하는 데 다양한 관점을 제공하는 다양한 집단을 가능한 한 많이 만나본다.

예를 들어 언어 교사의 경우, '정체성' 혹은 '가족' 같은 주제와 관련하여 다양한 집단의 구성원이 쓴 시를 선택함으로써 시 단원을 구성할 수 있을 것이다. 위 두 주제의 핵심적 개념은 복잡한 사회문화적 집단의 지식을 통해 발전되어왔다는 것을 알 수 있다. 특정 사회문화적 집단에 속하는 많은 사람의 다양한 경험을 지도하는 것은 불가능하기 때문에 학생들과 관련 있고 그 단원의 핵심 개념과 연관되며, 여러 해 동안 다른 집단의 지식을 확인하기 위해 창문과 거울 역할을 하는 작품을 선택하려고 노력할 수 있다.

(4) 사회적 행동, 사회적 재구성주의자, 인종차별 반대주의자

이 교육과정 또한 다양한 관점과 경험을 바탕으로 구성되지만, 사회정의와 사회적 행동이라는 렌즈를 통해 이루어진다. 이러한 교육과정은 학생들에게 평등성과 공평성이라는 이상을 위해 자신이 처한 삶의 환경들을 개선시키려고 노력하게 만들 활동과 경험을 제공한다. 예를 들어, 인종차별 반대주의 교육은 "사회적 억압의 복합적 체계와 인종차별주의에 대한 제도적 · 구조적 변화를 위한 실천 지향적인 전략"이다(Dei, 1996: 25). 사회적 행동 교육과정은 불공평과 억압에 대해 이야기하는 것뿐만 아니라 그것에 관해 무엇인가를 할 수 있는 도구를 제공한다. 비록 많은 사람이 이러한 교육과정을 '너무나 논란이 많은' 것으로 간주하더라도 잘 설계된 사회적 행동 교육과정은 학생들에게 실제적인 문제를 이해할 수 있게 한다.

다음에 생각할 것은 교사들이 다문화교육 자료들을 어디에 적절하게 배치하는가에 관한 것이다. 사실 활용 가능한 자료들은 수없이 많다. 그러나 자료를 배치하는 데 고려해야 할 점들이 있다. 자료 그 자체가 신중하게 수립된 수업 계획과 본인의 배경 지식을 대체할 수 없다는 점을 명심해야 한다. 자료는 교육 목표를 결정하거나 교사가 가진 지식을 대체하는 것이 아니라, 달성하고자 하는 수업 목표를 지원해줄 수 있을 뿐이다. 또한, '완벽한' 자료란 있을 수 없다. 즉 모든 자료는 편견을 담고 있고, 장점도 있지만 한계도 있다. 자신이 무엇을 가르치고자 하는지를 분명하게 인식하는 교사들은 교실에서 다양하고 변형된 도구들을 개발하고 활용하는 방법을 배울 수 있다. 심지어 사회정의 문제를 검토하기 위해 편견을 담고 있는 교과서를 수업에 활용할 수도 있다.

좋은 교사들은 자료에 과도하게 의존하기보다는 그것을 신중하게 선택하고 사용한다. 더욱이 최고의 교사는 끊임없이 배우고자 하는 학습자이기도 하고, 열정적인 자료 수집가이기도 하다. 시간이 지날수록 그런 교사들은 자신의 교실에 자료들을 수집하여 지역사회에서 봉사활동을 하거나 전문 분야에서 적극적으로 활동한다. 또한 자료를 공유할 다른 교사나 사서를 물색하고, 새로운 자료를 개발할 다양한 장소를 모색한다. 그들은 좋은 자료가 존재하고 그것을 찾을 수 있다고 생각한다.

지역사회는 다문화교육을 위한 교수-학습 자료를 많이 제공할 수 있다. 대부분의 지역사회에서는 지역사회를 기반으로 활동하는 예술가들이 있다. 크루즈와 워커(Cruz & Walker, 2001)는 플로리다주 탬파 지역의 가난한 아프리카계 및 라틴계 미국인 학생들이 다수를 차지하는 학교에서 실시되는 아프리카계 미국인, 쿠바인, 스페인의 역사박물관을 견학하는 8주 프로그램을 소개했다. 이 견학 프로그램은 학생들 사이에 인종차별의 벽을 없애주었고, 학부모들에게도 일정 정도 영향을 미쳤다. 일부 학교는 지역 예술가 주도의 교육 프로그램을 개발하거나, 학생들과 지역사회의 벽화를 그리는 화가들을 연결해주는 프로젝트를 실시하기도 했다. 교육과정 차원의 프로젝트들은 학생들을 지역사회

조사 과정에 참여시킬 수 있다.

셰르겐(Schergen, 2005)은 한 초등학교에서 시카고 소재의 캐브리니 그린(Cabrini Green) 지역주민과 연계하여 해당 지역의 낡은 건물이 철거되고 현대식 건물이 건설되는 과정에서 그 지역의 '기념박물관'을 건축하는 프로젝트를 소개한 바 있다. 학생들은 미술 시간을 활용하여 도시 재개발 과정에서 해체되고 있는 그 지역의 역사 자료 보관 시설을 만드는 작업을 도왔다. 이와 같은 프로젝트 수행을 통해 캐브리니 그린 지역의 문화 지식이 풍부해졌고, 사회에서 박물관의 역할과 목적을 이해함으로써 문화 자본이 축적되었다. 어떤 사회문제를 조사하기 위해 학생들이 지역사회 자료를 사용하는 것은 '실제 세계'와 교과 지식, 기능을 연결하는 데 매우 효과적일 수 있다. 이러한 프로젝트를 통해 그동안 학교에 적응하지 못했던 학생들은 자신들이 관심 있는 문제에 대처할 교과 지식과 적절한 기술을 활용할 방법을 알게 되었다(Grant & Sleeter, 김영순 외 역, 2013: 340-343).

또한, 학생들 자신이 하나의 교육과정 자료가 될 수 있다. 대중문화는 청소년이 소비하고 생산하는 영화, 음악, 잡지, 비디오게임, 패션, 그래피티[3]를 포함한다. 지루(Giroux, 2000: 13)에 따르면 청소년 대중문화는 "자기 자신의 의견을 말하고, 공적인 영역으로서 대안이 되며, 자신의 관심을 표현할 수 있는 유일한 수단이다"라고 강조한다. 교사들은

---

3 '그래피티'는 '긁다', '긁어서 새기다'라는 뜻으로 고대 동굴벽화, 이집트 상형문자에서 기원을 찾을 수 있다. 현대적 의미는 1960년대 후반 미국의 흑인 젊은이들이 스프레이 페인트로 저항적 구호나 그림을 그리면서 시작되었다. 이후 그래피티는 힙합 문화와 결합하면서 발전되었다. 인종주의 · 고립 · 환경오염 · 정체성 상실 같은 사회 비판에 뿌리를 두었지만, 최근에는 작품 영역이 확장되어 1980년대 이후 거리미술로서 대중문화로 인정받게 되었다.

뮤직비디오, 학생들이 만든 음악, 변형한 시를 활용하여 대중문화를 문학 수업에 도입할 수 있다. 청소년 문화는 교사들이 해석하는 방식과 학생들이 해석하는 방식이 다르기 때문에 학생들의 세계를 수업에 연결하는 교육과정을 설계할 때 학생들의 도움을 받아야 한다. 교사들이 진심으로 관심을 보여주기만 한다면, 학생들은 자신의 관점을 교사들과 공유하는 것을 매우 좋아한다는 점을 명심해야 한다. 예를 들어, 6학년 영어 교사가 추모시를 가르치고, 학생들에게 자신만의 추모시를 작성하게 하는 수업에 참관한 적이 있다. 학생들은 애완동물의 죽음부터 교통사고로 친척이 죽은 것, 전쟁에서 죽은 국가 영웅까지 다양한 주제에 대해 썼다. 대부분의 학생들은 자발적으로 자신들이 쓴 내용을 소리 내어 읽었고, 학생들은 서로의 글들에 관심을 가지고 들었다. 모든 학생들이 읽고 난 후, 한 인도네시아 여학생은 불가리아인 여학생에게 발표를 위해 배포한 글에 나오는 불가리아 단어들을 읽는 방법을 알려달라고 요청했다. 이처럼 서로에게 배우는 과정을 통해 학생들은 서로 다른 견해와 관점을 청취하고 공유하는 법을 배웠다(Grant & Sleeter, 김영순 외 역, 2013: 343-344).

이 절에서는 다문화교육과정 수행에서 교사에 의해 의도되거나 학습 과정에서 필연적으로 학습하게 되는 교육과정이 아닌 잠재적인 교육과정의 중요성을 살펴보았다. 특히 다문화교육과정을 설계할 때 다양한 관점으로 개념을 발전시키는 사례들을 경험했다. 이 같은 다문화교육과정의 수행을 통해 학습자들이 서로 다른 견해를 이해하고 상이한 관점에 대해 존중할 역량을 함양할 수 있을 것이다.

3. 긍정적 관점에서 갈등을 다루는 학교[4]

1) 갈등의 기능과 갈등교육의 필요성

존슨과 존슨(2000)은 갈등이 긍정적으로 관리되면 상당한 가치가 있다고 한다. 중요한 것은 갈등의 발생 여부가 아니라 갈등을 어떻게 관리하는가다. 갈등이 긍정적으로 관리될 때 바람직한 결과를 가져온다. 실제로 갈등은 인간의 사회적 상호작용에서 불가피한 것 중 하나다. 다양성이 존재하는 다문화사회에서의 갈등은 당연히 존재할 수밖에 없다. 그래서 다문화교육학자는 대부분 갈등을 완화하고 관리하는 교수학습 기법에 관심을 갖는다.

이 절에서는 갈등의 해결이 다문화교육에 어떤 의의를 지니고 있는지를 알아보기 위해 일단 갈등의 특성을 확인할 것이다. 존슨과 존슨(2002)은 갈등이 지니는 특성을 11가지로 열거하고 있다.

우선 갈등은 성취의 양과 질을 풍부하게 하고, 높은 수준의 추리를 가능하게 하며, 창조적으로 문제를 해결한다.

두 번째로 판단력과 문제해결력의 질을 향상시킨다. 높은 수준의

---

4 이 절은 대부분 Johnson & Johnson(2002), 《Multicultural Education and Human Relations》의 한국어 번역판 김영순 외(2010), 『다문화교육과 인간관계』의 8장 일부 내용을 재구성한 것이다.

정신적인 추론은 갈등으로부터 얻을 수 있다.

세 번째로 갈등은 건강한 인식과 사회적 · 정신적 발전에 필수다. 갈등은 관계를 통해 사람을 성숙하게 만든다. 관계는 성장의 다양한 단계 속에서 갈등을 통해 녹아든다. 대개 성장 과정에서 명령은 어린이나 청소년과 성인 간의 갈등을 일으킨다. 사람들은 타인의 시각을 받아들이면서 덜 자기중심적으로 변하게 되며, 갈등을 직접 해결해서 고난을 잘 극복할 수 있을 때 자신감을 갖게 된다. 자신감 있는 청소년은 더욱 협조적이고, 분열에 반대하여 앞을 내다보고 행동하며 참여적이다. 학생들은 공동의 문제를 해결하는 과정에서 협동해서 갈등을 관리하는 방법을 배워감에 따라 정신적으로 더욱 건강해지고 고난과 스트레스를 더욱 잘 조절할 수 있게 된다.

네 번째로 갈등은 개인이 행동할 수 있도록 격려한다. 갈등은 관계로 인한 문제를 다룰 동기를 부여하고 강화시킨다. 갈등을 인식하는 것은 엄청난 정신력이 소모되고 집중력을 요구하며, 그 결과로 개인은 갈등을 해결하려는 강한 동기를 부여받고 계획을 실행한다. 갈등이 긍정적으로 해결되면, 학생들을 분노하고 흥분하게 했던 에너지는 학습에 집중할 수 있게 전환된다.

다섯 번째로 갈등을 긍정적으로 다룰 수 있는 기술은 학생들을 고용에 더욱 적합하게 만들고, 직업에서의 성공을 높이며, 그들의 삶의 질을 향상시킨다. 현재 재계의 많은 지도자들은 학교가 일에 대해 제대로 된 시각을 전달하지 못한다고 생각한다. 왜냐하면 학생들이 일을 수행하는 과정에서 협동의 중요성과 갈등을 능숙하게 다루는 기술을 학교에서 배우지 못했기 때문이다. 학생들은 수많은 갈등을 경험하고 갈등을 효과적으로 다루는 데 필요한 기술과 절차를 완벽하게 하는 과정을 통해 더 높은 단계의 우정과 가족관계를 유지할 수 있고, 직장의 상급자와 동료 그리고 하급자와의 관계에서도 더 나은 관계를 유지할 수 있다. 또 이를 통해 더 쉽게 승진할 수도 있다.

여섯 번째로 갈등과 대립은 배려를 증대시키고, 관계를 구속하고, 사기를 진작시키는 데 절대적으로 필요하다. 갈등과 대립은 관계를 깊고 풍부하게 할 수 있고, 관계로 인해 스트레스를 받지 않게 할 수 있다는 사람들의 신념을 강화시키고, 갈등이 해결되면 일체감과 관계의 응집력이 생긴다. 유익한 논쟁은 다른 사람과의 작은 긴장들을 많이 해결할 것이다. 분열되었을 때 약간의 갈등과 대립을 이용하는 것만큼 좋은 방법은 없다. 지역사회, 학급, 학교는 더 좋은 목표를 얻기 위해 이질적인 개개인이 함께 협력해야 할 체제다. 갈등과 대립이 건설적으로 이용되면 학교 내 공동체의 삶의 질을 강화한다.

일곱 번째, 갈등은 해결해야 할 문제에 대한 인식을 증가시킨다. 갈등은 무엇이 문제이고, 누구와 관련 있고, 어떻게 해결할 수 있는지에 대한 인식을 증가시킨다. 상대방 때문에 생긴 구체적인 문제에 대한 인식은 상대방에 대한 짜증을 감소시킨다.

여덟 번째, 갈등과 대립은 변화를 증진한다. 갈등과 대립은 도전에 대한 동기를 만들고 유행에 뒤떨어진 절차, 과제, 구조, 다른 삶을 대하는 습관적인 행동, 개인적인 습관을 변화시킨다.

아홉 번째, 갈등은 학생들이 무엇을 좋아하고 어떻게 변해야 하는지 이해하도록 도울 것이다. 무엇이 그들을 화나게 하고, 무엇이 그들을 놀라게 하고, 무엇이 그들에게 중요한지, 그리고 어떻게 다른 사람과의 갈등 중에 갈등에 집중하는지. 무엇을 안다는 것은 그들이 기꺼이 논쟁하게 하고 갈등과 대립 중에 그들 스스로 많은 것을 배우게 한다.

이러한 인식이 변화를 북돋운다. 변화가 필요할 때, 새 기술을 배워야 할 때, 낡은 습관을 수정해야 할 때가 바로 이때다.

열 번째, 갈등과 대립은 학생들에게 상대방이 개인적으로 무엇을 좋아하는지 이해할 수 있도록 도울 것이다. 상대방을 안다는 것은 상대방이 좋아하는 가치 · 태도 · 견해를 이해한다는 것이고, 이는 다양성 이해를 증대시켜줄 것이다.

열한 번째, 갈등은 우리의 삶에 흥미와 관심, 즐거움을 주는 필수적인 요소가 될 수 있다. 갈등 상황 가운데 있다는 것은 어떤 면에서 호기심과 관심 및 흥미를 불러일으킨다는 것이다. 예를 들어, 정치, 스포츠, 사회적 문제에 대한 토론과 논쟁은 개인과 개인 간의 상호작용을 더욱 활발하게 하여 호기심과 흥미를 자아내게 한다.

능숙한 협상과 대화 및 타협은 우리의 인생에 더욱 큰 즐거움을 줄 수 있는 요소이다. 만약 어떤 사람이 여러분의 의견에 반대한다면 여러분은 더욱 고무되어 논쟁에 대한 더욱 많은 정보와 지식을 찾게 될 것이다. 이처럼 갈등이 심각한 수준으로 받아들여지지 않는다면 우리의 삶에 즐거운 요소가 될 수 있을 것이다. 많은 사람은 경쟁적인 스포츠 경기나 게임, 놀이 같은 활동에서 갈등을 찾는 경우가 있다. 그럴 수 있는 것은 그와 같은 갈등 상황 속에 참여하는 것을 즐기기 때문이다(Johnson & Johnson, 김영순 외 역 2010: 284-287).

갈등을 긍정적으로 조절하고 다루는 방법을 배움으로써 얻을 수 있는 이익은 학습 시간의 소비 비용을 훨씬 능가한다. 비용 분석 관점에서 교사나 학생이 학급 및 학교에서 만들 수 있는 가장 건전한 투자 중 하나는 학생들에게 갈등을 긍정적으로 조절하고 다루는 방법을 가르치는 것이다. 이는 곧 긍정적으로 조절하고 다룰 수 있는 갈등만이 가치가 있다는 결론에 다다른다. 학교 구성원이 갈등을 제각기 다른 방법으로 다루고 조절한다면 혼란과 혼동, 부정적인 결과들이 초래될 것이다. 갈등의 가치를 살펴보았듯이, 모든 학생과 교사들이 갈등에 대해 똑같은 절차와 방법을 사용하면 그 갈등을 해결할 수 있을 것이다(Johnson & Johnson, 김영순 외 역 2010: 284-288).

학교현장에서 다양한 학생들은 각각의 경험과 생각이 달라서 갈등이 어떤 방법으로 해결되어야 하는지에 대한 의견도 매우 다양하다. 어떤 학생들은 신체적인 힘의 지배 원리, 즉 폭력과 위협으로 해결할 수 있다고 생각하기도 하고, 어떤 학생들은 언어적 공격, 무시, 양보 등과 같은 방법과 절차를 사용해야 한다고 생각한다. 이와 같이 학급에서 다양한 방법과 절차로 갈등을 조절하고 다루는 것은 큰 혼란과 혼동을 초래할 수 있다. 학급 학생들이 다양한 문화적 배경, 인종, 사회계층 및 언어적 배경을 가지고 있을 때 특히 그렇다. 그 때문에 학급에서 이루어지는 가르침과 배움을 통해 개개 학생들은 갈등을 다루는 방법과 절차를 이해하고, 똑같은 방법과 절차를 활용함으로써 갈등을 조절할 수 있어야 한다.

모든 학생은 똑같은 규범을 갖고, 갈등을 해결하는 공동의 방법과 절차에 충실해야 한다. 규범이라고 하는 것은 갈등이라는 상황 속에서 어떤 행동이 가장 적절한가에 대한 기대치를 공유하는 것이다. 갈등을 해결한다는 것은 학급에서 공통 기준을 가진다는 것인데, 갈등이라는 상황에서 무엇이 가장 적절한 행동이고, 어떤 방법과 절차를 활용해야 하는가에 관한 것이다. 이러한 기준들은 명확해야 하고, 공인되어야 한다. 신체적인 폭력, 창피나 굴욕을 주는 행위, 거짓과 속임수가 있어서는 안 된다. 학생들 사이에 있을 수 있는 갈등은 능숙한 대화와 타협을 통해 문제를 해결할 수 있어야 하고, 관계성을 발전시킬 수 있어야 한다. 학생들뿐 아니라 교사들도 예외 없이 그와 같은 기준들을 따를 수 있어야 한다(Johnson & Johnson, 김영순 외 역 2010: 289-290).

모든 학생이 갈등에 대해 똑같은 해결 절차를 거쳐야 하는 것에 대한 확신이 매우 중요하다. 특히, 학급 학생들의 문화와 인종, 배경이 다를 때 더욱 그렇다. 미국은 지금까지 다양한 인종, 종교, 언어, 문화 속에서 한 나라를 이루어왔다. 2000년 초반부터 2009년 현재까지 780만 명 이상의 사람들이 150여 개의 나라에서 미국으로 건너왔다. 그리고 다양한 언어적 배경을 가진 그 사람들이 미국을 만들었다. 학교는 문화와 인종, 언어적 배경이 다른 학생들의 공통 영역, 공동의 관심사다. 학생들은 학교와 수업을 통해 서로 교제하게 되며, 다양성의 생명력에 대해 생각하게 되고, 학생들을 하나로 묶는 공동 유산을 내면화하게 된다(Johnson & Johnson, 김영순 외 역 2010: 290).

이러한 다양성은 창의성과 힘의 원천이 되기도 하지만, 학급에서 갈등을 다루는 방법에 대한 여러 가지 문제를 제공하기도 한다. 또한 서로에 대한 의심과 두려움을 허용하지 않는다. 서로 다르다는 것은 서로 인정해주어야 한다는 것이고, 그 상황 속에 적응해야 한다는 것이다. 모든 학생이 갈등 해결에 대한 똑같은 절차와 방법을 활용하여 공동체가 추구하는 목표를 성취하고, 학생들의 관계성을 더욱 강화시킬 수 있다. 그리고 앞으로도 생길 수 있는 갈등을 긍정적으로 해결할 수 있는 능력을 더욱 향상시킬 수 있을 것이다. 그렇기 때문에 학생들과 교사들은 갈등을 해결하기 위해 활용할 수 있는 똑같은 방법과 절차에 대해 함께 교육을 받아야 할 것이다. 이를 위한 훈련 프로그램을 개발하고, 활용해야 할 것이다(Johnson & Johnson, 김영순 외 역, 2010: 290).

2) 갈등을 긍정적으로 조절하기

교실은 갈등을 방지하고, 교수의 질과 학급생활을 향상시키기 위해 긍정적인 갈등이 일어나 서로 격려하는 장소가 되어야 한다. 학생들은 갈등을 긍정적으로 조절하는 방법을 배워야 한다. 폭력, 두려움, 위협, 협박, 어쩔 수 없는 동의, 학대는 교실과 학교 어디에도 자리 잡을 수 없게 해야 한다. 그러나 많은 학생들은 갈등을 긍정적으로 조절하는 방법에 대한 직접적인 훈련 없이는 그렇게 할 수 없을 것이다. 학생들이 요구되는 갈등 해결의 절차와 기술들을 배우고, 교실과 학교의 기준과 가치들이 그 절차의 사용과 기술들을 지지할 때 학생들은 갈등을 긍정적으로 조절할 수 있을 것이다. 학생들에게 자신들의 이해관계로 인한 갈등을 긍정적으로 조절할 수 있는 절차와 기술들을 가르치는 데는 3가지 단계가 있다.

(1) 단계 1: 협동적인 상황 만들기

갈등을 긍정적으로 조절하는 첫 번째 단계는 협동적인 환경을 만드는 것이다. 갈등이 크게 일어나는 상황은 그 갈등이 긍정적 혹은 부정적으로 조절되는지에 따라 결정된다. 갈등이 일어나는 두 가지 가능한 상황은 협동적이거나 경쟁적인 상황이라고 볼 수 있다. 개인적인 상황에서 개인은 상호작용하지 않고, 갈등도 일어나지 않는다.

경쟁적인 상황에서는 당연히 무한 경쟁이 발생하며, 이 때는 반드시 패자가 존재한다. 자신이 원하는 것을 얻기 위해 상대방을 패하게 해야 한다. 보상은 최고로 잘 수행하는 자에게만 돌아간다. 경쟁적인 상황에서 개인은 단지 한 명 또는 몇 명만이 도달할 수 있는 목표를 성취하기 위해 서로에게 대항하여 공부한다. 다른 사람들이 그들의 목표를 달성할 수 없을 때 여러분의 목표를 달성할 수 있다. 이처럼 경쟁자들은 이러한 상황 속에서 개인적으로는 이익이 되지만, 다른 모든 사람에게는 해가 되는 결과를 추구한다. 갈등은 보통 경쟁적인 상황에서는 잘 해결되지 않는다. 경쟁적인 상황에서 개인들은 전형적으로 모든 적이 이기는 데 초점을 두는 단기 목표를 갖고, 좋은 관계를 유지하는 데는 거의 관심이 없다. 다음의 환경들은 경쟁적인 상황의 특징이다(Johnson & Johnson, 김영순 외 역, 2010: 292).

- ▶ 의사소통은 회피되는 경향이 있고, 그것이 일어났을 때는 잘못된 정보나 협박을 포함하는 경향이 있다. 협박, 거짓말, 침묵은 학생들이 서로 갈등을 해결하는 데 도움이 되지 않는다. 경쟁은 상대를 속이거나 유인하기 위한 '유인 전략', 그리고 의사소통을 하지 않으려고 하며, 다른 이에 대한 정보를 얻기 위해 스파이 행위나 다른 수법을 낳는다.
- ▶ 다른 사람의 입장과 바로잡기 어려운 동기에 대해 오해와 왜곡이 자주 발생한다. 학생들은 다른 사람을 부도덕하고 적개심이 있는 사람으로 인식함으로써 그에게 반대하고 적개심과 속임수를 써서 자기만족을 하려 한다. 학생들은 자신의 큰 무례는 무시하면서 상대의 작은 무례는 인지한다. 즉, 인지하는 것에 따라 이중 기준이 존재하게 된다. 사람들은 사건을 그들 자신의 이익이나 행동을 정당화하는 어느 한쪽에 치우친 방법으로 해석하며, 갈등과 협박은 지각과 인지 과정에 나쁜 영향을 미치기 때문에 그런 오해는 바로잡기 어렵다.
- ▶ 개인은 서로가 원하고 필요로 하는 것을 미끼로 삼아 열심히 준비하는 상대방을 의심하고 적개심 있는 태도를 보이며, 요구를 거절한다.
- ▶ 개인은 다른 사람들의 욕구, 필요, 감정의 정당성을 부정하고 그들 자신의 관심만 고려하는 경향이 있다.

협동적인 상황의 경우 실질적인 협동을 위해 모든 모임은 성취할 공동의 목표에 전념해야 한다. 주체는 다음과 같이 생각할 수 있다. 나는 상대방이 성공하지 않는 한 성공하지 못한다. 상대방이 성공할수록 나에게 이익이 되고, 나 역시 성공할 수 있다. 학생들은 협동적인 상황에서 공유된 목표를 성취하기 위해 함께 학습한다. 학생들은 관련된 모든 사람에게 이익이 되는 결과를 추구한다. 그들은 자신의 안녕이나 성공과 마찬가지로 서로의 안녕과 성공에도 전념한다.

갈등은 보통 협동적인 상황에서 잘 해결된다. 협동적인 상황에서 개인은 전형적으로 성취할 목표와 다른 사람과의 좋은 관계를 만드는 일 모두에 초점을 맞추는 장기 목표를 가진다. 다음의 환경들은 협동적인 상황의 특성이다(Johnson & Johnson, 김영순 외 역 2010: 294).

▶ 효과적이고 지속적인 의사소통은 갈등을 해결하기 위해 매우 중요하다. 협동적인 상황 안에서는 의미 있는 정보에 대한 의사소통은 열려 있고 정직하며, 각각의 사람들은 다른 사람에게 알려주는 일에 관심이 있다. 의사소통은 더 빈번하고, 완성되어 있으며, 정확하다.

▶ 다른 사람과 다른 사람의 행동에 대한 인지는 훨씬 더 정확하고 적극적이다. 자아 충족적 예언 같은 오해와 왜곡, 이중 기준은 적게 일어나며, 바로잡거나 명백히 하기가 훨씬 쉽다.

▶ 개인은 서로를 믿고 좋아한다. 그러므로 서로의 욕구, 필요, 요구에 도움이 되게 반응한다.

▶ 개인은 서로의 흥미의 정당성을 인식하고 양쪽의 필요에 편의를 제공하기 위한 해결책을 찾는다. 갈등은 관련된 모든 사람에게 이익이 되는 방향에서 해결하기 위해 공동의 문제로 정의된다.

긍정적인 상황의 경우 갈등은 경쟁적인 상황 안에서는 긍정적으로 조절될 수 없다. 경쟁적이고 개인주의적인 학습이 교실과 학교에서 우선시될 때, 갈등은 부정적이 될 수밖에 없고, 학생들은 상호 간의 문제를 해결하려는 대신에 근시안적으로 생각하고 이기려고 한다. 교사는 갈등을 긍정적으로 해결하기 위해 가장 먼저 협동적인 학습 절차를 주로 사용함으로써 협동적인 환경을 만들어야 한다. 학생들 사이에서 협동적인 관계가 형성될수록 갈등은 더욱 긍정적으로 조절된다. 협동적인 학습은 성취를 증가시키고 다른 중요한 교수 결과를 촉진시키기 때문에 협동적인 절차를 사용하는 데는 반감이 거의 없을 것이다.

전반적으로 협동적인 학습은 긍정적인 효과에 덧붙여 장기적으로 바람직하며 사회적 기술을 발전시킨다. 학급과 학교에서 갈등의 긍정적인 해결을 위해 학생들과 교사들은 그들의 장기적인 공동의 관심을 인식하고 어떤 단기적인 갈등의 결과보다 관계를 더 중요시해야 한다. 왜냐하면 협동적인 노력은 개인이 상호작용하고 그들의 행동이 조화되도록 요구하며, 사회적 기술은 노력을 효과적으로 만드는 중요한 부분이기 때문이다. 특히 기술은 갈등을 긍정적으로 해결하는 데 관계가 있다.

결국, 경쟁적이고 개인주의적인 학습 절차를 과도하게 사용하는 것은 피해야 한다. 경쟁적이 될수록 학생들 사이의 관계는 그들 자신의 관심에만 초점을 맞추게 되고, 갈등은 부정적으로 작용하게 된다(Johnson & Johnson, 김영순 외 역 2010: 294).

(2) 단계 2: 학술적인 논쟁을 교육으로 이어주기

두 번째 단계는 학술적인 학습의 양과 질을 높이기 위해 지적인 논쟁을 자주 할 수 있도록 하는 것이다. 논쟁은 개념상의 갈등을 촉진한다. 교사들은 학생의 성취, 비판적인 생각, 높은 수준의 합리적인 전략 사용을 극대화하기 위해 학생들에게 지적인 갈등에 참여하도록 할 필요가 있다. 학생들은 자신의 입장을 정하고 그것을 옹호할 수 있어야 한다. 나와 다른 의견을 비판하고, 다양한 시각에서 문제를 보며, 그것들을 모아 한 가지 입장으로 종합할 수 있어야 한다. 학술적인 논쟁을 자주 사용하면, 학생들은 자신의 갈등을 해결하는 기술을 자주 연습하게 된다(Johnson & Johnson, 김영순 외 역 2010: 295).

(3) 단계 3: 갈등 해결 프로그램 이행하기

갈등 해결/동료 조정 프로그램을 이행하는 것은 다음과 같이 세 단계로 구성된다. 학생들에게 문제를 해결하기 위해 어떻게 협상하는지 가르치는 단계, 학생들이 의견을 조정하도록 가르치는 단계, 그리고 협상과 조정이 실패했을 때 어른이 중재하는 단계다.

학생들에게 문제를 해결하기 위해 어떻게 협상하는지 가르치는 단계의 경우, 학생들은 자신들의 갈등에 대해 건설적인 해결책을 협상하는 법을 배워야 한다. 두 학생이 같은 시각에 컴퓨터를 사용하기를 원할 때, 갈등이 발생한다. 그러한 갈등이 발생했을 때, 해결을 위해 협상해야 한다. 컴퓨터를 사용하고 싶어 한다는 공통적인 욕구를 가지고 있으면서도 누가 할 것인지에 대해 서로 동의할 수 있는 협상이 필요하다. 사람은 이기거나 문제를 해결하기 위해 협상할 수 있다. 오래된 사이일수록 그들의 관계가 당면한 문제보다 중요시된다. 그러므로 앞으로 다른 논쟁자와 함께 상호작용하거나 일해야 할 때, 그들은 결코 이기려고만 하지 않게 된다. 적절한 관계를 유지하기 위한 협상의 유일한 방법은 문제 해결형 협상이다. 학생들은 그 문제를 해결하기 위해 협상하는 절차를 배울 필요가 있다.

학생들이 학교급우들 간의 갈등을 조정하도록 가르치는 단계의 경우, 학생들은 그들 스스로 건설적인 해결책을 협상할 수 없을 때 갈등을 어떻게 조정하는지 배워야 한다. 조정은 중립적인 제삼자인 조정자가 그들에게 허용된 방법으로 둘 또는 그 이상의 사람들 사이에서의 갈등을 해결하는 것을 돕기 위해 개입할 때 존재한다. 조정자는 양쪽의 말을 주의 깊게 듣고, 협상 과정의 각 단계에서 모두가 공정하고 타당하며 실현 가능하다고 믿는 동의에 이르도록 하는 동시에 논쟁자들에게 효과적인 진전이 있도록 돕는다. 조정은 협상 과정의 연속이며, 더욱 효율적이며 효과적인 협상을 촉진하기 위한 전략의 총집합이다. 모든 학생이 조정자 역할을 맡을 기회를 갖는 것은 학생들의 협상 기술을 증진시키는 것만큼 중요하다.

학생들이 최초의 협상과 조정 훈련을 받았을 때, 동료 조정 프로그램은 학교 안에서 시행되어야 한다. 매일 2명이 짝이 되어 돌아가며 학급 또는 학교의 조정자로서 역할을 하도록 한다. 그 책임은 돌아가면서 하게 되므로 학생들은 같은 양의 시간 동안 조정자로서 모든 학생을 돕게 된다.

협상과 조정 절차를 배우는 수업이 계속 진행되면 학생들의 기술은 세련되며 향상될 것이다. 가능하면 절차는 학술적인 수업으로 통합되도록 한다. 학생들은 수많은 시간 동안 절차들을 밟으면서 그 절차들을 숙달하도록 강조된다. 훈련은 12년의 나선형 교육과정이므로 절차들은 매년 정교화되고 복잡한 층위로 이루어질 것이다.

학생들의 갈등을 중재하는 단계에서는 학생들이 동의에 이르도록 협상할 수 없을 때와 조정이 실패했을 때, 교사나 교장 · 교감이 그 갈등을 중재해야 할 것이다. 중재는 교사나 교장 같은 이해관계가 없는 제삼자가 최종적으로 어떻게 갈등이 해결될 수 있는지 판단하여 결정하는 데 따른다. 중재자는 주의 깊게 양쪽 이야기를 듣고, 결정을 내린다.

교사나 교장에게 누가 옳고 누가 그른지 결정을 내리도록 하는 과정은 어느 쪽도 만족시키기 어렵다. 왜냐하면 중재자에게 분노와 화를 가지고 있는 학생이 적어도 한 명은 있기 때문이다. 좀 더 중요한 것으로 그들 스스로를 논박하는 것은 앞으로 좋은 관계를 가질 수 없다는 학생들의 신념을 강화시킨다. 이러한 이유들로 인해 중재는 학교와 교실 안에서 갈등을 해결하는 최선의 수단이며, 이러한 방법으로 하는 중재는 협상과 조정의 성공을 격려하기 위한 최종의 방법이다(Johnson & Johnson, 김영순 외 역, 2010: 295-297).

이 절에서는 갈등이 지니는 긍정적인 가치와 다문화교육적 의의를 살펴보고 갈등을 긍정적으로 다루기 위한 방법을 강구했다. 특히 협동적인 상황 만들기, 학술적인 논쟁을 교육으로 이어주기, 갈등해결 프로그램 수행하기 등을 통해 학습자에게 갈등을 조정하고 조정하는 방법을 터득할 수 있게 한다. 나아가 갈등조정 프로그램을 통해 학습자가 적절한 협상과 조정 절차를 배우게 되며, 이런 갈등 조절 학습은 학습 상황의 어디서든 적용되어 학습자에게 일상화될 수 있어야 한다.

6장 다문화사회와 상호문화교육의 실천

최근 들어 '다문화주의'에 기초한 '다문화성'이 우리 한국 사회와 같이 동질적인 단일문화권 사회에 적용되는 데 한계를 드러내고 있다. 다문화성 모델은 어떤 특정 사회 안에 존재하는 다양한 문화를 인정한다. 그 때문에 한 사회 내에 존재하는 문화들을 각기 다른 하나의 문화적 단위로 취급해버린다. 이는 문화를 정의하는 데 있어 한 묶음으로 규정하는 컨테이너적 발상에 불과하다. 이 발상은 여전히 주류문화와 하위문화의 구분을 만들어 집단 속에 존재하는 권력관계에 따른 차이, 내부적 경계, 불평등의 문제를 해결하지 못한다는 본질적 문제를 갖는다.

이에 대한 대안으로 '상호문화성' 선택은 구성원 간의 대화 등을 통한 상호작용에 주안점을 두고 있다. 이 때문에 소통과 대화를 통한 규제적 역할을 발전시켜갈 여지를 갖고 있다. '다문화성'은 이론적으로나 실제적으로나 여러 문화 간의 연결고리 없이 단지 병존하고 있는 상태의 기술에 머무르고 있다. '상호문화성'은 서로를 변화시켜가며 소통과 문화 간에 존재하는 경계와 장애물을 극복하려는 과정에 대한 적극적 개입이 요구된다. 이런 맥락에서 이 장에서는 상호문화성을 기반으로 하는 상호문화교육에 대해 살펴볼 것이다.

이 장은 김영순 · 최승은(2016), 「상호 문화학습의 실천적 내용에 관한 탐색적 연구」, 『언어와 문화』 12(2), 1-27쪽에 나온 내용들과 정기섭 · 오영훈 · 김영순 외 역(2014), 『상호문화교육의 이해』 3장의 일부를 수정 및 보완한 것이다.

1. 상호문화성과 타자의 이해

1) 상호문화성 개념

'상호문화성'이라는 개념은 타자, 이방인, 이주민의 긍정성과 사회적 필연성을 설파한 독일의 유대계 사회학자 짐멜(Simmel)에 의해 20세기 초 철학의 영역으로 자리매김했다. 그에 의하면 이방인이란 "오늘 와서 내일 떠나는 방랑자가 아닌, 오늘 와서 내일 머무는 자"다(Simmel, 1992). 그는 19세기 말부터 20세기 초에 유럽과 아메리카 간 필연적인 이주에 관해 이방인의 유입이 일시적이며 우연적 사건이 아니라 실제적 상황이기에 이들에 대한 철학적 · 인식론적 접근이 필요하다고 피력했다.

이렇듯 짐멜은 지속적으로 타자에 대한 인정을 제기했지만, 그 당시 독일에서는 크게 주목받지 못했다. 그의 타자이론이 다시 주목받은 것은 1920년대 미국의 유대계 사회학자들에 의해 수용되면서부터다. 짐멜이 제기한 상호문화적 철학의 기초가 독일에서 출발했다면, 그 구체적 정책과 실행제도는 1920년대 미국에서 이루어졌다. 20세기 초 나치의 박해를 피해 미국으로 이주한 독일 출신 유대계 학자들이 짐멜의 철학을 들여온 것이다(박영자, 2012: 306).

그런데 흥미로운 점은 미국에서 촉발된 상호문화 연구가 1970년대에 독일의 관련 학계가 재수용하면서 발전했다는 점이다. 상호문화적 담론과 정책이 유럽으로 회귀하면서 20세기 말까지 상호문화주의는 하나의 철학적 흐름으로 담론과 가치를 창출했다. 나아가 인간 상호간의 관계를 형성하기 위한 만남, 대화, 접촉, 경험 등 구체적 개별 시민의 타자에 대한 인식 및 행위가치로서 더 큰 의미가 있었다. 1970년대부터 1980년대까지 독일에서 상호문화적 철학의 재도입은 시민운동적 성격을 강하게 띠고 있었으며, 1990년대부터 2000년대에는 실천과정으로서 하버마스(Habermas)의 의사소통이론과 공론장 개념, 그리고 벡(Beck)의 위험사회와 세계시민성 개념의 발전과 연동되어 시민사회 변화의 흐름을 주도했다. 우리가 다루려 하는 상호문화성 개념은 전체적으로 독일학계의 타자에 대한 인식론적 · 철학적 연구와 시민사회의 의사소통운동 과정을 통해 발전하기 시작했다.

박영자(2012)는 여러 상호문화학자의 논의를 검토하면서 상호문화성은 고유한 행위분야나 체제의 양태를 의미하는 것이 아니라, 우리가 고유하다고 인식하는 의식과 행위 및 이론과 현실 등이 상호 겹치는 부분에 존재한다고 규정한다(박영자, 2012: 308). 또한 상호문화성은 단순한 접촉이나 교류의 차원을 넘어 문화 속에 내재하는 보편적 특성과 문화 사이에 존재하는 내적 연관성을 드러내는 개념이라고 할 수 있다(김태원, 2012: 207). 상호문화성에서 주목해야 할 현상은 둘 이상의 문화가 만나서 형성되는 '사이 영역'이라고 할 수 있다. 이러한 사이 영역에서는 하나가 다른 것에 관계를 맺고, 각자가 다른 것에 관계함으로써 열린 자기 동일성을 갖기 때문에 여기서는 상이한 문화 사이에서의 수직적 관계가 아니라 존재론적으로 수평적 관계에 있게 된다(최재식, 2006: 4)는 것이다.

다문화에서 '다(multi)'에 해당하는 라틴어 'multus'는 '다수의', '수많은'이라는 의미를 지닐 뿐만 아니라 다양한 문화의 사람들이 함께하는 생활세계를 뜻한다. 반면 상호문화성의 '상호(inter)'라는 라틴어 접두사 'inter'는 '사이에'를 뜻하며, 사회구성원이 함께 살아가는 역동성과 연관된다. 다문화가 하나의 사회 내에서 다양한 문화가 공존하는 현상으로서의 사회적 구조를 서술하는 것이라면, 상호문화는 다문화적인 사회에서 문화적 배경이 다른 사람들이 함께 살아가는 과정에서의 역동적인 상호작용에 의해 생겨나는 것을 의미한다(정기섭, 2011: 138). '다(multi-)'는 다양한 문화집단의 공존을 강조하고, '상호(inter-)'는 다른 문화를 가진 개인 간의 상호작용을 강조한다.

특히 동일한 혹은 유사한 생활문화권에서 개인 간의 상호작용은 '오해'보다 '이해'의 측면이 강하다. 그런데 이주로 인해 이루어진 사회에서는 기존 정주민과 이주민 간의 이해와 소통이 현저하게 제한되어 있을 것이다. 이 장에서 탐색하고자 하는 상호문화성 개념은 집단의 정체성에 관한 것이라기보다 개인과 개인 간의 이해와 소통에 집중할 것이다. 만약 'inter'라는 접두사의 의미를 최대한 고려한다면, 'intercultural'이라는 단어의 사용은 필연적으로 상호작용, 교환, 장벽 제거, 상호성, 진정한 연대성을 의미한다. 또한 'culture'라는 단어가 가진 모든 가치를 인정한다면, 이는 개인 차원뿐만 아니라 사회 차원에서 타인과 맺는 관계 속에서, 그리고 세계라는 개념 속에서 나타날 수 있는 상징적 표상, 생활방식, 가치 등을 인정함을 의미한다.

개별 인간 간, 그리고 민족과 문화 간에는 분명히 차이가 존재하지만, 그와 동시에 공통점과 보편성을 함께 지닌다. 이런 점에서 문제의 본질을 확인하려는 자세가 필요하다. 훔볼트(Humboldt)는 자신의 언어철학적 논고에서 인간의 개별성을 강조하면서 개별과 보편의 관계를 제시했다. 그에 따르면, 민족 전체는 당연히 동일한 언어를 지니고 있다. 그렇다고 해서 모든 사람이 각자 그 언어 안에서 완전히 똑같은 언어를 지니고 있는 것은 아니다. 우리가 계속 그런 식으로 세밀하게 파고들다 보면 실제로는 사람들 하나하나가 자기 고유의 언어를 지니고 있음을 알게 된다고 한다.

언어의 진정한 고유함은 말하는 각각의 사람들에게 있다. "언어는 개별적 인간에게서야 비로소 그 최종적 명확함을 획득한다. 어떤 한 단어에 대해 다른 사람과 똑같은 생각을 가진 이는 없다. 그리고 이렇게 서로 간의 작은 차이는 수면에 원을 그리며 퍼져나가는 파문처럼 언어 전체로 나아간다. 그러므로 모든 이해(Verstehen)는 동시에 비이해(Nicht-Verstehen)이고, 사고와 느낌에서의 일치는 동시에 또한 서로 간의 결렬이기도 하다"(Humboldt, VII, 1968: 65; 정영근, 2006, 37).

훔볼트가 언어를 통해 제시한 바와 같이 우리가 사는 세계에는 보편성과 개별성, 그리고 상이성과 동질성이 혼재해 있다. 그러므로 다양한 문화 안에서 항상 개인의 차이점과 공통점을 균형 있게 바라보는 시각이 중요하다. 상호문화성은 특정한 문화를 흡수하거나 다른 문화를 지배하여 획일화시키려는 것이 아니다. 즉, 관용적 태도와 다원적 세계관을 바탕으로 상호 간에 문화적으로 동시에 인정하는 것일 뿐 아니라 그 문화 안에 존재하는 각 개인의 '만남'과 '관계'가 역동적으로 이루어지는 것이다. 이러한 역동성은 '자신의 것'과 '낯선 것'을 동시에 표상하며, '낯선 것'과의 접촉은 언제나 자신의 지각모델에 의해 달리 의미화될 수 있다는 것을 보여준다. 교육학의 관점에서 성찰한다는 것은 타인과 낯선 것을 이해하고자 하는 시도이자 자신을 이해하는 기회가 될 수 있다(Holzbrecher, 정기섭 외 역, 2014: 18).

타자를 상호문화적인 관점으로 대하고 바라본다는 것은 나와 다른 존재라는 것을 인정함과 동시에 타자가 나와 같은 주체임을 감지할 수 있는 계기를 만든다. 이는 주체가 타자를 존중할 수 있는 성찰적인 자아로 성장해나갈 수 있는 바탕이 된다. 차이는 어떤 관계 속에 들어가면 타인을 다시 들여온다. 그러나 이질성은 보편성 원칙의 인정 위에 성립된다. 중요한 것은 타인의 완전한 특수성과 그의 완전한 보편성 사이에서 균형을 찾는 일이다(김영순 외, 2016a: 6).

낯선 것을 이해하는 것과 자아인식은 학습의 진행 과정에서 주체가 자신과 다른 사람, 무엇보다 생활세계 또는 사회적인 맥락에서 자신의 견해에 대한 새로운 상을 획득하게 되는 동일한 두 차원의 학습 과정으로 이해될 수 있다. 발달 과정을 '의미 발달'로 보는 케이건(1994)의 이론은 '고유한 것'의 범위와 '낯선 것'의 범위가 주체에게 현실이 되는 의미구성원임을 보여준다(Holzbrecher, 정기섭 외 역, 2014: 132).

우리의 세계에서 공동의 의미구성원인 타자를 인지하는 방식과 상호문화적 역동성에 의해 타자를 타자화하여 다른 범주로 넣을 수도 있고, 타자를 나와 다르면서도 동일한 인간으로 바라볼 수도 있다. 다음에서는 상호문화적 관점에서 바라보는 타자에 대해 논하고자 한다.

2) 타자의 이해

짐멜은 이주의 필연성을 제기하며 지속적으로 함께 살아가야 하는 존재로서의 타자에 대한 인식과 다양성의 인정을 제기했다. 짐멜 이

전에 '타자'와 '인정' 개념은 서구철학에서 오랫동안 논의되어오다가 헤겔(Hegel)에 이르러 그 기초적 틀이 완성되었다. 헤겔은 인정을 투쟁과 결합하여 인간의 특성 중 하나로 '인정투쟁'이라는 개념을 제기했다. 이 개념은 마르크스의 계급투쟁에 모티프를 제공했고, 이어 하버마스와 호네트(Honneth)에서 더욱 체계화되었다(이용일, 2009: 181).

개인의 주체성을 상호주체성의 관점에서 파악하는 호네트에 의하면, 인간 간 상호인정은 사랑, 권리, 연대의 세 층위 혹은 세 단계에서 일어난다. 이 3가지 인정의 단계 모두에서 인정투쟁은 '주격 나'와 '목적격 나'의 갈등으로 수행될 수 있다. 즉 상호주관적 정체성은 나에 대한 타인의 관점을 내면화하며, 다른 한편 그에 대해 지속적으로 '나'의 요구를 주장함으로써 이루어진다. "주체들은 이러한 인정투쟁을 통해 그들에게 주어진 권리를 확대하고 새로운 규범을 창조"해나가는 것이다(Honneth, 문성훈 외 역, 2011: 16-17).

우리 모두는 서로에게 그리고 자기 자신에게도 어느 정도 낯선 타자적 존재로 살아간다. 우리는 마치 하나의 일관되고 동일한 자아 정체성을 지닌 것처럼 살기를 강요당한다. 그러나 자아가 기본적으로 타자와의 만남 속에서 상호주관적으로 구성되는 것이라면 그 구성은 당연히 다중적일 수밖에 없다. 낯설다는 것은 바로 그 만남의 국면을 가리키고, 낯선 만남에 자신을 열 때 강박이나 선입견은 사라지고 자유로운 소통이 시작된다(김영옥, 2013: 9). 서로 다름에도 함께 공존할 수 있는 열린사회는 자신의 개별성과 정체성을 유지하면서도 타자와 낯섦에 개방성을 지닐 때 나타나게 되는 결과일 것이다. 왜냐하면 인간의 자기동일성이란 타자와의 얽힘 속에서만 유지되는 것이기 때문이다(Ricoer, 김웅권 역, 2006: 17-18).

다문화사회에서의 진정한 사회통합은 긍정적인 정책의 결과라기보다는 소수문화 혹은 비주류문화에 속해 있는 타자들에 대한 배려와 존중, 타자에 대한 책임의식과 그들의 부족함에 응답할 줄 아는 인간의 윤리성에 있다고 본다. 이런 인식에서 출발하게 되면 다문화사회에서 소수문화에 속한 사람들은 분명히 타자로서 간주될 수 있다. 이런 맥락에서 자신과 타인 혹은 타문화와의 역동적 관계를 중시하는 상호문화교육은 타자의 문제에 대해 더욱 중요한 의미를 부여한다.

최근에는 미국이나 캐나다, 호주 등에서 시행되고 있는 다문화주의 정책들의 부정적인 측면을 반성하면서 이질적 문화들과 정체성들의 조화로운 공존을 시도하는 유럽의 예를 참조하려는 경향도 엿보인다. 문화다양성을 중심으로 관계 맺기를 반성할 때 궁극적인 출발 지점은 정체성의 구성에 관한 인식이다. 정체성이 '상호(inter)'의 구조를 지닌다는 것, 즉 상호주체성에 대한 인식이야말로 모든 관계 맺기의 토대를 이룬다. 자아의 구성적 성격이 특별히 강조되어야 하는 것은 유아독존의 불가능성과 허구성에 직면함으로써 타자를 향한 윤리적 실천이 자아의 자랑거리가 아니라 실존적 필연성임을 깨달을 수 있기 때문이다. 자아와 타자가 서로에게 거울이 됨으로써, 즉 상호 교유와 교감, 인정을 통해 주체가 된다는 이러한 상호주체성에 대한 이해야말로 움직이는 지구촌 시대 지구 시민에게 요청되는 기본 인식이다(김영옥, 2013). 즉, 타자와의 만남은 주체와 주체가 만나는 것이며 그 만남의 관계는 윤리적 실천이 바탕이 되어야 한다.

학생인 아동은 한 개인, 즉 성인의 과거와는 전혀 다른 존재, 또는 '또 하나의 나'가 아니라 나와는 완전히 독립된 유일한 개체로서의 존재라면, 교육학의 측면에서 학생을 안다고 할 수 없을 것이다. 이것은 경험의 현장에서 타자와 마주한 '나'라는 존재가 자기 스스로에게 묻게 되는 존재의 의미이며, 내 행위의 공간과 가능성에 대한 철학적 자기성찰의 불가피성을 함의한다(우정길, 2009: 166).

레비-스트로스(Levi-Strauss)는 원시사회의 사람들은 낯선 타자의 신비한 힘을 획득하기 위해 타자의 고기를 먹는 '식인 전략'을 취했고, 반면 공동체의 질서가 잡힌 고대국가 형성 이후 사회는 타자에 대한 '배척 전략'을 취했다고 한다. 후자의 경우 일정한 위계 시스템이 자리잡고 있는 생활공간에 불확실한 위험요소를 가진 타자가 들어오는 것을 차단하기 위함이다. 이에 바우만(Bauman)은 타자에 대한 식인 전략과 배척 전략은 문화변용(acculturation)과 문화말살(deculturation) 전략으로, 인간 공동체의 모든 사회와 조직 수준에서 동시에 작용했다고 주장한다(박영자, 2012: 320). 이처럼 타자에 대한 다양한 관점은 타자를 대하는 태도에 큰 영향을 준다. 나아가 타자에 대한 인간존중의 윤리적 차원의 논의는 현대철학의 쟁점 중 하나다. 레비나스(Levinas)는 타자철학을 통해 데카르트 이후 서양철학을 지배한 주체성의 이념이 타자의 존재를 자아 안으로 동화함으로써 타자의 존재의미를 훼손했음에 대해 비판하고 있다(김연숙, 2000). 또한 이웃과 더불어 세계 안에 살아가는 인간존재의 의미를 새롭게 규정하고자 했다. 타자를 내 집으로 받아들이는 것, 즉 그를 환대하는 가운데 구체적인 윤리성이 시작되며, 이로써 전체성의 틀은 깨어지고, 참된 무한의 이념이 자리할 공간이 열릴 수 있음을 강조한다(Levinas, 강영안, 역, 1996).

레비나스는 매우 진보적으로 나를 감추고 타자를 부각시킨다. 그는 자신의 존재를 내세우면서 타자를 거부하고 말살하는 것을 악으로 규정했다. 타자에 대해 그가 누구이건 조건 없이 수용하고 환대하며 존중하는 것이 초월적 존재로 나아가는 길이라 했다. 또한 진정한 의미에서 타자와의 내적 연대는 타자와의 윤리적 관계를 통해서만 이루어질 수 있다고 했다. 이는 우리 모두 쾌락의 자아에서 벗어나 윤리적 자아로 나아갈 수 있는 길이자 신을 만날 수 있는 유일한 길임을 보여주고자 했다(강영안, 1990).

레비나스는 법을 타인의 얼굴로 이해해야 가능하다고 말한다. 타자는 인식과 실천적 측면에서 나로 통합될 수 없는, 나와는 전적으로 다른 존재다. 타자의 얼굴은 나처럼 세계를 향유하고 지배하는 강자의 얼굴을 가진 것이 아니라 아무런 보호막도 변호자도 기득권도 없는 낮고 비천하며 배고프고 헐벗은 가운데 나에게 간청하고 호소하는 자의 얼굴이다(문성훈, 2011: 402).

레비나스는 호환적이고 대칭적인 관계로서의 상호주관성과는 다른 타자 관계로부터 도덕문제를 제기했다. 타자에게 헌신하고, 타자를 소중한 것으로 만들도록 요구하는 윤리 관계다. 이것은 불균형적이고 비대칭적인 레비나스의 윤리 유형이다(신인섭, 2003: 144-145). 하지만 타자를 위하는 삶만이 윤리적인 삶인가 자문해볼 필요가 있다. 타자와 더불어 사는 삶 또한 우리에게 필요하다. 하이데거(Heidegger)의 말을 빌리자면, 더불어 존재(Mit-Sein)하는 타자를 생각해보아야 할 것이다.

다문화사회에서 타자와의 연대는 단순히 여러 문화의 공존을 통한 외적인 연대가 아니라 윤리성과 타자에 대한 절대적 책임의식을 바탕으로 한 내적 소통으로서의 연대여야 함을 의미한다(이화도, 2011: 185). 다양한 문화에 존재하는 개별 존재가 차이를 인정하는 것을 넘어 함께 연대해나갈 때 역동적인 공존이 가능하다.

“인간의 문제는 ‘사이’의 문제이다”라는 명제는 인간이 홀로 존재하는 것이 아니라 언제나 함께 존재한다는 의미를 갖는다. "인간의 다른 이름은 관계"이며(Buber, 1962: 281), 인간은 서로 "연결되어 있다"(Buber, 1964: 22). 부버(Buber)는 나와 타자는 대화적 관계를 통해 '나'와 '너'가 만나는 것이라고 했으며, 교육적 관계는 온전히 대화적 관계라고 했다. 대화적 관계는 대화의 순수성 속에서 드러난다. 그러나 대화에서 대화적 관계가 만들어지는 것은 아니다. 두 사람이 서로 함께 침묵함이 대화이기도 하거니와, 공간적으로 분리되어 있더라도 대화의 논의는 지속될 수 있다. 한 사람을 위한 다른 한 사람의 항상적 · 잠재적 현재성으로 표현되지 않은 교제로서 가능하다. 즉, 모든 대화는 포용의 요소들과 관련될 때만 그 진정성을 획득하게 된다. 그것이 추상적 현상으로든, 대화 상대의 '그렇게 있음'의 '인정'으로서든 상대편의 경험에서 나올 때만 실제적이고 효과가 있게 된다. 타자의 영혼은 대략 개념적이고 구체적이고 개별적인, 그리고 유일한 존재다. 이 영혼은 그를 마주하며 살고 있는, 그와 공동의 상황 속에서 함께인, 즉 '교육자'와 '교육되는 이'가 함께 있는 하나의 상황 속에 있는 영혼이다. 교육자가 아동의 개별성을 상상하는 것만으로는 충분치 않다. 마찬가지로 그가 아동을 하나의 정신적 인간으로만 보고 이를 인정하는 것으로도 충분치 않다. 그가 상대로부터 자기 자신을 받아들이고 느낄 때라야, 즉 "그게 어떤지"를, 나의 행위가 타자에게 어떤지를 타자의 자리에서 느낄 때라야 이 실제적인 한계를 인식하게 된다(Buber, 1964).

부버(1964)는 대화적 관계에서 추상적이지만 상호적인 포용 경험이나 구체적이지만 일방적인 포용 경험을 지양하고, 구체적이고 상호적인 포용 경험이 진정한 대화적 관계라고 한다. 그리고 교육은 다양한 생각을 가진 사람들이 서로 함께 살아가는 방식에서 공동체가 되게 하며, "공동체란 존재하는 통일성 속에서 다름을 극복하는 것"(Buber, 1964)이다. 자신의 가지가 그런 것처럼 다른 가지들 역시 어디서 어떻게 나와서 뻗어나는지를 체험할 수 있기 위해 뿌리를 경험하고 체험한다. 이는 최소 근본에 대한 어떤 형식적인 유사 이해가 아니라 저편으로부터의 진리 관계를 아는 것, 진리에 대한 다른 실제 관계를 아는 것에 해당한다. 즉 '중립성'이 아니라 '연대성'이고, 생기 있는 '서로를 위해 있음'이며, 상호성이자 생생한 상호작용이다. 그리고 연결체들 사이의 경계를 지워버리는 것이 아니라 공동의 실재에 대한 공동의 인식과 책임에 대한 공동의 시험이다(Buber, 1964: 32).

부버는 인간의 자기 상실과 원자화를 인간과 인간 사이의 관계가 깨어진 데서 기인한 것으로 본다. 인간은 객체화될 수 없는 주체이며, 인격으로서 공존하는 '나'와 '너'가 되어야 한다. "모든 참된 삶은 만남이다."(Buber, 1979: 18) 참된 공동체는 사람들이 서로를 위하는 감정을 가지는 것으로만 이루어지는 것은 아니다. 참된 공동체는 모든 사람이 살아있는 상호관계에 들어서는 데서 시작된다(Buber, 1979). 즉, 우리가 발견 또는 재발견하게 되는 것은 바로 사이의 영역이다(우정길, 2007).

우리 사회에서 문화와 다른 문화, 학교에서는 교사와 학생, 그리고 모든 인간은 인격적으로 만나야 한다. 오늘날의 위기 상황은 바로 인격적인 만남의 부재에서 오는 것이고 인간성의 상실, 즉 인격의 상실에서 온다. 인격의 만남 속에 존재해야 하는 삶이 비인격화되어 '그것'으로 전락하는 것에 경계를 두어야 한다. 타자의 이해에 관한 철학적 논의에서 타자는 주체의 반대편에 있는 것이 아니라 주체와 동일할 뿐만 아니라 인격으로 공존하는 사이의 관계에 있다. 나와 너, 주체와 타자가 상호 존재하는 공동체적 삶 속에서 타자에 대한 돌봄은 윤리적 실천인 셈이다. 이것이 신을 만나는 유일한 길이고, 선을 행하는 최선의 통로인 셈이다.

2. 상호문화교육과 상호문화역량

1) 상호문화교육의 전개 과정

사회경제적 여건의 변화에 따라 인간의 사유와 생존조건이 지구적으로 통합되는 오늘날 우리는 개별 국가의 언어와 문화적 특성을 보전하면서도 세계화 맥락에서 문화여건 및 생활환경을 모색해야 한다. 이를 위해서는 무엇보다 다양한 문화를 이해하는 지평을 확대하여 독단적 세계관과 문화적 고립주의에서 벗어나 사유와 문화의 보편성을 함께 생각하도록 하는 것이 중요하다. 전 지구화 시대에 우리는 상호인정과 협력을 바탕으로 함께 사는 공간뿐만 아니라 서로 공감하고 나눌 수 있는 세계를 형성하는 데 관심을 가져야 한다. 이러한 방향으로 나아가기 위해서는 무엇보다 다른 국가의 인간과 문화를 이해하는 교육이 필수다.

독일의 사회학자 울리히 벡은 세계화에 대한 중요한 정치적 응답 중 하나가 교육의 확대라고 하면서 '협동 능력, 갈등조절 능력, 문화에 대한 이해력' 향상을 그 목표로 제시하고 있다(Beck, 조만영 역, 2000: 259). 이런 시대적 상황에서 인간과 인간, 그리고 문화와 문화 사이에 초점을 맞춘 교육 분야는 상호문화교육이다(정영근, 2007: 262).

오늘날 사회는 사회화, 문화화, 교육, 사회성, 정체성 형성, 언어,

의사소통, 세상 및 타인에 대한 태도 등에서 다원적이라는 특징을 가지고 있다. 개인은 그 어느 때보다도 분명하게 '자신이 어떤 사람이 되고자 하는지를 알아야' 하고, 학교는 미래사회를 위해 어떤 개인을 양성해낼 수 있고, 양성하기를 원하며, 양성하고 있는지 알아야 한다. 이런 의미에서 상호문화교육은 단순한 교육적 선택이 아니라 사회의 지향점이라 할 수 있다. 상호문화교육은 경쟁과 차이가 존재하는 원자화된 학교와 동질성을 지나치게 강조해 무기력해진 학교 사이에서 하나의 대안으로 떠오르고 있다(Abdallah-Pretceille, 1999: 12).

서유럽의 선진 국가들은 옛 식민지였던 국가들로부터 많은 수의 사람이 유입됨으로써 문화적 다양성을 경험했고, 1960년대 말부터 시작된 유럽의 인접 국가들로부터의 대규모 노동인력 이동에 따른 인구학적 변동으로 인해 다문화사회로의 전환이라는 상황에 직면하게 되었다. 유럽 국가들의 경우 미국의 다문화주의와 다문화사회의 현실 및 다문화교육의 실천 사례들을 참고했음에도 용어 사용, 교육의 목표설정, 교육 내용에서 부분적으로 차이를 보인다. 유럽에서는 다문화교육이라는 개념보다는 문화 사이의 상호교육을 의미하는 '상호문화교육'이라는 개념이 일반적으로 사용되고 있다. 물론 영어권에서도 상호문화교육이라는 용어가 사용되기는 하지만, 그 의미가 다문화교육과는 다른 문화적 학습 기술을 배우기 위해 고안된 특수한 수업 형태로 이해된다(장인실, 2003: 413).

'상호문화적'이라는 표현은 한 사회에 공존하는 집단 사이에서 추구되는 관계를 더 강조한다고 이해할 수 있다. 다문화가 여러 문화의 병존 또는 공존을 지칭하는 표현이라면, 상호문화는 문화 사이의 상호연관성과 상호작용을 드러내는 표현이라는 것이다(Porcher, 1984). 일단 상호문화교육을 체계적으로 이해하기 위해 이 교육을 사회통합정책으로 내세운 독일에서의 현황을 살펴볼 필요가 있다. 독일에서 상호문화교육 역사의 시작은 '라인강의 기적'이라 칭하는 급속한 경제부흥 과정에서 촉발되어 1955년부터는 독일의 산업 및 노동 시장에 외국인 노동자가 유입되기 시작하면서부터다.

독일 정부는 경제성장으로 인해 급증하는 노동력 수요를 국내의 노동력만으로 감당할 수 없게 되자 외국에서 노동력을 수입하기 시작했다. 이후 오일쇼크로 인해 독일경제가 침체기로 접어든 1973년 외국인 노동력 모입 중단조치가 취해질 때까지 수백만 명의 외국인 노동력이 독일에 유입되었다(정기섭, 2009: 107).

본국으로 돌아가기보다는 독일에서의 삶을 희망했던 외국인 노동자의 요구와 숙련된 노동자들을 계속 채용하려는 사용자 측의 필요가 맞아떨어져 계약 연장이 이루어졌다. 또한 장기간 독일에 머무르던 외국인 노동자는 1965년부터 인도적 견지에서 외국인 노동자 가족의 초청을 허용한 「외국인 법」에 근거하여 본국의 가족들을 독일로 불러들였다. 아이러니한 것은 1973년 외국인 노동력 모입 중단 이후 오히려 독일의 외국인 유입은 지속적으로 증대했다는 것이다. 그것은 외국인 노동자가 앞으로 자신과 가족의 독일 체류가 불확실해질 것으로 느끼면서 오히려 아내와 자녀들을 독일로 불러들인 데 기인한다(Nohl, 2006: 16).

이러한 현실 앞에서 독일 사회는 외국인 문제가 단지 일시적인 현상이 아님을 인식하기 시작했고, 2005년 새로운 「이주법」이 발효될 때까지 독일의 이주민 정책은 '송환정책'에서 상호문화적 정책으로 전환되는 과정을 겪게 되었다. 이러한 타자 또는 외국인에 대한 사회적 인식의 전환 과정은 동시에 독일의 상호문화교육의 전개 과정과 맞물려 있다(정창호, 2011: 78). 처음에 독일 학교에 등장한 외국인 학생들은 정상적 교육을 방해하는 골치 아픈 장애물로 취급되었다. 독일의 헌법은 국적에 관계없이 독일에 거주하는 모든 아동의 취학 여부를 규정하고 있기 때문에 외국인 자녀들도 모두 정규 학교 교육을 받아야 했다(Nieke, 2008: 14). 하지만 이들이 학습에 필요한 최소한의 독일어 어학 능력을 갖추지 못하고 있다는 점이 문제가 되었다. 이에 독일의 문교부장관회의(KMK)는 1971년 11월 3일 독일어 능력이 부족한 외국인 학생들을 위한 특별학급 설치를 결정했다. 이에 근거하여 주로 독일어 어학 수업에 치중하는 '준비반'이 생겨났다.

당시 독일의 외국인 교육은 독일어 능력을 표준으로 삼고 거기서 벗어나는 이질적인 요소들을 배제하거나 제한하려고 시도했다. 결국 낯선 타자는 기존 사회가 요구하는 기초적 능력을 결여하고 있는 '결핍'의 존재로 간주되었다(정창호, 2011: 79). 이렇게 이질적인 외국인 학생이 동질적이었던 학교현장에 유입됨으로써 생겨난 다양한 교육학적 문제들을 해결하기 위한 노력 속에서 타자를 대상으로 삼고 그 '결핍을 보충'하려는 교육인 '외국인 교육학'이 성립되었다(Nieke, 2008: 15).

외국인 교육학은 이후 많은 비판을 받았는데, 주로 두 가지 측면에서 제기되었다. 첫째, 외국인 교육학이 사실상 사회적·정치적 차원에서 접근해야 할 외국인 문제를 마치 전적으로 교육의 문제인 양 호도하고 있다는 지적이다. 외국인 노동자의 열악한 처지가 분명하게 드러나면서 외국인 문제가 근본적으로 사회 및 정치의 문제라는 점에 주목하기 시작했다. 기존의 외국인 교육학은 사회적 구조의 문제를 특정한 집단에 대한 교육과 원조를 통해 문제가 해결될 수 있다는 탈정치화된 잘못된 환상을 심어준다(Nohl, 2006: 41). 둘째, 타자를 분리하고 차별화시킴으로써 그들을 결핍으로 간주하는 데 대한 비판이다. 그들을 결핍이 아닌 '차이'로 바라보아야 한다는 것이다(Nohl, 2006; 정창호, 2011: 80).

독일의 이주민정책은 귀국 위주의 자유방임 시기, 귀국 지원과 독일사회로의 통합이라는 이중정책 시기, 통합 위주의 시기로 나눌 수 있다. 2005년부터 효력을 발휘한 「이주법」은 통합을 강조하는 방향으로 전환되었다. 이러한 이주민 정책은 교육에도 영향을 주었다. 이주민정책이 귀국 준비 위주였던 1970년대까지는 증가하는 외국인 학생을 긴급히 돕는다는 차원의 외국인 교육학이 주된 흐름이었다. 이 시기는 외국인 학생들을 '결핍'의 존재로 인식하고, 독일에서의 학교 교육에 적응하고 귀국을 돕는 여러 정책을 실시했다(김상무, 2010: 70).

1980년대 초부터는 이러한 외국인 교육학에 대한 비판이 대두되기 시작했다. 기존의 동화주의적 사고와 방식이 외국인과 그 자녀들을 무언가 부족한 존재로 인식하고 도와주어야 한다는 관점에 바탕을 두고 있다는 점이다. 이러한 비판적 입장의 사람들은 이주민 가정과 그 자녀들은 무언가 결핍된 존재가 아니라 다른 것일 뿐으로, 다른 경험과 능력을 소유하고 있다고 보았다. 따라서 이런 차이가 존중되고, 교육적 상황에서 이런 차이를 배려해야 함을 강조했다. 이와 같은 시각에서 중요한 것은 독일 학생들에게 다른 문화에 대한 지식과 존중을 가르치고 문화 사이에 공통적인 것을 강조해야 한다는 점이다(Krüger-Potratz, 2006: 172-173).

이러한 견해는 1980년대를 거치면서 '상호문화교육'이라는 개념으로 종합되는데, 그 내용은 만남의 교육과 갈등의 교육이라는 크게 두 가지 흐름으로 집약된다. 전자는 다양한 문화 교류를 통한 상호이해 증진과 문화적 풍요를 지지하는 입장이다. 이에 비해 후자는 외국인 혐오와 인종주의 극복, 기회균등 구조 창출 등 다문화사회로의 발전을 가로막는 장애들의 극복에 주된 관심을 두고 있다(Kötter-König, 2006: 349-350).

나아가 이 두 가지 흐름 이외에 다음과 같은 주장이 확산되고 있다(Krüger-Potratz, 2006: 174). 상호문화교육은 이주민의 시각과 관점을 포괄해야 하며, 범교과적 과제로 인식되어야 하고, 상호문화역량은 모든 개인의 핵심적 자질로 이해되어야 한다. 손님노동자의 정착 및 통합을 지원하는 차원에서 유지되던 학교 상호문화교육은 사회의 다문화화가 복합적 차원에서 급속한 변화를 보이던 1990년대 중반 새로운 교육적 과제로 떠오르게 되었다. 그에 따라 1996년 독일 정부는 문교부장관협의회(KMK)를 통해 '학교에서의 상호문화교육'이라는 권고안을 제시했으며, 인성의 윤리원칙과 자유 및 책임, 연대의식과 민족 간의 상호이해, 민주주의와 관용의 원리 등에 근거하여 학생들에게 상호문화적 삶의 실천적 관점과 행동방식을 기르도록 요구하게 되었다(KMK, 1996: 3).

이 권고안에 제시된 상호문화교육의 목표는 낯선 사람이나 문화에 대한 편견에 휩쓸리지 않고 그것을 진지하게 대하는 태도 형성, 다르게 존재하며 살아가는 방식의 존중, 한 사회 안에서 함께 살아가기 위한 공통적 근거의 합의점 찾기 등이다. 이러한 목표를 실천하기 위해 학교는 필요한 지식을 전수하고, 통찰력을 배양하며, 판단력을 기르는 데 도움을 주고, 가치 지향적 행동을 할 수 있도록 이끄는 등 학생들의 전인적 자아형성에 교육적 노력을 아끼지 않아야 한다(KMK, 1996).

이런 점에서 모든 어린이와 청소년, 소수집단과 다수집단 모두를 위한 상호문화역량 개념이 제시되는데, 이는 개인 및 직업적 삶을 설계하는 데 기여할 뿐만 아니라 이후의 세대들이 서로 협력하며 사는 데도 필수적인 능력으로 이해될 수 있다(Eickhorst, 2007: 56-57).

독일 학교에서의 상호문화교육을 논의하기 위해 고려되어야 할 계기는 '글로벌화'라는 시대적 상황이다. 글로벌화는 정치 · 경제상의 단일한 과정이 아니라 일종의 복잡한 사회문화적 현상이며, 그 과정에서 모순적이거나 상반된 측면들도 드러난다. 또한 미디어혁명을 통한 문화 간 접촉이 빈번해짐에 따라 글로벌화는 물질적 교환을 넘어 문화 영역 전반으로 확장되었다. 따라서 독일은 글로벌화로 인해 노동이주와 경제 · 문화적 상호교류가 폭발적으로 증가하는 사회적 생활현실에 직면하여 개인의 문화의식과 역량을 기르는 교육뿐만 아니라, 한 사회 안에 실존하는 다양한 문화 사이에서 평화롭게 공존하는 세계를 구축하려는 의식과 능력을 길러주는 교육에 적극적으로 대처하게 되었다(정영근, 2011: 57).

독일의 상호문화교육은 처음부터 다양성을 모색하는 현재의 모습이 아니었다고 볼 수 있다. 처음 손님노동자 시대의 경우 타자를 결핍이나 위협으로 간주하면서 일방적 통합을 모색하는 단계가 있었다. 그 후 타자의 차이성을 강조하면서 다원성과 다양성을 기초한 다문화성의 단계로, 그리고 다양성 속에서의 통일성 또는 통일성 속에서의 다양성을 모색하는 상호문화주의의 단계로 발전하고 있다. 이러한 발달 경로에 비추어본다면, 한국의 다문화교육 실천의 현주소는 아직도 타자를 결핍이나 위협으로 간주하는 단계에 머물러 있다고 판단된다.

제3세계 출신 외국인에 대한 동정이나 보편적 인류애에 기초하는 낭만적인 다문화주의의 경향은 동전의 양면을 이루고 있다. 또한 독일에서 꾸준히 제기되어온 '정치문제의 교육문제화'라는 문제 제기는 한국의 다문화교육에서는 아직 충분하게 고려되지 못하고 있다. 다문화적 공생의 문제는 단순히 문화적 차원의 문제로 환원되어서는 곤란하며, 정치·사회·제도적 불평등의 해결을 전제로 해서 또는 그것과 연동해서 접근해야 한다(정창호, 2011: 97).

독일에서는 문화와 언어에 우열이 있을 수 없다는 자각이 대두되면서 "다문화적 사회에서의 상호문화교육"(Nieke, 2008)이라는 관점이 다시금 새롭게 형성되었다. 나아가 유럽위원회는 2008년을 '상호문화 대화'의 해로 정했고, 다양한 문화와 복잡한 환경에 대한 시민의 지식과 이해를 늘리는 데 노력하고 있다(김태원, 2012: 190).

21세기 다문화사회에서 상호문화교육이 추구하는 바는 전 지구적으로 함께 살아갈 사람들 사이의 평등함과 상호인정의 원칙이 통용되고 공동체 삶의 기본 가치로 자리매김하도록 하는 데 있다. 상호인정이란 한 사회의 다수에 의해 주도되는 문화가 문화적 소수집단에게 다름을 묵인하거나 관대하게 대하는 것을 뜻하지 않는다. 관용이 아닌 인정은 주도적 문화 및 생활방식이 소수인의 민족적·세계관적 차이에 따른 문화적 다양성을 있는 그대로 존중하고 수용함을 의미한다(정영근, 2007: 265).

상호문화교육은 사회의 변화를 지각하고 스스로 혁신적인 과정을 시작하려는 일종의 열린 행위이론으로 이해되며, 평화교육과 갈등해결에 기여한다. 또한 상호문화교육은 아동 중심적인 교육학에 토대를 둔다. 더 정확하게 말하자면, 교육학에서 인간학적인 토대는 삶의 주체로서의 인간이다. 이것은 상호문화교육이 파울루 프레이리(Paulo Freire) 교육학의 의미에서 인간의 특수한 삶의 조건들, 경험들, 욕구들에서 시작되는 것을 말한다. 교육학적 작업에서 아동, 청소년, 성인은 그들의 전기(傳記)에서 이해된다. 이러한 입장에서 상호문화교육은 경험에 개방적이다. 그렇기 때문에 상호문화교육학은 인간이 원초적으로 경험하는 장소인 생활세계로 방향이 설정되어야 한다. 이와 관련한 교육학적 원리들은 생활과의 밀접함, 자기 활동성, 자발성, 개인적 · 언어적 · 문화적 차이를 포함한다.

상호문화교육 참여자는 특정한 인종집단 혹은 결함이 있다고 꼬리표가 붙은 개인만이 아니라 사회의 '모든' 구성원이다. 교육의 목적 역시 상대주의적, 이른바 문화다원주의적 의미에서 아무런 관계없이 병렬적으로 존재하는 것이 아니라, 만남과 대화를 통해 각각의 문화적 습관을 위한 자유로운 공간들이 유지되는 통합이다. 참여자가 교육적 행위의 주체성을 유지하며 상호작용과 대화가 이루어지는 통합의 이해에서 출발한다. 상호문화교육은 기관 혹은 학교의 교과 수업에만 적용되는 것이 아니라, 다양한 차원에서 작동하는 '교육활동 전반에 대한 탐색적 시도'이다. 다시 말해, 교육과정 구성, 학교조직, 수업 설계 및 운영, 학생들과의 개인적인 만남에서 작동해야 하는 원리다. 또한 상호문화교육은 국제적인 관점에서 긴밀한 교류가 증가하는 세계사회를 이해하는 데 기여한다(Roth 2002: 88-92).

상호문화교육에서는 주체와 객체 사이의 '틈새' 같은 '낯섦'을 학습 대상으로 한다. 이때 다른 주체, 즉 낯선 문화의 매체라 할 수 있는 텍스트, 영화, 음악 등 또는 무의식적으로 만들어진 문화가 중요하다. 즉, 전기적 또는 사회적으로 배제된 내용들이 중요하다. 여기에는 게슈탈트 심리학에서 유래하는 '접촉'의 개념이 중요한 역할을 한다. 접촉은 항상 고유한 것과 낯선 것 사이의 경계에서 생겨난다. 접촉은 낯선 것들에 대한 감정이입과 고유한 것의 이해가 항상 유동적인 상황에 처해 있는 영역에서 이루어지는 자아확신과 경계 짓기의 과정이다(Dauber, 1998).

안정을 중재하는 사회적 · 정치적 구조들의 해체는 '타인을 한 울타리로 묶는 것과 배척하는 것'의 사회심리학적 역동성을 강화하고, 그렇게 함으로써 결정의 정당성은 개인에게 의미의 틀로 작용한 전통들 혹은 더 높은 가치들이 그 지위를 상실하게 되어 추론적으로 생산하도록 요구한다. 교육의 현안에서 사회적 역동성을 비판적으로 분석하는 것은 불가피하지만, 상호문화교육의 충분조건은 아니다. 이러한 비판적 분석은 사회적 정체성을 구성하는 기준들이 상대적으로 임의로 교체될 수도 있고, 피부색, 인종적 또는 그 외에 외적, 즉 역사적으로 뒷받침될 수 있는 특징들에 따라 집단들이 구별될 수 있으며, 그를 통해 자신을 타인으로부터 격리시킬 수 있다는 인식을 가능하게 한다. 이러한 인식은 개인적으로 의미 있는 정보로서 자신의 것으로 소유되어 '현실'이 되지 않는 한 학습하는 주체에게 이론적 또는 '낯선' 것에 머무른다. 따라서 그러한 이데올로기적 비판이 학습으로 이어질 수 있게 하는 교육의 개념을 찾아야 한다. 글로벌화된 시장 구조들과 고유한 생활세계와의 구조적 결합에 직면해서 널리 퍼져 증가하고 있는 무능과 비통합의 경험들에 대해 자기활동과 역량을 통한 학습이 이루어질 필요가 있다(Holzbrecher, 정기섭 외 역, 2014: 133-134).

상호문화교육은 공통의 공공문화를 전수하고자 하는 의지와 관련된 시민성교육과 점점 더 긴밀히 연결되고 있다. 파제(Pagé)에 따르면, 공통의 공공문화는 "두 가지 의미에서 단순히 구별 짓는 문화들을 초월한다. 먼저, 그 내용은 어떤 특정문화를 명확하게 보여주는 내용이 아니다. 왜냐하면 그 내용은 역사상 현대 민주주의와 서양문명을 만들어낸 국민이 모두 협력해서 만든 결과이기 때문이다. 다음으로, 이 공통의 공공문화는 여러 민족집단 구성원의 관계를 정의와 평등에 기초하여 해결하고자 하는 원칙, 규범, 규칙을 제시한다는 의미에서 특정문화를 초월한다. 상호문화교육은 이처럼 서서히 민족공동체 문제로부터 덜 불평등한 사회적 · 교육적 활동 개념으로 옮겨지면서 사회적 계약 차원의 균형 잡힌 관계를 강조한다(Abdallah-Pretceille, 1999).

키젤(Kiesel, 1996)은 상호문화교육과 관련해서 '상호작용적 성향'을 옹호한다. 상호작용적 성향과 함께 정체성 확립은 다양한 상호작용 파트너들과 모순되는 행위요구를 하는 상호작용의 과정이라고 묘사된다. 상호문화 과정에서는 공동으로 지향하는 틀을 발전시켜야 한다. 이것은 공동의 상호문화적 일상지식을 부여하기 위해 새로운 의미를 서로 이해하는 데 목표를 두고, 계속해서 다양한 일상이론의 조정을 요구한다. 니케(Nieke, 2000)는 담론윤리의 연장선에서 '상호이해의 윤리'를 요구했다. 상호이해의 윤리에서는 문화세계와 생활세계의 경계로 인해 나타날 수 있는 의사소통의 제한도 의식적이 되며, 근본적으로 지양될 수 있다.

상호문화교육은 사회의 필요에 의해 수립된 사회 · 문화 정책적 조처나 특별한 목적을 지닌 교육 프로그램이라는 제한된 이해를 넘어 인간 누구에게나 필요한 일반교육으로 이해되어야 한다(Portera, 2005; Auernheimer, 2003). 소수민족의 측면에서 파악되던 상호문화주의의 교육학적 관점이 이제는 각국의 글로벌 정책에 따라 보편적인 방향을 추구하게 되었다. 이에 따라 사회문화적 다양성과 언어의 상이함을 바탕으로 삶과 세계관의 차이를 이해하는 것이 상호문화교육의 주안점으로 등장했다. 상호문화교육은 소수민족을 위한 교육을 넘어 모두를 위한 교육 내용으로 전환되어야 한다(Allemann-Ghionda, 1999: 487).

상호문화교육은 다문화사회에서 일상생활의 어려움은 물론 사회복지적 혜택 등에서 소홀하게 취급받는 외국인을 교육적으로 도와준다는 명분을 갖고 있었다. 이러한 명분은 상호문화교육의 성격과 가치가 전환됨에 따라 당연히 비판받게 되었다. 이는 사람들의 관심을 정작 필요한 주류사회의 정치적 변화로부터 돌려놓는 경향이 있었다. 이러한 사회비판적 태도는 상호문화교육이 낯선 타자들을 단지 문화적 · 인종적 차이의 차원에서만 고찰하는 태도를 반성하게 함으로써 사회적 불평등 문제를 포함한 포괄적인 이론을 탐구했다는 점에서 의의가 있다. 그럼에도 상호문화교육이 타자 문제에서 문화적 차이에 대한 고려가 필수불가결하다는 점에 대해서는 의심하지 않는다. 따라서 상호문화적 차이를 고려함과 동시에 사회적 정의의 문제를 통합할 수 있는 포괄적 상호문화교육의 틀을 마련하는 것은 현재진행형의 과제로 남아 있다(정창호, 2011: 83).

다문화교육의 대안으로 등장한 상호문화교육은 주체와 타자 간 관계 같은 개인적 차원의 문제들을 다룬다는 점에서 공동적인 문화를 간과할 수 있다. 중요한 것은 상호문화교육이 지향하는 관점이 낯선 타자와의 공존을 어떻게 이룰 것인가 하는 방법의 탐구라고 볼 수 있다.

2) 상호문화역량의 내용

상호문화교육의 실천적 목표는 현대사회에서 요구되는 다양한 문화능력의 획득에서 찾을 수 있는데, 그것을 '상호문화역량'이라 할 수 있다. 상호문화교육은 사회 전체 구성원의 인식을 변화시키는 것을 전제로 하는 사회문화적 통합을 목표로 한다. 즉, 단일민족국가라는 획일적인 사고방식에서 벗어나 문화 다양성을 모색하는 개방적 사고가 필요하다(오영훈, 2009: 28).

상호문화교육의 실천적 목표는 현대사회에서 요구되는 다양한 문화 능력을 향상시키는 것이다. 상호문화역량에는 문화 사이의 공통점과 차이점을 찾아내는 능력, 다른 문화의 관점에서 자신의 사고와 행위를 성찰하는 능력, 문화 사이에서 의사소통하는 능력, 타문화를 비판적으로 이해하고 인정하는 능력, 타문화 출신과 협력하여 사회공동체를 이루는 능력 등이 있다(이종하, 2006). 상호문화교육이 추구하는 바는 넓은 의미에서 사회적 학습으로서 공감, 관용, 갈등 해결 능력, 협력, 연대성 등이 해당한다. 특히 공감능력을 위한 교육은 개별적 인간이 스스로의 마음을 열도록 장려하고, 자신과 다른 타자들이 직면한 문제와 그들의 '다름'에 관계할 수 있도록 이끌어준다(Essinger & Graf, 1984). 서로를 다르게 체험하는 행위자들은 자신들의 존엄성이 존중받는다고 느낄 때 긍정적인 상호작용과 공동협상이 가능한 상호문화적 역학관계에 들어갈 수 있다(허영식 외, 2009). 그들은 그 자체로 목적 및 주체로 인정받아야 하며, 낯선 목적을 위한 수단으로 취급되어서는 안 된다. 나와 타자의 주체적이고 상호적인 관계가 중요하다.

또한 상호문화역량은 거시구조적 관점과 관련된다. 상호문화역량은 조망할 수 있는 세계, 학습자와 일상생활에서 구체적인 상호작용 및 행위공간과 관련되어야 한다. 또한 심리사회적 주체발달 차원이 고려되어야 한다(Holzbrecher, 정기섭 외 역, 2014: 133-137). 즉, 상호문화 안에 존재하는 인간과 인간에 함몰되어 인간을 둘러싸고 있는 사회적 구조를 간과하면 안 된다는 것이다. 그뿐만 아니라 타자와의 관계가 상호주관성을 가지고 역동적인 만남으로 이루어져야 한다.

다양한 문화를 가진 개인 간의 만남이 늘어나면서 타인에 대한 단편적인 지식보다는 타인과 원만한 관계를 형성할 수 있는 능력이 점점 중요해지고 있다. 이제는 타자에 대해 '말하는' 것이 아니라 타자와 함께 '행동할' 줄 알아야 한다. 타자와의 원만한 관계 형성에서 가장 중요한 것은 자기중심주의, 자문화중심주의, 그리고 자민족중심주의에서 탈피해야 한다(Abdallah-Pretceille, 2004). 그러므로 빠르게 다문화사회로 변화하는 한국 사회에서 '다름'에 대해 상호문화적으로 접근해야 할 것이다. 상호문화적 접근방식은 타인과 원만한 관계를 맺기 위한 역동적인 과정이다. 이러한 접근방식의 핵심은 원만한 관계의 출발점을 타인이 아니라 자기 자신에서 찾는 것이다.

2004년 오스트리아, 체코, 독일, 영국의 학자들은 '상호문화능력 평가(Intercultural Competence Assesment, INCA)'라는 평가지침서를 공동으로 개발했다. 상호문화능력의 중요한 평가기준은 다음과 같다(김영순 외, 2016a: 12).

첫째, 공감 역량이다. 공감은 타인의 생각이 무엇인지, 그들이 어떻게 느끼는지 직관적으로 이해하는 능력이다. 공감능력이 있는 사람은 타인의 감정과 사고를 다룰 줄 알며, 타인의 눈으로 상황을 보고 느낀다.

둘째, 다름에 대한 존중이다. 자문화중심주의에서 벗어나 타문화에 대한 불신을 자제하고 개방성 있는 태도를 취하는 것이다. 이러한 존중 능력을 가진 사람은 타인의 가치, 관습, 관행 등을 존중할 수 있다.

셋째, 지식의 발견이다. 지식 발견 역량은 새로운 문화에 대한 지식을 습득하고, 실제 의사소통과 상호작용에서 지식, 태도, 기술을 적절히 사용하는 능력이다. 타문화권의 사람들과 상호작용할 때, 새로운 지식을 활용하여 해석하는 것이 중요하다.

넷째, 의사소통에 대한 인식이다. 이 역량은 상호문화적 의사소통에서 언어 표현과 문화적 상황과의 관계를 적절히 설정하고 식별하는 능력으로, 다양한 의사소통 방식을 이해하는 것이 필요하다.

다섯째, 모호함에 대한 관용이다. 이 역량은 낯선 것을 이해하고 받아들임으로써 갈등을 해결하는 시작점이다.

여섯째, 행동의 유연성이다. 이 역량은 자신의 행동을 서로 다른 요구와 다른 상황에 맞추는 능력으로, 절차와 기대의 불필요한 충돌을 피하기 위해 상대방에 따라 자신의 행동 목록을 확장하고 적응한다.

수년 전부터 프랑스-독일 청소년센터(Office franco-allemand pour la jeunesse: OFJ)의 활동은 상호문화교육을 통해 교류, 특히 학교 간의 교류를 기능주의와 기계화로부터 벗어나게 하고 있다. 또한 1990년부터 유럽회의는 로컬에서 글로벌에 이르기까지, 즉 특정 구역, 지역, 국가, 국가단체 등에서 일하는 청소년 강사들을 대상으로 상호문화교육 프로그램을 집중적으로 실시하고 있다. 유럽회의 청소년 담당자들과 국제 청소년 기구 책임자들은 유럽 사회를 건설하기 위해 문화적 다양성을 다루어야 하며, 사회적 결속과 상호문화적 이해를 위해서는 구체적인 교육 활동이 필요하다고 생각하고 있다(Rowles, 1992).

교류는 사람들 간의 우정, 상호 공감, 진정한 의사소통, 자발성, 상호이해, 그리고 문화 간의 대화 같은 신화와는 거리를 두어야 한다. 왜냐하면 이런 신화는 관계를 단순화시키고 관계를 종종 덜 열정적이거나 덜 목가적인 일상생활이 아닌 비현실적인 곳에 위치시키기 때문이다. 개인이 자의로 모이거나 타의로 불러 모은다고 집단이 구성되는 것이 아니며, 이들을 가까이 받아들이게 하거나 혹은 옆자리에 앉게 한다 해도 서로를 인정하고 신뢰하지 않는다. 교류는 너무나 자주 유사점을 무시하고 차이점만 강조하는 경향이 있다. 이런 접근방식은 대상 밖에 머문다. 이 방식은 마치 박물관의 작품들을 관람하듯이 차이점을 맥락 밖에서 다루므로 그 자체가 이미 이국적이라 할 수 있다. 유사점은 성찰 과정을 요구하지만, 차이점은 단순한 확인만으로도 충분하다. 문화를 이해한다는 것은 사실을 열거하거나 의식, 신화, 관례 등을 수집하는 정도로 축소된 단편적인 시각을 넘어서는 것을 의미한다. 일관성과 공통점을 찾기 위해서는 모자이크식 지식을 초월해야 한다. 차이점은 주어진 것이지만, 유사점은 세세한 것, 직관적인 것, 주관적인 것을 넘어서기 위한 인지적 활동과 구성의 결실이다(Abdallah-Pretceille, 1999: 127-130).

상호문화역량에서는 상호작용, 즉 두 화자로 하여금 서로에게 영향을 미치고 서로 얽히게 하는 교환 과정과 아울러 상호주관성을 강조한다. 이제는 상대방에 대해 타자에 대한 '물체화하는' 시선의 상호성을 수용하면서 지위를 가진 사람으로 인정하는 것이 중요하다. 이는 타자성의 윤리에 해당할 수 있다. 타자성의 윤리는 교사에게 특별히 요구되는 덕목이다. 교사들이 다문화에 대해 편견 없이 이해하는 것은 성공적인 다문화교육의 핵심요소다. 타자적 윤리를 갖춘 교사는 타자로서의 학생들을 자기중심적 관점에서 판단하지 않고, 자신이 가진 편견으로 그들을 바라보지 않으며, 그들의 어려움에 적절히 응답할 수 있는 전문가적 순발력과 학생들이 자기 인생의 주체로 설 수 있도록 돕는 교사일 것이다.

다문화교육에서는 무엇보다 교사의 역할이 핵심이며, 다양성의 가치에 대한 추상적인 시도보다 더 중요한 것은 교사가 자신과 타인에 대한 감정, 지식 그리고 태도에 대해 점검하는 것이다(Seefeldt, 2005). 그러므로 인간 존엄성에 대한 인식을 바탕으로 한 교육실천자로서 교사의 관점 변화와 실천이 선행되어야 한다. 타자에 대한 윤리성 회복과 상호문화역량을 향상시킬 수 있는 교사에 대한 연구가 필요하다.

3. 상호문화학습의 실천적 내용

'상호문화 및 글로벌 학습' 영역에서 커리큘럼 구상을 발전시키기 위한 토대는 1997년 독일주문화부장관협의회(KMK)에서 의결하여 권고한 문서인 '학교에서의 상호문화교육과 지도', 그리고 '학교와 수업에서 하나의 세계 및 제3세계'다. 이들 문서는 정체성을 형성하는 전통노선과 고유한 문화, 그리고 낯선 문화의 기본 틀에 관한 지식과 통찰이 상호문화역량 개발을 위해 중요한 토대라고 밝힌다. 단지 낯섦에 대해 상이한 지각, 반성적 해명, 자아비판적 평가만이 이루어진다면 추측과 선입견이 생겨날 수 있다. 이때 중요한 것은 자료의 확장보다는 기존 내용의 상호문화적 강조다. 사례로서 문화적 · 종교적 · 인종적 배경과 관계들, 그리고 문화적 다양성에서 공동생활의 조건들을 학습하기 위해 다음과 같은 주제들이 고려되었다(Holzbrecher, 정기섭 외 역, 2014: 138-139).

- ▶ 고유한 문화와 낯선 문화의 근본적인 특징과 발달
- ▶ 문화의 공통성과 차별성 그리고 서로의 영향
- ▶ 보편적 가치에서 인권 그리고 문화적 조건에 관한 질문
- ▶ 선입견의 발생과 의미
- ▶ 인종차별주의와 이방인 배척의 원인

▶ 자연공간적 · 경제적 · 사회적 · 인구통계학적 불평등의 배경과 결과

▶ 현재와 과거의 이주운동의 원인과 영향

▶ 종교적 · 인종적 · 정치적 갈등 규제를 위한 국제적 노력들

▶ 다문화사회에서 소수자와 다수자의 공동생활 가능성

사람들은 학교에서 이루어지는 상호문화교육 활동의 교수법적 구상들을 서로 구별할 수 있는 명확한 범주를 고대한다. 그러나 존재하고 있는 실천적 성향들의 다양성을 고려하면 많은 중첩과 변화가 나타난다. 더욱이 전문서적에서 상호문화학습과 관계된 긴장관계들을 성찰하는 시도가 전혀 없다는 어려움이 있다. 따라서 아직 확정되지 않은 상호문화교육학의 연구 현황과 지식의 발전을 고려해야 할 것이다.

다음에 제시된 '교수법적 개념들'은 응집력 있게 나타나는 발생사처럼 내용적으로도 '상대적 폐쇄성'에 대한 접근들이 중요하다는 것에서 출발한다. 물론 개념 간의 이행 과정이 종종 유동적이라는 것도 보게 될 것이다. 그러므로 개념적인 '책상서랍 시스템'이 중요한 것이 아니라, 구분을 시도하고 그를 통해 상호문화학습의 새로운 '관점들'이 분명해지도록 하는 것이 중요하다. 이런 맥락에서 추상적이고 형식화된 이론, 즉 교수법 모형 비교와 실천적 수업의 '성향들' 간의 중간영역이 강조된다. 다음의 교수법적 개념들은 그 관점의 구별에서 하나의 일반교수법 이론으로부터 엄격하게 추론하여 분류하려고 하지는 않았다 (Holzbrecher, 정기섭 외 역, 2014: 140-141).

▶ 반인종차별주의 교육

▶ 역사와 현재에서 인종적 발자취 찾기

▶ 유럽에 관한 학습

▶ 언어 및 문화에 관한 교양교육, 의사소통과 관계된 교양교육

▶ 글로벌 학습

▶ 타인과 자신의 상을 지각하고 형성하기

홀츠브레허(Holzbrecher, 2004)는 낯섦과 상반된 것의 양립문제와 전체적으로 변화된 문맥에서 '자아'의 동조를 상호문화학습의 핵심으로 본다. 이것은 다문화사회에서 타자를 판단하기에 앞서 우리 자신을 성찰해야 함을 의미한다. 나아가 상호문화교육은 모든 인간이 존엄하다는 것을 바탕으로 타자의 삶 또한 동등하게 존중되어야 한다는 사고와 태도의 전환을 요하는 교육이다. 이런 맥락에서 그는 6가지 개념을 제시했는데, 이들은 엄격한 분류보다는 '발견적 기능'에 만족해야 할 것이라고 언급한다. 즉, 이러한 개념과 관점들은 질서체계로서 방향을 제공함과 동시에 새로운 교육적 실천을 탐색하는 동기가 된다. 그런데 이 절에서는 위에 제시한 6가지 교수법적 개념 중 최근 우리 사회의 다문화교육에 기여할 만한 개념들을 소개할 것이다. 반인종차별주의 교육, 언어와 문화 및 의사소통과 관련된 교육, 글로벌 상호문화학습 내용이 바로 그것이다.

(1) 반인종차별주의 교육

반인종차별주의적 교육 개념은 영국에서 상호문화교육 또는 다문화교육을 반박하는 논쟁적 전환에서 생겨났다. 흑인 지성인 측에서는 현재 통용되는 상호문화적 실천이 오히려 스테레오타입화를 장려한다고 비난했다. 그렇기 때문에 문화적 통일성들은 더 이상 주제가 아니라

는 것이다. 그 대신 성장하는 세대가 일상적인 차별에 민감해지고, 무엇보다 제도적인 인종차별주의에 대해 계몽되어야 한다는 것이다(Auernheimer, 1998: 22). "자신의 이익을 위해 소수자 문제에 대한 문화적 논거를 도구화하는 것, 또는 소수자에 대해 백인 다수사회의 구성원이 가지고 있는 가부장적 권위주의"는 비판되었다. 이러한 입장에서의 날카로운 비판은 반인종차별주의적 개념의 이데올로기에 대해 상호문화교육이 결과적으로 자신의 고유한 모습을 확인할 수 있다는 회고적 주장을 가능하게 했다(Rinke, 2000: 101). 오늘날 독일어권에서 이러한 개념의 특징은 다음과 같이 요약될 수 있다. 1990년대 초극우주의자들의 강화된 습격 이후에 인종차별에 반대하는 다수의 자발적 단체들이 생겨났다. 예를 들어, '인종차별이 없는 학교-용기 있는 학교' 네트워크 또는 반인종차별주의 정보센터를 들 수 있다. 이 센터에서는 다음과 같은 훈련 프로그램을 제공하고 있다(Holzbrecher, 정기섭 외 역, 2014: 141-143).

- ▶ 반인종차별주의 훈련은 인종차별주의를 다양한 차원에서, 예를 들어 역할놀이를 통해 이해할 수 있도록 하고, 자신의 견해를 민감하게 하며, 시민으로서의 용기를 위한 행위의 틀을 제공한다.
- ▶ 폭력 감소 훈련은 갈등을 평화적으로 해결할 수 있는 역량 증진을 돕고, 폭력 상황과 위협에 대처하는 방법을 훈련시킨다.
- ▶ 논증 훈련은 일상적인 선입견, 인종차별적 유언비어, 우익의 거짓말을 다루면서 강화된다.
- ▶ 상호문화 훈련은 다양한 출신의 사람들과 교류하면서 교육하고, 다른 생활세계(문화적 및 인종적 집단)에 대한 이해를 촉진한다.
- ▶ 교사직무연수는 학교에서 인종차별주의와 극우주의 주체를 다루는 데 필요

한 정보를 제공하고 갈등관리, 조정, 폭력예방 교육을 한다.

▶ 지식 확대·재생산자 워크숍은 프로젝트 관리, 네트워크 구축, 상호문화적 작업을 다룬다.

뤼데케 외(Lüddecke et al., 2001)가 출판한 교사용 교재 『학교에서의 상호문화교육과 반인종차별주의적 교육』을 통해 상호문화와 반인종차별주의는 일종의 행위 실천에서 두 가지 중복된 관점의 표현이라는 것이 분명하다. 저자들의 개념적인 숙고와 모든 학년을 위한 교수방법적인 많은 성향은 다음과 같은 공통의 목표설정을 확정한다. 다양성에 대한 존중과 가치평가, 분쟁조정과 중재, 학교에서의 상호문화성 표현이 바로 그것이다(Lüddecke et al., 2001: 43). 따라서 학교에서의 반인종차별주의 교육은 상호문화교육적으로 계획되어야 하고, 다른 문화를 이해하고 문화다양성을 존중하며, 인종 간에 발생할 수 있는 분쟁을 조정하고 중재하는 데 기여하는 방향으로 구성되어야 한다.

(2) 언어와 문화 및 의사소통과 관련된 교육

상호문화적 접촉은 언어적인 기호 공간뿐만 아니라 비언어적인 기호 공간에서도 실현된다. 그러나 언어적 기호인 단어들은 감정의 세계를 일깨운다. 그 결과로 언어적이면서도 비언어적인 코드의 문화적 기호들은 인식에서 멀어지기도 한다. 우리는 단어들과 제스처들이 문화적으로 기호화되어 있다는 것을 어떤 개념이 단순하게 번역되지 않거나 어떤 제스처가 이해될 수 없기 때문에 생겨나는 의사소통의 어려움을 겪을 때 비로소 인식하게 된다. 이러한 혼합 상태가 일반적으로 소통, 특히 상호문화 소통을 어렵게 한다. 상호소통을 가능하게 하기 위해서는 타자의 언어와 문화 이해, 그리고 타자와의 의사소통 교육이 요구된다. 이러한 상호문화학습적 교수법 개념은 포괄적인 의미에서 '일반 교육적'이라고 할 수 있다. 이 개념의 중심적인 특징은 다음과 같다(Holzbrecher, 정기섭 외 역, 2014: 150-151).

첫째, 개인적이고 집단적인 정체성 구성의 수단으로서 언어 이해의 영역이다. 우리는 언어철학을 통해 지각, 사고, 언어가 상호 영향을 미치는 활동이라는 것을 알고 있다. 신뢰할 수 있는 공간에 소속되어 있다는 느낌, 즉 집에 있는 것 같은 느낌(정체성)은 본질적으로 언어라는 수단을 통해 일어난다. 왜냐하면 언어에는 특정한 문화적 경험들이 농축되어 있기 때문이다. 상호문화학습은 이러한 코드(자신의 언어 코드와 낯선 언어 코드)가 인식될 수 있을 때 일어난다. 즉, 어떤 방식으로 역사적·사회적·문화적 경험들이 단어와 제스처의 의미를 형성했는지 알 수 있을 때 상호문화학습이 실행된다(Oomen-Welke, 2003: 72). 이러한 성향의 수업은 현대 외국어 수업들과 독일어 수업뿐만 아니라 이주자 언어와의 교류에서도 나타난다. 학교는 정체성 형성의 수단으로 고유한 언어를 활용하는 청소년의 이러한 노력을 어느 정도 인정하는가? 학교는 순응압력 때문에 모국어가 정서적으로 거부되거나 개인적인 정체성 발달 과정에서 두 언어 및 문화의 생산적인 통합이 성공적으로 일어나는 데 어느 정도 기여하는가? 이런 질문들은 '언어의식'의 언어교수법적 목표설정의 중요함을 의미하며, 이 목표설정의 핵심에 인정의 교육학을 포함하고 있다(Hafeneger et al., 2002).

둘째, 다중언어 능력과 발달 관점으로서 '언어와의 만남' 영역이다. 이주배경을 가진 학생들을 위해 '모국어로 하는 수업'이 지원되어야 하는지, 그렇다면 어느 정도까지 지원되어야 하는지에 대한 문제들이 존재한다. 한쪽에서는 출신국가의 문화적 정체성 유지를 언급하면서 정당성을 주장한다. 다른 한쪽에서는 이미 오래전부터 독일사회로의 통합이 행해져왔다는 근거를 들어 그것을 거부한다. 다중언어의 습득은 모든 학생에게 소통 능력 및 인지적 능력을 발달시킬 수 있는 가능성을 제공한다. 이것은 세계 언어인 영어와 프랑스어뿐만 아니라 터키어, 네덜란드어 또는 체코어도 마찬가지라는 것이 분명하다.

셋째, 상호문화적 소통의 비언어적 관점 영역이다. 국제학생과의 소통 준비로서 혹은 외국인 노동자가 있는 사업장에서 간혹 소통의 어려움이 존재한다, 제스처, 신체적 태도 또는 생활세계의 문화적 기호화에 대한 민감성은 '글로벌 사회'에서 필수불가결한 것으로 보인다. 왜냐하면 문화 간 접촉의 성공 여부는 추측건대 무엇보다 비언어적 기호의 의미에 따라 결정되기 때문이다.

'다중관점적인 교육, 다중언어성'에 대해 언급하고 있는 아우에른하이머(Auernheimer, 2003)조차 이러한 교수법적 개념을 다른 개념과 분명하게 구별하지 못했다. 이러한 교수법은 '글로벌 학습'에서와 마찬가지로 언어 또는 소통과 관계된 관점에 집중되어야 할 하나의 주제영역으로서 중요하다. 인사 유형들 또는 비언어적 기호가 낯선 국가의 특수한 문화연구 또는 문화적인 기록들이 수업에서 주제화되어야 하는지에서 본질적인 것은 언어적 관점과 주변 주제영역들을 결부시키는 것이다. 그럼으로써 타인 및 낯선 사람을 그의 고유한 가치와 의미에서 인정하고, 자신을 그와의 관계에서 바라보며, 타인으로부터 사고하는 것을 상호문화학습의 교수-학습 목표로 설정해야 한다.

(3) 글로벌 학습

상호문화학습의 부분영역으로서 '글로벌 학습'은 복잡한 학습영역이지만, 상호문화교육 수행에서는 중요한 위상을 갖는다. 불프(Wulf)의 일반교육학적 성향을 따른다면, 지구적인 것과 지역적인 것, 보편적인 것과 특수한 것, 전통과 현대 등과 같은 일련의 세계적인 긴장 영역들이 교육과정을 결정한다(Wulf, 2001: 183). '점점 더 강력해지는 하나의 세계망(글로벌화)에서 경제적, 정치적, 문화적 그리고 사회적 과정들은 다양한 교육체계 및 제도에서 지방적 · 지역적 · 국가적 공통성을 어떻게 다루어야 하는가?'라는 중점적인 질문에 대한 교육체제의 책임을 규정한다(Wulf, 2001: 174). 금융과 정보흐름의 글로벌화로의 급속한 진행과 인간적인 노동과 삶의 조건들에 대한 권리, 교육 · 인권의 엄수에 대한 권리 같은 사회적 기준들이 '자유시장'의 독재에 희생되는 위협적인 상황에 직면하여 글로벌 학습은 이러한 도전들에 대한 교육학적 응답으로 간주되어야 한다(Scheunpflug, 2003).

'지구적으로 사고하고 지역적으로 행위 하기'는 글로컬 마인드로 표상되는데, 이는 이미 1980년대 초에 등장한 슬로건으로, 주변의 사회적인 문제와 행위의 장이 세계적으로 영향을 미치는 경제적 구조의 맥락에서 관찰되어야 한다는 것을 의미한다. 이 운동의 토대는 '사회적 공정성'이라는 개념에서 표현된 윤리적 요청이었다. 제3세계 국가들의 구조적으로 소외된 국민집단들에게 투표권을 부여하기 원했고, 수백 년에 걸친 착취 후에 공정한 세계시장 구조들이 제3세계 국가들의 공정한 발전조건들을 가능하게 해야 한다는 것이다.

이 운동의 본질적인 특징은 주변의 생활세계적인 문제들을 국제적인 영역의 문제들과 함께 생각하자는 것이다. 그래서 바나나, 커피

등과 같은 '제3세계로부터 온 생활소비품', '인권과 민주주의', 그리고 '기후보호' 같은 문제영역의 주제는 가까운 영역과 먼 영역 사이의 구조적 연관성에 대한 해명에 기여할 뿐만 아니라, 고유한 생활양식이 '지속 가능한 발전'과 '미래능력'의 원리들에 적합해야 한다는 호소에도 기여했다. '하나의 세계에 대한 책임'은 4가지 영역, 즉 ① 발전 및 사회적 공정성, ② 민주주의와 인권, ③ 전쟁과 평화, ④ 생태 보존, 지속가능발전과 시민권의 결합을 위한 윤리적 토대가 되어야 한다는 것이다.

상호문화적 관점이나 발전이 서로 관계있다는 점에서 독일과 짐바브웨 학교 간의 상호문화학교 프로젝트가 언급되기도 했다(Dauber, 1998). '글로벌 학습'을 상호문화학습의 교수법적 개념으로 수용하는 것은 아마도 최소한 교과체계에 대한 확정 요구와 결합할 수 있다. 다른 관점에서 보면, 유사한 권리로 상호문화적인 것이 글로벌 학습의 부분으로서 고안될 수 있을 것이다. 상호문화교육의 관점에서 다문화사회에서의 공동학습, 하나의 세계에서 글로벌 학습, 상호문화 역량의 촉진, 이주배경을 가진 학생들의 통합과 촉진 같은 과제영역을 파악한다면, 반인종주의 교육에서와 마찬가지로 이러한 문제영역에 대한 상이한 관점들이 중요하다는 것이 분명해진다. 상호문화적 교육활동을 행하는 학교는 다중언어의 촉진, 상호문화적 학교 프로필의 계발과 학교 프로그램으로의 결합, 유관기관과의 협조에서 글로벌 학습을 위한 지역적 네트워크 구축, 새로운 매체, 특히 인터넷을 통한 상호문화적 · 글로벌 학습을 수행해야 한다.

다양성을 갖는 성향들이 분명하게 4개의 교수법적 기본관점 중 하나로 분류되는 것은 어렵기 때문에 다음 4개의 필드 모형이 '영역

〈표 3〉 글로벌 학습의 4가지 영역

문제 지향성	인간 및 주체 지향성	생산물 지향성	국가 지향성
- 인권 - 달력 - 시간 - 세계문화유산	- 문화적 일상 및 축제 - 거주 - 모든 세계로부터의 놀이 - 아동노동 - 고향 망명자/망명아동 - 인디언 - 여성/소녀	- 식사 - 요리 - 의류(면, 낡은 옷 수집) - 식료품(차, 커피, 카카오, 바나나, 조미료 등)	- 여행

간'의 주제를 제시하는 것도 용인되어야 할 것이다. 성향들의 구분은 문제, 인간, 생산물 또는 장소 중 어떤 주제적인 관점이 지배적이냐 하는 기준에 따라 〈표 3〉과 같이 나타날 수 있다(Holzbrecher, 정기섭 외 역, 2014: 155-157).

〈표 3〉은 글로벌 학습의 4가지 영역과 각기 해당하는 영역의 학습 요소를 나열한 것이다. 이를 영역별로 설명하면 다음과 같다(Holzbrecher, 정기섭 외 역, 2014: 157).

첫째, 문제 지향성 영역이다. 여기에서 중요한 것은 구조와 관련하여 문화와 국가를 뛰어넘는 이해와 인식을 가능하게 하는 사실적인 주제다. 문제영역 '인권'은 여기에서 언급될 수 있는 첫 번째 영역에 속한다. 주제 '시간'은 문화비교적인 관점을 통해 일상적으로 구조화된 틀의 상대화를 가능하게 한다. 신뢰하고 있는 것은 역사적 · 사회적 · 문화적으로 제약되어 있다는 것을 인식하면서도 다른 많은 주제처럼 삶의 형태들에 대한 다양성으로 시각을 확대한다. '세계문화유산'에 집중하는 것은 다문화 학급이 문화적으로 제약된 인간적인 환경을 형성하기 위한 의식, 그럼으로써 그 보호와 유지에 대한 책임을 발전시키는 것을 도울 것이다. '세계문화유산'은 국가적 경계를 넘어 지구적인 사고를 발달시킬 수 있는 기회를 제공한다.

둘째, 인간 및 주체 지향성 영역이다. 학습은 대부분 정체성 확립 과정을 통해 진행된다. 사람들은 자신을 다른 사람들과 비교하고, 그들의 일상에 대한 통찰을 얻고, 기쁨 또는 불안감, 슬픔 또는 희망을 함께 나누고 싶어 한다. 그들은 어떻게 생활하고 거주하며 학습하고 즐기는가? 그들은 어떻게 특정한 연령에 맞는 발달과업(부모 집을 떠남, 성역할의 발견 등)을 다루는가? 이것은 상호문화학습의 중심적인 목표다. 지난 수년 동안 아동, 청소년 문학시장에서 질적 도약과 넓어진 주제 스펙트럼이 확인된다. 그 결과 오늘날 강독과 프로젝트 방향에 따라 아동, 청소년 저서의 상호문화 주제들이 취급될 수 있다는 것이 정당하게 언급된다. '주체 지향성' 관점의 교수법적 가능성은 제3세계 국가들의 아동과 청소년의 상황, 주변 지역의 이주 및 망명을 배경으로 한 아동의 상황에 대한 이해에서 비로소 인식될 수 있다.

셋째, 생산물 지향성 영역이다. 유럽에서 한때 "남아프리카에서 온 과일을 사지 말라"는 '정치적으로 옳은' 소비 태도에 대한 요구가 인종차별 정권이 몰락할 때까지 반향을 일으켰다. 이러한 거부의 외침이 측정할 수 있는 정치적 결과들을 가져왔는지는 알 수 없다. 그러나 이 캠페인의 교육적 가치가 과소평가될 수 없다는 것은 확실하다. 학생들과 젊은 교사들은 제3세계 국가들에서 온 이국풍의 과일들에서 정치 발전적인 학습기회를 인식했다. 교수법적 가능성은 식민주의의 역사적 맥락에서 생산물의 생산조건들에 대한 질문만 있는 것이 아니라, 비판적이고 정치적으로 확립된 소비자의 태도에도 있다.

넷째, 국가 지향성 영역이다. 완벽을 기하기 위해 무엇보다 지리교수학에서 생겨난 특정 국가들의 특별한 문제들로 인해 위에서 언급된 각각의 관점들과 조합될 수 있는 방향설정이 거론된다(Holzbrecher, 정기섭 외 역, 2014: 158-160). 특히 타국으로의 여행을 위해 준비하는 단계, 여행 중의 경험과 그 경험으로 얻는 학습 효과 등이 학습자의 인식을 글로벌하게 변화시킬 것을 기대한다.

위에서 논의한 글로벌 학습은 상호문화학습의 방향 중 가장 확대된 실천적 교육 내용이라고 볼 수 있다. 또한 글로벌 학습은 학교와 지역사회에서의 타자 이해를 넘어 초국가적 상황에서의 문화적 다양성을 이해하는 학습이며, 세계시민성을 확보하기 위한 교육적 노력으로 이해할 수 있을 것이다.

이 절은 다문화사회의 구성원에게 상대론적 개념의 문화교육을 위해 상호문화성에 입각한 상호문화학습 방향을 탐색하고 교수 방안을 제안하고자 했다. 이를 위해 유럽에서 정립된 상호문화교육의 구체적인 교수법인 상호문화학습의 방향을 탐색하고 상호문화학습의 내용을 논의했다. 연구 결과 크게 3가지 상호문화학습의 교수방법을 정립했다.

첫째, 반인종차별주의 교육이다. 학교에서의 반인종차별주의 교육은 상호문화교육적으로 계획되어야 하고, 다른 문화를 이해하고 문화다양성을 존중하며, 인종 간 발생할 수 있는 분쟁을 조정하고 중재하는 데 기여하는 방향으로 구성되어야 한다.

둘째, 언어와 문화 및 의사소통 관련 교육이다. 언어뿐만 아니라 문화와 결부된 비언어적 신호도 상호문화학습의 대상이 되어야 함을 강조한다. 이 영역에서는 타인 및 낯선 사람을 그의 고유한 가치와 의미에서 인정하고, 자신을 그와의 관계에서 바라보며, 타인으로부터 사고하는 것을 상호문화학습의 교수-학습 목표로 설정해야 함을 강조한다.

셋째, 글로벌 학습이다. 이 교육 영역은 상호문화학습의 방향 중 가장 확대된 실천적 교육 내용이라고 볼 수 있다. 또한 글로벌 학습은 학교와 지역사회에서의 타자 이해를 넘어 초국가적 상황에서의 문화적 다양성을 이해하는 학습이며, 세계시민성을 확보하기 위한 교육적 노력으로 평가한다.

이와 같은 3가지 상호문화학습은 다문화사회를 맞이하는 우리 사회에 시사하는 점이 크다고 볼 수 있다. 타자인 그들이 한국의 언어와 문화를 익히고 사회에 적응하는 것만 강조하는 우리나라 다문화교육 정책은 상호문화교육의 정신에 비추어 반성해야 할 점이 부각된다. 다수의 우리가 그들과의 공존을 위해 무슨 노력을 했는가? 그리고 어떤 개선을 고민하고 있는가? 이런 점들은 우리나라 교육현장을 상호문화교육적으로 전환시키고, 교과 및 비교과 전반에 걸쳐 상호문화학습을 도입해야 한다는 당위성을 제공한다. 특히 상호문화학습 설계에서 위의 3가지 교육 영역이 유기적으로 조직되어 교실에서 실천되어야 학습자들의 상호문화역량 확보를 기대할 수 있을 것이다.

7장
다문화교육에서 세계시민교육으로

2018년 교육부의 다문화교육지원에 관한 사항을 살펴보면 그 비전으로서 '함께 배우며 성장하는 학생, 다양하고 조화로운 학교'를 표방하고, 그 목표는 '다양한 문화가 공존하는 성숙한 교육환경 구축' 그리고 '다문화 학생 교육기회 보장 및 교육격차 해소'이다. 이에 대한 추진 사항은 크게 3가지 영역으로 요약할 수 있다. '학교 구성원의 다문화교육 참여 확대', '다문화 학생 맞춤형 교육지원 내실화', '중도입국 외국인학생 교육 사각지대 해소'가 바로 그것이다.

여기서 '학교 구성원의 다문화교육 참여 확대' 부분을 꼼꼼히 들여다보면 바로 다문화교육이 세계시민교육과 지향하는 바가 같다는 내용을 살펴볼 수 있다. 이는 한국의 다문화교육이 이른바 다문화인에 관한 지원 중심의 교육을 넘어 학교 구성원 모두에게 바람직한 다양성 교육을 지향하고 있으며, 세계시민으로서의 역량을 함양할 수 있는 방향을 맞춘 것으로 이해할 수 있다. 이런 의미에서 이 장에서는 세계시민교육의 배경과 발전 과정을 살펴보고 세계시민교육의 내용을 검토할 것이다.

1. 세계화와 세계시민성

세계화란 국제 사회에서 국가 간의 상호의존성 증대로 인해 세계가 단일 체계로 전환되어가는 것을 의미한다. 또한 세계화는 이런 전환 속에서 각 민족국가의 경계가 약화되고 전 세계가 경제를 중심으로 통합되어가는 과정에서 상호의존성이 더욱 강화되는 현상을 나타낸다.

세계화 속에서는 정치나 경제적 파워가 한 나라 국경 내의 일정한 영역을 넘어 세계 모든 나라의 영역으로 확대된다. 또한 생산, 판매, 투자, 저축 등 모든 경제활동이 어느 한 나라나 한 지역의 영역에서 벗어나 세계 각지에서 이루어지게 된다(신현종, 1998). 그러므로 세계화는 국가의 국경과 상관없이 경제적 의사결정을 통해 이루어진다. 세계화는 이른바 '국경 없는 세계'를 일컫는 말이다. 이러한 세계화의 추세에 따라 세계 속에 살아가는 세계시민으로서의 역량, 즉 세계시민성에 관한 논의가 최근 들어 관련 학계에서 이슈가 되고 있다.

세계화에 따른 시민성에 관한 논의는 세계가 직면한 초국가적 문제들과 관련이 있다. 일단 세계시민을 이해하려면 시민성의 개념부터 이해해야 한다. 시민성은 다양한 주체들에 의해 정의되고, 정치적 · 역사적 상황에 따라 재해석되어왔다. '시민(citizen)'[1]이라는 용어는 민주주

1 한경구 외(2015: 27)는 시민(citizen 또는 citoyen)은 지역과 국가를 초월하여 긴 인류

의를 통치의 기본질서로 삼은 고대 그리스에서 공동체가 보장하는 모든 권리를 누리는 구성원을 지칭하는 의미로 처음 사용되었으며, 성별과 계층, 신분 등의 제약으로 역사적으로 오랫동안 일부 특권계급만 누릴 수 있는 자격으로 이해되었다. 시민권은 근대국가 체제를 정비하고 국가에 대한 시민의 저항과 적극적 참여를 통해 시민적·정치적 권리와 사회경제적 권리를 제도화한 19~20세기를 거치면서 특정 국민국가(nation-state)에 소속된 모든 구성원에게 부여하는 기본권으로 그 개념이 확대되었다. 이처럼 근대 사회의 시민권이 주로 '국가'와 그 구성원인 '국민' 간의 긴장관계 속에서 규정된 '권리'로 부각되었다면, 시민사회가 성장한 현대에는 민주주의 사회의 구성원으로서 소양과 자질을 갖추고, 역할과 책무를 실천하며, 공동체의 문제 해결에 적극적으로 참여하는 주체로서 '시민'의 개념이 강조된다(유네스코 아시아태평양 국제이해교육원, 2015b: 14).

세계화의 맥락적 배경에서 시민성은 국민국가에 기반을 둔 전통적인 인식 틀을 넘어 '세계시민성'의 구체적인 내용으로 부각되었다. 따라서 오늘날 인류가 직면한 공통의 문제를 해결하고 현재와 미래 사회의 지속 가능한 발전을 모색하려면 사회구성원이 '세계시민'이라는

역사를 통해 부단히 발전해온 보편적인 개념이다. 시민은 '신민' 또는 '국민' 개념과 비교할 때 더욱 명료해진다. '신민'이 절대군주체제 하에서 군주의 지배를 받는 신하라면, '국민'은 근대국가를 전제로 하는 국가의 구성원을 뜻한다. 이에 반해 '시민'은 사회의 주체인 동시에 가치 있는 삶을 영위하고 공동체 구성을 위해 노력하며, 자신의 결정에 책임지는 존재를 의미한다. 따라서 시민성은 민주주의 사회의 구성원으로서 개별 시민이 마땅히 지녀야 할 행동 성향을 뜻한다. 시민성은 민주사회의 구성원으로서 소양을 갖추고, 민주정치 과정에 참여할 수 있는 지식과 기능의 총체를 의미하며, 사회와 개인의 상호작용을 통해 형성된다.

공통의 정체성을 함양하고 전 지구적 차원에서 협력해야 한다. 공동체적 상생과 공영의 가치를 국가적인 수준에서 세계적인 차원으로 확대하고, 이를 구현하기 위한 지향점을 세계시민의식을 통해 구체화해야 하는 여건이 조성되고 있다. 그러므로 세계시민교육은 개별 국가의 이해관계를 넘어 인류가 전 지구적 공동체로서 온전히 기능하도록 개인과 사회의 관점을 변화시키고 필요한 소양과 역량을 갖추는 것을 전제로 한다(유네스코 아시아태평양 국제이해교육원, 2015b: 15).

세계시민의 개념은 어떤 사람이나 집단이 이에 해당하는지, 또는 그 역할과 책무는 무엇인지에 대한 분명하고 합의된 정의가 존재하지 않는 일종의 '가능태'를 전제로 한다. 자칫 사해동포(四海同胞) 식의 추상적 가치와 윤리를 강조할 경우 세계시민의 정체성 혼란이 야기될 수 있다. 그럼에도 '세계시민사회'와 '시민성'이라는 개념은 탈냉전 이후 지구사회를 움직이는 핵심 개념으로 중요성을 더해가는 '자기발현'의 관점으로 이해할 필요가 있다. 이 개념은 기원전 3세기 디오게네스가 도시국가 또는 그리스 시민 대신 자기 자신을 세계시민으로 규정한 것에서 비롯되었고, 이후 스토아학파를 거쳐 계몽주의와 세계시민주의(Cosmopolitanism)로 이어지면서 전 세계를 하나의 공동체로 인식하려는 사상 조류들이 나타났다. 세계시민주의는 전 세계를 하나의 공동체로 인식하면서 구성원의 평등하고 조화로운 삶을 추구하려는 움직임을 의미한다(한경구 외, 2015: 28).

제2차 세계대전 이후 세계시민주의는 국제연합의 활동, 유럽연합의 발전, 세계화, 국제적인 환경협약, 인터넷 및 SNS의 발달 등으로 표상화되기 시작했다. 국제연합의 활동은 군사적 강제력까지 갖추었다는 점에서, 유럽연합은 국제헌법까지 갖추었다는 점에서, 세계화는 자본의 국적이 무의미해졌다는 점에서, 글로벌 환경 문제는 한 국가만의 문제로 귀속되지 않는다는 점에서, 인터넷 및 SNS는 시민의 전 지구적 연대를 가능하게 하는 매체라는 점에서 그러하다. 이를 자세히 들여다보면 그 시점은 아무리 빨라도 1970년대 이후이거나 통상적으로 1990년대 이후의 사건인 것처럼 보인다. 국제연합이 미국 주도의 냉전 관리를 위한 무력 사용에서 벗어나 잔혹한 학살에 대한 국제 시민사회의 요청에 대응하여 평화유지군을 파견하기 시작한 시점은 1990년대 이후라고 볼 수 있으며, 공동 통화를 갖추기 시작한 유럽연합의 출범 시점, 전 지구적 환경 문제에 관한 국제협약이 형성되는 시점, 자본 자유화의 확대가 시작되어 세계화가 진행된 시점, 국내 시민운동에 SNS가 활용되는 시점을 볼 때 그러하다. 아마도 그런 이유로 1990년대 이후 다중시민성 논의와 탈국가정체성 논의가 이 시기에 등장한 것으로 보인다(Soysal, Y., 1994; 서민철, 2015; 유네스코 한국위원회, 2015: 77).

특히 주목되는 것은 2010년의 튀니지 혁명과 그에 뒤이은 오늘날의 대규모 난민사태다. 2010년 12월 튀니지 중부의 한 도시 시디부지드에서 평범한 노점상 청년이 경찰의 모욕적인 단속에 항의해 분신하자, 이 사건이 페이스북과 유튜브를 통해 튀니지 전역 및 전 세계에 알려졌고, 전 세계의 주요 신문에 대서특필되었으며, 반정부 투쟁이 전국화되었다. 이에 군부가 정치적 중립을 선언하면서 독재자였던 벤 알리 대통령이 사우디아라비아로 망명하는 사태가 발생했다. 이러한 사태는 이집트, 알제리, 모리타니, 리비아, 시리아로 번져나갔다. 이로 인해 내전이 격화되자 대량 난민이 발생하여 유럽으로의 대이주가 시작되었다. 이에 유럽 각국에서 난민의 인권 문제가 부각되자, 독일은 난민을 분배해 받아들이자는 제안을 했고, 메르켈은 난민을 환영한다는 입장을 천명했다(서민철, 2015; 유네스코 한국위원회, 2015: 78).

이러한 사태들은 타국에서 일어나는 일에 대한 관심, 최소한의 참여, 그리고 자국에 미칠 영향에 대한 평가, 전 지구적 문제에 대한 관심과 실천 등을 요구한다. 자신이 살고 있는 나라 이외에 타국에서 일어나는 민주화운동에 대한 관심, 인권 탄압에 대한 반대, 자국 내로 이주해오는 난민에 대한 포용적 태도, 전 지구적 환경 문제에 대한 고려 및 실천, 빈곤 문제나 미취학 아동 문제에 대한 공감, 공정무역 등에 대한 관심 등을 요구한다. 이러한 태도는 교육을 통해 함양되므로 바로 세계시민성에 관한 교육이 자연스럽게 요구된다(서민철, 2015; 유네스코 한국위원회, 2015: 78).

그렇다면 세계시민성은 어떤 것일까? 세계시민성은 국가시민성과 같은 종류의 것인가? 다르다면 어떻게 다른가? 이에 대한 설명이 전제되지 않으면 세계시민성 교육이 어떤 성격을 지녀야 하는 것인지에 대한 방향을 잡을 수 없을 것이다. 간단히 말하자면, 세계의 소속 시민이 공동체인 세계에 제공해야 할 책임과 의무를 말한다. 이는 종종 '시민적 덕성(civic virtue)'이라는 표현으로도 설명될 수 있다. 시민적 덕성을 유지해야 하는 이유는 개인으로서 시민의 자유와 권리가 공동체로부터 받는 것이고, 책임과 의무는 개인이 공동체에 제공하는 것이기 때문이다. 전자를 위해서는 개인이 공동체에 우선하고, 후자를 위해서는 공동체가 개인에 우선한다. 전자를 위해 개인은 합리적 판단과 반성적 사고가 필요하고, 타인의 자유와 권리를 존중해야 하는 원칙을 준수해야 한다. 후자를 위해서는 공동체에 대한 헌신과 자기희생, 공동체의 존중 등 더욱 두터운 덕목들이 요구된다. 이러한 시민적 덕성을 '세계시민성'으로 정의할 수 있다.

오늘날 글로벌 수준에서 인권이 존중되는 과정을 보면 국가에서처럼 인권침해 사안이 발생할 때, 현행법으로 즉각적인 교정 작업이 이루어지는 것과 사뭇 다르다는 것을 알 수 있다. 보스니아 내전에서 광범위한 인권 침해 사건들이 발생했고, 이 사건들이 보고되자 유럽과 미국의 시민사회에서 자국 정부에 유엔군의 작전을 요구했으며, 이는 평화유지군의 개입으로 이어졌다. 그뿐만 아니라 앞서 소개한 바와 같이 최근 시리아 난민 사태로 인한 심각한 인권 침해 사안이 발생하자 다수 언론이 이를 이슈화했고, 주요 난민 유입 지역인 유럽연합이 난민을 국가별로 분배 수용하는 방안이 마련되었다. 이러한 사태는 글로벌 공동체라는 것이 다수의 공동체들이 연합된 느슨한 공동체로서, 소속 개인들에게 직접적으로 자유와 권리를 보장해줄 수 없음에도 그에 대한 책임과 의무를 요구하는 것임을 잘 보여준다. 다시 말해 글로벌 공동체가 요구하는 책임과 의무는 국가가 요구하는 책임과 의무와 같은 수준의 것이 아니라 개인으로서 인간이 지녀야 할 도덕적 요구로서 시민적 덕성이라고 볼 수 있다.

이렇듯 시민적 덕성이 요구되는 지점은 인류의 번영, 행복과 지구의 지속 가능성으로부터 요구되는 것이다. 그리고 세계시민교육이 육성하고자 하는 개인은 평화, 다양성 존중, 평등, 관용, 지속 가능성, 인권 등에 대한 덕성을 갖고 전쟁의 방지 및 갈등의 해소, 지구온난화의 완화, 빈곤 문제의 해결, 인권 침해에 대한 반대에 적극적으로 참여하는 개인 혹은 활동가들이다.

유네스코 한국위원회(2015)에서는 세계시민교육이 함양하고자 하는 세계시민성의 덕목들이 지구와 인류의 번성을 지향한다는 점에서 아리스토텔레스가 말한 '목적(telos)'과 유사하며, 오늘날 윤리학이 주장하는 '덕 윤리(virtue ethics)'와 같다고 할 수 있다고 했다. 덕 윤리는 도덕 이론과 관련이 있으며, 도덕 이론은 늘 실천의 문제와 연관되어 있다. 이론이 아무리 그럴듯해도 그 이론을 실천하기 힘들거나 할 수 없다면 그 도덕 이론은 지지받지 못한다. 도덕적인 실천과 관련하여 가장 대립되는 두 개의 이론은 "제대로 알아야 실천한다"는 '주지주의'와 "실천이 실천을 낳는다"는 '습관화론'이다. 이것은 그대로 도덕교육에 대한 함의를 갖는다. 덕 윤리는 인간으로서의 행복을 위해 필요한 인성적 자질들을 덕목으로 보고, 이러한 덕목을 함양하여 덕목을 구현하는 행위를 좋은 행위라고 규정한다. 덕 윤리는 인간이 잘사는 것과 인간의 탁월성을 구성하는 요소들을 도덕의 범위에 포괄한다. 그래서 옳은 행동이 무엇인가에 대한 답변만 줄 수 있는 의무 윤리에 비해, 덕 윤리는 인간의 행복, 탁월성, 경탄의 대상에 해당하는 요소들을 모두 포괄할 수 있다. 즉 사랑, 정중함, 지혜, 창의성, 심미성, 위트, 우정, 예의, 성실성 등이 그것이다.

이런 맥락에서 덕 윤리가 우리의 도덕적 상식을 더 잘 반영한다고 할 수 있다. 덕 윤리는 인간의 행복, 웰빙, 탁월성을 도덕의 근거 혹은 목적으로 삼기 때문에 다른 도덕 이론에 비해 훨씬 풍부한 가치 언어를 보유하고, 더 폭넓은 인성 특질이나 덕목들을 제안할 수 있다. 그리고 덕은 개별 행동이 아니라 '덕 있는 사람이 되도록' 함양해야 하는 것이므로 직접적으로 교육적 함의를 갖는다. 즉, 인성은 교육을 통해 길러져야 한다. 아리스토텔레스는 실천 지혜 같은 지성적 덕은 가르침을 통해, 인성적 덕은 훈련과 습관화를 통해 습득될 수 있다고 보았다. 교수, 습관화, 훈련은 바로 교육의 언어로서 인성교육을 의미한다. 덕 윤리는 그것이 목표로 하는 인성 함양에 교육을 요청함으로써 인성교육의 윤리학적 기초가 되려고 한다(서민철, 2015; 유네스코 한국위원회, 2015: 82).

초국가적인 이슈들에 대해 능동적으로 대처하고 윤리적인 실천을 가능케 하는 세계시민성은 제도적 · 법률적 의무가 아닌 자발적인 시민적 덕성을 바탕으로 한다. 시민적 덕성은 덕 윤리에 해당하여 인간다움을 갖춘 개인의 인성적 발현과 행동 표현이라고 정의할 수 있다. 그런데 중요한 것은 이러한 시민적 덕성은 학습을 필요로 한다는 것이다. 학습자들에게 세계시민성을 함양시킬 수 있는 세계시민교육이 요구되는 이유가 바로 이것이다.

2. 세계시민교육의 가치 체계

1) 세계시민교육의 발달 과정

세계시민교육에 관한 논의가 전개된 사회적 배경은 국경을 초월한 지구적 의제들의 등장과 밀접한 관련을 지닌다. 1960년대 이후 세계적 차원의 인구, 환경문제에 대한 관심이 고조되면서 국가의 틀을 벗어나 전 세계적인 차원에서 문제의 해결방안을 찾기 위한 시도가 이루어졌다. 특히 학교 영역에서 세계시민교육의 등장은 이러한 사회적 배경으로서 전 지구적 영향과 밀접한 관련을 맺는다. 하지만 초기의 세계시민교육은 국제이해를 중심으로 '국제교육' 혹은 '국제이해교육'이라는 부정확한 개념이 사용되어온 경향이 있다. 그뿐만 아니라 집단 간 교육, 다문화교육, 국제이해교육 등의 다양한 표현으로 혼용되던 '국제교육'은 이후에 세계적 차원의 연관성을 묘사하기 위한 표현으로서 '세계시민교육'이라는 용어가 사용되기 시작했다(홍남기, 2005).

또한 기존 세계시민교육의 방향은 보편적인 합리성을 지향하는 교육과정상의 처방으로 정의하면서 세계시민의 지위는 법률적 지위가 아니며, 보편적이고 합리적인 표준에 의해 규정되었다. 더불어 특수와 보편의 변증법적인 상호작용에 의해 국가적 특수를 지양하면서 세계적이고 보편적인 표준을 향하는 교육적 처방으로 나타나기도 했다(김왕근, 1999: 57). 이러한 관점에서 볼 때 세계시민교육은 인식-관점적 차원에서 복잡다단한 세계를 대하는 개방적 시각과 태도를 기르는 동시에 내용적 차원에서 상호 연관된 세계적 관계들을 깊이 통찰하도록 돕는 교육적 실천 형태를 보였다. 더불어 국가적 · 집단적 특수성을 극복하고 보편적인 초가치(meta-value)를 옹호하는 교육적 담론으로서의 의의를 지니게 되었다(김왕근, 1999; 설규주, 2001; 홍남기, 2005; 이윤주, 2016: 229).

교육적인 접근에서는 노찬옥(2003)과 이윤주(2016)을 찾아볼 수 있는데, 이들의 논의를 종합해보면 세계시민교육을 4가지 측면에서 구분하여 제시했다. 첫 번째는 세계시민교육을 내용적 측면과 인식 · 관점적 차원으로 나누어 분석하는 방식이다. 내용적 차원은 세계적 주체에 대해 시민이 알아야 할 지식의 범주를 강조한다, 이에 반해 인식 · 관점적 차원은 앞서 제시한 지식적 범주를 내용적 차원으로 바라보는 렌즈 역할로서 바라보는 관점을 중요하게 여긴다. 두 번째는 지식, 가치-태도, 기능 모델적 측면이다. 이는 다중시민성 함양을 위한 학습 목표를 지식, 태도, 기능으로 나누어 설명한 것을 기본으로 하고 있다. 세 번째는 전 세계적 문제 해법의 모색에 대해 살펴보는 측면이다. 이는 다원주의 사회에서의 세계시민적 차이에 바탕을 두고 합의에 기반을 둔 보편성을 추구함으로써 전 세계적인 문제를 해결할 수 있다고 설명한다. 네 번째는 수업 방법의 측면으로서, 학생들의 적극적 참여를 중심으로 하는 측면을 토대로 한다. 학생들의 참여를 중요하게 여기는 수업방법은 소집단을 활용한 토론, 탐구수업 등이며, 이러한 수업 방식은 지구사회의 다양성에 적응하기 위한 과제를 해결하는 데 적합하다고 볼 수 있다.

기존의 학교 교육에서 시민교육은 주로 내용 이해 및 인식적 관점에서 이루어지는 경우가 많았다. 즉, 첫 번째와 두 번째 관점을 통해서는 세계시민교육에 대한 교육 과정과 교수-학습 방안 설계가 이뤄지고 있으나 문제해결 방안을 모색하고 사회적 참여로 전환되는 차원까지 연장되지는 못했다. 이에 대한 원인으로는 크게 두 가지 측면에서 확인할 수 있다. 우선 교육과정상 세계시민성과 관련된 내용이 주로 교과서의 후반에 배치되어 있는 것과 추상적인 개념을 바탕으로 간략하게 제시되어 있는 것을 들 수 있다. 다시 말해 실제 교육과정의 핵심부에서 벗어나 있다 보니 실행 과정에서 자연스럽게 내용을 겉핥기식으로 지나치는 경우가 많아 충분한 이해와 그에 대한 기능적 실천 학습까지 기대하기는 많은 어려움이 있었다. 또한 내용적 측면에서는 세계시민이라는 개념 자체가 추상적으로 전개되다 보니 이에 대해 수업에서 구체적인 활동으로 진행하기 어렵다고 지적한다(이윤주, 2016: 230).

한편, 미국의 세계시민교육의 토대를 마련한 핸비(Hanvey)는 세계화에 대응하는 학교 교육과정을 조직할 때 고려해야 할 가치 요소에 대해 강조하기도 했다(이윤주, 2016: 230). 이는 1970년대 당시 애국심 함양 교육에 치중하던 미국 사회에 큰 반향을 불러일으켰다. 이와 더불어 메리필드(Merryfield)와 수브디(Subedi)는 세계시민교육의 목표로서 '전 지구적 관점(global perspective)'의 함양을 제안했다. 전 지구적 관점을 지닌 사람들은 세계를 이해하고, 타인과 자신이 상호 영향을 주고받는 관계에 있음을 인식하고 그 양상을 알게 된다는 것이다(차경수 외, 2017). 교과내용적 측면을 연구한 토레스(Torres)의 경우, 세계시민성 속에 반드시 고려되어야 할 주제로 국제 인권, 보편적인 것과 지역적인 것의 조화, 민족국가에 한정되지 않는 정치적 실천을 제시하고 있다. 이와 같이 세계시민교육은 세계시민으로서의 인식 공유와 전 지구적 시각의 확대라는 인지적인 차원을 바탕으로 한다(이윤주, 2016: 230).

이러한 흐름 속에서 파이크(Pike, 2000)는 세계시민교육을 "전 지구적 차원의 복지, 환경, 인권 문제에 관심을 가지고 참여하는 책임감 있는 시민을 기르기 위한 노력"으로 규정하기도 했다(모경환 외, 2014). 국내의 세계시민교육에 대한 연구에서도 김진희와 허영식(2013)의 연구에서는 '함께 살아가는 학습'으로서 세계시민교육에서의 반성적 성찰 학습을 강조했고, 최종덕(2014)의 연구에서는 학교 교육에서 요구되는 세계시민교육의 과제를 제시했으며, 모경환과 임정수(2014)의 연구에서는 국가시민성에서 세계시민으로서의 자각과 지구사회에 대한 인식의 성장이 중요하다고 밝혔다. 또한 옥일남(2014)의 연구에서는 글로벌 시민성 함양을 위한 사회과 교수-학습 방안을 4가지 형태로 구분하여 구체적인 세계시민교육의 방향을 제안했다. 하지만 이와 같은 논의는 주로 세계시민성과 세계시민교육에 대한 지식적 차원의 자각과 인식 및 관점적 차원에서 머물고 있음을 알 수 있다.

하지만 모경환과 임정수(2014)가 언급했듯이 세계시민교육은 국가 중심의 편협성으로 극복하기 어려운 전 지구적 문제를 해결하기 위한 노력을 토대로 출발했다(모경환 외, 2014). 이들은 전 지구적 문제를 해결하기 위해 연대와 협동을 강조하며, 운명 공동체로서의 인식에 기반을 둔 적극적인 참여와 실천을 촉구하고 있다. 따라서 세계시민교육 옹호론자들이 추구하는 인간상은 특정 인종이나 민족, 종교, 문화권, 국가의 차원을 넘어 전 인류의 복지증진, 환경보전, 기본권과 존엄성의 보장을 위해 노력하는 책임감 있고 윤리적인 시민이 요구된다고 볼 수 있을 것이다(Pike, 2000). 세계 곳곳에서 발생하는 인류 공동체가 함께 해결해나가야 할 국제 이슈들의 성격을 고려해볼 때 최근 청소년 대상 세계시민교육에서 더욱 절실하게 필요한 것은 세계시민에 대한 자각과 인식에서 한 걸음 더 나아가 가치 교육에 더욱 무게를 둔 실천적인 차원으로의 접근을 생각해볼 수 있다(이윤주, 2016: 230-231).

앞서 이윤주(2016)의 연구에서는 세계시민성에 대한 한국 내의 개념 정립과 세계시민성 관련 논의를 통찰할 수 있다. 그렇지만 아직도 학교현장에서는 세계시민교육 함양을 위한 교육 프로그램이 적극적으로 실천되고 있지는 않다. 17개 시 · 도 교육청 중 대부분 진보교육감이 자리하고 있는 교육청에는 '민주시민교육과'라는 시민실천적이고 행동지향적인 부서가 생겨났다. 당연히 이 부서의 설치는 민주주의 체제를 선택한 우리나라, 그리고 우리의 시민과 학생들이 민주시민으로 살아가기 위한 교과 및 비교과 교육에 중심을 둔다는 의지가 묻어난다. 그리고 최근 들어 세계시민교육 관련 연수가 진행되고 있다. 학교현장에서는 세계시민교육의 이론과 개념의 이해도 중요하지만, 일상생활에서 세계시민성을 함양할 수 있는 적절한 교육과정과 실질적인 프로그램 운영이 중요하다고 본다.

2) 세계시민교육의 특성

세계시민교육의 특성을 알기 위해 우선 세계시민성의 개념을 짚고 넘어가야 한다. 세계시민성 개념은 '민족국가를 초월한 시민의식', '코스모폴리터니즘(Cosmopolitanism)'으로 대변되는 '세계시민주의', '지구시민의식' 등 여러 내용으로 소개되고 있다. 특히 이들 개념은 법적 지위를 수반하지 않는다는 점에서 세계적 차원에서 서로의 연대감, 집단 정체성, 문제 해결을 위한 소통능력, 그리고 인류 공동 번영의 가치를 지지한다는 공통점을 가지고 있다. 따라서 세계시민성 함양을 목표로 하는 세계시민교육은 세계적 차원에서 제기되는 문제들에 대해 지역적 또는 세계적으로 대응하고 해결하기 위한 적극적인 활동, 학습자들의 역량 강화를 위한 교육활동을 핵심으로 삼는다. 학습자는 세계시민교육을 통해 더욱 정의롭고, 평화로우며, 관용적이고, 포용적이며, 안전하고, 지속 가능한 세상을 만드는 데 기여할 능력을 갖추어야 한다(한경구 외, 2015: 37-38).

유네스코는 세계시민의식 함양을 목표로 하는 세계시민교육의 목표와 방법론에 관한 최근 논의를 집대성한 보고서 《Global Citizenship Education: Preparing Learners for the Challenges of the 21st Century》를 발간했다. 여기에서는 세계시민교육의 목적을 다음과 같이 기술하고 있다. 세계시민교육은 학습자가 지역 및 글로벌 차원에서 스스로 능동적 역할을 떠맡으며, 세계의 어려운 문제들을 맞서 해결하고, 궁극적으로는 더 정의롭고, 평화로우며, 관용적이고, 포용적이며, 안전하고, 지속 가능한 세상을 만드는 데 앞장설 수 있도록 그들의 역량을 키우는 데 그 목적이 있다(한경구 외, 2015: 38).

세계시민교육은 인권교육, 지속가능발전교육, 국제이해교육, 문화 간 이해교육 및 평화교육 등을 모두 포괄하는 다양한 변혁적 교육을 가리킨다. 세계시민교육 개념의 논쟁적인 특성과 다양성에도 이제까지 학계에서 대체적으로 지지받아온 세계시민교육의 개념은 〈표 4〉에서 알 수 있듯이 몇 가지 핵심적 특징을 지니고 있다(한경구 외, 2015: 38).

〈표 4〉 전통적 시민교육과 세계시민교육의 비교

전통적 시민교육	세계시민교육
학습자는 수동적인 수용자	학습자는 능동적인 교육의 주체
기성세대의 가치 · 규범의 전수 강조	변혁적인 교육
지식 · 내용 이해 중심적 교육	과정 중심적 · 문제해결 중심적 교육
주어진 학교 지식의 습득 강조	참여지향적 · 실천지향적 교육
시민성에 대해 배우는 교육	시민성의 실천을 통해 배우는 교육
단기적 · 공식적 교육과정 위주의 교육	평생교육적 · 다면적 형태의 교육

출처: 한경구 외, 2015: 39.

우선 세계시민교육은 무엇보다 학습자를 능동적인 교육의 주체로 삼는다. 학습자가 국지적 또는 세계적 문제에 모두 관심을 가지고 적극적인 역할을 할 수 있도록 능력을 향상시키는 것이다. 이를 통해 학습자는 더욱 공정하고 관용적이며, 지속적으로 발전 가능한 세상을 만드는 데 능동적으로 기여할 수 있다.

둘째, 세계시민교육은 변혁적인 교육이다. 기성세대의 가치 체계와 규범을 일방적으로 학습자에게 전달하는 전통적인 경향에서 벗어나 학습자에게 자신이 보유한 권리와 의무를 깨달을 수 있는 기회를 제공함으로써 더 나은 세상, 더 나은 미래를 만들어갈 수 있도록 이끈다.

셋째, 세계시민교육은 '과정 중심적'이고 '문제해결 중심적' 교육이다. 단순히 학교 지식과 내용을 습득하는 교육이 아니라 학습자가 필수 지식을 토대로 실생활의 문제들을 비판적으로 분석하고, 문제점을 창의적으로 해결해나가는 '과정 중심적' 교육을 강조한다.

넷째, 세계시민교육은 참여지향적이며 실천지향적인 교육이다.

'시민성에 대해 배우는 교육(Education ABOUT Citizenship)'을 뛰어넘어 '시민성의 실천을 통해 배우는 교육(Education THROUGH Citizenship)'에 해당한다.

다섯째, 세계시민교육은 평생교육적 접근이 요구되며, 학교의 공식적 교육과정과 잠재적 교육과정 모두를 통해 전개되어야 하는 교육이다(한경구 외, 2015: 39-41).

유네스코의 2014년 보고서 및 학계에서 수행된 관련 연구에서 공통적으로 강조되어온 세계시민교육의 핵심 역량을 정리해보면 다음과 같다(한경구 외, 2015: 41).

- ▶ 다중적 정체성에 대한 이해와 개인의 인종·문화·종교·계급 등의 차이점을 초월하는 공동의 '집단 정체성'에 기초한 태도
- ▶ 보편적인 핵심 가치(예: 평화, 인권, 다양성, 정의, 민주주의, 차별 철폐, 관용) 및 글로벌 이슈와 경향에 대한 깊은 이해
- ▶ 비판적·창의적·혁신적 사고, 문제해결 및 의사결정에 필요한 인지적 기능들
- ▶ 감정이입, 상이한 관점들에 대한 열린 태도
- ▶ 공감 또는 갈등해결에 기여하는 사회적 기술과 의사소통능력 그리고 다양한 언어·문화·관점을 가진 사람들과 소통하는 능력 같은 비인지적 기능들
- ▶ 적극적인 행동과 실천에 참여하는 행동능력

요약하자면, 세계시민교육은 기존 국가와 시민사회의 구분을 초월하는 동시에 시민의 인식 패러다임을 변화시키는 전환적 의의를 내포하고 있다. 정치적으로 멀어 보이는 세계공동체를 구현하는 과제를

세계시민교육을 통해 추구하면서 현시대와 지구사회를 선순환 경로로 바꾸려는 노력이라 할 수 있다. 더불어 사는 지구사회의 실현은 이를 목표로 삼고 행동하며 실천할 수 있는 세계시민을 길러내는 교육에서 출발해야 한다.

한경구 외(2015)에 따르면 현실적으로 이념적 차원에 머물러 있는 세계시민의 배출과 역할 수행은 존재 이유와 역할, 정체성이 분명한 국가시민의 단계에서 출발할 수밖에 없다고 지적한다. 그러나 여러 국가와 세계 자본, 비정부기구와 민간단체는 물론이거니와 문화적으로 이질적인 개인들까지 전체의 발전을 위해 공동으로 노력하는 시도가 병행되어야 한다.

또한 세계시민교육은 그 다양한 정의와 해석에서 공통적으로 찾아볼 수 있는 3가지 핵심 개념 영역을 수반하는데, 이 핵심 개념 영역은 세계시민교육 관련 문헌과 개념 틀, 접근법 및 교육과정에 대한 검토뿐만 아니라 유네스코가 개최한 전문가회의 등 최근 활동에도 기반을 두고 있다. 또한 이 3가지 핵심 개념 영역은 세계시민교육의 목적, 학습 목표 및 역량을 정의하는 데 기초가 되고, 학습 평가에 우선 사항이 될 수 있으며, 인지적 · 사회정서적 · 행동적 측면을 모두 포함하면서 상호 연결되어 있다(유네스코 아시아태평양 국제이해교육원, 2015b: 24). 각 핵심 개념 영역이 실제 학습 과정에서 강조하는 측면은 〈표 5〉와 같다.

세계시민교육은 학습자가 지역 및 글로벌 차원에서 스스로 능동적 역할을 떠맡으며 세계의 어려운 문제들에 맞서 해결하고, 궁극적으로는 더 정의롭고, 평화로우며, 관용적이고, 포용적이며, 안전하고, 지속 가능한 세상을 만드는 데 앞장설 수 있도록 그들의 역량을 키우는 데 목적이 있다(유네스코 아시아태평양 국제이해교육원, 2015a: 27).

〈표 5〉 세계시민교육의 핵심 개념 영역

목표 영역	내용
인지적 영역	세계와 그 복잡성, 세계의 상호연계성 및 상호의존성을 이해하는 데 필요한 지식과 사고 기능을 의미한다. 지식은 주로 아는 것과 관련된 기초적인 지적 과정이자 모든 지적 능력의 토대를 이룬다. 사고 기능은 과제를 효과적으로 성취하기 위해 정보나 자료를 조직하고 이용하는 정신적 능력이다. 그래서 사고 기능에서는 정보의 분류, 해석, 분석, 요약, 종합과 평가 능력이 요구된다. 특히 사고 기능은 분석적 · 비판적 · 통합적 사고가 핵심을 이룬다.
사회 · 정서적 영역	가치와 태도, 사회적 기능을 의미한다. 이 중 가치와 태도는 정서적 영역에 해당한다. 가치는 사람의 전반적인 신념체계에 핵심적으로 자리 잡고 있는 믿음이다. 이런 가치는 행동과 행위의 기준이 된다. 반면 태도는 어떤 방식으로 반응할 정신적 준비 상태를 말한다. 그래서 가치는 곧 태도로 나타난다. 사회적 기능은 사회적 영역에 해당한다. 사회적 기능은 더불어 사는 사회에서 타인의 감정과 권리를 존중하고 민주시민으로서 요구되는 기능이다. 이를 위해서는 배려, 존중, 연대 등이 필요하다.
행동적 영역	행위, 수행, 실천 및 참여, 즉 실천적 행위를 강조하는 영역이다. 이것은 사람이 자신의 가치, 지식과 의사결정을 행동으로 전환하는 능력을 의미한다. 여기서는 시민행동, 사회참여, 민주시민행동 등을 강조하며, 행동하기 위해서는 동기부여를 필요로 한다. 사회 · 정서적 영역은 주로 동기를 강조하고, 행동적 영역은 주로 행위를 강조한다. 예를 들어, 공감은 동기에 해당하고, 이를 바탕으로 한 나눔은 행동에 해당한다.

출처: 유네스코 아시아태평양 국제이해교육원, 2015b: 24.

세계시민교육은 교육의 모든 주제 및 분야의 개념과 콘텐츠를 더욱 풍부하게 한다. 이러한 과정을 통해 학습자와 교육자는 지역 차원의 문제와 원인을 파악하고 세계 차원의 연계성을 고려하여 가능한 해결 방안을 찾아낸다. 크고 작은 문제들과 그것들 사이의 관계를 조사하는 것은 빠르게 변화하고 상호의존이 심화되는 세상에서 학습자의 잠재력을 충분히 발휘할 수 있도록 준비하는 데 반드시 필요하다. 그런 점에서 세계시민교육의 목표는 다음과 같다(유네스코 아시아태평양 국제이해

교육원, 2015a: 27).

- 학습자가 실생활 속의 문제들을 비판적으로 분석하고, 가능한 해결 방안을 창의적이고 혁신적인 방법으로 찾을 수 있게 한다.
- 학습자가 주류 담론의 가설과 세계관, 권력 관계를 비판적으로 고찰하고, 체제에서 소외된 개인 또는 집단을 고려하도록 돕는다.
- 바람직한 변화를 이루기 위해서는 개인과 집단의 행동이 필요하다는 것을 강조한다.
- 학습 환경 밖에 있는 이들을 포함해 다양한 이해당사자를 공동체나 더 큰 사회에 참여시킨다.

또한 세계시민교육은 평생교육의 관점에 토대를 두고 있다. 다시 말해 그 대상이 어린이와 청소년뿐만 아니라 성인을 위한 것이기도 하다. 세계시민교육에 대한 전인적 접근은 정규 교육 및 비정규 교육을 통한 접근, 교과 과정 및 비교과 과정을 통한 개입, 관습적 및 비관습적 참여 경로를 요구한다(유네스코 아시아태평양 국제이해교육원, 2015a: 28).

학습자의 관심에 기초한 대화형, 탐구기반형, 협동형, 참여형 학습 등 많은 교육학적 접근과 기법들이 세계시민교육을 뒷받침하기 위해 제안되고 적용되어왔다. 정규 교육에서 세계시민교육은 기존 교과목의 주요 부분으로 다루어질 수도 있고, 독립 교과목으로 다루어질 수도 있다. 비공식 · 비정규 학습은 세계시민교육을 활성화할 수 있는 엄청난 잠재력을 가지고 있다. 이러한 환경은 정규 교육 시스템 밖에 있거나 새로운 정보통신기술이나 소셜미디어를 사용할 가능성이 높은 집단을 대상으로 유연하고 다양한 교육적 접근을 하는 것이 더 유용할 것이다(유네스코 아시아태평양 국제이해교육원, 2015a: 28).

'위기상황 교육을 위한 국제기구 네트워크(INEE, Inter-Agency Network for Education in Emergencies)'의 '갈등 인지적 교육방안(Conflict-Sensitive Education Pack)'이 강조하는 6가지 원칙 중 하나가 "평등과 시민으로서의 아동의 전인적 계발 촉진"이다. 여기에는 각자 다양한 정체성을 갖고 있는 집단을 대상으로 공공서비스를 평등하게 배분하고, 변혁적 교수법과 교과 과정 및 자료들을 통해 평화 교육과 학습을 하는 것도 포함되어 있다. 또 개인의 권리와 의무에 대한 이해에 기초해 책임 있는 시민의식을 기르도록 한다(유네스코 아시아태평양 국제이해교육원, 2015a: 28-29).

효과적인 세계시민교육 접근법으로는 다음과 같은 것들이 있다. 학습자는 어디서든 배우고, 교육자는 다양한 기법을 사용할 수 있게 해주는 정보통신기술과 소셜미디어를 활용해야 한다. 다양한 민족, 문화, 사회경제 수준, 정체성을 가진 아동 및 청소년에게 경쟁적이지만 공정하고 조화로운 장을 제공하는 스포츠 경기가 진행되어야 한다. 자기표현, 다른 문화와의 대화, 공동의 소속감을 느끼게 하는 예술과 음악이 필요하다. 이해심, 사회적 자본, 문화 간 대화와 공동체를 발전시키는 청소년 네트워크 등이다(유네스코 아시아태평양 국제이해교육원, 2015a: 29).

세계시민교육은 특정 국가나 지역의 시민의식 모델을 광고하는 것이 아니며, 그렇게 되어서도 안 된다. 우리가 알고 있는 '세계'의 의미가 '국제적'이라는 것과 반드시 일맥상통하는 것은 아니다. 학교 간, 교사 간 교류와 접촉은 많은 프로젝트를 만들어내고 이를 통해 세계시민교육을 확대시키고 있다. 동시에 단순한 교류, 즉 물리적으로 한 곳에서 다른 곳으로 이동하는 것만이 아니라 다양한 방법을 통해 세계적인 측면이 생길 수도 있다. 세계시민교육의 적용과 수행은 시민이 다양한 문화에 마음을 열고 생각하고 행동하게 하며, 초국적 문제들에 대해 관심을 가지고 문제해결을 돕는 데 기여한다. 세계시민교육은 결코 분리된 과목이 아니다. '학생들이 무엇을 배워야 하는가?'라는 학습 대상 및 목적뿐만 아니라 그들이 어떻게 그들 자신과 타인에 대해, 또한 행동하고 사회적으로 교류하는 법에 대해 배우는지에 초점을 맞춘 학습 과정으로 능동적이고 참여적인 역할을 하도록 북돋아준다(유네스코 아시아태평양 국제이해교육원, 2015a: 30-31).

3) 세계시민교육의 내용과 방법

세계적 이슈 및 사건 등을 다루는 세계시민교육은 그 실행에서 국가별로 차이를 보인다. 상호연결성, 상호의존성, 다양한 관점 등과 같은 기본 개념은 동일하다고 볼 수 있다. 이를테면 영국이나 캐나다는 부와 가난, 권력과 억압, 평화와 갈등, 인간 권리, 불공평, 불평등 같은 사회적이고 정치적인 이슈에 초점을 둔다. 이에 반해 미국은 문화적인 유사점과 차이점에 초점을 두어 조화를 강조하며, 인간의 공통적인 욕구나 의복, 음식, 예술 같은 보편적인 현상에 초점을 둠으로써 인간은 차이점보다 유사점이 많음을 강조한다(Pike, 2000; 노혜정, 2008; 김경은 외, 2012: 234).

세계시민교육의 내용과 관련하여 국가별로 차이가 있음에도 학자들은 나름의 분류 방식을 내세워 내용 영역을 체계화시키고자 노력해왔다. 세계시민교육에 포함되어야 할 기본적인 내용 선정을 위해 먼저 기존 학자들이 제시한 세계시민교육 혹은 국제이해교육의 내용 영역

주제들을 검토했다(김경은 외, 2012: 234). 관련 학계의 연구자들이 제안하고 있는 세계시민교육의 내용 체계는 〈표 6〉과 같다.

〈표 6〉과 같이 관련 선행 연구들은 세계시민교육이 어떤 내용을 포함해야 하는지에 대해 학자들마다 다양하다는 것을 알 수 있다. 하지만 그 구체적인 내용을 들여다보면 대체로 인권과 관련한 내용, 정치·경제 체제와 관련한 내용, 환경에 관련한 내용, 다문화 혹은 타문화 이해에 관련한 내용 등이 세계시민교육에서 주된 주제로서 다루어지고 있음을 확인할 수 있다.

한편, 세계시민교육은 여러 가지 교수-학습 방법들이 널리 이용될 수 있는 교육 영역이라고 할 수 있다. 대표적인 것으로는 외국문화를 직접적으로 체험해보는 것이 있다. 전희옥(2006)은 외국 소개하기, 외국인 혹은 외국 거주 경험자 초빙하여 이해하기, 여행 소책자 이용하기, 외국인과 의사소통하기와 같이 외국인 혹은 그 문화와 교류함으로써 이루어질 수 있는 세계시민교육 방안을 소개하고 있다(김경은 외, 2012). 김진희(2011) 역시 여행자 초청, 현장 방문, 견학, 국제 교류 프로그램 같은 학습법을 제시하고 있다. 이는 학교현장의 상황에 따라 제약을 받을 수밖에 없다. 세계시민교육을 위해 유용하게 사용될 수 있는 교수-학습 방법은 협동학습법, 토론학습법, 가치학습법 등이다(김경은 외, 2012: 235).

먼저 협동학습이란 "소집단으로 구성된 학습 집단의 구성원이 공동의 학습목표를 설정하고, 그 학습목표를 달성하기 위해 공동으로 노력하며, 다른 구성원에게 도움을 주고 또한 도움을 받아 전체 구성원이 유익한 결과를 얻고자 하는 학습방법"이라 정의내릴 수 있다(김원겸, 2006: 219). 협동학습은 개별학습과 경쟁학습의 대안으로 발달한 교수-

〈표 6〉 세계시민교육의 내용 체계

학자명	내용 영역	관련 주제
파커 (1991)	평화와 인권, 안전	군비 경쟁, 동서 관계, 국제 폭력, 식민 정책
	국가 및 국제적 개발	기아, 빈곤, 인구과잉, 남북문제
	환경 문제	산성비, 하천오염, 열대우림 황폐
	인권 존중	인종차별, 원주민, 정치범, 종교적 박해
김경수 외 (2009)	다문화사회	문화의 이해, 문화 교류, 다문화 공생
	글로벌 사회	세계화와 지역화, 다국적 기업, 정보체계, 정보격차
	지구적 과제	인권침해 및 보장, 지역 개발과 환경, 평화, 개발
	미래로의 선택	역사 인식, 미래지향적 사고, 민주시민 의식, 공동체 의식, 국제협력 활동, 시민운동
노숙영 (2005)	세계체제	세계 정치, 경제, 국제기구, 평화, 사회변동
	다문화 이해	문화의 개념 및 내용, 전통 및 이질문화, 문화 교류 및 전승, 문화 수용 자세
	인권	소수 노동자의 인권, 여성, 아동학대
	환경	환경오염, 자원 문제
전희옥 (2006)	인권존중	보편적 가치, 인권 문제, 인간 가치
	세계평화	평화와 안전, 국제 협력
	타문화 이해	각 집단의 다양한 가치, 다문화 이해, 개방적인 의사소통
	세계적 문제	평화와 안전 관련 문제, 국가적 · 국제적 발전 문제, 환경 문제, 인간의 권리에 관한 문제
김진희 (2011)	정치	인간 권리 존엄성, 인권 및 자유 신장, 국가 간 상호 이해 및 협력
	경제	세계 자유시장 속에서의 국제 협력, 경제 활동의 세계화, 상호의존의 이해
	사회 · 문화	민족 문화 양식 이해, 문화상대주의
	환경	환경보호의 이념과 방법, 환경파괴와 인간 생존 간의 관계

출처: 김경은 외, 2012: 235.

학습법으로서 학생의 학업성취도, 동기부여, 협동 능력, 사회성 발달 등에서 효과적이라는 점이 밝혀지면서 주목받게 되었다(김경은 외, 2012: 236). 이러한 협동학습은 구성원 간에 긍정적인 상호작용을 활성화시키고 최대화시켜 인지적 목표는 물론 정의적 목표까지 종합적으로 달성해낼 수 있는 교수-학습 모형으로 평가된다. 이러한 특징 때문에 협동학습은 세계시민교육에서 가장 유용한 학습 방법에 해당한다. 왜냐하면 협동학습을 통해 학생들은 더불어 살아가는 민주시민의 생활 방식을 수업 속에서 자연스레 익히게 되며, 다양한 집단 활동에 참여함으로써 다른 사람의 의견을 존중하는 법을 배우고 의사를 결정하는 경험을 체험할 수 있기 때문이다(한관종, 2005: 273-275).

실제로 협동학습 모형 중 하나인 Co-op Co-op 모형을 국제이해교육에 적용한 이은정 · 이보영(2007)은 협동학습 수업의 효과를 분석한 결과, 협동학습에서 기대되는 인식 능력의 발달, 동료 교수 기능의 향상, 학습 방향 결정 능력 같은 인지적 효과와 사회적 기능 발달, 자아실현 경험 같은 정의적 효과가 모두 나타났다고 밝혔다(이은정 외, 2007: 258). 또한 수업 후에도 학생들의 국제문제에 대한 관심과 참여의지가 높아진 것으로 나타나 협동학습을 활용한 국제이해교육이 세계시민성을 함양하는 데 긍정적인 영향을 미친다는 것을 확인할 수 있었다(김경은 외, 2012: 236).

교수-학습 방법과 더불어 중요한 것은 세계시민교육의 주제일 것이다. 학생들의 국제문제에 대한 관심도는 자신과 친숙한 주제인 자원 및 환경 영역에 대해서는 크게 증가했지만, 난민이나 국제분쟁과 관련된 주제에서는 학습 이후에도 관심도가 현저하게 낮은 편이다. 이는 학생들이 학습 내용으로 잘 다루어지지 않거나 우리나라와 직접 연관이 없다고 여겨지는 주제에 대해서는 해당 나라의 문제로만 인식하고 별 관심을 두지 않기 때문이다(이은정 외, 2007: 256). 따라서 이러한 한계점을 극복하기 위해 학습자에게 다양한 주제의 세계적 문제를 접할 수 있는 학습 경험을 제공하는 것이 필요하며, 세계적 문제에 대한 관심을 높이고 그 문제를 우리 자신의 것으로 인식하여 행동으로 이어나갈 수 있는 단계적 학습이 요청된다고 볼 수 있다(김경은 외, 2012: 236).

다음으로 토론은 대립과 갈등을 해소하는 의사소통의 한 방식이자 학습자의 논리적 사고 능력을 향상시키는 데 사용되는 교수-학습 방법으로서 민주시민의 역량을 함양하기 위해 그 필요성이 더욱 증대되고 있다(김주환, 2011: 75). 토론을 통해 학습자는 어떤 문제에 대한 다양한 제안을 서로 제시하며 각자가 제시한 주장들을 검증하고 시험하는 절차를 가지게 된다(김경은 외, 2012: 236-237). 이러한 토론을 통해 학생들은 서로 긍정적인 상호관계를 맺고 대화를 통해 문제에 대한 합리적인 해결책을 찾게 된다. 결국 토론 수업은 어떤 문제에 대해 자신의 의견을 다른 사람에게 표현하고, 또한 다른 사람들의 의견을 경청하고 이를 종합하여 결론에 도달하는 것이며, 이 과정에서 절차로서의 합의를 중심으로 하는 민주주의적 원리와 자신과 다른 사람의 의견의 상이함을 통해 상대주의적 관점을 배우게 된다(구정화, 2002: 4-5).

특히 초국적 문제라 할 수 있는 세계 문제 혹은 관련 이슈에 관해 토론하는 것은 이 문제들의 해결 주체로서 학습자가 적극적으로 참여하기 위한 시민적 자질을 형성하기 위한 방안으로써 유용하다. 먼저 논쟁문제를 둘러싸고 토론하는 과정은 학생들에게 특정한 가치를 그저 믿거나 받아들이는 것이 아니라 개념과 사실 및 가치를 진술하고 정당화하는 과정에서 자신이 지향하는 가치에 기여할 수 있도록 하기 때문이다(김경은 외, 2012: 237). 또한 토론학습은 이질적인 구성원 간에 대화를 통해 타협점에 이르는 경험을 제공해주기 때문에 세계시민사회가 해결하고자 하는 다양한 문제를 해결할 수 있는 능력을 길러줄 수 있다(허수미, 2010).

복잡다단한 사회문제들을 합리적으로 해결하기 위해 그 문제와 관련된 사실을 논의하고 탐구하는 데만 그치는 것이 아니라 어떤 해결책이 적합한지에 대한 판단이 함께 이루어져야 한다. 이는 곧 해결책을 도출하는 데 어떤 가치가 더욱 바람직한지에 대해 고려하는 과정이 필요하다는 것을 의미한다(김경은 외, 2012: 237). 이때 요구되는 학습방안이 바로 가치학습법이다. 가치학습은 대립된 가치들과 대안의 결과를 예측하고 선택하는 것을 도와줌으로써 문제를 합리적으로 해결하는 데 기여할 수 있다(박상준, 2007: 209). 더욱이 가치학습법은 학습자들이 세계 문제에 대한 사실을 인식하고 논의한 뒤, 이를 세계시민으로서의 실천과 행동으로 연결 짓도록 도울 수 있다는 점에서 유용하며, 개방성과 관용성을 가지게 하여 더불어 살아가는 세계시민적 의식을 형성하는 데 도움을 줄 수 있다(김경은 외, 2012: 237). 이러한 가치학습에서는 주로 가치 명료화, 가치분석법이 활용된다.

교육현장에서 자주 활용되는 가치 명료화 과정은 학생이 여러 가지 대안 중에서 어떤 한 가치를 선택한 뒤, 선택한 가치를 정당화하고 선택한 가치에 따라 행동하도록 하는 것이다. 이러한 가치 명료화 학습은 학생들에게 자유롭게 자신의 가치 및 신념을 선택하게 함으로써 다양한 가치에 대한 객관적인 비교, 이해를 가능케 한다는 특징을 지닌다(김항원, 2002: 88). 한편 가치분석법은 학생들이 여러 가지 가치가 대립하는 갈등상황, 가치선택의 동기 및 이유 그리고 결과 등을 합리적이고 과학적으로 분석하고 결정하는 것을 강조하는 인지적 차원의 모형이다. 그러나 가치 학습에서 가장 중요한 것은 학습에 의해 수행된 선택이 실제 행위로 이어져야 한다는 점이다. 가치 학습의 궁극적인 목표는 학생들의 사고능력이나 추론능력을 발달시키는 것보다 학생들에게 도덕적이고 정의로운 행위를 하도록 유도하는 데 있다. 따라서 가치교육에서는 학생들에게 자신의 가치판단과 선택에 따라 행동할 기회와 자기 행위의 결과를 반성적으로 평가해볼 기회가 제공되어야 할 것이다(박상준, 2007: 221).

더불어 박남수 외(2007)의 연구에서는 지역사회 학습법을 세계시민교육의 교수전략으로 제시하고 있다. 지역연계 학습법은 학생들이 살아가는 지역과 세계를 연관 지어 학습을 유도하고자 하는 방법으로, 학생들은 지역이 갖는 통합적인 특성을 통해 통합적인 사회 인식이 가능해지며 이 과정에서 복잡하고 다양한 지구사회 변화 양상에 올바르게 대처하는 데 필요한 지식과 능력, 가치, 태도를 육성할 수 있게 된다.

이처럼 세계시민교육은 다양한 상황과 목표에 따라, 혹은 교육이 시행되는 국가의 정치적·경제적 상황에 따라 교수전략이 다르게 사용될 수 있다. 그런데 앞서 살펴본 내용에서 확인할 수 있듯이, 제시된 전략들의 주된 공통점은 학습자가 중심이 되어 주도적으로 참여하는 학습 형태를 유지해야 한다는 점이다.

3. 세계시민교육의 성찰과 방향

1) 세계시민교육을 위한 발전 전략

현재 세계시민교육은 그 개념을 둘러싸고 많은 갈등을 빚고 있다. 이러한 갈등의 양상은 다양하지만, 모두 어떻게 하면 개인의 권리, 자기계발 등 개별성을 존중하는 동시에 공동 및 집단 정체성, 관심사, 참여, 의무 등의 보편성을 확보할 것인가 하는 본질적인 질문에 답해야 한다. 이런 맥락에서의 갈등 중 하나가 '세계시민교육이 세계적 공동체와 개별 학습자 가운데 어느 쪽에 대한 성과를 더 추구할 것인가?'에 관한 것이다. 전자가 세계시민교육이 세계에 어떤 기여를 할 수 있는지를 강조한다면, 후자는 개별 학습자가 21세기의 변화된 세계에서 무엇을 할 것인지에 초점을 맞춘다고 볼 수 있다.

이러한 논의는 '세계적 연대와 개인의 경쟁력을 어떻게 동시에 높일 수 있을 것인가?' 하는 문제와도 어느 정도 연결된다. 어떤 사람들은 연대와 경쟁은 근본적으로 대립하며, 교육 프로그램들은 전통적으로 공동의 성과를 위한 사회적 자본이 아니라 개인적 차원에서 글로벌 취업시장과 사회에 참여할 수 있도록 인적자본을 개발하는 데 그 목적이 있다고 주장한다.

이와 달리 세계시민교육이 경쟁과 연대 모두를 세계시민의식의 필수적인 요소로 교육해야 한다는 의견도 있다. 이러한 관점을 옹호하는 사람들은 경쟁이 세계시민의식의 특성 중 하나로 교육된다면, 사회적인 혁신과 창의성을 자극하여 사회에서 서로 연결된 문제들에 대한 해결책을 찾는 데 유용할 것이라고 주장한다. 이는 경쟁이 학습자가 훌륭하게 성장하고 세상을 유지 · 번성 · 발전시킬 수 있도록 학습자의 역량을 개발하는 데 촉진제 역할을 한다고 믿는 새로운 관점이다(유네스코 아시아태평양 국제이해교육원, 2015a: 32-33).

정체성이 민감한 문제이고 국가 정체성을 공고히 하는 것에 어려움을 겪는 나라의 경우, 세계적 차원의 시민의식을 장려하는 것이 제한적일 수 있다. 특히 국가 시민의식 정체성이 갈등을 겪거나 위협받고 있는 경우에는 더욱 그렇다. 이러한 우려는 흔히 국가 시민의식이 있어야만 세계시민의식도 생길 수 있다는 믿음에서 비롯된다. 연구와 대화는 지역 및 세계정체성과 이익의 조화를 도울 수 있다(유네스코 아시아태평양 국제이해교육원, 2015a: 33-34).

또 다른 접근법으로 '탈중심화(de-centring)'라는 개념이 있는데, 학습자의 관심을 그들의 지역 현실 너머의 다른 현실 및 가능성과 연결하여 점차 인식시키는 과정을 뜻한다. 요컨대 지역과 세계를 단절되지 않은 연속체로 보고, 그 간극을 메우기 위해 노력하는 것이다. 이러한 접근법은 개인, 지역, 국가 및 글로벌 정체성을 동시에 가르치며, 다면적 정체성을 인정한다. 또한 지역 문제와 세계 문제를 연결시켜 사고하고, 시공간과 문화를 아우르는 공통점을 찾아내며, 글로벌 공동체에서 적극적인 역할을 할 수 있는 기술과 지식, 이해력을 갖추도록 한다(유네스코 아시아태평양 국제이해교육원, 2015a: 34).

현재까지 세계시민교육 관련 국제 동향을 살펴보면 글로벌 수준에서 지구 공동의 해결을 위한 노력이 필요한 이슈로서 평화, 빈곤, 환경, 인권 같은 영역이 공통적으로 다루어지고 있다. 지역이나 대상의 필요와 특징에 따라 각자 중점 영역의 우선순위를 달리하는 경향은 있으나, 공통적으로 세계시민교육의 주목표인 전 지구적 과제에 대한 인식 확대와 이를 기반으로 한 문제해결을 위한 참여 장려가 강조되고 있다(김진희 외, 2013). 즉 포괄적이며 참여적인 접근을 통해 전 지구적 공동체의 일원으로서 개인에게 더 넓은 범위의 권리와 의무를 부여함으로써 정의, 평화, 관용이 지배하는 세상을 구현하는 데 적극적인 역할과 행동을 강조하고 있다(UNESCO, 2013; 김진희 외, 2015: 41).

세계시민교육은 유네스코에서 주장하는 정의적 담론을 통합적으로 수용하는 것이며, 유엔을 비롯한 다른 기구들이 합의하는 바를 담고 있다. 그러나 가장 큰 도전은 이를 어떻게 교육적으로 교육과 학습의 차원에서 통합하고 연계하여 전 세계의 회원국의 형식 교육과 비형식 교육 영역에 자리 잡을 수 있도록 하느냐의 문제다(Savolanien, 2013; 김진희 외, 2015: 41).

새볼라니언(Savolanien, 2013)의 지적대로 오늘날 세계시민교육의 도전적 과제는 전 세계 글로벌 교육의제를 전담하는 유네스코가 지금까지 맥을 이어온 세계시민교육의 연계적 흐름을 논리적으로, 그리고 조직적 측면에서 '다른 영역들과 협력하여 어떻게 이끌고 나갈 것인가?'라는 시대적 과제와 맞물려 있다. 그런 측면에서 글로벌 의제로서 세계시민교육은 포괄적이고 종합적인 교육 목표들과 복잡하게 연계되어 있다. 그런데 이러한 거시 목표를 하위 목표로 가시적으로 분류하고 지표화하는 작업은 매우 도전적이다.

세부적인 목표로서 세계시민의식을 측정 가능한 하위 목표와 지표로 제시하는 것은 매우 어려운 작업이며, 비인지적 역량을 포괄하는 세계시민성을 지표화하는 것은 도전적인 과제다(김진희 외, 2015: 42). 또한 더욱 근본적으로 세계시민교육은 '어떻게 보편성을 증진하면서도 문화 간, 인종적, 민족 간, 국가 간 특수성(particularity)을 존중하는 방향으로 교육 내용을 구성하고, 지역적이고 맥락적인 상황에 맞게 교육을 실시하는가?'라는 과제에 직면해 있다(김진희 외, 2013).

이로 인해 현재 세계시민교육에서 강조하는 가치들은 통합적인 방식으로 형식적 · 비형식적 교육과정에서 다루어지지 못하고 있으며, 국가적으로도 특정 영역에 치중하거나 유사한 프로그램이 중복적으로 실시되는 한계를 가지고 있다. 아울러 세계시민교육을 표방하고 있으나 여전히 국내 및 지역적 경계를 벗어나지 못하고 있다는 점, 그리고 이 프로그램들에 대한 지표 설정과 객관적 평가 그리고 모니터링의 부재는 중요한 한계로 지적될 수 있다(김진희 외, 2015: 42).

또한 오늘날 세계시민교육은 그 자체가 가지고 있는 독립적인 콘텐츠와 방법론의 문제뿐만 아니라, 기타 영역과의 관련성에서도 구조적인 문제점을 가지고 있음을 알 수 있다. 지금까지 국내에서 시행되고 있는 세계시민교육과 관련된 교육실천 영역을 살펴보면 크게 3가지 영역, 즉 국제개발협력과 관련하여 시행되고 있는 정부 및 민간 차원의 시민교육, 지속가능발전교육과 녹색성장교육과 관련하여 정부 및 지방정부, 공공기관이 수행하는 시민교육, 다문화교육과 관련하여 정부 및 학교가 수행하는 다문화교육으로 맥락화될 수 있다(김진희 외, 2015: 42). 전반적으로 이러한 단위 교육영역들이 넓은 의미의 세계시민교육 수준으로 발전하지 못하고, 협의의 개발교육 단계에 머무르거나 서로 간에 연계와 협력이 부족하다는 문제점이 제기된다.

이와 같은 김진희 외(2015)의 지적은 우리나라에서 세계시민교육의 방향을 조율하는 데 기준점을 제시한다. 국제기구와 정부 이외에도 다양한 공공기관과 시민단체, 그리고 민간 차원에서 유익한 세계시민교육 프로그램이 시행되고 있다. 이를 전체적으로 볼 때 다른 국가 혹은 지역 및 국제적 차원에서 다루어지는 평화, 인권, 빈곤, 환경, 다문화 이해 등을 공동으로 다루고 있다. 이처럼 여러 단체와 기관에서 시행되고 있는 세계시민교육이 유사한 내용을 교육 프로그램으로 제공한다. 이런 차원에서 서로 상충되거나 소모적이지 않기 위해서는 큰 그림을 가지고 통합적으로 이끌어서 세계시민교육을 더 효율적으로 수행할 수 있는 구심점이 필요하다. 학교 차원에서는 세계시민교육을 교육과정에 필수적으로 포함시키고, 잠재적인 교육과정에서도 운영될 수 있는 여건을 조성해야 한다. 또한 정부나 지자체 차원에서는 평생교육관 등에 시민교육센터를 설치해 일반 시민이 세계시민교육을 위한 프로그램에 참여할 수 있는 환경을 제공해야 한다.

세계시민교육은 지역이나 대상의 필요와 특징에 따라 세부적인 중점 영역의 우선순위를 달리하는 경향이 있음을 부인할 수 없다. 그렇지만 공통적으로 세계시민교육의 주목표인 전 지구적 과제에 대한 인식 확대와 이를 기반으로 한 문제해결을 위한 참여 장려가 강조되고 있다. 다만 이러한 사업들이 세계시민교육의 중점 가치들을 통합적으로 다루지 못하고 특정 영역에 치중하거나 유사한 프로그램이 중복적으로 실시되는 점, 국내 및 지역적 경계를 벗어나지 못하고 있다는 점, 그리고 이 프로그램들에 대한 객관적 평가와 모니터링의 부재 등이 도전적 과제이자 한계로 지적될 수 있다. 앞으로 세계시민교육이 교육현장에서 활발히 전개되기 위해서는 이러한 한계점들을 극복할 수 있는 대안이 마련되어야 한다. 말하자면 하나의 통합된 세계시민교육 이니셔티브를 도입해서 명확한 청사진과 가이드라인이 제시되어야 세계시민교육은 그 효과성과 유의미성을 배가할 수 있을 것이다(김진희 외, 2015: 43).

김진희 외(2015: 49)는 세계시민교육을 발전시키기 위한 전략을 다음과 같이 제시하고 있다. 첫째, 글로벌 교육의제로서 세계시민교육을 국내에서 바람직하게 확산시키고 정착시키기 위해서는 세계시민 인식 증진 캠페인이 필요하다. 이는 교사 중심의 인식개선 운동이 아니라, 학습자 중심 참여 활동으로 설정해야 한다. 이를 위해 세계시민교육 활동을 교육과정에 지속 가능한 방식으로 정착시키는 것을 실천 목표로 한다(김진희 외, 2015: 49).

구체적인 방안으로는 교과서로 배우는 내용 중심적 수업보다는 반성적 사고를 지향하는 태도 및 행동 중심의 수업을 강구해야 한다. 또한 범지구적 시민으로서의 역량을 계발하는 데 목표를 두고 글로벌 인재에게 요구되는 다각적 문제의식, 즉 인권, 타문화에 대한 수용 및 파트너십, 지속 가능한 발전 및 세계 환경문제, 리더십 함양 등을 학생이 직접 경험할 수 있는 학령별 혹은 수준별 체험학습 콘텐츠를 학교 이외에 교육청과 관공서, 지역사회의 시민단체와 기업 등이 협력하여 개발하고 지원해야 한다. 또한 학교 차원에서 학생들에게 세계시민성 함양을 위해 관련된 NGO나 학술단체 활동을 권장하는 것 역시 중요하다. 현재도 소수의 시민단체에서 세계시민교육 프로그램을 홍보 · 운영하고 있으나, 이는 학생 주도적 참여 활동보다는 단발식 강연 수준에서 벗어나지 못하고 있는 실정이다(김진희 외, 2015: 49).

둘째, 세계시민교육을 활성화하기 위해 세계시민교육 교과서 및 교재를 관련 연구 기관과 공동 개발을 추진할 수 있다. 유네스코와 한국이 공동 주관한 '제1차 세계시민교육 전문가 컨설팅회의' 결과에 따르면, 세계시민교육에 대한 다양한 관점과 입장이 존재하지만, 전 세계적 공동 커리큘럼의 필요성에 대한 논의가 있었다(UNESCO, 2013). 그러나 세계 각국이 교육과정에서 세계시민교육을 다루는 방식이나 그 접근법은 여전히 다양하다. 이를 볼 때 세계시민교육의 범용적 커리큘럼 개발을 위해서는 점진적 접근법이 필요하다. 포괄적 시민교육의 범주에서 국제기구 차원에서 공동교재를 개발·홍보하고, 필요 시 지역 및 교육적 특수성에 맞게 세계시민교육의 콘텐츠를 각색하는 것이 현 단계에서 의미 있는 노력이 될 것으로 보인다(김진희 외, 2015: 50).

셋째, 세계시민교육활동을 적극적으로 시행하고 참여하는 학교 기관에 한하여 글로벌 공식인증학교 및 기관으로 승인해줄 수 있도록 각 교육청의 관심과 행정적 시스템 구축이 필요하다. 현재 운영하는 유네스코학교가 그 예가 될 수 있다. 이 학교에서는 세계시민교육 관련 교과과정 및 활동을 포함하여 교사, 직원 연수, 외국 학교와의 교류, 해외 교환학생 제도, 전 지구적 이슈에 동참하는 캠페인 및 권익 옹호 사업 등의 형태로 글로벌 교육에 앞장서고 있다. 이런 적극적 참여를 실천하는 학교를 대상으로 공식 인증기관 승인을 함으로써 국가 수준에서 세계시민성 함양을 홍보하는 정책을 추진할 수 있다(김진희 외, 2015: 50-51).

또한 김진희 외(2015)에서는 국제 차원의 제안을 하고 있는데, 그 첫 번째 방안이 글로벌 네트워크 구성이라고 피력한다. 글로벌 교육의 제 중의 하나로 세계시민교육에 방점을 두고 있는 유사 관심을 가진 협력국을 모집하고, 각국에서 세계시민교육 전담 운영위원회를 구성하는 것이다. 최근 들어 유엔 체제에서 가장 강조되고 있는 것이 글로벌 수준의 '파트너십'이라고 볼 수 있다. 이는 최근 들어 유네스코에서 강조하는 지속가능개발목표(SDGs) 17가지 중 마지막 목표에도 해당한다. 이제는 전 지구적 문제들을 해결하기 위해 국가 간의 협력이 단순한 합의와 협상 형태가 아니라 파트너십 형태로 수행되고 있다. 나아가 세계시민교육에 대해 공통의 관심을 가진 협력국이 선정되고 나면, 연계·협력하여 세계시민교육에 대한 공동 지표를 개발하고 관련 연구를 추진하는 것이 필요하다. 이러한 방향의 궁극적인 목표는 세계시민성 지표를 개발하여 유엔 가입 국가들의 세계시민성 수준 및 인식 등을 조사해서 지수를 발표하도록 한다.

가장 중요한 것은 세계시민교육을 수행하는 교육현장의 변화를 불러일으키는 것이다. 그러나 우리나라의 경우 정부의 교체에 따른 교육정책의 잦은 변화, 교육과정의 빈번한 개정 등으로 세계시민교육 같은 범교과적인 교육을 행하는 것이 제한된다. 그렇지만 교육에 대한 중앙정부의 역할을 고려할 때, 우선적으로는 국가 교육과정 및 학교 교육과정 편성 및 운영지침에 세계시민교육 실천의지를 삽입하고 그 수행에서 현장교사들의 자발성을 살려 학교현장에 뿌리내릴 수 있도록 한다. 또한 교대 및 사범대의 예비교사 교육과 교원 직무연수에 세계시민교육을 필수적으로 포함하는 방안도 고려할 수 있겠다. 정부의 관심과 지원뿐만 아니라 시 · 도 교육청 차원의 의지와 지원도 중요하다. 장기적인 계획과 지원을 필요로 하는 만큼 시 · 도 교육청 차원에서는 세계시민교육 정책 실행 및 지원 전담 부서와 담당 전문 인력을 두어야 한다. 이 부서에서는 해당 교육 지자체 현실에 맞춘 인정 교과서 개발, 교사연수 프로그램 운영, 해당 교육청 단위의 컨설팅 인력 양성을 도모할 수 있다.

2) 교실에서의 세계시민교육 실천 방안

세계시민교육을 실행하려면 변화를 추구하는 참여적 교수-학습에 대한 이해가 뛰어난 숙련된 교사가 필요하다. 교사는 안내자이자 조력자로서 개인과 사회의 긍정적인 변화를 촉진하는 지식, 기능, 가치와 태도의 함양을 지원하고 학습자들이 비판적 탐구에 참여할 수 있도록 장려하는 책무를 맡게 된다. 이러한 점은 세계시민교육뿐만 아니라 모든 교육활동에서 교사의 역할이 어떤 것이어야 함을 알려준다.

일선 학교의 교사가 최고의 세계시민교육을 전달할 수 있는 능력을 갖출 수 있도록 전문적인 학습 및 개발을 위한 사전연수와 직무연수를 제공하는 것이 중요하다. 특히 1급 정교사 자격 연수, 교감 및 교장 자격 연수에서도 세계시민교육을 학교 차원에서 어떻게 조직 · 운영하고 관리할 것인가를 필수적인 연수 내용으로 삼아야 한다. 그뿐만 아니라 수업 컨설팅을 주요 목적으로 하는 수석 교사들이 세계시민교육을 위한 교수-학습 방법을 연구하고 해당 학교 및 인근 학교 교사들에게 컨설팅함으로써 세계시민교육 확산에 기여해야 한다. 학교 경영자 또한 교사들이 세계시민교육을 위한 준비에 충분한 시간과 자료를 사용할 수 있는 환경을 마련해야 한다.

세계시민교육을 위한 환경 조성은 해당 학교 교사들의 교수-학습 경험을 향상시키고 다양한 유형의 학습을 시도할 수 있도록 기여한다, 또한 교사들이 학습자의 지식과 경험을 가치 있게 여겨 다양한 배경을 가진 학습자의 적극적 참여를 가능하게 한다. 이러한 학습 환경에서 모든 학습자는 자신의 가치와 소속감을 느낄 수 있고, 다양한 세상에서 살아가는 데 필요한 협동, 건전한 상호작용, 존중, 문화감수성 등 여러 가치와 기능을 발달시킬 수 있으며, 논란이 많은 이슈에 대해서도 안심하고 토론할 수 있게 된다(유네스코 아시아태평양 국제이해교육원, 2015b: 72).

학교의 교사들은 효과적인 학습 환경을 조성하는 데 중추적인 역할을 한다. 안전하고 포용적이며 참여지향적인 학습 환경을 구성하기 위해 다양한 범위의 접근법을 사용한다. 예를 들어, 학습자들은 교사와 함께 상호작용의 기본원칙에 대한 합의를 도출한다. 이를 통해 교사는 학습자들이 소집단 협동학습에 참여할 수 있도록 교실 환경을 배치할 수 있다. 학습자들은 교사의 도움을 받아 학습 자료를 활용하고, 교사는 학습 결과물을 전시할 수 있는 공간을 마련할 수 있다. 이러한 포용적인 환경을 저해하고 학습 기회를 제한하는 요인에는 특별한 주의를 기울일 필요가 있는데, 여기에는 경제적 배경, 신체·정신적 능력, 인종, 문화, 종교, 젠더, 성적 지향이 포함된다.

일반적으로 교수-학습 과정에 관한 다양한 선택에서 학생의 적극적인 참여가 중요하듯이, 세계시민교육에서는 학습자 중심의 참여적·포용적 교수-학습의 실천이 핵심적이다. 이러한 실천은 앞서 언급한 세계시민교육의 목적을 달성하는 데 필수적인 사항이다. 세계시민교육에 대한 심화적인 학습이 이루어지기 위해서는 활동 중심 교수법인 프로젝트기반학습, 참여프로젝트, 협력학습, 체험학습, 봉사학습 같은 교수-학습 활동이 필요하다. 교사들이 세계시민성에 대해 탐구하고, 이를 학교와 실제 수업 전반에 통합하는 데 필요한 지식과 자료가 점차 늘어나고 있다. 다음 내용들은 세계시민교육의 핵심적인 교수-학습 실천 방안을 제시한 것이다(Evans, M. et al., 2009; 유네스코 아시아태평양 국제이해교육원, 2015b: 73).

- ▶ 타인을 포용하고 존중하는 상호작용 중심의 교실 환경과 학교 분위기를 조성한다. 예를 들어 성평등, 포용성, 교실 규범에 대한 합의, 학생 의견, 자리 배치, 공간 활용 등이다.
- ▶ 문화적으로 관심을 보일 만한 주제를 독립적으로 혹은 상호작용을 통해 실천할 수 있는 학습자 중심의 교수-학습 방안을 학습 목표에 맞게 설정한다. 예를 들어 독립적 · 협동적 학습, 미디어 문해력이다.
- ▶ 아동 인권에 관한 전시, 평화구축 프로그램, 글로벌 이슈를 다루는 학생신문 제작 등 실제 과제를 수행한다.
- ▶ 국제성을 지향하는 학습 자료를 활용하여 학습자들이 그들의 지역 상황과 관련하여 세계에 어떻게 적응할지 이해하도록 한다. 예를 들어 다양한 자료와 미디어 활용, 비교와 다양성의 관점이 그러하다.
- ▶ 학습을 지원하는 데 사용되는 교수 형태나 학습 목표와 일치하는 평가 전략, 즉 자기성찰과 자기평가, 동료 피드백, 교사 평가, 저널, 포트폴리오 등을 사용한다.
- ▶ 교실, 학교, 지역사회에서 글로벌 차원으로 사고의 폭을 넓혀가게 하는 등 학습자에게 지역사회 참여, 온라인상의 국제교류, 가상공동체 활동 등 다양한 맥락에서 학습경험을 얻을 기회를 제공한다.
- ▶ 사회 문제의 최신 정보 파악, 지역사회 참여, 환경 및 공평성 관련 규범의 실천 등을 통해 역할모델로서 교사의 역할을 강조한다.
- ▶ 특히 다문화 환경에서 학습자와 그 가족을 교수-학습의 자원으로 활용한다.

만약 우리가 교사의 입장에서 위의 교수-학습 방법을 선택했다면 이러한 학습 수행에서 목표를 달성하기 위한 것이어야 하고, 학습활동과 과제, 기대 역량 및 학습 목표가 서로 일관되어야 한다. 학급 토론, 기사를 읽거나 영상을 본 후 질문에 대답하기 같은 활동 중심 학습은 비판적 사고와 사회적 기술 함양, 가치 탐구, 지식 습득, 실제적 역량 계발을 장려하고자 설계된 것이다. 또한, 모둠별 조사, 이슈 분석, 문제기반학습, 사회적 행동 취하기 같은 좀 더 복합적인 교수-학습 방안은 구체적으로 연결된 범주의 역량을 통합적으로 발달시키는 데 도움이 된다. 당대의 사회문화현상 및 현실과 직결된 과제나 실제 활동, 이를테면 세계적 이슈 관련 연구 프로젝트, 지역사회 봉사활동, 대중을 대상으로 한 전시, 온라인 국제청년포럼 등은 세계시민교육 관련 역량 계발에 더욱 활발히 활용되어야 한다.

최근 들어 정보통신기술의 발달로 다양한 소셜미디어가 등장했다. 이를 활용하여 교실과 지역사회를 연결하고, 아이디어와 자원을 공유함으로써 세계시민교육의 교수-학습을 지원하는 네트워크를 다층적으로 운영할 수 있다. 교사들은 학습자들이 인터넷, 휴대전화, 원격교육 및 온라인교육 등 진보된 정보통신기술과 소셜미디어를 활용하는 방법을 학습활동에 도입할 방안을 마련해야 한다. 이를테면, 팟캐스트와 블로그 제작, 연구조사, 롤 플레이 대본 작성 및 실생활 시나리오 활동, 다른 학습자와의 협력 등이 그 대표적인 예들이다. 그뿐만 아니라 교사들은 원격교육과 온라인 세계시민교육 연수에 참여하고 함께 참여한 교사들과 정보공유 플랫폼을 구성하여 상호 경험을 교환함으로써 세계시민교육에 대한 자신의 이해와 역량을 계발할 수 있도록 해야 한다.

어떤 교육활동이라도 제도적 · 재정적 지원이 없다면 그 교육을 추진하는 데 항상 어려움이 따른다. 가장 중요한 것은 정부와 교육부가 지속 가능한 다문화사회의 건전한 시민을 위한 교육에 중점을 두어야 할 것이다. 이제 학교의 학습자와 시민에게 세계 문제들에 대해 고민하고 이 문제 해결에 참여할 수 있도록 세계시민교육을 어떻게 전개할 것인가? 여기에 대해 우리 모두 함께 고민할 때다.

8장
다문화교육 이론가들의 이야기

이 장에서는 다문화교육학 영역에서 한국에 널리 알려진 다문화교육 연구자들을 기술하고자 한다. 이 장에서 언급하는 다문화교육 연구자들에 대한 정보는 한국에 소개된 번역서의 내용과 구글 등에 게재된 내용을 참고했으며, 경우에 따라 연구자들이 재직하고 있는 대학의 학과에 소개된 내용 및 개인 홈페이지 등에 등록된 약력 등을 참고했다. 이 연구자들은 대부분 국내 다문화교육 관련 중심이 되는 학술단체인 한국다문화교육학회(KAME)에서 개최하는 국제학술대회의 기조 발제자로 초청되기도 했다.

이 장에서 소개하는 뱅크스, 베넷, 캠벨, 그랜트와 슬리터, 골닉과 친, 홀츠브레허, 존슨과 존슨, 니에토 등 저자들의 순서는 저자명의 알파벳순으로 제시했다. 특히 저서를 집필하고 편집하는 데 공동연구자가 있는 경우, 대표 저자를 중심으로 알파벳 순서에 따라 나열했다. 이와 같은 방식으로 정리하는 데 있어 이론가들별로 연구자의 이력부터 연구성과, 번역서 내용 소개에 이르기까지 같은 톤을 유지하지 못했다. 그 이유는 이론가의 이력을 웹으로 검색해서 용이한 내용을 우선적으로 기술했기 때문이다. 이런 과정에서 웹사이트나 구글, 위키피디아 등 포털사이트에 제대로 소개되어 있지 않은 이론가의 경우 이 부분이 결여되어 있기도 했다.

1. 뱅크스

뱅크스(James Albert Banks)는 우리나라에 번역서로 소개된 가장 대표적인 다문화교육학자다. 뱅크스가 우리나라에 본격적으로 확산된 계기는 서울대 모경환 교수 연구팀이 2008년 『다문화교육 입문』을 번역한 이후부터다. 현재 한국다문화교육학회 회장으로 한국다문화교육학계를 선도하는 모경환 교수팀은 그 후 뱅크스의 2014년도 개정판《An Introduction to Multicultural Education》5판본을 다시 동일한 제목으로 번역하여 소개했다.

뱅크스는 알칸사스의 한 농장에서 자랐고, 그곳에서 초등학교와 중학교 및 고등학교를 졸업했다. 1963년 시카고 시립 단기대학(Chicago City Junior College)에서 준학사학위를 취득한 후 시카고 교육대학(Chicago Teachers College)에서 초등교육 및 사회과학 학사학위를 획득했다. 1966년부터 1969년까지 미시간 대학교(Michigan State University)에서 교육학 분야의 석사와 박사학위를 취득했다. 1969년부터 대학교수로 활동했으며, 이후 워싱턴 주립대학교에 다문화교육센터를 설립했고, 현재 워싱턴 주립대학교의 석좌교수로 재직 중이다.

뱅크스는 미국교육학회(AERA) 및 미국사회과교육학회(NCSS)의 회장을 역임했고, 사회과 교육과 다문화교육 분야에서 활발하게 저술활동을 했다. 또한 스탠퍼드 대학교 행동과학연구센터의 스펜서 펠로를 수행했으며, 컬럼비아 대학교 교육대학에서 초빙교수직을 역임하기도 했다.

그의 저술은 한국어, 그리스어, 일본어, 중국어, 터키어 그리고 아랍어 등 다양한 언어로 번역되었으며, 한국어로 번역된 경우는 『다문화교육 입문』, 『사회과 교수법과 교재 연구』, 『다문화 시민교육론』, 『다문화교육: 현황과 전망』, 『다문화교육의 세계 동향』 등이 있다. 이 중에서 『다문화교육의 세계 동향』과 『다문화교육 입문』에 관한 내용을 살펴볼 것이다.

『다문화교육의 세계 동향』은 뱅크스와 40여 명의 다문화교육학자가 공동집필한 것으로 원제는《The Routledge International Companion to Multicultural Education》이다. 이 책은 2014년 우석대학교 특수교육과 방명애 교수팀에서 『다문화교육의 세계 동향』이라는 번역서로 시그마프레스출판사에서 출간되었다.

이 책은 다문화교육의 국제적 지침서라고 일컬을 정도로 로컬 차원의 구체적인 사례들을 다루고 있으며, 다문화교육을 위한 특정 분야의 이론, 연구 그리고 실제적 영역의 사안들을 압축적으로 정리한 참고서라고 할 수 있다. 또한 이 책은 다문화교육이 한 국가에서 사회적으로나 정치적으로 어떻게 인식되는지도 설명하고 있다. 그 외에도 여러 나라의 통찰력 있는 학자와 전문가들의 연구결과와 자료를 통해 다문화교육의 이론과 연구 및 실제를 제시하고 있다. 이를 바탕으로 다문화교육 분야의 연구자나 교육자들이 다양한 연구를 응용할 수 있을 뿐만 아니라, 교육현장에 적용할 수 있는 계기를 마련해주고 있다.

다문화교육의 국제적 지침서라고 할 수 있는 이 책을 총괄 편집하기 위해 뱅크스는 먼저 다양한 나라 출신의 학자들을 모아서 국제자문

편집위원회(International Editorial Advisory Board)를 구성했다. 그는 지침서 개요의 초고를 집필한 후 위원회의 자문과 검토를 받았다. 국제자문편집위원회는 다양한 나라의 문화를 포괄적으로 다룰 것을 제시했고, 기존의 연구, 문헌 그리고 위원회의 피드백을 참고하여 주요 개념과 여러 나라의 사례연구를 중심으로 정리 · 구성했으며, 초고에 작성한 것보다 더 많은 장에 각 국가의 문화를 광범위하게 다루었다. 다시 말해, 이 책이 추구하고 있는 진정한 다문화 현상과 이에 대처하는 다문화교육의 사례를 집필했다.

이 책은 총 10부로 구성되어 있다. 제1부는 다문화교육의 비교문화적 쟁점, 개념 그리고 이론 등의 내용으로 구성되어 있고, 제2부에서는 7개의 장에 걸쳐 미국, 캐나다, 호주, 영국, 유럽, 남아프리카공화국, 일본 등의 다문화교육 발전 과정을 설명하고 있다. 제3부는 제도적이고 구조적인 인종차별주의를 다양한 관점에서 자세히 검토했으며, 제4부의 두 개의 장에서는 학생들의 학업성취도 향상에 대한 문화감응 교수의 효과와 학교-가정의 관계를 논의했다. 제5부는 뉴질랜드의 마오리족, 페루의 원주민, 그리고 북미 원주민 사례를 통해 식민지화의 유산과 식민지화가 교육에 미친 영향을 설명하고 있다. 제6부는 일부 국가들의 이민, 시민권 그리고 교육을 다루면서 시민권과 시민교육이 원주민과 이주 집단에 대응해서 어떻게 발전했는지를 설명했다. 제7부는 몇몇 국가 내 다양한 언어가 갖고 있는 지위를 설명하면서 이로 인해 학생들이 학교에서 경험하는 언어적 불평등을 살펴보고, 언어적 소수 집단 학생들이 학업성취도를 향상시키고 교육의 평등을 경험할 수 있도록 지원하는 프로그램과 실제를 다루고 있다. 제8부는 일부 국가의 교육에 대한 종교의 영향을 살펴보았고, 학교가 해결해야 할 문제와 기회, 그리고 학교가 이러한 종교적 이슈, 갈등, 도전 그리고 기회에 대해 어떻게 반응하는지를 설명했다. 제9부와 제10부는 인종적 소수집단들이 학교에서 경험하는 교육적 문제와 그들의 교육적 필요를 해결하기 위해 이루어져야 하는 개혁에 대해 기술했다.

뱅크스는 이 책에서 그동안 다문화의 다양한 층위, 성, 민족, 인종, 계층, 언어, 종교 등의 다문화교육을 위한 다양성 요소를 전 세계적인 다문화교육 이슈로 간주하고, 이들과 관련한 다양성 교육의 이론과 실태들을 다루었다. 그러나 아쉬운 점은 우리나라와 가까이 있는 일본과 중국의 다문화 현상과 이에 관한 대책에 대해서는 구체적으로 기술한 반면, 하루가 다르게 다문화사회화가 진행되는 한국의 다문화 현상이나 다문화교육에 관한 동향은 다루지 않았다는 것이다.

두 번째로 소개할 책은 한국 다문화교육학계에 가장 큰 영향력을 준 다문화교육 입문서라고 할 수 있는《An Introduction to Multicultural Education》이다. 이 책은 서울대 사회교육과 모경환 교수와 한국다문화교육학회 초대회장을 역임했던 최충옥 경기대 교수 등이『다문화교육 입문』이라는 제목으로 한국어 번역본을 출간했다. 2008년 초판으로 번역서를 출간했다가 최근 들어 2014년 버전인 5판을 2016년에 동일한 제목으로 다시 출간했다.

이 책에서는 예비교사를 포함한 모든 교사와 시민에게 다문화교육의 주요 개념, 원리, 이론, 실천 방법 등을 다루고 있다. 또한 다문화교육의 기초에서 심화까지 광범위한 내용을 알기 쉽게 기술하고 있다. 그렇기 때문에 이 책은 다문화교육에 관심이 있는 학생들뿐만 아니라 정책담당자들, 현장 활동가 및 일반인에게도 좋은 안내서로 평가받고 있다. 이 책의 가장 중요한 핵심어는 '다양성'이다. 뱅크스는 다양성에 대해 국가, 학교, 교사들에게 과제와 기회를 동시에 제공해야 한다고 피력했다. 다문화교육의 중요한 목표 중 하나는 교육자들이 다양성과 관련된 문제들을 최소화하는 반면, 교육적 기회와 가능성을 최대화할 수 있도록 돕는 데 있다고 한다. 또한 교사 및 행정가가 다양성에 대해 창의적이고 효과적으로 대응하기 위해서는 다문화교육의 개념, 원리, 이론, 실천을 전문적으로 이해해야 한다. 아울러 스스로의 인종적 · 민족적 태도를 검토하고 명료화해야 하며, 다양한 인종적 · 민족적 · 문화적 · 성(性)적 · 사회계층적 · 종교적 집단으로 구성된 학생들을 효과적으로 가르치는 데 필요한 교수법적 지식과 기능을 개발해야 한다고 주장했다.

이 책의 주요 내용을 살펴보면, 제1장에서는 다문화교육의 목적과 다문화교육을 둘러싼 오해를 논의했다. 제2장에서는 학생들이 다문화적 국가 및 세계에서 유능한 시민이 되기 위해 필요한 지식, 기능, 태도를 획득하기 위해 다문화교육이 반드시 필요한 이유에 대해 설명했다. 제3장에서는 다문화교육의 여러 차원과 우수한 다문화학교의 특징을 소개했으며, 제4장에서는 모든 학생에게 다원화된 민주주의 사회의 유능한 시민이 되기 위해 필요한 지식, 태도, 기능을 길러줄 수 있도록 다문화교육의 교육과정을 어떻게 변혁해야 하는지를 언급했다. 제5장에서는 역사학자 및 사회과학자의 인생 경험, 가치관, 개인사, 소속 문화공동체 등이 그들이 창출하는 지식에 어떻게 반영되는지를 설명했고, 제6장에서는 유능한 교사가 갖추어야 할 지식의 범주들을 제시했다. 제7장에서는 핵심 아이디어 및 개념들을 중심으로 조직된 다문화적 수업과 단원이 갖추어야 할 특징에 대해 설명했다. 제8장에서는 학교개혁과 집단 간 교육을 논했고, 제9장에서는 교육자들이 학교 혹은 교육

기관에서 다문화교육을 효과적으로 수행하고 있는지를 판단하는 데 활용할 수 있는 주요 기준들을 다루었다.

2. 베넷

베넷(Bennett, Christine I.)은 우리나라에서 적어도 다문화감수성 발달 모형에 관한 내용을 접한 사람이라면 누구나 그의 이름을 기억할 것이다. 현재 베넷은 인디애나 대학교 교육학과의 교육과정 전공 명예교수다. 베넷은 노스웨스턴 대학교 사회학과를 졸업하고 스탠퍼드 대학교에서 교육학 석사학위, 텍사스 오스틴 대학교에서 에스놀로지 관련 연구로 박사학위를 취득했다. 박사과정 전에는 산호세와 로스앤젤레스 소재 고등학교에서 사회 과목을 가르쳤다.

베넷은 인디애나 대학교에서 31년 동안 학부와 대학원에서 다문화교육을 가르치고 발전시켰으며, 소외집단의 소수자 학생을 모집하고 지원하는 의사결정가로서 교사프로그램과 교사교육연구소, TEAM 프로젝트 등을 만들고 운영했다. 또한 그녀는 인디애나 대학교에서 중국 항저우 대학교와 함께 운영하는 교환학생 프로그램의 책임자를 역임했다. 그 밖에 인디애나 대학교가 외국의 대학들과 실제적인 학술 교류, 학생 및 연구자와 교류하는 데 중추적인 역할을 수행했다. 그녀는 다문화사회 연구, 인종차별이 지양된 학교들의 학급 분위기, 학교 교칙에서의 인종 불평등, 고등교육에서의 인종 문제, 그리고 다문화 교사교육 등에 중점을 두고 연구를 수행해왔다.

베넷의 저서 《Comprehensive Multicultural Education: Theory and

Practice》는 2007년 6판으로 출간되었는데, 이 책을 수원대 교육학과 김옥순 교수 외 9명의 연구자가 『다문화교육: 이론과 실제』라는 제목으로 학지사에서 번역·출간되었다. 이 책은 내용적으로 다문화교육에 입문하는 초보자들을 위해 집필되었다. 실제로 1980년대 초반에 출간된 초판에서는 복잡하고 모호하고 다학문적인 영역인 다문화교육을 쉽게 이해할 수 있는 가이드 형태로 출간되었다. 이 책의 목적은 다문화교육이 편견, 인종차별주의, 사회정의, 문화적 다원주의 같은 주제들과 결부되어 교사들에게 바람직한 다문화교육을 접할 수 있도록 하는 것이었다. 이 책은 6판의 개정을 거치면서 기본적인 철학과 접근방식은 변하지 않았지만, 한국에 소개된 6판 번역본 『다문화교육: 이론과 실제』에서는 많은 학생과 다문화교육자들과의 수많은 대화를 통해 수정된 내용과 수업 사례들을 다루고 있다.

이 책에서 베넷의 본질적인 주장은 바로 우리 모두 다문화 세계에 살고 있으며, 모두 다문화교육을 필요로 한다는 점이다. 그러나 다문화적 시각에서 비전을 수립하고 실제 교육을 운영하는 학교는 거의 없다고 지적했다. 학교의 통제를 넘어선 사회정책으로 인해 공식적·잠재적 교육과정을 개혁하지 못한다고 주장했다. 즉, 예산과 이해의 부족으로 인해 편협하고 오래된 책과 영화를 교체하지 못하며, 다양한 민족집단 학생들에게 역할모델이 될 수 있는 직원을 고용하지 못하고, 공동교육과정 활동이나 학생 훈육 등에서 일어나는 차별적인 관행에 대한 대안을 연구할 수 없다고 다문화교육의 현실적 어려움을 호소했다. 또한 의도적이지 않더라도 문화 다양성에 대해 잘 알지 못하고, 역사와 시사에 대한 지식이 단일문화 중심적이며, 자신이 가진 편견을 인식하지 못하는 교사나 행정가는 학생의 학업성취와 발달을 저해할 가능성이 크다고 주장했다. 교육과정 기준도 다양한 민족, 성(性), 사회경제적 계층, 세계관을 포함하는 내용을 개발하는 데 저해 요소가 되기도 한다고 보았다. 이러한 여러 가지 도전에 어떻게 대처할 것인가가 바로 이 책의 주요 내용이라고 할 수 있다.

이 책의 접근방식은 여러 가지 측면에서 독특한데, 첫째, 이 책의 내용은 광범위하고 간학문적이며 실용적이라는 측면이다. 교육학과 사회과학에서의 주요 개념을 원 출처와 함께 설명하고 있으며, 교수-학습의 사례에 관해서는 베넷이 알고 지냈던 교사와 학생의 사례에서 도출했다. 둘째, 이 책은 문화적 차이와 개인적 차이의 상호작용을 다루고 있다는 점이다. 특히 베넷의 책은 다문화교육과 세계화 교육에 대해 밀접하게 연결시키고 있다는 점이 특징이다.

모든 다문화교육의 입문서가 갖는 목차상의 특징들, 이를테면 다문화교육의 개념과 특성, 문화의 본질과 교육의 관계, 인종 관계와 편견, 문화다양성의 기원과 다문화를 바라보는 이데올로기, 다문화교육과정과 교수학습법 등은 베넷의 책에서도 동일하다. 그러나 이 책은 다른 다문화교육 입문서에 비해 다문화학교를 우선시하여 1장부터 다문화학교를 부각시키고 있다. 실제로 다양한 수업의 예시들이 제공되고 있으나 우리나라의 사회문화적 환경과 현실에는 적합하지 못하여 도입 혹은 적용에 어려움이 있을 수 있다. 그러나 방법론적 측면에서는 베넷의 다문화학교 개념, 다문화교육과정 구성과 교수학습법을 적용해볼 수 있을 것이다.

3. 캠벨

캠벨(Campbell, Duane E.)은 카네기멜론 대학교에서 역사학을 공부했지만, 대학원 이후에는 사회과학으로 자신의 학문을 확장하고 교육의 현실 문제를 민주주의와 연결한 다수의 연구와 강연을 수행했다. 1964년부터 1967년까지 피츠버그와 펜실베이니아의 공립학교에서 교사로 재직했으며, 캘리포니아 주립대학교 교육학과에서 39년 동안 교수직을 역임했다. 아울러 동 대학의 이중언어, 평화학, 다문화교육학과의 초대 학과장을 지냈다. 현재 캘리포니아 주립대학교의 이중언어 및 다문화교육학과 명예교수다. 평생 비판교육학에 입각하여 미국 교육의 암울한 면에 대해 비평했으며, 교육이야말로 민주주의를 유지하고 발전시키는 가장 위대한 과업이라고 했다.

그의 이런 가치관을 담은 저서가 바로 《Choosing Democracy: A Practical Guide to Multicultural Education》이다. 이 책의 4판이 2010년 에일린베이컨출판사에서 출간된 후 인하대학교 사회교육과 김영순 교수 연구팀에 의해 『민주주의와 다문화교육: 다문화교육을 위한 실천적 가이드』라는 제목으로 번역되어 우리나라에 소개되었다. 이 번역서의 서문에서는 이 책의 가치에 대해 다문화사회를 경험하는 우리 한국 국민에게 매우 필요한 책임을 밝히고 있다. 이 책의 주요 내용은 민주주의 공동체를 유지하기 위해 교사들이 자신의 문화적 프레임을 분석하고 다문화 관점을 발전시키는 데 기여하고 있으며, 민주주의의 기회 균등과 문화 민주주의의 가치를 실현하기 위한 교사들의 헌신을 강조하고 있다. 캠벨은 미국이 처한 민주주의의 위기가 곧 시민교육의 위기에서 기인한 것이고, 이 위기의 시발점이 바로 공립학교라는 점을 부각시키고 있다. 공립학교는 민주주의를 배우는 배움터이고, 학교와 학급 경영에서의 민주주의 지향 교육이 실천되며, 시민성 함양을 위한 교육과정이 수행되는 곳이라고 할 수 있다. 여기서 저자인 캠벨은 민주주의를 촉진하기 위해 채택되어야 할 가장 중요한 교육과정이 바로 다문화교육이고, 다문화교육이야말로 미래사회를 더욱 민주주의적으로 변화시킬 수 있는 요소라고 주장했다. 이런 점에서 이 책은 단지 학교의 교사들에게 요구되는 '다문화교육 가이드'가 아니라 민주주의 시대를 살아가는 모든 시민에게 필요한 '시민교육 가이드'라고 볼 수 있다.

이 책은 모두 13장으로 이루어져 있으며, 방대한 자료들과 현장 인터뷰, 다문화교육 사례들을 제공하고 있다. 제1부는 문화, 인종, 계층, 젠더, 빈곤에 대한 비판적 분석을 제공했는데, 1장부터 5장까지 구성되었고, 사회적 위기, 문화, 경제 상황, 인종주의, 성차별이 교실과 교사 및 학교에 어떤 영향을 끼치는지를 설명하기 위해 증거를 조사하고 결론을 도출했다. 제2부는 교사가 학교에서 문제에 직면했을 때 사용할 수 있는 실천적 전략을 제공했다. 6장은 학생들 사이의 대인관계가 지니는 중요성을 강조했으며, 7장은 역량 강화를 목표로 하는 많은 교수 전략들과 갈등 해결에 관한 새로운 방법뿐만 아니라 민주주의를 촉진하는 철학을 담았다. 8장은 비평가들로부터 비판받은 부분을 새롭게 수정해서 교실 경영과 민주주의의 상호작용을 기술했으며, 9장은 구성주의에 관한 자료를 새롭게 추가하여 비판적 사고와 비판이론 사이의 차이점을 좀 더 정교하게 기술했다. 10장은 협동학습, 민주주의, 다문화교육 등의 관계를 다루었다. 11장은 소수언어를 사용하는 학생들을 가르치는 것에 관한 정보를 포함했다. 제3부에서는 다문화교육에 대한 이론과 실제를 발전시킬 수 있는 내용을 다루었는데, 12장은 다문화학교의 교육과정을 새롭게 제시했으며, 13장은 낙오학생방지법과 그 밖에 학교 변화를 위한 노력의 결과로 변화된 중요한 부분을 기술했다.

캠벨의 저서에 등장하는 미국 민주주의의 위기는 우리나라에 주는 시사점이 크다. 다양성이 급증하고 있는 우리 사회에서 민주주의의 가치 중 하나인 다양성의 존중이 더욱 시급함에도 학교에서는 대학 입학을 위한 경쟁학습이 활발하다. 이런 현상을 통해 변화하는 세계에서 우리의 미래 세대가 과연 민주주의를 어떻게 수호해나갈 수 있을지 다시 한번 생각해볼 수 있는 기회를 이 책이 제공하지 않을까 한다.

4. 골닉과 친

골닉(Gollnick, Donna M.)과 친(Chinn, Philip)은 《Multicultural Education in a Pluralistic Society》의 저자들이다. 이 책의 공동저자 중 한 명인 골닉은 미국다문화교육협회(National Association for Multicultural Education)의 회장을 역임했으며, 미국 전국교사교육인증협회(National Council for Accreditation of Teacher Education)의 수석 부회장으로 활동한 바 있다. 30년 동안 다문화교육을 주제로 활발한 저술활동을 해왔으며, 미국에서 손꼽히는 다문화교육 전문가다. 또한 교사 온라인 교육 및 교수법 등을 개발하고 연수를 담당하는 TEACH-NOW의 책임자이기도 하다.

또 다른 공동저자인 친은 미국 캘리포니아 주립대학교의 교수로 재직하다가 2000년에 은퇴했다. 주요 연구 분야는 특수교육학이며, 이와 관련된 많은 저서와 논문이 있다. 학문적 업적과 연계하여 캘리포니아주 특수교육위원회에서도 활동한 바 있다.

이들의 상기 저서는 2009년 8판으로 출간되었는데, 2012년 고려사이버대학교 평생교육학과 염철현 교수에 의해 『다문화교육개론』이라는 한국어 번역본으로 한울아카데미출판사에서 출간되었다. 이 책을 통해 다문화교육에 대한 확실한 개념 정의는 물론, 교육현장에서 학생들을 어떻게 지도하고, 학생들과 어떻게 상호작용할 것인지에 대한 구체적인 가이드라인을 알 수 있다.

저자인 골닉과 친은 다문화교육이란 “학교에서 문화적 차이를 통합하고, 평등과 사회정의를 제공하는 교육전략으로, 전체적인 학습 과정에서 다양성을 긍정적으로 이용하는 방식이다”라고 설명했다. 그리고 “공식 교육기관인 학교에서 교사가 다문화교육을 실질적으로 구현하기 위해서는 학교의 전반적인 환경이 다문화교육의 분위기를 형성해야 할 뿐만 아니라, 학교와 교사는 학생과 가족의 다양한 문화적 배경과 집단구성원의 특성에 대해서도 알아야 한다”라고 주장했다.

이 책의 서문에서는 민족성과 인종, 계급과 사회경제적 지위, 젠더와 성 취향, 특수교육, 언어, 종교, 지리, 연령 등 8가지 요인에 대해 역사적 · 사회경제적 · 문화적 관점으로 접근하여 그에 대한 배경과 집단구성원의 특성을 분석하고 있다. 그리고 학교현장에서 교사와 학생이 어떻게 상호작용할 것인가에 대해 구체적인 자료와 방법을 제시했다.

골닉과 친의 책은 모두 10장으로 구성되어 있다. 1장에서는 문화의 광범위한 영향, 교사 자신과 학생들의 문화적 배경과 경험 이해의 중요성, 그리고 다문화교육의 진화에 관한 설명을 제시했다. 2장부터 9장까지는 다문화교육의 개별 요소라 할 수 있는 민족성과 인종, 계급과 사회경제적 지위, 젠더와 성적 취향, 특수교육, 언어, 종교, 지리, 연령에 대한 내용을 기술했다. 10장에서는 다문화교육을 실행하면서 문화적으로 반응하는 교수법, 사회정의를 위한 교수법을 사용하는 데 필요한 몇 가지 사항을 포함했다. 국내에 번역된 8판에서는 다문화교육에 관한 저자들의 이념을 깊이 있게 소개하는 내용과 아울러 기초적이고도 효과적인 수업에 관한 연구를 비판적 교수법과 통합하고 있다. 이와 같은 내용들은 기존에 기술한 내용보다 심층적이고 사례 중심적으로 변화한 내용을 추가한 것이라고 볼 수 있다.

이 책의 특징은 각 장마다 내용이 시작되기 전에 해당 장에 관련된 시나리오를 소개하여 독자들의 이해를 돕고자 한 점이다. 8가지 주제에 대한 개괄적인 자료와 정보를 소개한 다음, 교실에 초점을 맞춰 교사가 학생과 어떻게 효과적으로 상호작용할 것인지에 대한 방향을 제시했다. 또한 '생각해보기'와 'Tip' 등을 통해 책의 내용과 관련된 토론 주제를 제시하여 교사와 학생이 비판적으로 사고하도록 유도했다. 아울러 각 장의 마지막에는 교사가 교실에서 학생들과 토론하는 데 필요한 질문들을 제시하고, 다문화 전공교사로서 현장을 관찰하고 문제해결을 위한 기획을 하는 데 도움을 주는 포트폴리오도 제공한다. 이런 점에서 이 책은 다문화교육으로 안내하는 훌륭한 교과서 역할을 한다고 평가할 수 있다.

5. 그랜트와 슬리터

다문화교육 연구자와 교사들에게 널리 알려진 《Doing Multicultural Education for Achievement Equity》와 《Making Choices for Multicultural Education: Five Approaches to Race, Class and Gender》는 그랜트(Grant, Carl A.)와 슬리터(Sleeter, Christine. E.)의 공동 저서들이다. 이들의 저서 두 권은 한국어로 번역·출간되었다. 전자는 인하대학교 사회교육과 김영순 교수 연구팀에서 2013년 『교사를 위한 다문화교육』이라는 한국어 번역본으로 북코리아출판사에서 출간되었다. 후자는 슬리터가 주저자로 이름을 올린 책으로, 진주교대 김영천 교수 연구팀에서 2009년 『다문화교육의 탐구: 다섯 가지 방법들』이라는 번역서로 아카데미프레스에서 출간되었다.

이 두 저서의 공동저자 중 한 명인 그랜트는 위스콘신 매디슨 대학교의 석좌교수다. 그는 미국 다문화교육학회장을 역임했으며, 교육과정과 교사교육 연구 작업을 수행했다. 그랜트는 다문화교육 분야에서 위대한 업적을 남겼음에도 구글이나 학교 홈페이지 등에서 그의 연구 업적을 검색하기가 쉽지 않았다. 일반적으로 대부분 교수들의 이력과 연구업적을 재직 학과에서 공개하고 있음에도 위스콘신 대학교 교육학과 홈페이지에서는 그에 관한 내용을 제대로 찾지 못했다.

또 한 명의 저자인 슬리터는 몬테레이 베이(Monterey Bay)에 있는 캘리포니아 주립대학교의 석좌교수다. 그녀는 미국교육연구협회(American Educational Research Association)의 부회장이면서 동시에 전국다문화교육협회(National Association for Multicultural Education)의 회장을 역임했다. 슬리터는 1948년 미국 오리건주에서 태어났다. 그녀는 1970년 윌라메트 대학교에서 정치학 학사학위를 취득했고, 1972년 센트럴 워싱턴 대학교에서 중등교육을 공부한 후 두 번째 학사학위를 받았다. 1977년에는 시애틀 대학교에서 커리큘럼 및 교육 분야에서 석사학위를 취득했다. 워싱턴 시애틀에서의 교수 활동은 그녀가 다문화교육과 현장에서 백인의 위치에 최초로 관심을 갖게 된 계기가 되었다. 1981년에 그녀는 위스콘신 매디슨 대학교(University of Wisconsin-Madison)에서 커리큘럼 및 교육 분야의 박사학위를 취득했다.

슬리터는 1982년부터 1985년까지 위스콘신주의 리폰 대학교에서 교사교육 분야의 학부 교수로 재직했고, 1985년부터 1994년까지 위스콘신 파크사이드 대학교에서 학부 교수로 재직했는데, 거기에서 종신 재직권을 얻었으며 전임 교수로 승진했다. 또한 그녀는 1987년 여름 워싱턴 대학교의 초빙교수로 재직하기도 했다. 1995년 슬리터는 학교가 설립되는 과정에서 몬테레이 베이의 캘리포니아 주립대학교로 자리를 옮겼으며, 2003년까지 교사 교육 교수진의 창립 멤버이기도 했다.

그녀의 주요 저서로는《Doing Multicultural Education for Achievement and Equity》(2007),《Facing Accountability in Education: Democracy and Equity at Risk》(2007),《Critical Multiculturalism: Theory and Praxis》(2010),《Teaching with Vision: Culturally Responsive Teaching in Standards-Based Classrooms》(2011),《Creating Solidarity across Diverse

Communities: International Perspectives in Education》(2012), 《School Education, Pluralism and Marginality: Comparative Perspectives》(2012) 등이 있다.

이 들의 첫 번째 책《Doing Multicultural Education for Achievement Equity》는 앞서 언급한 바와 같이 우리나라에서 『교사를 위한 다문화교육』이라는 제목으로 번역되었다.

이 책은 교육이 학교와 더 넓은 사회에서 다문화적이어야 한다는 역사와 근거를 제공했다. 저자들은 다문화교육을 인권과 사회정의를 주장한 민족운동을 토대로 한 교육개혁의 과정으로 간주했다. 다문화교육에서 학생과 그들의 다양한 공동체, 문화적 배경은 그들의 학습을 도와주는 발판이라는 점에서 출발했다. 다문화교육은 '권력'이라는 렌즈를 통해 학교를 포함한 사회기관을 검증하며, 정책과 당연시하는 관습으로 인해 누가 혜택을 받는지 의문을 제시했으며, 평등과 공평을 지지하는 정책과 실천을 가치 있는 것으로 간주했다. 또한 평등, 공평, 인권, 문화적 힘을 단편적으로 정의하지는 못한다 할지라도 미래에 교실에서 교육에 등장하는 생각과 개념적 틀은 발전할 수 있을 것이라고 주장했다.

이 책은 또한 예비교사가 자신과 자신의 교수방법을 검증하고 발전시킬 수 있도록 도와주는 상호적인 활동과 스스로 확인할 수 있는 활동을 제공했다. 이러한 상호적인 활동은 다문화사회에서의 교육과 사회정의를 둘러싼 다양한 문제 및 이슈에 대한 예비교사의 불안과 잘못된 인식을 제고할 것이라고 피력했다. 이러한 인식은 인종차별과 계층차별 문제가 그들의 이전 세대에 해결되었으며, 현재 우리가 인종차별이 해결된 사회에서 살고 있다는 믿음을 포함하고 있다고 보았다.

이 책은 총 8장으로 구성되어 있다. 1장에서는 미래의 교사들에게 훌륭한 교사가 되는 방법을 제시했으며, 2장에서는 학생에 대해, 특히 학생 중심 교수에 관한 다양한 관점을 살펴보았다. 3장에서는 광범위한 사회와 교육기관의 맥락에서 학교 상황으로 되돌아와 학교에서의 학습을 위해 이러한 맥락이 내포하는 함의를 제시했으며, 4장에서는 돌봄 관계의 기초를 정립했다. 5장에서는 다양한 자산을 가진 학생들의 성취를 위한 교육을 구축하고, 돌봄의 맥락에서 이를 평가했으며, 6장에서는 다양성과 형평성 및 학생들의 학습과 관련된 교육과정을 탐색하면서 교육과정 계획을 세우기 위한 전략, 그리고 이를 교사의 수준에 맞게 수정하기 위한 전략을 제시했다. 7장은 시험과 다양성 및 형평성이라는 맥락에서 학습으로의 접근을 다루었으며, 8장에서는 교실이라는 벽을 넘어선 사회적 이념을 가지고 시민으로서 교사이자 활동가 및 학생들의 역할을 위한 함의를 탐색했다.

이 들의 또 다른 책 《Making Choices for Multicultural Education: Five Approaches to Race, Class and Gender》는 『다문화교육의 탐구: 다섯 가지 방법들』로 번역되었으며 그 내용은 다음과 같다. 이 책에서는 다문화교육에 대한 접근 방법을 크게 5가지로 이론화한 후, 이를 어떻게 교육현장에서 활용할 수 있는지 제시하고 있다. 이 책에서는 다문화교육에 대한 이해를 인종, 계층, 성, 장애, 성적 지향 등과 같은 범주로 구분하여 설명했다. 그렇게 함으로써 문화의 다양성을 개별적으로 설명하기보다는 다문화교육의 기저에 깔려 있는 문제점과 담론을 중심으로 문화, 다양성, 차이점 및 유사점, 정의, 평등, 사회 개혁 같은 개념을 유추해내려고 했다. 또한 이 책은 단순히 여러 가지 이론을 나열한 것이 아니라, 현상과 이론에 기초한 교육과정, 수업전략, 실행전략, 수업의 사례 등을 제시함으로써 다문화교육의 이론과 실제를 겸비할 수 있도록 도와줄 것이라고 판단한다.

이 책은 미국의 교육대학, 사범대학, 대학원에서뿐만 아니라 대학의 다문화교육과 관련한 교양 및 전공강좌에서 필독서로 활용되는 가장 인기 있는 교재 중 하나다. 우리나라의 예비교사, 현장교사, 교육행정가, 교육자들은 이 책을 통해 다문화교육의 개념적 특징들을 이해하고, 이들 사이의 차이점과 장단점을 분석함으로써 다문화교육의 실제에 대한 청사진을 그리는 데 이론적 전초작업을 할 수 있을 것이다. 특히 다문화교육에 대한 다양한 이론이 어떠한 방식으로 전개되고 그 저변에 깔려 있는 이념적 · 정치적 · 경제적 · 사회적 · 문화적 · 역사적 · 실제적 논의들을 이해하고 나면, 현재 자신의 교육현장에서 어떠한 접근 방법들이 가장 필요하고 향후 어떠한 비전을 가지고 다문화교육에 대한 교육과정과 정책을 수립해나갈 수 있을지에 대해 도움을 받을 수 있을 것이다. 다만 이 과정에서 5가지 접근 방법이 서로 확연히 분리되고 상치되는 것이 아니라, 상호보완이 가능하고 공동체 간의 논의를 통해 교육 정책과 실제를 수립하는 데 도움이 되는 이론적 이정표라는 점을 간과해서는 안 된다.

이 책은 모두 7장으로 구성되어 있다. 1장 '진보에 대한 환상: 일상적인 비즈니스'에서는 우리가 사회적 진보, 즉 다시 말해 어제보다 오늘이 인종차별, 성차별, 사회계층 간 격차 면에서 더욱 개선되고 있다는 생각에 담긴 환상이 무엇이고, 그 실제가 무엇인지 사회통계적인 자료를 통해 비판적으로 살펴보았다.

2장 '특수학생과 문화적으로 다른 학생들에 대한 교수'에서는 다양한 문화적 배경을 지닌 학생들과 집단들에 대해 어떠한 방식으로 다문화교육을 접근할지에 대해 논의했다.

3장 '대인관계'의 내용은 한국 교육에서 끊임없이 강조해온 교육 철학인 조화, 협동, 전인교육의 쟁점을 다문화교육의 논의와 접목시킬 수 있는 중요한 발판이 된다. 여기에서는 나와 다른 이들에 대한 관용이 다문화교육에서 왜 중요하고, 어떻게 이를 실생활에 접목시킬 수 있을지 생각해볼 수 있도록 구성했다.

4장 '단일집단 연구'는 특정 문화집단의 쟁점들을 다문화교육에서 어떻게 논의하는지 살펴보는 중요한 계기를 제공했다. 나아가 미국에서 뜨거운 쟁점으로 논의되고 있는 인종 문제, 여성 문제, 비이성애자 문제, 장애인 문제 등을 지켜보면서 한국의 상황에서 현재 벌어지고 있는 단일집단별 사회운동(예: 여성 인권운동, 장애인 인권운동, 이주노동자 인권운동, 저소득층 인권운동)이나 사회개선 정책 등을 고찰해보았다.

5장 '다문화교육'에서는 문화적 다원주의에 기초한 다양성을 추구해가려는 목표를 지닌 교육적 접근 방법에 대해 논의한다. 저자들은 다문화교육에 대한 개념이 다양하기 때문에 별도의 장을 만들어 '문화적 다원주의'에 기초한 다문화교육을 설명했다.

6장 '다문화사회 정의교육'은 다문화교육이 단순히 나와 다른 문화를 이해하고 상호 간의 협력만 중요시하는 것이 아니라, 사회적 불평등과 부정의를 초래하는 사회구조에 대한 이해, 사회 비판, 그리고 참여 민주주의의 이념을 교육하는 것임을 강조했다. 이 장을 학습하면서 독자들은 비판이론에 기초하여 사회적 차이 및 불평등을 논의할 기회를 가질 수 있다고 본다.

7장에서 저자들은 자신들이 지지하는 다문화교육이 무엇인지 밝혔다. 독자들은 이 장을 접하면서 자신에게 이 책에서 설명하는 5가지 접근 방법 중에서 어떠한 접근 방법이 호소력이 있는지, 한국의 상황에는 어떠한 접근 방법이 필요한지, 그리고 한국에서 궁극적으로 어떠한 접근 방법들을 접목하여 문화적으로 다양한 학생을 아우를 교육을 펼쳐나갈 수 있는지를 고민해볼 수 있다. 특히 자신의 문화적 · 사회적 배경에 대한 진지한 성찰과 숙의를 통해 자신의 가치관이 어디에서 기원하고 있으며, 나와는 문화적으로 다른 학생이나 동료들에게 어떻게 다가갈 수 있는지 생각해볼 수 있을 것이다.

6. 홀츠브레허

홀츠브레허(Holzbrecher, Alfred)는 독일 프라이부르크 교육대학교의 명예교수다. 튀빙겐 대학교에서 교육학을 공부했고, 우리나라의 교사 임용고시에 해당하는 독일의 교사 국가자격시험을 통과했다. 이후 에센 등에서 현직 교사 및 장학 관련 업무를 담당했다. 프라이부르크 교육대학교에서 일반 교수법 및 학교 교육 전공 교수를 역임했으며, 전공 분야는 학교 교육, 교수법, 상호문화교육, 사진교육(Foto-pädagogik) 등이다. 2013년 교수직을 은퇴하기 전까지 19년간 프라이부르크 대학교에서 재직했다. 재직 중 에라스무스 교환학생 프로그램의 책임을 맡았으며, 특히 유럽의 상호문화교육학 정립에 집중했다. 그는 『상호문화학교의 이해』, 『상호문화교육학의 이해』, 『시민교육론』 등 상호문화교육에 관한 이론과 방법론, 사례 탐구 등 다수의 저서와 논문들을 저술했다. 대표 논문으로는 「상호문화 학습의 교수법」(2012), 「상호문화학습」(2014), 「교수법 관점으로서 상호문화와 글로벌학습」(2004) 등이 있다.

그의 저서 중 2004년 발간된 《Interkulturelle Pädagogik》은 인하대학교 정기섭 · 오영훈 · 김영순 교수 등이 2014년 한국어로 번역하여 『상호문화교육의 이해: 교사를 위한 교수-학습 방법』으로 북코리아출판사에서 출간되었다. 이 책의 서문에서는 상호문화교육의 가치와 의미에 대해 기술했다. 상호문화교육은 모든 인간이 존엄하다는 토대 위에서 다른 문화권의 인간과 그들의 가치관, 삶이 동등하게 존중되어야 한다는 사고와 태도로의 전환을 가져오도록 하여 사회통합을 추구하는 교육이라고 했다. 독일어권에서 '상호문화' 또는 '상호문화적'이라는 말은 일상생활에서 '다문화' 또는 '다문화적'이라는 용어와 동의어로 사용되기도 하지만, 학술적 논의에서는 의식적으로 구분된다고 보았다. 다문화가 하나의 사회 내에서 다양한 문화가 공존하고 있다는 사실(현상)로서의 사회구조를 서술하는 것이라면, 상호문화는 다문화사회에서 문화적 배경이 다른 사람들이 함께 살아가는 과정에서의 역동적인 상호작용에 의해 생겨나는 것을 의미한다고 주장했다.

이 책은 학문과 교육실습, 그리고 각 주체가 발전 사이의 긴장관계를 활성화할 수 있도록 동기를 부여해주고 있다. 낯섦과는 상반된 것의 양립문제, 전체적으로 변화된 문맥에서 '자아'의 동조가 핵심인 상호문화학습 영역은 다음과 같은 관점에서 매우 적절해 보인다. 첫째, 상호문화학습을 위한 교수법은 이 책의 핵심내용이라고 볼 수 있다. 다시 말해, 처음 두 장의 주제는 이후에 기술하는 두 장을 부연할 수 있는 '중요한 배경지식'으로 작용한다고 본다. 그러나 물론 이것은 표면적으로 '직업의 지향성'을 의미하며, 그와 함께 교수이론의 관점과 전문적인 발전 과제를 고려했다. 둘째, 모든 학문 분야가 그렇듯이, 상호문화교육에서도 세부·심화교육이 있다는 점을 명확히 해주었다. 이것은 입문서의 저자들에게 가장 최근의 연구결과를 제시해야 한다는 어려움이 있을 뿐만 아니라, 어떻게 요약하여 설명하고, 심화된 내용을 어디에 반영해야 하는지를 고민하게 했다. 셋째, 수행과제는 이 책을 읽는 독자들이 개인적으로 혹은 그룹에서 주제를 적극적이고 창의적으로 습득할 수 있도록 하는 중요한 역할을 수행했다.

수행과제는 각 장의 말미에 다음과 같은 방식으로 제시했다. 이를테면 “교사들이 수업에서 성별, 환경에 다른 문화적 차이를 어떻게 다루는지 관찰하시오”, “교사들이 어떤 태도를 취하며, 이런 태도를 정당화시키기 위해 어떤 주관적 이론을 계획하고 있는가?”, “인종화되고 문화화된 의미 모형이 교사들에게 영향을 미치게 된 원인을 논의하시오” 등이다. 그뿐만 아니라 이 책은 본문에 나온 기관 혹은 특정 정책에 대한 설명을 웹사이트를 제시해서 독자들의 실질적인 이해를 돕고자 했다. 이 책의 가장 큰 특징은 상호문화교육을 위한 기본 개념과 실천적 사례를 기술한 교사용 가이드라는 점이다. 그 이유는 자세한 예시와 수행과제 등을 통해 지식 및 이해적 차원 나아가 태도 및 가치 차원을 아우르는 내용들을 포함했기 때문이다.

7. 존슨과 존슨

존슨(Johnson, David W.)과 존슨(Johnson, Roger T.)은 흥미롭게도 형제 관계의 학자다. 한국에서는 이미 협동학습의 권위자로서 이들이 발표한 다수의 논문이 소개된 바 있다. 이들이 에일린베이컨출판사에서 2002년에 출간한 저서 《Multicultural Education and Human Relation: Valuing Diversity》가 인하대학교 사회교육과 김영순 교수 연구팀에 의해 『다문화교육과 인간관계』라는 제목으로 2010년 교육과학사에서 번역 · 출간되었다.

이 책의 공동저자 중 한 명인 존슨(David W. Johnson)은 1940년 미국 인디애나주 먼시 출생으로 1962년 볼 주립대학교(Ball State University)를 졸업했고, 1964년과 1966년에 컬럼비아 대학교의 교육대학에서 사회심리학 석사와 박사학위를 각각 취득했다.

1966년부터는 미네소타 대학교 교육심리학과에서 근무했으며, 1973년에 전임 교수가 되었다. 그의 동생인 존슨(Roger T. Johnson)이 1969년 미네소타 대학교에 부임하면서부터 함께 협동학습센터(Cooperative Learning Center)를 설립했다. 그는 《American Educational Research Journal》의 편집자를 역임했다. 1996년부터 1997년까지는 메인 대학교(University of Maine)의 석좌교수를 지냈다.

특히, 그는 지난 40년 동안 전 세계 학교 및 기업의 조직 컨설턴트로도 일하고 있다. 사회심리학자로서 그의 연구는 다음과 같은 4가지 중첩된 영역에 초점을 맞추고 있다. 첫째는 협동적이고 경쟁적이며 개인주의적인 노력, 둘째는 건설적인 논쟁, 셋째는 갈등 해소와 또래 중재, 넷째는 대인관계 및 소그룹 기술을 가르치기 위한 체험 학습이 그것이다. 존슨(David W. Johnson)은 교육 시스템 내에서 관행을 개선하기 위한 노력으로 심리적 지식을 개발하고 적용했다. 그의 책은 20여 개의 언어로 번역되었으며 많은 국가에서 출간되었다.

주요 저서로는 《Advanced Cooperative Learning》(1988), 《Cooperation and Competition: Theory and Research》(1989), 《Active Learning: Cooperation in the College Classroom》(1991), 《Learning together and alone》(1999), 《Multicultural Education and Human Relations: Valuing Diversity》(2002), 《Assessing Students in Groups: Promoting Group Responsibility and Individual Accountability》(2003), 《Constructive Controversy: Theory, Research, Practice》(2015) 등이 있다.

저자 중 또 다른 한 명인 존슨(Roger T. Johnson)은 미네소타 대학교의 교육과정 전공교수다. 그는 캘리포니아에 있는 버클리 대학교에서 박사학위를 취득했다. 앞에서 언급한 바와 같이 형인 존슨(David W. Johnson)과 함께 미네소타 대학교 협동학습센터의 공동 책임자다. 그와 그의 형(David)은 2007년 브록 국제 교육상(Brock International Prize of Education)을 수상했다. 존슨(Roger T. Johnson)은 독립학급, 열린 학교, 무학년 상황, 시골 학교 및 특성화된 과학 학교에서 유치원부터 8학년 수업까지 공립학교 교사 경험을 쌓았다. 미네소타 대학교로 오면서 학부생을 대상으로 교사 준비 과정을 가르쳤다. 또한 북미, 중남미, 동유럽 및 서유럽, 중동, 아시아 및 태평양 지역의 학교와 상담했다. 아울러 하버드-뉴턴 인턴 프로그램(Harvard-Newton Intern Program)의 석사과정에서도 강의했고, 하버드 대학교의 교육개발센터에서 초등 과학 연구에 관한 커리큘럼을 개발했다.

번역자들은 앞에서 소개한 이 두 형제가 저술한 《Multicultural Education and Human Relation: Valuing Diversity》를 직역하여 『다문화교육과 인간관계』라는 제목으로 번역했다. 이 책은 모두 12개의 장으로 구성되어 있다. 1장부터 5장까지는 주로 다문화주의, 다양성, 다문화교육, 인간관계, 의사소통 등과 관련한 이론적인 논의들을 담았다. 6장부터 11장까지는 교실과 학교현장에서의 교수-학습 방안으로서 협동학습에 대해 소개했다. 특히, 교사의 입장에서 다문화 학급과 다문화학교를 어떻게 운영해야 하는가에 대한 답변들을 내놓았다. 12장은 앞 장들에서 논의한 내용들을 정리하는 복습 차원의 글들로 구성되었다.

8. 니에토

니에토(Nieto, Sonia)는 미국 매사추세츠 애머스트 대학교(University of Massachusetts Amherst)의 교육대학에 명예교수로 재직 중이다. 니에토는 모든 다양한 사회경제적 · 문화적 배경을 가진 학생들을 가르친 경험을 가진 다문화교육 분야의 선도적인 연구자이자 교수자 중의 한 명이다. 그녀는 1997년 전미다문화교육협회(National Association for Multicultural Education)에서 올해의 다문화교육자상, 2005년 전국영어교사협회(National Council of Teachers of English)에서 올해의 교육자상, 그리고 레슬리 대학교, 브리지워터 주립대학교, 그리고 드폴 대학교(DePaul University)에서 명예 박사학위를 받았다.

그녀는 푸에르토리코에서 미국으로 이민 온 이주노동자의 가정에서 태어났다. 니에토는 뉴욕 브루클린에서 성장했는데, 이곳에서 그녀가 초등교육 분야에서 학사학위를 받은 세인트존스 대학교에 입학하기 전까지 공립학교에 다녔다. 후에 그녀는 마드리드에서 공부했고, 거기서 스페인어와 히스패닉 문화 분야에서 석사학위를 받았다. 그다음 해에 그녀는 매사추세츠로 이사하기 전까지 브루클린과 브롱크스에서 가르쳤으며, 1979년 다문화와 이중언어교육을 집중적으로 공부하여 매사추세츠 주립대학교에서 교육과정 분야 박사학위를 취득했다. 2017년 5월 니에토는 뉴욕에 있는 세인트존스 대학교의 교육대학원에서 졸업연설을 했으며, 이곳에서 그녀는 세인트존스 대학교에서의 연구업적과 학부 시절을 회상했다.

자신의 책《Affirming Diversity: The Sociopolitical Context of Multicultural Education》에서 니에토는 공립학교 시스템을 심도 있게 관찰하고, '공립학교가 많은 학생들, 특히 유색인종 아이들과 빈곤한 아이들에게 교육서비스를 제공하는 데 왜 실패했는가?' 하는 점에 대해 설명한다. 따라서 그녀의 책은 종종 교육 시스템의 구조적 결함과 교실에서 교육 시스템에 도전하는 방법을 기술한다. 그녀의 연구는 다문화 환경의 교사들을 위한 참고자료로 사용될 수 있다. 이 책에서는 또한 다양한 사회문화적 배경을 가진 학생들의 많은 사례 연구가 포함되어 있어서 교사들이 청소년들의 목소리와 경험을 간접적으로 배울 수 있을 것이다.

니에토의 연구는 다문화교육 환경에서 일반적인 제도적 정책과 관행, 이를테면 인종차별, 불평등, 차별 및 기타 형태의 배제 등을 밝히고 교사들에게 이러한 문제에 효과적으로 대처하는 방법을 알려준다. 그녀에 의하면, 학생의 학습을 위험에 빠뜨리는 제도적 정책과 관행은 부정적인 사회 이데올로기, 불평등한 권력 관계, 엄격한 국가 정책, 반응과 관심이 없는 교육담당자, 심지어 교사 자신의 편견과 신념 등 많은 다른 분야에서 분명하게 나타난다. 그녀의 책은 또한 교실에서나 교사가 학생, 동료 및 지역사회 구성원과 함께 더 나은 학습 환경을 제공할 수 있는 활동을 제공한다. 이러한 활동은 일반적으로 학교, 지역사회 및 내부에서 긍정적인 변화를 가져오게 한다. 그녀의 책은 또한 멀티미디어 학습 경험을 위한 웹 자료도 제공한다.

주요 저서로는《Puerto Rican Students in U. S. Schools》(2000),

《What Keeps Teachers Going?》(2002), 《Why We Teach Now》(2005), 《The Light in Their Eyes: Creating Multicultural Learning Communities》(2010), 《Affirming Diversity: The Sociopolitical Context of Multicultural Education》(2012), 《Language, Culture, and Teaching: Critical Perspectives for a New Century》(2018) 등이 있다. 이 중 대부분의 책이 5판 이상으로 출간되었고, 그중 《The Light in Their Eyes: Creating Multicultural Learning Communities》는 2010년 10판 기념본이 출간된 바 있다.

2009년에 2판으로 출간한 니에토의 저서 《Language, Culture, and Teaching: Critical Perspectives》는 인하대학교 사회교육과 김영순 교수 연구팀에 의해 『언어, 문화 그리고 비판적 다문화교육』라는 제목으로 북코리아출판사에서 번역·출간되었다. 한국어 번역으로 인하대학교 연구팀과 인연을 맺은 니에토 교수는 2016년 5월 한국다문화교육학회와 인하대학교 아시아다문화융합연구소에 초청되어 한국에서의 강연 기회를 가진 바 있다.

이 책 『언어, 문화 그리고 비판적 다문화교육』의 첫머리에서 니에토 교수는 자신의 어린 시절을 회상하는 것으로 시작했다. "나의 배경과 어릴 적 경험을 회상해보면 …… 나의 부모는 잠자기 전 침대 곁에서 책을 읽어주지 않았다"고 기술했다. 그 이유는 저자가 푸에르토리코계의 가난한 미국 이주노동자 가정에서 태어난 다문화가정 자녀였기 때문이다. 그녀의 어린 시절은 푸에르토리코와 미국 문화의 공존을 경험한 시기였다. 그녀는 자신의 경험을 통해 언어와 리터러시, 문화가 각기 다른 영역이 아니라 밀접하게 연결되어 있음을 깨달았다. 나아가 언어, 리터러시, 문화의 상호작용을 교육현장 체험을 통해 인식했고, 이를 학문적으로 정립하려고 노력했다.

저자에 의하면, 언어와 문화는 학생들이 모국어로 학습하든지 혹은 그 외의 언어로 학습하든지와 상관없이 그 어떤 곳에서든 중요한 이슈라고 언급했다. 이렇게 서로 다른 사회적 맥락 속에서도 교수 영역에서 언어와 문화에 관련된 질문들은 다음과 같이 유사하다고 보았다.

- ▶ 학생들이 처한 사회문화적 혹은 사회정치적 맥락이 학습에 어떠한 영향을 미치는가?
- ▶ 교사는 학생들을 효과적으로 가르치기 위해 그들의 언어와 문화에 관해 무엇을 알아야 하는가?
- ▶ 교사는 언어와 문화에 대한 자신의 가정과 가치관을 비판적으로 성찰하는 것을 어떻게 배울 수 있는가?
- ▶ 교사는 어떤 교육적 실천을 통해 학생들의 언어와 문화를 명예롭게 하는 사회적으로 공정한 교실 환경을 만들 수 있는가?

이러한 질문들이 바로 이 책의 주제다. 이 책을 집필한 후 저자는 특정한 사회문화적 맥락에 내포된 이러한 이슈가 사실은 세계적으로 보편적이라는 것을 알게 되었다. 전 세계의 학생들은 그들이 사용하는 언어 혹은 변이어에 의해 차별받거나 인정받는다고 했다. 이들이 관련 문헌에 접근할 수 있는지 없는지는 그들의 언어, 문화적 배경, 인종, 민족성, 그 외의 사회적 차이에 따른 삶의 경험에 달려 있다고 했다. 또한 그들이 존중받고 인정되는지 아닌지도 이러한 사회적 차이에 좌우된다고 보았다.

이 책은 서론을 제외하고 모두 4부로 구성되어 있다. 서론에서는 저자가 이 책을 쓰게 된 동기와 언어, 리터러시, 문화 간 교차가 가지는 함의를 제시하고 있다. 1부 '토대 갖추기'에서는 이 연구에 필요한 개념들을 5개의 장에 걸쳐 기술했다. 1장은 학교의 목적에 대해 다루었으며, 2장은 사회정치적 맥락에서의 다문화교육을, 3장은 다문화교육과 학교개혁을, 4장은 20세기 이후의 공교육을 논의했다. 5장 '우리는 다양한 언어로 말한다'는 주제를 통해 다문화사회의 다중언어 문제를 다루었다.

2부 '정체성과 소속감'은 모두 3장으로 구성되었으며, 특히 교수-학습의 현장인 학교 교육의 정체성과 소속감을 이야기했다. 6장에서는 문화와 학습을, 7장에서는 꿈을 위한 기회를 만들어가는 학생에게서 얻는 교훈을, 8장에서는 '범주를 넘어'를 다루면서 다양한 배경의 청소년들이 지닌 복잡한 정체성에 대해 논의했다.

3부 '비판적인 교사 되기'는 다문화사회에서 학교 교육의 일선에 있는 교사들을 다루었는데, 총 2개의 장으로 구성되었다. 9장에서는 다문화교육을 위한 중요한 질문을 다루었으며, 10장에서는 '연대, 용기 그리고 마음'이라는 주제를 통해 실제로 교육현장에서 실천하는 교사상을 기술했다.

4부 '교실에서의 프락시스'는 사회문화적·사회정치적 렌즈를 다문화교육에 구체적으로 적용한 3개의 장으로 구성되었다. 11장에서는 '인정, 연대 그리고 비평'을 통해 5개 학교의 언어와 문화교육 관련 다문화교육을 다루었으며, 12장 '친절한 것만으로는 부족하다'에서는 유색인종을 가르치는 실제 교실현장을 위한 제언을 제공했다. 13장 '학교에서 다양성을 지지한다는 것의 의미'에서는 학교현장에서 페다고지와 학습지도와 관련된 비판적인 시각들을 제시했다.

참고문헌

강영안(1990), 「레비나스 철학에서 주체성과 타자: 후설의 자아론적 철학에 대한 레비나스의 대응」, 『철학과 현상학연구』 4, 243-263.

강일국(2010), 「다문화 대안학교 '새날학교' 연구: 농어촌 다문화가정 교육지원을 위한 기초연구」, 『교육과정연구』 28(4), 1-28.

고민정 외(2013), 「다문화적 갈등 완화를 위한 학교다문화교육의 방향: 다문화학생에 대한 일반학생의 인식을 중심으로」, 『법교육연구』 8(3), 1-28.

고홍규(2015), 「한국의 다문화교육 담론에 대한 비판적 논의의 고찰과 미술교육에의 시사점에 관한 연구」, 『미술교육논총』 29(1), 109-132.

구정화(2002), 「사회과 논쟁문제에 대한 웹 기반 토론수업의 효과 연구」, 『시민교육연구』 34(1), 1-23.

______(2012), 「다문화 시민성을 위한 초등 다문화교육 프로그램 개발 연구」, 『사회과교육』 51(1), 1-18.

김경수 외(2009), 「10학년 사회 교과서의 국제이해교육에 대한 서술내용 분석」, 『교과교육학연구』 13(2), 279-298.

김경은 외(2012), 「사회과 세계시민교육을 위한 교수-학습 방안: 세계적 문제에 대한 민감성 함양을 중심으로」, 『교과교육학연구』 16(1), 231-256.

김상무(2010), 「독일의 상호문화교육정책이 한국 다문화교육정책에 주는 시사점」, 『교육사상연구』 24(3), 65-89.

김선미(2011), 「'한국적' 다문화정책과 다문화교육의 성찰과 제언」, 『사회과교육』 50(4),

173-190.

김순희(2008), 「다문화교육 연구의 현황」, 조영달 · 윤희원 · 김순희 역, 「다문화가정 자녀를 위한 다문화교육 교재 저술: 다문화교육 연구방법을 중심으로」(pp. 8-32), 교육과학기술부.

김연숙(2000), 「레비나스 타자윤리의 선진 유가적 이해」, 『유교사상연구』 14, 537-568.

김영순(2010), 「다문화 사회와 시민교육: '다문화 역량'을 중심으로」, 『시민인문학』 18, 33-59.

______(2013), 「외국인 대학원생을 지도하는 한국인 교수자의 다문화감수성에 관한 연구」, 『인문과학연구』 37, 461-488.

______(2016a), 「상호문화학습의 실천적 내용에 관한 탐색적 연구」, 『언어와 문화』 12(2), 1-27.

______(2016b), 『처음 만나는 다문화교육』, 북코리아.

______(2017), 『다문화 사회와 공존의 인문학』, 디비북스.

______(2018), 「교양수업에 참여한 대학생의 협동학습 경험에 관한 연구」, 『열린교육연구』 26(1), 145-164.

김영순 외(2008), 『문화의 맛과 멋을 만나다』, 한올출판사.

김영옥(2013), 「타자에 대한 환대와 상호인정」, 이주여성인권포럼(2013), 『우리 모두 조금 낯선 사람들』, 오월의 봄.

김영주 외(2012), 『유아의 다문화감수성 키우기』, UPP.

김옥순(2008), 「해외체류경험과 외국어 사용 능력에 따른 문화 간 감수성 수준의 차이: 경기지역 대학생을 중심으로」, 『미래청소년학회지』 5(1), 45-67.

김왕근(1999), 「세계화와 다중시민성 교육의 관계에 관한 연구」, 『시민교육연구』 28, 45-68.

김용신(2010), 「글로벌 시대 사회과 다문화교육의 방향」, 『사회과교육』 49(1), 47-56.

김원겸(2006), 「사회과 협동학습이 민주시민성 함양에 미치는 효과」, 『사회과교육연구』 13(2), 213-247.

김정덕 외(2011), 「문화성향과 다문화감수성 관계 연구」, 『교육문화연구』 17(3), 193-226.

김정현 외(2009), 「도시형 다문화교육의 방향과 실제: 대전시 서부다문화교육센터 운영 사례를 중심으로」, 『다문화교육연구』 2(2), 43-68.

김종백 외(2011), 「교사의 다문화교육인식과 다문화가정 학생의 학교적응과의 관계」, 『청소년학연구』 18(10), 161-185.

김주환(2011), 「배심원 토론 수업의 교육적 효과」, 『교육연구』 50, 73-101.

김지은 외(2011), 「일반인의 문화적 역량 증진을 위한 다문화교육의 방향과 과제: 미국의 교육사례를 중심으로」, 『다문화교육 연구와 실천』 3, 63-109.

김진희(2011), 「다문화시대의 한국과 호주의 국제이해교육 특성과 과제」, 『비교교육연구』 21(1), 31-63.

김진희 외(2013), 「다문화교육과 세계시민교육의 담론과 함의 고찰」, 『한국교육』 40(3), 155-181.

______(2015), 「평화와 협력을 위한 세계시민교육: 2015 세계교육회의(WEF 2015) 의제 형성 연구(ED/2014/RR/1)」, 유네스코 한국위원회.

김태원(2012), 「다문화 사회의 통합을 위한 패러다임으로서의 유럽 상호문화주의에 대한 이론적 탐색」, 『유럽사회문화』 9, 179-213.

김항원(2002), 「학교에서의 세계시민교육을 위한 방안」, 『백록논총』 4(1), 73-90.

김현희(2016), 「포스트모더니즘과 다문화교육에 대한 논의」, 『교육문제연구』 22(1), 93-110.

김홍운(2008), 「다문화적 시민성 함양을 위한 다문화교육 방안」, 『다문화교육연구』 1(1), 59-80.

노숙영(2005), 「한국, 미국, 프랑스 사회과교과서를 통해 본 국제이해교육」, 『교육학연구』 43(3), 57-85.

노찬옥(2003), 「다원주의 사회에서의 세계시민성과 시민 교육적 함의에 관한 연구」, 서울대학교대학원 박사학위논문(미간행).

노혜정(2008), 「세계시민교육의 관점에서 세계지리 교과서 다시 읽기: 미국 세계지리 교과서 속의 '한국'」, 『대한지리학회지』 43(1), 154-169.

류방란(2013), 「다문화교육정책과 교육 현실의 성찰」, 『다문화교육연구』 6(4), 131-149.

류방란 외(2014), 「중등학교 교사의 다문화교육 인식」, 『다문화교육연구』 7(3), 87-111.

모경환 외(2007), 「중등 교사들의 다문화적 인식에 대한 연구: 수도권 국어, 사회과 교사를 중심으로」, 『시민교육연구』 39(3), 79-100.

______(2011), 「사회과 다문화교육의 현황과 과제」, 『교육문화연구』 17(1), 261-290.

______(2014), 「사회과 글로벌 시티즌십 교육의 동향과 과제」, 『시민교육연구』 46(2), 73-108.

문성훈(2011), 「타자에 대한 책임, 관용, 환대, 그리고 인정: 레비나스, 왈쩌, 데리다, 호네트를 중심으로」, 『사회와 철학』 21, 391-418.

민용성 외(2009), 「다문화 사회에 대응하는 학교 교육과정 개발 방향 탐색」, 『학습자중심교과교육연구』 9(3), 231-258.

박남수 외(2007), 「초등학생들의 세계시민성 육성을 위한 지역사회 연계 세계교육 모형 및 프로그램 개발」, 『사회과교육연구』 14(4), 213-240.

박동열(2012), 「다문화주의와 그 쟁점들」, 『다문화교육 연구와 실천』 4, 21-53.

박민정(2012), 「한국 다문화교육 담론에 대한 비판적 고찰」, 『학습자중심교과교육연구』 12(1), 119-139.

박상준(2007), 『사회과교육의 이론과 실제』, 교육과학사.

박선미 외(2011), 「교사의 다문화교육 경험이 다문화적 인식에 미친 영향」, 『사회과교육』 50(3), 1-15.

박영자(2012), 「다문화시대 한반도 통일·통합의 가치 및 정책 방향: '상호문화주의' 시각과 교훈을 중심으로」, 『국제관계연구』 17(1), 299-333.

박영준(2016), 「한국 다문화교육의 문제점과 대안 고찰」, 『다문화콘텐츠연구』 21, 297-322.

박종대(2017), 「한국 다문화교육정책 사례 및 발전 방안 연구: 상호문화주의를 대안으로」, 한국외국어대학교 대학원 박사학위논문.

박주희 외(2008), 「타문화에 대한 태도발달검사의 타당화 연구」, 『한국심리학회지 사회 및 성격』 22(1), 1-21.

박철희 외(2016), 「다문화학생 밀집학교의 교육현실과 과제: 서울 서남부 지역 초등학교를 중심으로」, 『다문화교육연구』 9(2), 173-201.

박휴용(2012), 「다문화주의에 대한 비판적 이해와 비판적 다문화교육론」, 『교육철학연구』 34(2), 49-77.

박휴용 외(2012), 「생태주의 이론과 CEMP 모형에 바탕을 둔 다문화교실의 교수방법」, 『교육방법연구』 24(2), 379-403.

방기혁(2013), 「다문화 대안학교를 위한 고등학교 수준의 교육과정 개발 및 편성」, 『다문화교육연구』 6(3), 21-53.

배재정(2012), 「한국과 미국의 예비유아교사의 다문화교육에 관한 개념도 분석」, 『미래유아교육학회지』 19(1), 559-584.

법무무(2013), 「법무부 결혼이민자 정착지원 업무 중복 우려 보도에 대한 해명」, 법무부.

변종헌(2016), 「다문화 시민교육의 방향과 과제」, 『윤리교육연구』 40, 111-131.

서민철(2015), 「세계시민성과 인성교육, 유네스코 한국위원회(2015)」, 『2015 세계시민교육 전문과정 연수』, 유네스코 한국위원회.

서범석(2010), 「다문화교육정책의 현황과 발전방향 탐색」, 한양대학교 대학원 박사학위논문.

서종남(2009), 「지역사회 통합을 위한 다문화교육의 역할과 과제」, 『교육문화연구』 15(2), 75-104.

______(2012), 「청소년의 다문화인식을 통한 다문화교육의 방향 연구」, 『교육문화연구』 18(1), 83-110.

설규주(2001), 「탈국가적 시민성의 대두와 시민교육의 새로운 방향: 세계시민성과 지역시민성의 조화로운 함양을 위한 후천적 보편주의 시민교육」, 『시민교육연구』 32, 151-178.

신인섭(2003), 「메를로-퐁티의 타자경험에 대한 레비나스와 리쾨르의 논쟁」, 『철학과 현상학 연구』 20, 137-170.

신현종(1998), 「세계화의 본질과 특징」, 『산경연구』 6, 45-72.

아영아(2013), 「다문화학교환경이 청소년의 다문화태도에 미치는 영향」, 『청소년복지연구』 15(1), 77-100.

안병환(2009), 「다문화교육의 현황과 다문화교육 접근방향 탐색」, 『교육실천연구』 8(2), 155-177.

______(2012), 「고등학교 학생들의 다문화교육에 대한 인식과 태도 연구」, 『홀리스틱교육연구』 16(2), 43-66.

양영자(2007), 「한국의 다문화교육 현황과 과제」, 오경석 외, 『한국에서의 다문화주의』, 한울아카데미, 198-230.

염미경(2012), 「대학 다문화교육과 대학생들의 다문화 인식: 다문화이해 관련 교양 강좌 수강생들을 중심으로」, 『현대사회와 다문화』 2(1), 211-233.

염미경 외(2016), 「대학 다문화교육 현황과 방향 모색」, 『교육과학연구』 18(2), 31-59.

오경석 외(2007), 『한국에서의 다문화주의: 현실과 쟁점』, 한울.

오성배(2010), 「다문화교육정책의 과제와 방향 탐색」, 『교육사상연구』 24(2), 149-170.

오영훈(2009), 「다문화교육으로서 상호문화교육: 독일의 상호문화교육을 중심으로」, 『교육문화연구』 15(2), 27-44.

오영훈 외(2016), 『다문화 대안학교의 실천과 모색』, 북코리아.

옥일남(2014), 「글로벌 시민성 함양을 위한 사회과 교수 · 학습방안」, 『시민교육연구』 46(3), 105-140.

우정길(2007), 「마틴 부버: 대화철학과 대화교육학의 임계점에 관하여」, 『교육철학』 40, 139-161.

______(2009), 「타자의 타자성과 교육학 지식: 레비나스의 타자성 철학에 대한 교육학적 소고」, 『교육철학』 45, 151-174.

유네스코 아시아태평양 국제이해교육원(2015a), 『글로벌 시민교육: 21세기 새로운 인재 기르기』, 유네스코 아시아태평양 국제이해교육원.

______(2015b), 『유네스코가 권장하는 세계시민교육 교수학습 길라잡이』, 유네스코 아시아태평양 국제이해교육원.

유네스코 한국위원회(2015), 『2015 세계시민교육 전문과정 연수』, 유네스코 한국위원회.

이경희(2011), 「한국 다문화교육정책에 대한 비판적 고찰」, 『교육사회학연구』 21(1), 111-

131.
이규림 외(2012), 「유아교사의 다문화감수성, 다문화교육 이해 및 태도의 관계: 다문화교수 효능감의 매개효과」, 『유아교육연구』 32(3), 197-223.
이기용 외(2016), 「중등학교 교사의 다문화 태도, 다문화 교수 역량, 다문화 효능감 간의 구조관계 분석」, 『학습자중심교과교육연구』 16(10), 541-563.
이명종(2013), 「한국 다문화교육정책의 내용 및 실태 분석」, 중부대학교 대학원 박사학위논문.
이민경(2010), 「한국 다문화교육정책 전개과정과 담론 분석: 교과부의 다문화가정 자녀교육 지원정책(2006-2009)을 중심으로」, 『한국교육』 37(2), 155-176.
______(2013), 「'다문화교육' 연구동향과 쟁점: 교육사회학 연구에의 시사점을 중심으로」, 『교육사회학연구』 23(4), 177-205.
이바름 외(2011), 「협동학습이 다문화태도에 미치는 영향」, 『다문화교육』 2(3), 107-132.
이병준(2009), 「평생교육의 연구와 실천에서의 다문화교육의 방향성」, 『인천교육』 40, 66-75.
이수정 외(2012), 「학교 관리자의 다문화 및 다문화교육 인식 조사 연구」, 『다문화교육연구』 5(1), 69-92.
이용일(2009), 「다문화시대 고전으로서 짐멜의 이방이 새로 읽기: 새로운 역사적 이민연구의 단초」, 『독일연구』 18, 179-209.
이윤주(2016), 「세계시민성 함양과 세계시민교육의 실천방안」, 『사회과학연구』 27(1), 225-245.
이은정 외(2007), 「중학교 사회과 수업에서 Co-op Co-op 모형의 적용」, 『한국지리환경교육학회지』 15(3), 247-263.
이정금(2018), 「미래사회 한국 다문화교육정책의 방향 탐색」, 『교육문화연구』 24(1), 549-567.
이정연(2010), 「초등교사의 경험에 따른 다문화 민감성 연구」, 경인교육대학교 석사학위논문.
이종하(2006), 「독일의 문화간 이해교육의 실천과 시사점」, 『한국교육문제연구』 17, 105-120.
이철현(2013), 「다문화교육 강좌의 효과성 측정을 위한 다문화감수성 측정 도구 개발」, 『다문화교육연구』 6(3), 131-156.
이해주(2015), 「실태 및 요구조사를 통한 다문화교육의 개선방안 모색」, 『평생학습사회』 11(2), 109-132.
이화도(2011), 「상호문화성에 근거한 다문화교육의 이해」, 『비교교육연구』 21(5), 171-193.
장인실(2003), 「다문화교육이 한국 교사 교육과정 개혁에 주는 시사점」, 『교육과정연구』 21(3), 409-431.
장인실 외(2012), 『다문화교육의 이해와 실천』, 학지사.

장한업(2009), 「프랑스의 상호문화교육과 미국의 다문화교육의 비교연구」, 『프랑스어문교육』 32, 105-121.

전재영(2011), 「다문화교육 연구 실태를 통해 본 개선 방향」, 『다문화교육연구』 4(2), 17-41.

전희옥(2006), 「학교 문화교육에서 세계시민교육 내용요소 분석 - 초등학교 사회교과서 분석을 중심으로」, 『사회과교육연구』 13(3), 123-146.

정기섭(2009), 「독일의 사회통합을 위한 이주 외국인 자녀의 교육지원 현황 및 시사점 분석」, 『교육의 이론과 실천』 14(2), 105-134.

______(2011), 「지속가능발전교육의 관점에서 본 상호문화역량」, 『교육의 이론과 실천』 16(3), 133-149.

정문성(2000), 「협동학습의 실제: simulation을 중심으로」, 『열린교육연구』 8(2), 35-49.

______(2006), 『협동학습의 이해와 실천』, 교육과학사.

______(2011), 「공립형 다문화 대안 학교의 가능성에 대한 탐색」, 『다문화교육』 2(2), 69-82.

정영근(2006), 「상호문화교육의 일반교육학적 고찰」, 『교육철학』 37, 29-42.

______(2007), 「'사이'의 세기와 상호문화교육」, 『교육의 이론과 실천』 12(1), 257-272.

______(2011), 「독일 초등학교의 상호문화교육: 교육 내용, 교수방법 및 교육 프로그램을 중심으로」, 『교육의 이론과 실천』 16(2), 55-77.

정지아(2015), 「한국 다문화교육의 철학과 방향 탐색」, 『교육철학연구』 37(3), 177-202.

정창호(2011), 「독일의 상호문화교육과 타자의 문제」, 『교육의 이론과 실천』 16(1), 75-102.

정혜욱(2012), 「예비 유아교사의 문화성향이 다문화 교수효능감에 미치는 영향: 다문화감수성의 매개효과」, 『유아교육연구』 32(3), 309-329.

조영달 외(2010), 「학교 다문화교육의 실태 분석」, 『시민교육연구』 42(1), 151-184.

조철기(2005), 「지리교과를 통한 시민성 교육의 내재적 정당성」, 『대한지리학회지』 40(4), 454-472.

주재홍 외(2014), 「효과적인 다문화교육 실천을 위한 학교 교육과정 개발」, 『교육과정연구』 32(4), 103-136.

차경수 외(2017), 『사회과교육』, 동문사.

천선영(2004), 「다문화 사회 담론의 한계와 역설」, 한독사회과학회, 『한국 사회과학논총』 14(2), 363-380.

천지영 외(2013), 「교육대학원 중등 예비사회교사의 다문화 태도와 다문화적 효능감 분석」, 『교사교육연구』 52(3), 363-378.

최문성 외(2013), 「경남지역 초등학교 다문화교육 프로그램 분석: 상호문화교육의 관점에서」, 『다문화교육연구』 6(4), 53-78.

최성보 외(2014), 「교사가 지각한 학교장의 다문화교육 인식이 교사의 다문화 교수효능감에 미치는 영향」, 『다문화교육연구』 7(3), 153-169.

최재식(2006), 「상호문화성의 현상학: 문화중심주의를 넘어 상호문화주의로」, 『철학과 현상학 연구』 30, 1-30.

최종덕(2014), 「글로벌 시민교육의 쟁점과 과제」, 『시민교육연구』 46(4), 207-228.

최충옥(2009), 「외국의 다문화교육정책 동향과 시사점」, 『비교교육연구』, 19(2), 175-191.

최충옥 외(2010), 「다문화교육 연구의 동향과 향후 과제」, 『다문화교육』 1(1), 1-20.

______(2010), 『다문화교육의 이해』, 파주: 양서원.

최현(2007), 「한국인의 다문화 시티즌십: 다문화 의식을 중심으로」, 『시민사회와 NGO』 5(2), 142-227.

추병완(2010), 「다문화적 시민성 함양을 위한 문화 감응 교수 방법 개발: 교실 수업 전략을 중심으로」, 『교육과정평가연구』 13(2), 103-122.

한경구 외(2015), 「SDGs 시대의 세계시민교육 추진 방안」, 유네스코 아시아태평양 국제이해교육원.

한관종(2005), 「시민성 함양을 위한 사회과 협동학습 전략」, 『사회과교육연구』 12(2), 263-291.

한국다문화교육연구학회(2014), 『다문화교육 용어사전』, 교육과학사.

한승준 외(2009), 「아시아국가의 다문화 사회 형성과정과 정책추진체계연구」, 한국여성정책연구원.

한용택(2012), 「영화를 활용한 다문화교육의 한 예: 영화 〈블라인드 사이드(Blind Side)〉와 중학교 다문화수업」, 『다문화교육 연구와 실천』 4, 93-116.

______(2017), 「Bennett의 상호문화적 감수성 발달 모델을 활용한 다문화교육 시안」, 『시민인문학』 32, 107-136.

허수미(2010), 「세계화, 정보화 시대의 민주주의와 시민교육의 방향」, 『사회과교육연구』 17(1), 105-123.

허영식 외(2009), 「다문화 사회에서 간문화교육의 현장착근방안: 유럽과 독일의 동향을 중심으로」, 『한독사회과학논총』 19(3), 31-58.

현길자 외(2014), 「다문화교육에 대한 교사의 인식: 제주시 지역 다문화교육 중심학교 사례를 중심으로」, 『교사교육연구』 53(1), 304-320.

홍남기(2005), 「세계화에 관한 비판적 담론을 수용한 세계시민교육의 방향에 관한 연구」, 서울대학교대학원 석사학위논문(미간행).

황정미(2010), 「다문화시민 없는 다문화교육: 한국의 다문화교육 아젠다에 대한 고찰」, 『담론201』 13(2), 93-123.

Abdallah-Pretceille, M. (1999), *Diagonales de la communickation interkulturelle*, Anthropos Research & Publications.

______(2004), *L'éducation interculturelle*, 장한업 역(2010), 『유럽의 상호문화교육』, 한울아카데미.

Allemann-Ghionda, C. (1999), *Schule, Bildung und Pluralität: Sechs Fallstudien im europäischen Vergleic*. Bern.

Au, K. H. (2011), *Literacy achievement and diversity: Keys to success for students, teachers, and schools*, New York, NY: Teachers College Press.

Auernheimer, G. (1998), Grundmotive und Arbeitsfelder interkultureller Bildung und Erziehung. In: Bundeszentrale für politische Bildung (Hg.), *Interkulturelles Lernen. Arbeitschilfen für die politische Bildung* (pp. 18-28). Bonn.

______ (2003), *Einführung in die interkulturelle Erziehung*. 3. neu bearbeitete u, erweiterte Auflage, Darmstadt: Wissenschaftliche Buchgesellschaft. (1995).

Baker, G. C. (1994), *Planning and organizing for multicultural instruction* (2nd ed.), NY: Addison-Wesley Publishing Company.

Banks, J. A. (1988), *Multiethnic Education: Theory and Practice*. Boston, MA: Allyn & Bacon.

______ (1989), Integrating curriculum with ethnic content: Approaches and guidelines. In J. A. Banks & C. A. M. Banks (Eds.), *Multicultural education: Issues and perspectives* (pp. 189-209). Boston, MA: Allyn & Bacon.

______ (1993a), Multicultural education: Characteristics and goals. In J. A. Banks & C. A. M. Banks (Eds.), *Multicultural education: Issues and perspectives* (pp. 3-28). Boston, MA: Allyn & Bacon.

______ (1993b), The canon debate, knowledge construction, and multicultural education. *Educational Researcher*, 22(5), 4-14.

______ (2004), Muticultural education: Historical development, dimensions, and practice. In J. A. Banks & C. A. M. Banks (Eds.), *Handbook of research on multicultural education* (2nd ed., pp. 3-29). San Francisco, CA: Jossey-Bass.

______ (2006), *Race, culture, and education: The selected works of Jamse A. Banks*. London, UK, & New York, NY: Routledge.

______ (2007), *Educating Citizens in a Multicultural Society* (2nd ed.), 김용신 외 역(2009), 『다문화 시민교육론』, 교육과학사.

______ (Ed.), (2009), *The Routledge International Companion to Multicultural Education*. New York, NY, and London, UK: Routledge.

______ (2009), *The Routledge International Companion to Multicultural Education*, 방명애 외 역(2014), 『다문화교육의 세계동향』, 시그마프레스.

______ (2013), Multicultural education: Characteristics and goals. In J. A. Banks & C. A. M. Banks (Eds.), *Multicultural education: Issues and perspectives* (8th ed., pp. 3-23). Hoboken, NJ: Wiley.

______ (2014), *An Introduction to Multicultural Education*, 모경환 외 역(2016), 『다문화교육 입문』, 아카데미프레스.

Banks, J. A. & Banks, C. A. M. (Eds.). (2013), *Multicultural education: Issues and perspectives* (8th ed.). Hoboken, NJ: Wiley.

Banks, J. A. & Park, C. (2010), Race, ethnicity and education: The search for explanations. In P. H. Collins & J. Solomos (Eds.), *Handbook of race and ethnic studies* (pp. 383-414). London, UK, and Thousand Oaks, CA: Sage Publications.

Beck, U. (1997), *Was ist Globalisierung?* Irrtümer des Globalismus-Antworten auf Globalisierung. Franfurt.

______ (1997), *Was ist Globalisierung?* 조만영 역(2000), 『지구화의 길』, 커뮤니케이션북스.

Bennett, C. I. (1995), *Comprehensive multicultural education: Theory and practice* (3rd ed.). Boston, MA: Allyn & Bacon.

______ (2001), Genres of Research in Multicultural Education. *Review of Educational Research*, 72(2), 171-217.

______ (2007), *Comprehensive Multicultural Education: Theory and Practice* (6th ed.), 김옥순 외 역(2009), 『다문화교육: 이론과 실제』, 학지사.

Bennett, M. J. (1993), *Towards Ethnorelativism: A Development Model of Intercultural Sensitivity*. In R. M. Paige (Ed.), *Education for the intercultural experience*. Yarmouth, ME: Intercultural Press.

Berman, S. (1990), The real ropes course: The development of social consciousness. In J. C. McDermott (Ed.), *Beyond the silence: Listening for democracy* (pp. 117-131). Porsmouth, NH: Heinemann.

BKJ/BMBF/OECD/European Commission (2003), Developing Competencies in Cultural Education International Conference Background Paper.

Brophy, J. & Alleman, J. (2007), *Powerful Social Studies*. CA: Thomson Wadsworth.

Buber, M. (1962), Elemente der Zwischenmenschlichen. In Buber, M(1962), *Das Dialogische Prinzip* (pp. 269-298). Heidelbeg: Lambert Schneider.

_____ (1964), *Reden über Erziehung*. 8. Aufl.. Heidelberg: Lambert Schneider.

_____ (1964), *Reden über Erziehung*. Heidelberg: Verlag Lambert Schneider, 우정길 역(2010), 교육강연집, 지식을 만드는 지식.

_____ (1979), *Ich und Du*.10 Aufl.. Heidelberg: Lambert Schneider.

Campbell, D. E. (2010), *Choosing Democracy: A Practical Guide to Multicultural Education* (4th ed.), 김영순 외 역(2012), 『민주주의와 다문화교육: 다문화교육을 위한 실천적 가이드』, 교육과학사.

Carr, P. R. & Lund, D. E. (2007), Scanning whiteness. In P. R. Carr & D. E. Lund (Eds.), *The great white north? Whiteness, privilege, and identity in education* (pp. 1-15). Rotterdam, Netherlands: Sense.

Carter, C. J. (1997), Why reciprocal teaching? *Educational Leadership*, *54*(6), 64-68.

Castles, S & Miller, M. J. (2003), *The Age of Migration: International population movements in the modern world*(3rd ed,), NY: Guilford.

Chen, G. M. (1997), *A review of the concept of intercultural sensitivity*. Paper presented at the Biennial Convention of the Pacific and Asian Communication Association. Honolulu, HI.

Chen, G. M. & Starosta, W. J. (2000), The development and validation of the intercultural sensitivity scale. *Human Communication*, *3*, 1-15.

Coelho, E. (1998), *Teaching and learning in multicultural schools: An integrated approach*, PA: Multilingual Matters Ltd.

Cohen, E. G. (1986), *Designing groupwork: Strategies for the heterogeneous classroom*. New York, NY: Teachers College Press.

_____ (1994), Restructuring the classroom: Conditions for productive small groups. *Review of Education Research*, *64*(1), 1-35.

Comber, B. (2001), Critical Literacies and Local Action: Teacher Knowledge and a 'New' Research Agenda. In B. Comber & A. Simpson (Eds.), *Negotiating Critical Literacies in Classrooms* (p. 271). Mahwah, NJ: Lawrence Erlbaum.

Cruz, B. C. & Walker, P. C. (2001), Fostering positive ethnic relation between African American and Latino children: A collaborative urban program using art and history, *Multicultural Perspectives*, 3, 9-14.

Dauber, H. (1998), Die Kehrseite der Entwicklungsmedaille: Beziehungsmuster der Verwicklung. In ders. u. a., *Das Projekt war doch ein Erfolg: Schulen im interkulturellen Dialog* (pp. 63-84). Ein medienpädagogisches Forchungs- und Kooperationsprojekt zwischen Deutschland und Zimbabwe. Die Geschichte einer Begegnung 1991-1996, Frankfurt.

Dei, G. J. S. (1996), *Anti-racism education*. Halifax, Nova Scotia: Fernwood.

DeVries, D. & Edwards, K. (1973), Learning games and student teams: Their effects on classroom process. *American Educational Research Journal*, *10*, 307-318.

Dewey, J. (1916), *Democracy and education*. New York, NY: Free Press.

Eickhorst, A. (2007), *Interkulturelles Lernen in der Grundschule: Ziele-Konzepte-Materialien*. Julius Klinkhardt.

Essinger, H and Graf, J. (1984), "Interkulturelle Erziehung als Friedenserziehung'. In *Erziehung in der multikulturellen Gesellschaft*, Batmannweiler.

Evans, M. et al. (2009), Mapping the global dimension of citizenship education in Canada: The complex interplay of theory, practice, and context. *Citizenship, Teaching and Learning*, *5*(2), 16-34.

Freire, P. (1970), *Pedagogy of the oppressed*. New York, NY: Seabury Press.

______ (1985), *The politics of Education: culture, Power, and Liberation*. South Hadley, MA: Bergen and Garvey.

______ (1998), *Teachers as cultural workers*. Boulder, CO: Westview Press.

Garcia, E. (2001), *Hispanic education in h United States: Raices y alas*. Lanham, MD: Rowman & Littlefield.

Garcia, R. L. (1982), Teaching in a pluralistic society: Concepts, models, strategies, NY: Harper and Row.

Gay, G. (1983), Muticultural education, *Viewpoints in Teaching and Learning*, *56*, 1-17.

______ (1996), Mirror Images on Common Issues: Parallels Between Multicultural Education and Critical pedagogy." In Sleeter, C. E. & McLaren, P. L. (Eds.), *Multicultural Education, Critical Pedagogy, and the Politics of Difference* (pp. 155-189). Albany, NY: State University of New York Press.

______ (2010), *Culturally responsive teaching: Theory, research, and practice* (2nd ed.). New York, NY: Teachers College Press.

Giroux, H. A. (2000), *Stealing innocence. New York*, NY: St. Martin's

_____ (2002), Democracy Freedom, and Justice After September 11th: Rethinking the Role of Educators and the Politics of Schooling. *Teachers College Record, 104*(6), 1138-1162.

Glazer, N. (1975), *Affirmative discrimination: Ethnic inequality and public policy*. New York, NY: Basic Books.

_____ (1997), *We ar all multiculturalists now*. Cambridge, MA: Harvard University Press.

Gollnick, D. M. & Chinn, P. C. (2002), *Multicultural education in a pluralistic society*. New York, NY: Macmillan.

_____ (2009), *Multicultural education in a pluralistic society* (8th ed.). Columbus, OH: Merrill.

_____ (2009), *Multicultural Education in a Pluralistic Society* (8th ed.), 염철현 역(2012), 『다문화교육개론』, 한울아카데미.

Grant, C. A. & Sleeter, C. E. (1986), Race, class, and gender in education research. *Review of Educational Research*, *56*(2), 195-211.

_____ (2011), *Doing Multicultural Education for Achievement Equity* (2nd ed.), 김영순 외 역(2013), 『교사를 위한 다문화교육』, 북코리아.

Habermas, J. (1992), *Citizenship and national identity: some reflection on the future of Europe*. In B. S. Turner.

Hafeneger, B., Henkenborg, P., & Scherr, A. (Hg.) (2002). *Pädagogik der Anerkennung. Grundlagen, Konzepte, Praxisfelder*, Bad Schwalbach.

Hicks, D. (2003), Thirty years of global education: a reminder of key principles and precedents. *Educational Review*, *55*(3), 265-275.

Holzbrecher, A (2004), *Interkulturelle Pädagogik*, 정기섭 외 역(2014), 『상호문화교육의 이해: 교사를 위한 교수-학습 방법』, 북코리아.

Honneth. A. (1992), *Kampf um Anerkennung*, Frankfurt am Main: Suhrkamp Verlag, 문성훈 외 역(2011), 『인정투쟁: 사회적 갈등의 도덕적 형식론』, 사월의 책.

Howe, K. (2000), Liberal democracy, Equal educational opportunity, and the Challenge of multiculturalism. In J. Noel, *Notable selections in multicultural education* (pp. 30-46). New York, NY: McGraw-Hill.

Humboldt, W. v. (1903 ff./1968), Gesammelte Schriften, hrsg. von der Königlich Preußen Akademie der Wissenschaften, Bd. I-XVII, Berlin: B. Behr's Verlag.

Johnson, D. W. (2000), *Reaching out: Interpersonal effectiveness and self-actualization* (6th ed.). Englewood Cliffs, NJ: Prentice-Hall.

Johnson, D. W. & Johnson, F. (2000), *Joining together: Group theory and group skills* (6th ed.). Englewood Cliffs, NJ: Prentice-Hall.

Johnson, D. W. & Johnson, R. T. (1989), *Cooperation and competition: Theory and research*. Edina, MN: Interaction Book Company.

______ (1992), Positive interdependence: Key to effective cooperation. In R. Lazarowitz & N. Miller (Ed.), *Interaction in cooperative groups: The theoretical anatomy of group learning* (pp. 174-199). Cambridge, UK: Cambridge University Press.

______ (1999), *Learning together and alone: Cooperation, competition, and individualization*. Boston, MA: Allyn & Bacon.

______ (2000), Cooperative learning, values, and culturally plural classrooms. In M. Leicester, C. Modgill, & S. Modgill (Eds.). *Value, the classrooms, and cultural diversity* (pp. 89-100). London, UK: Cassell PLC.

______ (2002), *Multicultural Education and Human Relation*. 김영순 외 역(2010), 『다문화교육과 인간관계』, 교육과학사.

Johnson, D. W., Holubec, E. J. & Johnson, R. T. (1992), *Advanced Cooperative Learning*. Edina, MN: Interaction Book Company.

Johnson, D. W., Holubec, E. J., Johnson, R. T. & Roy, P. (1992), *Circles of learning*. Alexandria, VA: Association for Supervision and Curriculum Development.

Kagan, S. (1986), Cooperative learning and sociocultural factors in schooling. In California Department on Education, Bilingual Education Office, *Beyond language: Social and cultural factors in schooling of language minority students* (pp. 231-298). Los Angeles, CA: Evaluation, Dissermination, and Assessment Center, California State University.

______ (1994), *Cooperative Learning. San Clemente*, CA: Kagan Cooperative Learning.

Kagan, S., Zaha, L., Widaman, K. F., Schwarzwald, J. & Tyrrell, G. (1985), Classroom structural bias: Impact of cooperative and competitive classroom structures on cooperative and competitive individuals and groups. In R. Slavin, S. Sharan, S. Kagan, R. Lazarowitz, C. Webb, & R. Schmuck (Eds.), *Learning to cooperate, cooperating to learn* (pp. 277-312). New York, NY: Plenum.

Kegan, R. (1994), *Die Entwicklungsstufen des Selbst*, München Verlag.

Kiesel, D. (1996), *Das Dilemma der Differenz*. Zur Kritik des Kulturalismus in der Interkulturellen Pädagogik, Frankfrut/M.

Kincheloe, J. L. & Steinberg, S. R. (1997), *Changing multiculturalism*. Buckingham, UK: Open University Press.

KMK (1996), Interkulturelle Bildung und Erziehung in der Schule. Beschluß der Kulusministerkinferenz vom 25.10.

Koppleman, K. & Goodhart, R. (2005), *Understanding human differences: Multicultural education for a diverse America*. Boston, MA: Allyn & Bacon.

Kötter-König, C. (2006), Interkulturelle Pädagogik. In Krüger, H & Grunert, C. (Hg.). *Wörterbuch Erziehungswissenschaft*, 2 Aufl. Opladen Farmington Hills: Babara Budrich.

Krüger-Potratz, M. (2006), Interkultureller Perspektivenwechsel in Erziehung und Schule am Beispoel Deutschlands und Frankreichs. In Niklas, H., Müller, B. & Kordes, H. (Hg.). *Interkulturell denken und handeln*. Frankfurt: New York: Campus.

Kumashiro, K. K. (2004), *Against common sense*. New York, NY: Routledge Falmer.

Kymlica, W. (1995), *Multicultural citizenship*. Clarendon, NY: Oxford University Press.

Ladson-Billings, G. (1994), *The dreamkeepers: Successful teachers of African American children*. San Francisco, CA: Jossey-Bass.

_____ (1995), Multicultural teacher education: Research, practice, and policy. In J. A. Banks & C. A. M. Banks (Eds.), *Handbook of research on multicultural education* (pp. 747-759). New York, NY: Macmillan.

Lee, C. D. (2007), *Culture, literacy, and learning: Taking bloom in the midst of the whirlwind*. New York, NY: Teachers College Press.

Levinas, E. (1979), *Le temps et l'autre*. 강영안 역(1996), 『시간과 타자』, 문예출판사.

Lüddecke, J., U. Kloeters & T. Quehl (2001), *Interkulturelle und anti-rassistische Erziehung in der Schule* (Hg.), v. ARIC NRW e. V.

Mahiri, J. (2011), *Digital tools in urban schools: Mediating a remix of learning*. Ann Arbor, ML: University of Michigan Press.

Manning, M. L. & Baruth, L. (2004), *Multicultural education of childred and adolescents*. San Francisco, CA: Pearson.

McIntosh, P. (1983), Interactive Phases of Curricular Re-Vision: A Feminist

Perspective. *Working Paper*. No. 124.

McLaren, P. (1995), White terror and oppositional agency: Toward a critical multiculturalism. In Sleeter, C. & McLaren, P., *Multicultural education, critical pedagogy, and the politics of difference* (pp.33–70), NY: State University of New York Press.

Moodley, K. A. (1995), Multicultural education in Canada: Historical development and current status. In J. A. Banks & C. A. M. Banks (Eds.), *Handbook of research on multicultural education* (pp. 801–820). New York, NY: Macmillan.

Nieke, W. (2000), *Interkulturelle Erziehung und Bildung*. Wertorientierungen im Alltag, Opladen (überarb. Aufl.).

______ (2008), *Interkulturelle Erziehung und Bildung*, Wiesbaden: VS Verlag.

Nieto, S. (1996), *Affirming diversity: The sociopolitical context of multicultural education* (2nd ed.). White Plains, NY: Longman.

______ (2009), *Language, Culture, and Teaching: Critical Perspectives* (2nd ed.). New York, NY: Routledge.

______ (2009), *Language, Culture, and Teaching: Critical Perspectives* (2nd ed.). 김영순 외 역(2016), 『언어, 문화 그리고 비판적 다문화교육』, 북코리아.

Nieto, S. & Bode, P. (2008), *Affirming diversity: The sociopolitical context of multicultural education* (5th ed.). Boston, MA: Allyn & Bacon.

Nohl, A. M. (2006), *Konzepte interkulturller Pädagogik*, Bad Heilbrunn: Julius Klinkhardt.

Oomen-Welke, I. (2003), Körpersprachen und Extrasprachliches verschiedener Kulturen in Welt, Schule und Unterricht. In R. Heinz, & O, Schober, *Körpersprache im Unterricht* (pp. 68–98). Das Handbuch, Baltmannsweiler,

Ormrod, J. E. (1995), *Educational psychology: Principles and applications*. Englewood Cliffs, NJ: Prentice-Hall.

Parker, W. C. (1991), *Renewing the Social Studies Curriculum*. Alexandria, VA: Association for Supervision and Curriculum Development.

Pewewardy, C. & Hammer, P. (2003), *Culturally responsive for America Indian Students*. Charleston, WV: ERIC Clearinghouse on Rural Education and Small Schools.

Pike, G. (2000), Global education and national identity: in pursuit of meaning, *Theory Into Pactice*, *39*(2), 64–73.

Porcher, L. (1984), Glans und Elend des Interkulturellen. In *Migration, Bildungspolitik und Pägagogik*, Essen: Landau. S. 35 ff.

Portera, A. (2005), Interkulturelle Pädagogik und Erziehung in Europa. In *Vierteljahrsschrift für wissenschaftliche Pägagogik* (pp. 181-292). 81.

Proctor, R. E. (1988), *Education's Great Amnesia*. Bloomington, IL. and Indianapolis, IN: Indiana University Press.

Quigley, N. & Bahmueller, C. (Eds.). (1991), *Civitas: A Framework for Civic Education*. Silver Spring, MD: NCSS Publications.

Ramsey, P. G. (2004), *Teaching and learning in diverse world*. (3rd Ed.). New York, NY: Teachers College Press.

Ricoer, P. (1990), *Soi-même comme un autre*. 김웅권 역(2006), 『타자로서의 자기 자신』, 동문선.

Rinke, K. (2000), Politische Bildung. In: H. H. Reich, A. Holzbrecher & H-J. Roth, *Fachdidaktik interkulturell* (pp. 93-130). Ein Handbuch, Opladen.

Rogers, P. (1992), Education for international responsibilities of citizenship. In E. B. Jones & N. Jones (Eds.), *Education for Citizenship*. London, UK: Kogan Page.

Roth, H-J. (2002), *Kultur und Kommunikation: Systematische und theorie-geschichtliche Umrisse Interkultureller Pädagogik*, Opladen: Springer Verlag.

Rottier, J. & Ogan, B. J. (1991), *Cooperative learning in middle-level schools*. Washington, DC: National Education Association.

Rowles, D. (1992), *Comment former aux liens et échanges scolaires par une approche interkulturelle*. Strasbourg Conseil de l'Europe.

Rychen, D. S. & Salganik, L. H. (2003), *Key Competencies for a successful life and a well-functioning society*. Boston, MA: Hogrefe Publishing.

Savolainen, K. (2013), Eliminating World Challenges through Global Citizenship Education. *Sang Saeng, 37*, 9-12.

Schergen, M. J. (2005), Art: An educational link between school and community. In L. Johnson, M. E. Finn, & R. Lewis (Eds.), *Urban education with an attitude* (pp. 79-86). New York, NY: SUNY Press.

Scheunpflug, A. (2003), Globalisierung als Bildungsherausforderung. In J. Beillerot, & Wulf, C. (Hg.), *Erziehungswissenschaftliche Zeitdiagnosen: Deutschland und Frankreich* (pp. 262-278). Münster.

Seefeldt, C. (2005), *How to work with standards in the early childhood classroom*.

New York, NY: Teachers College Press.

Sharan, S. (1990), *Cooperative learning: Theory and research*. New York, NY: Praeger.

Simmel, G. (1992), *Soziologie: Untersuchungen über die Formen der Vergesell-schaftung*. Frankfurt am Main: Suhrkamp.

Slavin, R. E. (1978), Student teams and achievement divisions. *Journal of Research and Development in Education, 12*, 39-49.

_____ (1991), Synthesis of research of cooperative learning. *Educational Leadership*, *48*(5), 71-82.

_____ (1995), Cooperative learning and intergroup relations. In J. A. Banks & C. A. M. Banks (Eds.), *Handbook of research on multicultural education* (pp. 628-634). New York, NY: Simon & Schuster/Macmillan.

Sleeter, C. E. (1996), *Multicultural Education and Social Activism*. Albany, NY: State University of New York Press.

_____ (2005), *Un-standardizing the curriculum: Multicultural teaching in the standards-based classroom*. New York, NY: Teachers College Press.

Sleeter, C. E. & Grant, C. A. (2006), *Making choices for multicultural education: Five approaches to race, class and gender* (5th ed.). New York, NY: John Wiley & Sons.

_____ (2007), *Making choices for multicultural education* (5th ed.). New York, NY: John Wiley.

_____ (2009), *Making Choices for Multicultural Education: Five Approaches to Race, Class and Gender* (6th ed.). 문승호 외 역(2009), 『다문화교육의 탐구: 다섯 가지 방법들』, 아카데미프레스.

Smith, R., Moallem, M. & Sherrill, D. (1997), How preservice teachers think about cultural diversity: A closer look at factors which influence their beliefs towards equality, *Educational Foundations*, *11*(2), 41-61.

Smith, S. J. (1989), Society, space, and citizenship: A Human geography for the 'New Times'?, *Trancations of the Institute of British Geographers*, *14*(2), 144-156.

Soysal, Y. (1994), *Limits of Citizenship: Migrants and Postnational Membership in Europe*. Chicago, IL: University of Chicago Press.

Spitzberg. B. H. (1988), Communication competence: Measures of perceived effectiveness. In C. H. Tardy (Ed.), *Communication and information science. A handbook for the study of human communication: Methods and instruments for observing, measuring, and assessing communication processes* (pp. 67-105). Westport, CT: Ablex Publishing.

Suzuki, B. H. (1980), *An Asian-American perspective on multicultural education: Implication for practice and policy*. Paper presented at the Second Annual Conference of the National Association for Asian and Pacific American Education. Washington, DC.

Tilbury, D. (2002), Active citizenship: Empowering people as cultural agents through geography. In R. Gerber & M. Williams (ed.). *Geography, Culture, and Education*. Boston, MA: Kluwer Academic Publishers.

Timmerberg, V. (2003), Documenting competencies through cultural education. In R. Witte, Cultural Competency record. http://portal.unesco.org/culture/en/files/30184/11415086931rolf_witte.pdf/rolf%2Bwitte.pdf.

Turner, B. S. (1986), *Citizenship and capitalism: The debate over reformism*. AUS: Allen & Unwin Pty. Limited.

UNESCO (2013), *Outcome document of Technical Consultation on Global Citizenship Education*(unreleased internal document).

Walzer, M. (1997), On toleration. New Haven, CT: Yale University Press.

Williams, M. S. (2003), Citizenship as Identity, Citizenship as Shared Fate, and the Functions of Multicultral Education. In K. McDonough & W. Feinberg (eds.), *Citizenship and Education in Liberal-Democratic Societies: Teaching for Cosmopolitan Values and Collective Identities*. New York, NY: Oxford University Press.

Wiske, M. S. (1998), *Teaching for understanding: Linking research with practice*. San Francisco, CA: Jossey-Bass.

Wulf, C. (2001), *Einführung in die Anthropologie der Erziehung*, Weinheim/Basel.

찾아보기

ㄴ

ㄷ

ㅁ

ㅂ